クリストファー・クラーク

鋼の王国 プロイセン

興隆と衰亡1600-1947

上

小原淳 訳

みすず書房

IRON KINGDOM

The Rise and Downfall of Prussia, 1600-1947

by

Christopher Clark

First published by Penguin Press, 2007
Penguin Press is part of the Penguin Random House group of companies.

Japanese translation rights arranged with
Penguin Books Ltd. through
Japan UNI Agency, Inc., Tokyo

鋼の王国 プロイセン

興隆と衰亡 1600–1947

ニーナへ

上巻目次

謝辞　i
序論　5
第一章　ブランデンブルクのホーエンツォレルン家　19
第二章　荒廃　43
第三章　ドイツのなかの異常光　71
第四章　王位の威厳　111
第五章　プロテスタント諸派　173

第六章　地域権力　213
第七章　覇権争い　261
第八章　敢えて賢こかれ！　347
第九章　ヒュブリスとネメシス――一七八九〜一八〇六年　397
第十章　役人が創った国　433
原註　*3*
図版一覧　*1*

下巻目次

第十一章　鋼の秋《とき》
第十二章　歴史における神の歩み
第十三章　緊迫
第十四章　プロイセン革命の光と影
第十五章　四つの戦争
第十六章　ドイツへの解消
第十七章　終局
訳者あとがき
原註
図版一覧
索引

鋼の王国　プロイセン

興隆と衰亡 1600–1947

上

謝辞

一九八五年三月から一九八七年一〇月にかけて、私は今はなき西ベルリンで研究生活を送っていた。西ベルリンは、共産主義の東ドイツに浮かぶ陸の孤島で、コンクリートの壁に囲まれていた。あるイタリア人ジャーナリストの言葉を借りれば、そこは「閉じ込められてこそ、自由を感じられる檻」だった。活気に満ちたマルチ・エスニックな飛び地であり、兵役を忌避する西ドイツの若者たちの避難場所であり、正式には一九四五年の戦勝国が未だ主権を握っていた、冷戦の象徴であるこの西側の孤城の独特な雰囲気は、一度住んでみれば決して忘れることができない。西ベルリンには、プロイセンの過去を思い起こさせるものはほとんどなく、プロイセンはまるで古代の、遠い存在に思えた。

フリードリヒシュトラーセ駅で東西の政治境界線を越え、仏頂面の警備員が監視する改札や鉄板張りの通路を通り抜けるとようやく、プロイセンの古都ベルリンの中心部に辿り着き、ウンター・デン・リンデンの優美な建物群や、フリードリヒ大王が自国の文化的勢威を誇示したフォールム・フリデリツィアヌムの織り成す、息をのむような調和の美が眼前に現れる。戦災とその後の放置のせいで、往時を偲ぶよすがは断片的だったが、それでも境界線を越えれば、過去へと旅することができたのだ。ジャンダルメンマルクトに建つ一八世紀のフランス教会の壊れたドームには草木が茂り、その根は積み石の奥深くに伸びていた。ベルリン大聖堂は一九四五年の砲弾や弾丸の跡を刻んで、黒ずんだ巨体のまま佇んでいた。海辺のシドニーから来たオーストラリア人にとって、東ベルリンへの越境は尽きせぬ魅力に満ちていた。

プロイセンの過去について学ぼうとする者は、世界的にみても特別に洗練された、多彩な先行研究を活用することができる。第一に、大西洋の両側で英語によって書き継がれてきた、豊かで今もなお強固な伝統がある。そしてドイツ語圏の読者には、近代的な学問分野としての歴史学の始まりにまで遡る、固有の古典的研究が膨大にある。プロイセン史学の古典的な論文や研究書は、その学殖と野心、そして活力に満ちた優雅な筆致という点で、今なお学ぶべきものがある。これらの先行研究に加えて、一九八九年以降には、若い世代のドイツ人研究者がプロイセン史に強い関心を示すようになり、また知的視野が制限されていたなかで、プロイセン社会の発展の様相を明らかにする研究を幾つも残した東ドイツの歴史家たちの業績が、広く知られるようになった。存命であるかどうかを問わず、多くの同門の学徒たちの著作を渉猟できたことは、本書の執筆をつうじて得た大きな喜びの一つである。

より直接に恩義を受けた人たちもいる。ジェイムズ・ブロフィー、カリン・フリードリヒ、アンドレアス・コッセルト、ベンジャミン・マーシュク、ヤン・パルモウスキ、フロリアン・シュイ、ガレス・ステッドマン・ジョーンズは、出版前の原稿を私に読ませてくれた。マルクス・クラウジウスは、旧ドイツ植民地省文書館から自分の原稿のコピーを送ってくれた。ホルガー・アフラーバッハ、マーガレット・ラヴィニア・アンダーソン、デイヴィッド・バークレー、デレク・ビールス、シュテファン・ベルガー、ティム・ブランニング、リチャード・ボズワース、アナベル・ブレット、クラリッサ・キャンベル＝オア、スコット・ディクソン、リチャード・ドレイトン、フィリップ・ドワイアー、リチャード・エヴァンズ、ニーアル・ファーガソン、ベルンハルト・フルダ、ヴォルフラム・カイザー、アラン・クラマー、マイケル・レジャー＝ロマス、ジュリア・モーゼズ、ジョナサン・パリー、ヴォルフラム・ピュタ、ジェイムズ・レタラック、トルステン・リオッテ、エマ・ロスチャイルド、ウリンカ・ルブラック、マルティン・リュール、ハーゲン・シュルツェ、ヘイミシュ・スコット、ジェイムズ・シーアン、ブレンダン・シムズ、ジョナサン・スパーバー、トーマス・シュタム＝クールマン、ジョナサン・スタインバーグ、アダム・トゥーズ、マイケン・ウムバッハ、ヘルムート・ヴァルザー＝スミス、ジョアキム・ホウェイリー、ピーター・ウィルソン、エマ・ウィンター、そしてヴォルフガング・モムゼンは有益な助言を与えてくれたり、議論の相手になってくれた。二〇〇四年八月にモムゼンが急逝した際には、度々彼の訪問を受けていたケンブリッジの友人や同僚の一人として、大きな衝撃を受けた。また、現在イギリスで研究している多くのドイツ史研究者と同様、私も一九八〇年代から一九九〇年代初頭にかけて、ティム・ブラニングとジョナサン・スタインバーグが主催するケンブリッジ大学特定課題「ドイツにおける覇権闘争」での共同作業から様々なことを学んだ。歴史に造詣の深い義父、ライナー・リュブレンとの二五年にわたる熱い会話から得られたものも大きい。

原稿の一部または全部を読んで、コメントしてくれた、寛大にして気力旺盛な友人たち、クリス・

ベイリー、父のピーター・クラーク、ジェイムズ・マッケンジー、ホルガー・ネーリング、ヘイミシュ・スコット、ジェイムズ・シンプソン、ガレス・ステッドマン・ジョーンズ、そしてジョン・A・トンプソンには、とくに感謝する。パトリック・ヒギンズは想像力に富む助言を与えてくれたうえ、冗長で的外れな文章に赤線を引いてくれた。クロエ・キャンベル、リチャード・デュギッド、レベッカ・リーといったペンギン・ブックス社のスタッフとの共同作業も、この仕事の楽しみの一つだった。サイモン・ウィンダーは考えられる限り最高の編集者であり、原稿のなかに閉じ込められた完成稿を著者自身よりもはっきりと見通す第二の目を備えている。ベラ・クーニャの校閲は自警団よろしく、誤りや矛盾、怪しげな三段論法を一刀両断してくれた。セシリア・マッケイには、図版の調達に協力してもらった。こうした有能なスタッフの助けがあれば完璧な著作に仕上がるはずだが、もし本書に誤りが残っていたならば、その全責任は著者にある。

最後に、最も大切な人たちに感謝の思いを伝えたい。ジョゼフとアレクサンダーはこの本の執筆中に背が伸び、実に様々な方法で幸せな気晴らしをさせてくれた。ニーナ・リュブレンは、私のわがままなこだわりをユーモアと優しさで受けとめ、すべてのパラグラフの最初の読者、批評家になってくれた。彼女にこの本を、愛情を込めて捧げる。

序論

一九四七年二月二五日、ベルリンで連合国占領軍当局の代表者が、プロイセン国家の消滅を定めた法令に調印した。この瞬間から、プロイセンは歴史の遺物となった。

かねてよりドイツの軍国主義と反動の担い手であったプロイセン国家は、事実上、存在を停止した。連合国管理理事会は諸国民の平和と安全を維持するべく、また、民主的基礎に基づくドイツの政治生活のさらなる再建を確実にするべく、以下のように定める。

第一条　プロイセン国家は、その中央政府およびその下位諸機関とともに廃止される。(1)

連合国管理理事会の法令第四六号は、単なる行政措置ではなかった。プロイセンをヨーロッパの地図から抹消することで、連合国当局はこの国に審判を下した。プロイセンは、バーデンやヴュルテンベルク、バイエルン、ザクセンなどと並ぶドイツ諸邦の一つという次元を超えた存在であり、ヨーロッパを悩ませ続けたドイツの諸悪の根源にほかならなかった。ドイツが平和と政治的近代化の道から足を踏み外したのは、プロイセンのせいだった。「ドイツの核心はプロイセンである」と、チャーチルは一九四三年九月二一日にイギリス議会で述べた。曰く、「繰り返される悪疫の元凶はそこにある」のだった。(2) プロイセンをヨーロッパの政治地図から排除することには、象徴的な必然性があった。プロイセンの歴史は、生きとし生けるものを責め苛む悪夢となっていた。

プロイセンの恥辱に満ちた終焉は、本書の主題に重くのしかかっている。一九世紀から二〇世紀初頭まで、プロイセンの歴史はおおむね肯定的に描かれてきた。プロテスタントが主流のプロイセン学派〔プロイセン中心のドイツ統一の歴史的な正当性を主張した歴史学者たちの一派〕の歴史家たちは、この国を、合理的な統治と進歩を牽引し、ハプスブルク家が支配するオーストリアとボナパルティズムのフランスのくびきからプロテスタント・ドイツを解放した存在として、称賛した。彼らは、一八七一年に成立したプロイセン優位の国民国家に、宗教改革以来のドイツの歴史的進化の自然で必然的な、最良の結果を見たのである。

ナチ政権の犯罪性がドイツの過去に長い影を落とすようになった一九四五年以降、プロイセンの伝統を薔薇色に描く見方は後退した。ある著名な歴史家は、ナチズムは偶然の産物ではなく、むしろ「〔プロイセンという〕慢性疾患による急性症状」であり、オーストリア出身のアドルフ・ヒトラーは精神的に「自ら選んでプロイセン人となった」のだと主張した。(3) 近代ドイツ史は、比較的自由で安定した政治的成熟に至る「正常な道」、すなわちイギリスやアメリカといった西欧諸国が歩んだ道を辿ることができなかったとする見解が定着した。そうした議論によれば、フランス、イギリス、オランダでは「ブルジョワ革命」が起こり、旧態依然としたエリートや政治制度による支配が崩壊したのに対し、ドイツではそうした変革が実現せず、その代わりに「特殊な道《ゾンダーヴェーク》」を歩み、一二年にわたるナチの独裁へと至ったのであった。

ドイツの政治的奇形化というこのシナリオにおいて、プロイセンは重要な役どころを演じている。なぜなら、プロイセンには「特殊な道」を辿ったことを示す古典的な兆候が、他のどこよりもはっきりと現れているからである。その最たる証しは、エルベ川以東の地主貴族であるユンカーが政府、軍、農村社会において優位にたち、ヨーロッパを襲った革命の時代を生き延びて、権力の座に居座り続けたという事実であった。その結果、プロイセンひいてはドイツに、反自由主義と不寛容を特徴とする政治文化、法に基づく権利よりも権力を尊ぶ風潮、軍国主義の連綿たる伝統といった災厄がもたらされたとするのが、筋書きだった。「特殊な道」論に基づくこうした診断の中心を常に占めていたのは、ドイツでは政治文化の進化が経済領域の革新や成長に追いつかず、ゆえにこの国は不均衡な、あるいは「不完全」な近代化の過程を進んだのだという理解だった。そのように考えた場合、プロイセンは、ドイツとヨーロッパの近代史における災いの源であった。つまり、プロイセンは独特な政治文化を新興のドイツ国民国家に植えつけ、よりリベラルな南ドイツの政治文化を抑圧し阻害することによって、強権政治と独裁の土台を築いた。ドイツにおける民主主義の崩壊と独裁の出現を準備したのは、権威主義、隷属、服従を旨とするプロイセンの気風であった。(4)

こうした歴史認識のパラダイム・シフトに対して、滅亡した国家の名声を回復しようとする歴史家たち——主に西ドイツの、主にリベラルあるいは保守的な政治志向をもつ人々——は、熱心に反論を加えた。彼らはプロイセンのポジティブな成果、例えば清廉な官吏、宗教的少数派に対する寛容な態度、ドイツ中から称賛され模倣された一七九四年のプロイセン一般ラント法、一九世紀ヨーロッパでも抜群だった識字率の高さ、模範的な効率を誇る官僚機構といった点を重視した。また、プロイセンの啓蒙主義の活力も注目され、この国には危機に瀕して、自己を変革し再建する能力が備わっていたのだとする指摘もなされた。そして、「特殊な道」論が強調する政治的隷属と対をなすものとして、有名な反ナチ抵抗運動のエピソードが取り上げられ、とりわけ一九四四年七月のヒトラー暗殺計画でプロイセン将校たちが果たした役割が重視された。彼らが描くプロイセンは、完全無欠の存在とは言えないまでも、ナチが創りあげた人種国家との共通点はほとんどなかった(5)。

プロイセンを歴史の淵から救い上げようとする、こうした営為の頂点をなすのが、一九八一年に西ベルリンで開催され、五〇万人以上が訪れた大規模なプロイセン展である。このイベントを訪れた観客は、会場を埋め尽くす展示物と国際的な研究者チームが作成した解説パネルによって、プロイセン史上の名場面を次々と巡ることができた。軍用品、貴族の家系図、宮廷生活を描いた絵画、歴史的な合戦図が続き、さらには「寛容」、「解放」、「革命」といったテーマで展示が構成された部屋もあった。展覧会の目的は、過去にノスタルジックな光を当てること――左派の批評家の多くからすると、それは能天気すぎた――ではなく、光と影を交互に描き出すこと、それによってプロイセン史の「バランスを取る」ことにあった。展覧会の解説は、公式カタログもマスメディア向けのものも、現代のドイツ人にとってプロイセンがどのような意味をもつのかという点に重きを置いていた。そこでは、近代化に向かうプロイセンの困難な道程からいかなる教訓が得られるのか、あるいは得られないのかという問題が議論の中心を占め、独裁的な政治の慣行や、軍事的成果を賛美する傾向など、プロイセンの伝統の好ましからざる特徴からは距離を取りつつ、公益への奉仕や寛容といった「美徳」を見習うべきであるとされた(6)。

それから二〇年以上たった今なお、プロイセンには両極端なイメージがつきまとっている。一九九〇年に東西ドイツが統一され、カトリックの「西」であるボンからプロテスタントの「東」であるベルリンへと首都が移転すると、プロイセンの過去の威光は未だ失われていないのではないか、「古きプロイセン」の精神が目を覚まして、共和国ドイツに取り憑きはしないかという懸念が浮上した。果たして、消滅したはずのプロイセンが政治的シンボルとして再び姿を現した。プロイセンは右派のスローガンとなり、彼らは「古きプロイセン」の「伝統」に、現代ドイツにおける「混乱」、「道徳の荒廃」、「政治の腐敗」、「集団的アイデンティティの後退」に対抗するための格好の材料を見出した(7)。しかし多くのドイツ人にとっては、「プロイセン」は軍国主義、征服、横柄、偏狭など、ドイツ史におけるあらゆる嫌悪の対象の同義語であり続けている。プロイセンをめぐる論争は、消滅したこの国家を象徴するものが取り上げられる度に、再び息を吹き返す傾向がある。一九九一年八月、フリードリヒ大王の遺骨がポツダムのサンスーシ宮殿に安置されたことは大きな議論を呼んだし、ベルリン中心部の王宮広場にあったホーエンツォレルン家の宮殿を再建する計画に関しても、激論が交わされた(8)［「フンボルトフォーラム」という名の複合博物館施設として、二〇二〇年に外観のみ再建された］。

二〇〇二年二月、ブランデンブルク州政府の厚生労働大臣だった社会民主党のアルヴィン・ツィールという、それほど目立つ存在ではなかった政治家は、ベルリン市とブランデンブルク州の合併案に関する討議に口を挟んだために、たちまち悪名を轟かせることになった。彼は、「ベルリン＝ブランデンブルクという名称は長ったらしい。「プロイセン」にすればいいじゃないか」と主張した。この提案は議論を引き起こした。懐疑派はプロイセンの復活を警告し、ドイツ中のテレビ討論番組がこの問題を取り上げ、『フランクフルター・アルゲマイネ・ツァイトゥング』紙は「プロイセンは存在すべきか」と題する連載記事を掲載した。寄稿者の一人で、「特殊な道」論の主唱者であったハンス＝ウルリヒ・ヴェーラー教授は、「プロイセンは我々を毒する」というタイトルの論文を発表して、ツィールの提案を激しく否定した。(9)

プロイセンの歴史を理解しようとする者は、こうした論争が提起する問題を避けて通ることができない。二〇世紀のドイツを襲った惨事にプロイセンがどのように関わっていたのかという問題は、この国の歴史に評価を下す際に必ずついてまわる。しかしプロイセン、あるいは他のドイツ諸邦の歴史をヒトラーの権力掌握という観点からのみ理解する必要はないし、またプロイセンの歩みを善悪二元論に基づいて判定し、ひたすら光を称え、影を貶めねばならないわけでもない。近年の議論――そして一部の歴史研究――を満たしている善悪二元論的な判断を採用すれば、プロイセンの経験の複雑さを閑却してしまうだけでなく、その歴史をドイツの罪悪などといったナショナルな目的論に押し込めてしまいかねない。実際には、プロイセンはドイツの一部である前に、ヨーロッパの一部であった。そして「ドイツ」が実現した時、プロイセンは何かを達成したのではなく、むしろ自らの身を亡ぼすことになったのである――これは、本書の中心的な論点の一つである。

本書は、プロイセンの来し方を振り返ってそこに美徳と悪徳を探り出したり、それらを天秤にかけようとはしない。また、「教訓」を導き出そうとか、現在あるいは将来の世代に道徳的、政治的な助言を授けようといったつもりもない。読者は、プロイセン恐怖症の論説が描き出す、殺伐として好戦的なシロアリ集団のごとき国家にも、親プロイセン的な言い伝えに登場する、居心地の良い炉辺の風景にも遭遇することはないだろう。オーストラリアで生まれ育ち、二一世紀のケンブリッジで執筆している歴史家として、私は幸運にも、プロイセンの記録に一喜一憂する義務、あるいは誘惑から解放されている。むしろ本書の目的は、プロイセンを創り出した力、そして壊してしまった力が何であったのかを理解することにある。

近年では、国家や民族は自然な現象ではなく、偶発的で人工的な創造物であることを強調するのが流行している。国家や民族は、特定の意志に基づく行為によって「捏造」された集合的アイデンティティをもつ、創造あるいは発明された「構築物」であるというのが、そうした理解である。[10] プロイセンほど、この見方に当てはまる近代国家はない。プロイセンは自然の境界線もなければ、独自の国民文化も言語も料理ももたない、断片的な領土の集合体であったからだ。断続的に自領を拡大し、新しい住民を定期的に取り込み、困難な同化を経て、ようやく彼らの国家に対する忠誠心を獲得していったという事実は、プロイセンの人工的性格をさらに際立たせている。「プロイセン人」の創造という事業はなかなかはかどらず、この国の歴史に正式に終止符が打たれるずっと前から、勢いを失っていた。そもそも、「プロイセン」という名称がホーエンツォレルン家の支配地の北の中心地、すなわちベルリン周辺のマルク・ブランデンブルクではなく、最東端の飛び地であるバルト海沿岸の公国に由来していたこと自体が、不自然だった。「プロイセン」とは、ブランデンブルク選帝侯が一七〇一年に王号を獲得した際に採用された、いうなればロゴマークのようなものに過ぎなかった。プロイセンの伝統の核心であり、その本質を成していたのは、伝統の欠如だった。この潤いのない、抽象的な政治体がいかにして骨肉を獲得したのか、君主の名を羅列しただけの一覧表からいかにして血の通った生きものへと進化したのか、そしていかにして臣民の自発的忠誠心を獲得したのか。本書の中心にあるのはこうした問いである。

「プロイセン的」という言葉は今でも一般に、ある種の権威主義的な秩序を意味している。プロイセンの歴史を、ホーエンツォレルン家が徐々に国家権力を拡大し、領土を統合し、財産を拡大し、地方貴族を押し退けていく、整然たる計画の実践と考えるのは、あまりにも単純である。こうした筋書きにおいては、国家とは中世の混乱と曖昧さのなかから勃興し、伝統との結びつきを断ち切り、合理的で包括的な秩序を押しつける存在である。このような語り口を覆すことを目的とする本書は、まずプロイセンに関する記録を紐解いて、そこに秩序と無秩序の両方が存在していることを明らかにする。プロイセンの物語は、戦争という最も恐ろしい無秩序の経験に貫かれており、戦争こそが国家建設のプロセスを複雑なかたちで加速させ、また遅らせもした。また、この国が内的に強化されていった過程を論じる場合には、それはダイナミックな、時に不安定な社会状況のなかで展開した、行き当たりばったりの即興だったとみるべきである。プロイセンにおいて「行政」とはしばしば、統制された上からの変革を意味した。一九世紀になっても、プロイセンには国家の存在をほとんど感じさせない地域が数多くあった。

とはいえ、「国家」をプロイセンの物語の片隅に追いやるわけにはいかない。国家は特定の政治文化、すなわち何らかの集合意識が投影されたものとして理解すべき存在だが、自分たちの国には独自の歴史があるという考え方が国家の正当性や必要性に関する主張と常に結びついてきた点は、プロイセンの知的伝統の驚くべき特徴の一つである。例えば一七世紀半ばに、大選帝侯は、君主政国家の行政機構に権力を集中させることが、外部からの侵略に対抗するための最も確実な手段になると主張したが、こうした意見――後世の歴史家は同様の見解をしばしば、客観的な「外政の優位」という表題をつけて再提起した――は、君主が自らの主権を確立する際の修辞的な道具の一つであっただけでなく、そもそも国家の進化の物語の一部を成していた。

換言すれば、プロイセン国家の物語は、プロイセン国家の物語についての物語でもある。プロイセン国家は自らの来し方行く末についての説明を彫琢しつつ、その歴史を創りあげていったからである。一九世紀初頭にフランス革命という試練に直面した時には、支配体制を強化する必要から、このプロイセン独自の言説が過剰なまでに練り上げられていった。国家は大仰な言葉を用いて、歴史的進歩の担い手として自らを正当化し、近代的モデルの一形態を自負するまでに至った。もっとも、知識人たちが机上で練り上げた国家の権威だの崇高さだのといったものは、大多数の臣民の生活において国家が占めていた実際の重さとは、ほとんど別物だったが。

プロイセンが先祖代々受け継いできた国力のささやかさと、歴史におけるその地位の高さの間には、興味深い対称性がある。プロイセンの歴史的な中心地であったブランデンブルクを訪れると、資源の乏しさ、町々の眠ったような田舎臭さにいつも驚かされる。そこには、政治体としてのブランデンブルクの歴史的な歩みを語るものもなければ、それをかすかに匂わせるものさえない。一七五六年に七年戦争が始まり、プロイセン王フリードリヒ二世がフランス、ロシア、オーストリアの連合軍を相手に奮闘していた頃、王の友人だったヴォルテールは次のように書いた。「現在起こっている事柄について、誰かが小文を書くべきでしょう。ブランデンブルクという砂地ばかりの国が、ルイ十四世との戦いに要する力をもってしても組み敷けないほどの存在にどうやってなったのかを説明することは、何かしらの役にたつでしょう」[11]。国家が行使する力と、それを維持するために必要な国内の資源との明らかな不一致は、ヨーロッパの大国としてのプロイセンの最も奇妙な歴史的特徴の一つ、すなわち早熟な強さが発揮される瞬間と、危ういまでの弱さが露呈する瞬間が交互に訪れるという現象を説明するのに役立つだろう。プロイセンは人々の意識のなかで、ロスバッハ、ロイテン、ライプツィヒ、ワーテルロー、ケーニヒグレーツ、セダンといった軍事的功業の記憶と結びついている。しかしブランデンブルク゠プロイセンは歴史上、三十年戦争や七年戦争、そして一八〇六年にナポレオンに敗北し、王国の最東端にあたるメーメルまで君主が追い詰められた時など、再三にわたって政治的消滅の瀬戸際に立たされた。この国の強兵化の時期は、長い収縮や衰退の時期に挟まれていた。プロイセンは誰も予想していなかったほどの成功を収めたが、その裏側には常に脆弱性の感覚があり、この感覚はプロイセンの政治文化に刻みこまれている。

本書は、プロイセンがどのように創られ、どのように破壊されたのかを検討する。おそらくは、この二つの過程を読み解くことによってのみ、かつて多くの人々の心のなかで大きな存在であった国家が、いかにして突然、そして全面的に、誰からも哀悼されずに政治の舞台から姿を消してしまったのかを理解することができるのだ。

ブランデンブルク＝プロイセンの歴史的変遷

（出典は以下。許諾を得て掲載：Otto Büsch and Wolfang Neugebauer (Hg.), *Moderne Preußische Geschichte 1648–1947. Eine Anthologie*, (3 Bde., Walter de Gruyter: Berlin, 1981), Bd. 3.）

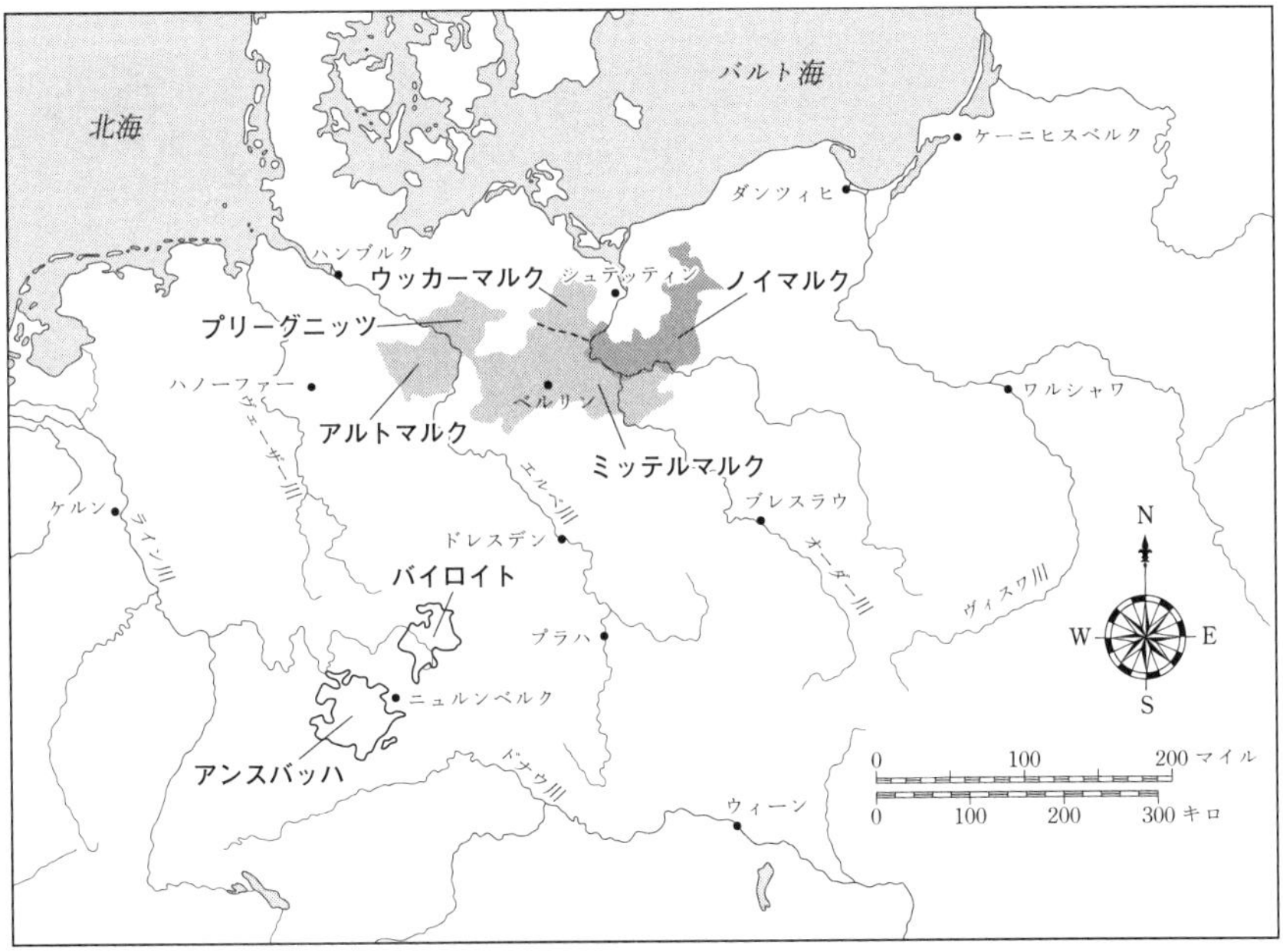

地図 1　ホーエンツォレルン家が獲得した当時のブランデンブルク選帝侯国（1415 年）

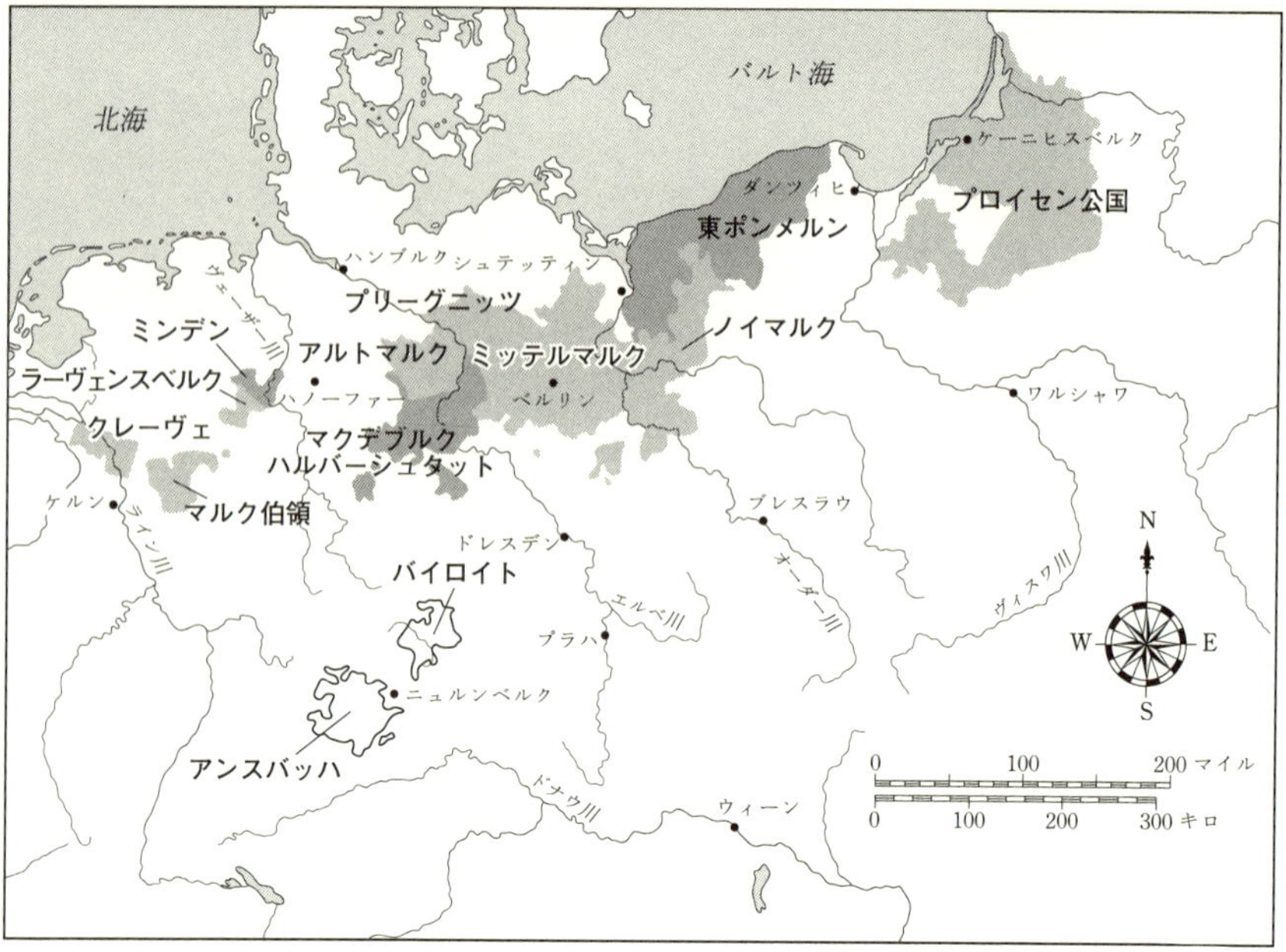

地図 2　大選帝侯時代のブランデンブルク＝プロイセン（1640–88 年）

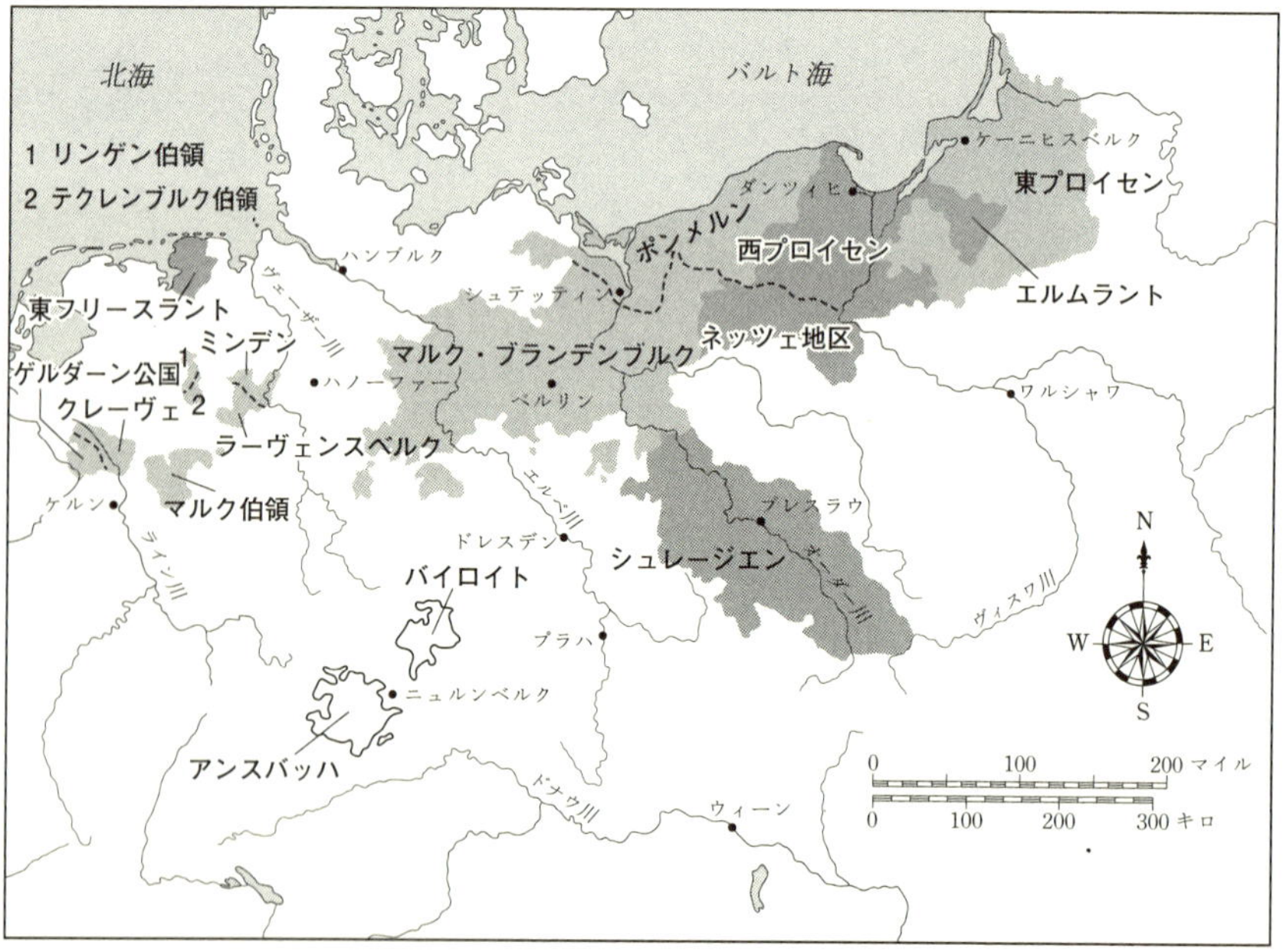

地図 3　フリードリヒ大王時代のプロイセン王国（1740–86 年）

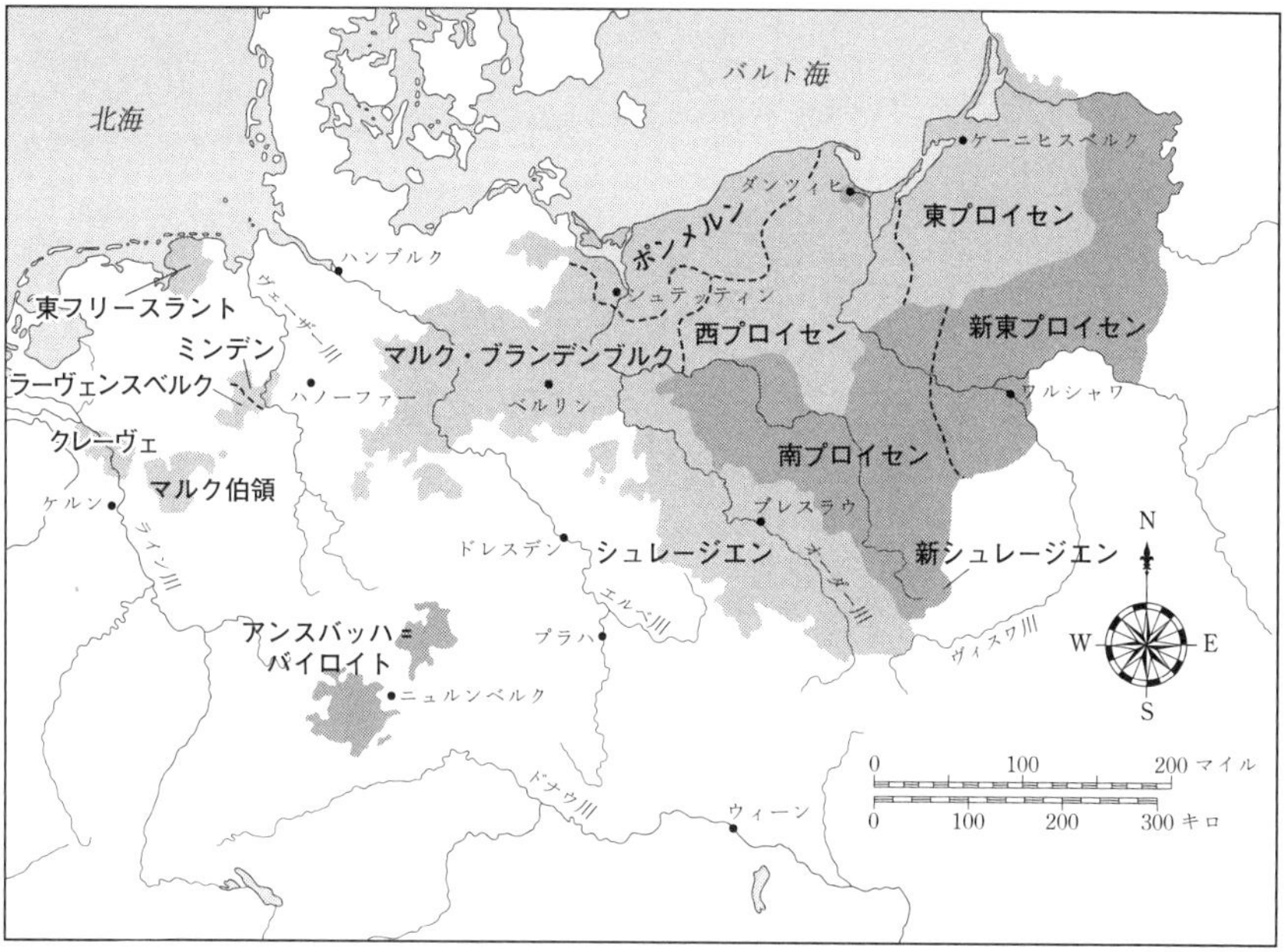

地図4　フリードリヒ・ヴィルヘルム二世治下、第二次・第三次ポーランド分割の時期のプロイセン

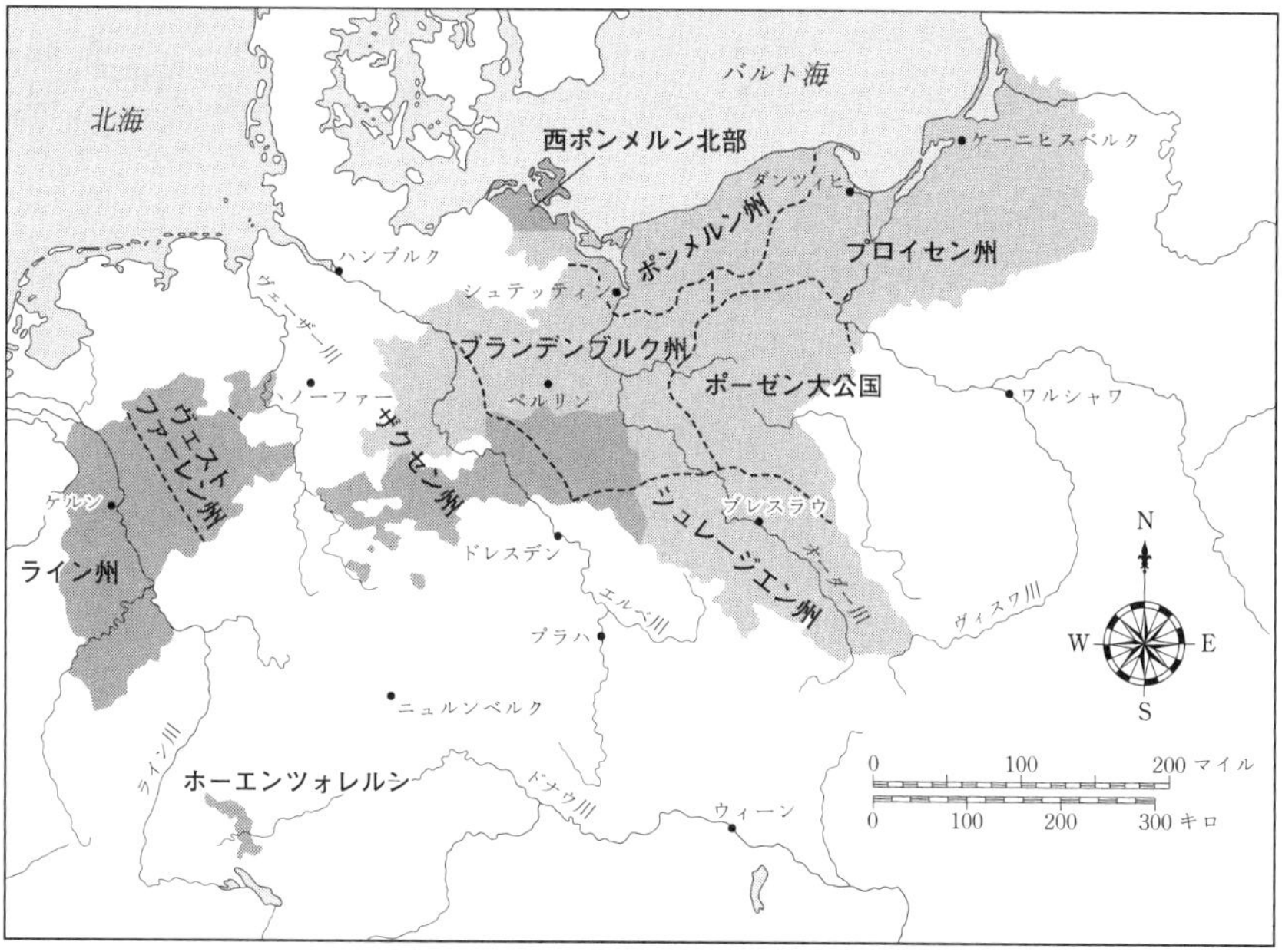

地図5　ウィーン体制期のプロイセン

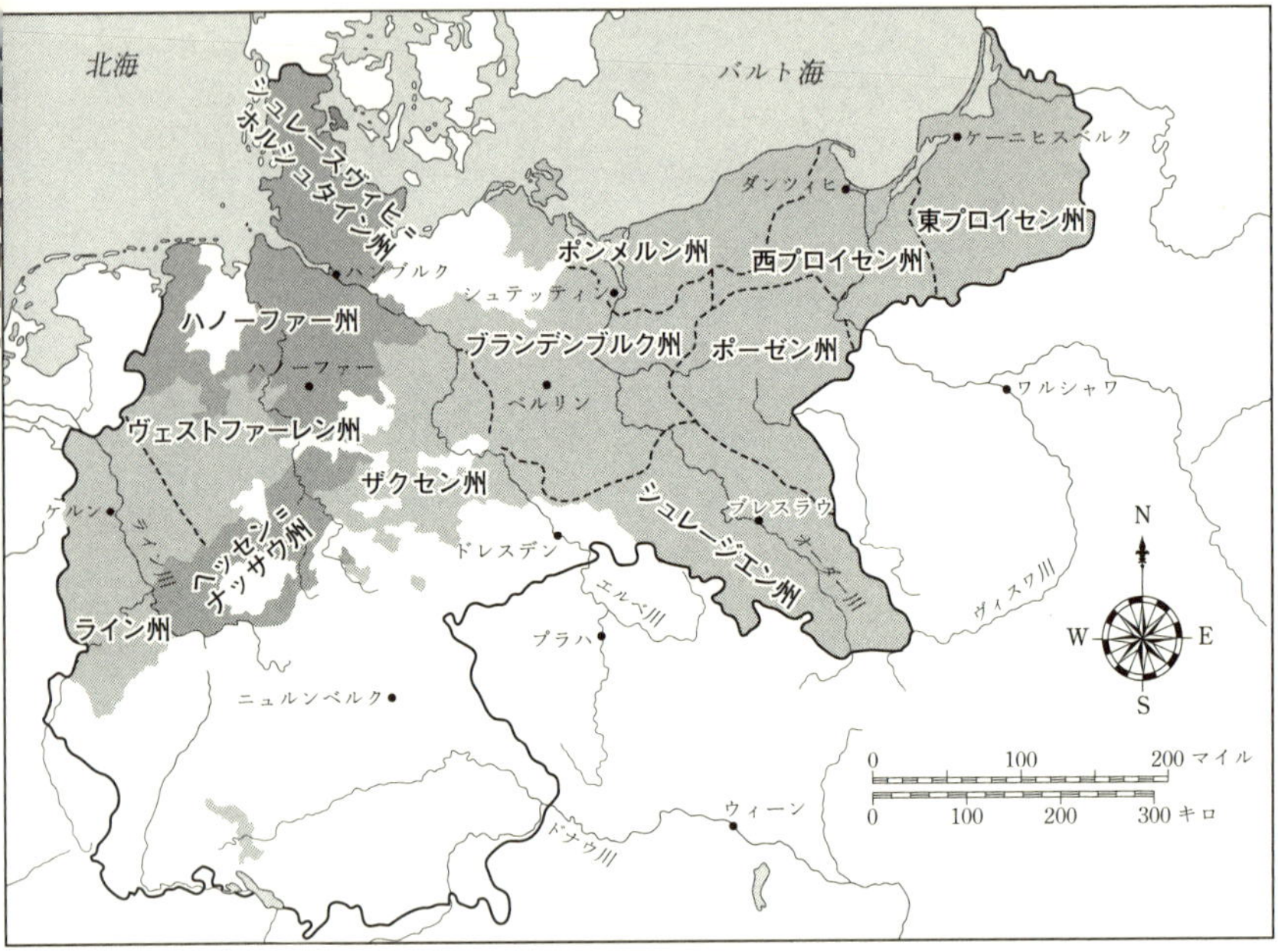

地図 6　ドイツ帝国時代のプロイセン（1871–1918 年）

第一章　ブランデンブルクのホーエンツォレルン家

中核地帯

初めにただ、ブランデンブルクがあった。広さは四万平方キロメートルほど、その中心を都市ベルリンが占めていた。この地は、後にプロイセンとして知られることとなる国家の中核地帯だった。オランダからポーランド北部にまで広がる、荒涼たる平原地帯の真ん中に位置するブランデンブルクの田園風景に、訪れる者を魅了する要素は乏しかった。そこには取りたてて目を引くものはなかった。緩慢に蛇行する川は、ラインやドナウの雄大さには程遠かった。表土の大半は、カバノキや樅の単調な森林に覆われていた。初期のブランデンブルクに関する記録を残した地誌学者のニコラウス・ロイティンガーは、一五九八年にこの地について、「平坦で森林が多く、大部分は沼地」と記している。どう褒めようにも、「砂地」、「平坦」、「沼地」、そして「未開の野」といった言葉しか出てこなかった。(1)

ブランデンブルクの土壌は貧弱だった。幾つかの地域、とくにベルリンの周辺では、土地は砂だらけで脆く、木々が育ちにくかった。この点は一九世紀の半ばになってもほとんど変わっておらず、夏の盛りに南方からベルリンにやって来たあるイギリス人旅行家は、「剥き出しの焼けただれた広大な砂地。点在する小さな村々、発育不良のモミの森、ハナゴケの分厚い絨毯に覆われた大地」と描写している。(2)

よく知られるように、一九世紀前半のオーストリア宰相メッテルニヒは、イタリアを「地理的概念」と評した。同様のことは、ブランデンブルクについては言えない。この地は内陸に位置しており、防衛に役立ちそうな自然の境界はなかった。ブランデンブルクは、中世に異教徒のスラヴ人から奪い取られた後、フランスやオランダ、北イタリア、イギリス、そしてドイツ各地からの移民たちが住み着いた土地を寄せ集めて出来上がった、純粋に政治的な存在であった。ベルリン近郊のシュプレーヴァルトには二〇世紀に至るまで、スラヴ系の言語集団——「ヴェンド人」として知られる——が残存していたとはいえ、住民たちのスラヴ的特徴は徐々に消えていった。この地のフロンティア的な性格、すなわちキリスト教とドイツ植民の東の境域としての自意識は、言葉のうえでは——「イングランドとウェールズの境に位置する」「ウェールズ境界地域《マーチズ》」のように——「境界地域《マルク》」なる語に残されており、ブランデンブルクという地域全体の名称や、それを構成している五つの地方名のうちの四つ、すなわちベルリン周辺のミッテルマルク、西部のアルトマルク、北部のウッカーマルク、そして東部のノイマルク——もう一つは北西部のプリーグニッツである——に用いられている。

交通の便は劣悪だった。ブランデンブルクは海に面していないため、海港はなかった。エルベ川とオーダー川はマルク地方の東西を北海とバルト海に向かって北へ流れていたが、二つの河川の間に水

路はなく、宮廷のあるベルリンとポツダムは地域の交通動脈に連結していなかった。一五四八年、ベルリンとその双子都市であるケルン〔現在のベルリン市の、いわゆる「博物館の島」に相当する地区〕の間を流れるシュプレー川をオーダー川と結ぶ運河建設が始まったが、あまりにも費用がかさむことが判明し、計画は頓挫した。この時代には陸上交通のほうが水上交通よりもはるかに割高だったため、東西を結ぶ水運が欠如しているという構造的な不便さは、深刻であった。

ブランデンブルクはドイツの主な農業製品——ワイン、あかね染料、亜麻、ファスチアン織、羊毛、絹——の生産地域の外側に位置しており、当時の主要な鉱物資源——銀、銅、鉄、亜鉛、スズ——にも恵まれていなかった。(3) 冶金業の最大の拠点は一五五〇年代に城塞都市パイツに設置された鉄工所で、当時の記録によれば、流れの速い人工の水路をめぐらせた立派な建造物があり、大きな水車を動力源にして、重いハンマーが金属を押しつぶし、成型していた。選帝侯の軍隊に軍需品を供給していたため、パイツは一定の重要性を有していたが、しかしそれ以外には、この都市の経済的意義はあまりなかった。ここで生産される鉄は寒さに対して脆かったため、周辺地域の市場に輸出できるだけの競争力をもたず、新興の冶金部門は政府との契約や輸入規制なしには、おそらく存続できなかった。[4] ブランデンブルクには、鉱物資源に恵まれた南方のザクセン選帝侯国の、活発な鋳物工場とは比較にならなかった。一七世紀初頭にスウェーデンが地域大国として地位を確立した時のような、軍備の自給自足は無理だったのである。

ブランデンブルクの農業地誌に関する初期の記録は、複雑な様相を描き出している。それらによれば、土地の大半は貧弱で、収穫不足の地域が多かった。場所によっては、地力の減退が急激で、六年か九年、あるいは一二年に一度しか種をまくことができなかったし、まるで作物の実らない「不毛な砂地」や湿地帯も相当な規模で広がっていた。[5] 他方で、穀物の集約栽培に適した耕地を有する地域――とくにアルトマルクとウッカーマルク、そしてベルリンの西に位置する肥沃なハーフェルラント――もあり、そうした場所では一六〇〇年頃には経済的な活況の兆しがみられた。一六世紀のヨーロッパの長期的な成長サイクルという好条件のもと、ブランデンブルクの領主貴族層は輸出用穀物の生産で財を成した。裕福な一族によって建てられたルネサンス様式の壮麗な邸宅――それらはほとんど現存していない――、子弟を外国の大学に留学させる風潮、農地の価値の急激な上昇といった事柄は、その証左である。また、一六世紀にフランケンやザクセン諸邦、シュレージエン〔ポーランドのシレジア〕、ライン地方から移住してきた人々が空き農地に住み着いたことからも、繁栄の兆候が窺える。

しかし、最も成功した領主層でさえ、自らの収益を生かして地域の枠を超えるほどに生産力を向上させたり、持続的な経済発展に寄与したりしたとは思えない。(6) ブランデンブルクの農村体制は、西欧で見られたような都市発展のはずみとなるほどの余剰労働力の解放や、購買力を生み出さなかった。域内の都市は、地元の手工業や交易を調整するための行政の中心地として成長していったが、その規模は控え目なままであった。双子都市という形態ゆえに「ベルリン゠ケルン」と称された首都の人口は、三十年戦争が勃発した一六一八年にたった一万人——ロンドン市の中核部の人口は同じ時期に約一三万人である——に過ぎなかった。

王朝

この不毛の地はいかにして、ヨーロッパ屈指の強国の中核地帯となったのだろうか。その謎を解く鍵は、一つはこの地を支配してきた一族の慎重さ、そしてもう一つは野望の大きさにある。ホーエンツォレルン家は、南ドイツで頭角を現しつつある貴族だった。一四一五年、ニュルンベルクの小さくも富裕な所領の城伯であったフリードリヒ・ホーエンツォレルンが、〔ローマ王への登位を支援した褒賞として〕皇帝ジギスムントから四〇万ハンガリー金グルデンでブランデンブルクを授けられた。この取引は土地のみならず、威信をも付与してくれるものだった。ブランデンブルクは神聖ローマ帝国——ドイツ地域全域に広がる、大小の諸邦の継ぎはぎ細工のような構造をしていた——の七つの選帝侯国の一つだったからである〔選帝侯国の数は一七世紀以降に変動があり、一九世紀初頭の帝国滅亡時には十ヶ国になった〕。しかし、ブランデンブルク選帝侯という新しい称号を得たフリードリヒ一世が足を踏み入れた政治世界は、後にヨーロッパの地図から完全に姿を消してしまう運命にあった。「ドイツ国民の神聖ローマ帝国」の実体は、普遍主義的キリスト教君主政、主権の混交状態、社団的特権などから成る、中世世界の遺物であった。神聖ローマ帝国は、ある国によって他国に押しつけられる支配体制などという、現代的な英米流の意味での「帝国」ではなく、共通の宮廷を中心とし、規模や法的状態が大きく異なる三〇〇以上の主権保有者を包含する、法的な協定によって形成された緩やかな構造物であった。(7) 帝国の臣民にはドイツ人のみならず、フランス語を話すワロン人やオランダのフラマン人、あるいは北辺や東辺に暮らすデンマーク人やチェコ人、スロヴァキア人、スロヴェニア人、クロアチア人、イタリア人が含まれていた。帝国の枢要な政治機構は、「諸身分《シュテンデ》」――侯爵領や伯爵領、司教区や修道院領、ハンブルクやアウクスブルクのように独立国家としての資格を有する帝国自由都市――の使節から構成される帝国議会であった。

この多様に変化する政治状況を統率していたのが、神聖ローマ帝国皇帝である。皇帝は選挙によって選出される――新しい皇帝は皆、選帝侯の協議によって選出されねばならなかった――ため、理論的には、相応の資格を保持するどの君主家からでも候補者を立てられた。とはいえ実際には、中世末期［一四三八年］から一八〇六年の帝国の正式な滅亡に至るまで、慣例的に選出されてきたのは、常にハプスブルク家の男子だった。(8) 一五二〇年代までに、婚姻関係をつうじた所領の継承――とくに重要なのは、ボヘミアとハンガリーの獲得である――を繰り返して、ハプスブルク家は飛び抜けて裕福で強力な一族となった。ボヘミア王冠領には鉱物資源に恵まれたシュレージエン公国や、オーバーラウジッツとニーダーラウジッツの両辺境伯領が含まれており、これらはいずれも手工業の大生産地であった。ハプスブルク宮廷はこうして、ハンガリーの西部地帯からブランデンブルクの南部国境に至るまでの広大な領域を掌中に収めた。

フランケン地方の小邦君主からブランデンブルク選帝侯になったホーエンツォレルン家は、「ドイツ国民の神聖ローマ帝国」の皇帝になる人物を選出する権利を有する、たった七人の諸侯に名を連ねることとなった。選帝侯の称号には、途轍もない重みがあった。称号は紋章を飾り、一族の政治的儀礼に威厳を与えただけでなく、帝国の全関係者が列席して盛大に執り行われる儀式に際しても、優越性を知らしめるシンボルとなった。ブランデンブルクの君主はこの称号のおかげで、皇帝選挙の度に皇帝に一票を投じる見返りとして、政治的な譲歩や褒賞を得られるようになった。そうした機会は、実際に皇帝選挙が行われる場合のみならず、在位中の皇帝が自らの後継者のために支持を確保しようとする際にも訪れた。

ホーエンツォレルン家は世襲領を確たるものにし、さらに増やすことに心血を注いだ。歴代の当主は一六世紀半ばまで、小規模ながらも重要な領土の獲得を繰り返した。他のドイツ諸侯とは異なり、ホーエンツォレルン家は自領の分割を回避することにも成功した。一四七三年に定められた「アヒレスの家憲」として知られる継承法が、ブランデンブルクの世襲的な一体性を保証していた。ヨアヒム一世（在位一四九九〜一五三五）はこの法に背き、自らの死後に所領を長男と次男の間で分割するよう命じたが、次男が一五七一年に嫡嗣を残さずに他界したため、領地の一体性は回復された。選帝侯ヨーハン・ゲオルク（在位一五七一〜九八）は一五九六年の『政治遺訓』において再び、複数の婚姻によってもうけた息子たちの間でブランデンブルクを分割するよう命じた。選帝侯位を継いだヨアヒム・フリードリヒ（在位一五九八～一六〇八）はこの所領をまとめ上げるのに成功したが、それは南のフランケン地方の所領を治めていた系統が好都合にも断絶し、弟たちにブランデンブルク以外の土地を与えられるようになったからだった。こうした例が示すように、一六世紀のホーエンツォレルン家は依然として一国の主というよりは一族の長として思考し、行動していた。もっとも一五九六年以降は、一族の事情を優先しようとしつつも、しかし領土の一体性のほうが重視されるようになっていった。この時代の他の領邦は数世代のうちに、より細分化された小邦へと転落していったが、ブランデンブルクは無傷のままであり続けた。[9]

選帝侯となったホーエンツォレルン家にとって、ハプスブルク家の皇帝は政治的に大きな存在であった。皇帝は単に有力な君主であるだけでなく、由緒ある制度によってドイツ地域のすべての主権の礎を成す帝国の要石であり、また帝国の保証人であった。皇帝の権力に対する崇敬の念は、彼が体現する政治秩序への愛着と分かちがたく混ざり合っていた。とはいえ、ハプスブルク家の皇帝は帝国内の諸問題を好き勝手に扱えたわけではないし、単独で采配を振るうこともできなかった。帝国には中央政府もなければ、独自の徴税権もなかったし、帝国軍や警察も常備していなかった。帝国を意のままにするには、常に交渉や駆け引き、策略が必要だった。つまり神聖ローマ帝国は、中世からの連続性を保持しつつも不安定なパワーバランスを特徴とする、極めて流動的でダイナミックなシステムだったのである。

宗教改革

一五二〇年代から一五三〇年代にかけて、ドイツの宗教改革が解き放ったエネルギーはこの複雑なシステムを動揺させ、急激な二極化への道をもたらした。有力諸侯の一団、そして帝国自由都市の約五分の二がルター派の信仰を採用した。皇帝カール五世は帝国のカトリック的性格を護持するため、そして自らの支配を強化するために、反ルター派同盟を組織した。彼らは一五四六〜四七年のシュマルカルデン戦争で大きな勝利を収めたが、しかしハプスブルク家の躍進は、帝国内外の敵対者やライバルたちの団結を強めるという事態を招いた。一五五〇年代の前半には、かねてからウィーンの動きを封じようと画策してきたフランスが、プロテスタントのドイツ諸邦への軍事的な援助を開始した。その後の膠着状態を経て、一五五五年にアウクスブルク帝国議会において妥協案が成立した。この時に結ばれたアウクスブルクの和議は、帝国内におけるルター派諸邦の存在を正式に承認し、ルター派の君主が自領の臣民に信仰を強制する権限を容認するものであった。

この騒乱の最中、ブランデンブルクのホーエンツォレルン家は慎重さを保ち、中立路線を追求した。皇帝を遠ざけまいとする彼らは、正式にルター派信仰へと移行するまでに時間をかけた。そのようなやり方ゆえに領内の宗教改革は遅々として進まず、一六世紀の大半を費やした。ブランデンブルク選帝侯ヨアヒム一世（在位一四九九〜一五三五）は息子たちがカトリック教会にとどまることを望んだが、一五二七年に妻のデンマーク王女エリーザベトは自分だけルター派に改宗してザクセンに出奔し、同国の選帝侯でルター派のヨーハン〔マルティン・ルターを保護したことで知られるフリードリヒ賢公の弟〕の庇護の下に降った。[10] 次なる選帝侯のヨアヒム二世（在位一五三五〜七一）は即位した時はカトリック教徒だったが、すぐに母に倣ってルター派に改宗した。この時のように、ブランデンブルクで宗教政策が展開される際には、君主家の女性が何度も重要な役割を演じることになる。

ヨアヒム二世は個人的には宗教改革に共感していたものの、自領を正式にプロテスタントへと改宗させるのには慎重だった。彼はなおも、旧来の典礼やカトリックの儀式の荘厳さに愛着を抱いていた。彼はまた、カトリックが優勢だった当時の帝国において、ブランデンブルクの地位を損なうような真似はしたくないと考えていた。ルーカス・クラーナハ（子）によって一五五一年頃〔もっと後の時期とする説もある〕に描かれたヨアヒム二世の肖像画は、この人物の二面性をよく捉えている。そこには張り出した腹の前で拳を握り、羽織もので着飾り、当時の宮廷装束に身を包んだ、威風堂々とした姿が描かれている。しかしその表情には警戒心が表れており、いかめしい顔は用心深げな目でこちらを斜めに見据えている。

帝国の大規模な政治闘争のなかで、ブランデンブルクは公正な仲介人としての役目を果たすべく、調停に努めた。選帝侯の使節は、プロテスタントとカトリックの妥協点を探ろうとする様々な試みに加わったが、成果は得られなかった。ヨアヒム二世は、プロテスタント陣営のなかでもとくに強硬な態度をとる諸侯たちから距離を取り、シュマルカルデン戦争の際には皇帝にささやかながら軍馬を送って、支援さえした。ヨアヒムが正式に信仰告白を行い、プロテスタントへの帰依を表明したのはアウクスブルクの和議の後、状況が比較的緩和された一五六三年になってのことであった。

ヨアヒム二世の息子ヨーハン・ゲオルク（在位一五七一〜九八）の時代になってようやく、ブランデンブルクの各地でルター派が存在感を強めていった。例えば、正統ルター派の人物がフランクフルト・アン・デア・オーダー大学〔一五〇七年にブランデンブルク初の大学として開学〕の教授職に任命されたり、一五四〇年の教会規定がルター派の原則に沿うかたちで全面的に改訂されたり、一五七三〜八一年と一五九四年の二度にわたって領内の教会に対して監察が実施されたりしたことで、ルター派への改宗が確実に進行していった。それでも帝国政治の領域においては、ヨーハン・ゲオルクはなおもハプスブルク宮廷の忠良なる支持者であり続けた。若い頃に公然とプロテスタントを支援してカトリック陣営を敵にまわした選帝侯ヨアヒム・フリードリヒ（在位一五九八〜一六〇八）でさえもが、選帝侯位に就くと態度を改め、ウィーンの宮廷から宗教面で譲歩を引き出そうとするプロテスタント側の様々な連合に対して距離を置くようになった。[11]

ブランデンブルク選帝侯は慎重だったとはいえ、野心を抱いていなかったわけではない。防衛に適

図1　ルーカス・クラーナハ〈選帝侯ヨアヒム二世〉1551年頃

した国境や、力ずくで目的を遂げられるだけの資源をもたない国家が好んで用いた政治の術は、婚姻だった。一六世紀のホーエンツォレルン家の通婚関係を振り返ると、要所要所で婚姻が武器として用いられていたことに、あらためて驚かされる。具体的に言えば、選帝侯は一五〇二年、そして一五二三年にデンマーク王家と婚姻関係を結び、シュレースヴィヒとホルシュタインの両公国の一部と、バルト海の海港に対する領有権を――実現はしなかったものの――得ようとした。一五三〇年にはポンメルン公爵ゲオルク一世に娘を嫁がせ、いつか同公国を継承してバルト海沿岸地域を手に入れようと目論んだ。ポーランド王も、ブランデンブルクの皮算用のなかで重要な存在だった。プロイセン公国は元々はドイツ騎士団の支配下にあり、一五二五年に同騎士団が世俗化してからはブランデンブルク選帝侯の従弟アルブレヒト・フォン・ホーエンツォレルン公が統治していたが、バルト海沿岸のこの公国はポーランド王を封主に戴いていた。

一五三五年に選帝侯ヨアヒム二世がポーランドの王女ヤドヴィガと結婚したのは、この魅力的な領邦を手に入れるのが目的の一つだった。一五四八年に妻の弟がポーランド王位に就いた後、ヨアヒムは自分の二人の息子を公国の第二継承者にするのに成功した。一五六八年にプロイセン公アルブレヒトが死去すると、この地位はルブリンのポーランド議会によって承認され、公爵位を継いだ一四歳のアルブレヒト・フリードリヒが男子の跡取りを残さずに死亡した場合には、ブランデンブルクが公国を継承する見通しになった。実際に、この賭けは成功した。精神面は不健康だったが身体は頑強なアルブレヒト・フリードリヒは一六一八年まで、さらに五〇年にわたり生き長らえたが、五人の娘をもうけたものの息子を残さなかったのである〔アルブレヒト・フリードリヒの二人の息子は夭逝している〕。

この間、ブランデンブルク選帝侯はあの手この手を使って、プロイセン公国に対する継承権を確実なものにしようと努め、父親が他界すれば息子たちがその遺志を受け継いだ。一六〇三年、選帝侯ヨアヒム・フリードリヒは——当時の公爵が精神虚弱であったため——ポーランド王を説き伏せて、公国の摂政に就任した。息子のヨーハン・ジギスムントは、一五九四年にアルブレヒト・フリードリヒの長女アンナと結婚——「一番器量よしの娘ではない」と、彼女の母親は率直に忠告したが、ヨーハン・ジギスムントは無視した——することで、プロイセン公国との結びつきをより強化した。[12] さらに、恐らくは他家が割り込んでくるのを防ぐために、最初の妻と死別した父ヨアヒム・フリードリヒは、息子の妻の妹と結婚した。父親が息子の義理の弟になり、アンナの妹が彼女の義理の母親になったわけである。

　こうして、ブランデンブルクのホーエンツォレルン家によるプロイセン公国の直接継承は確実視されるところとなった。しかし、ヨーハン・ジギスムントとアンナの結婚はさらに西方で新たな、そして豊かな相続物をもたらしてくれた。アンナはプロイセン公爵の娘であるだけでなく、ライン地方のユーリヒ、クレーヴェ、ベルクの各公国および〔ヴェストファーレン地方の〕マルク伯領とラーヴェンスベルク伯領を保有するヨーハン・ヴィルヘルム——やはり精神に異常をきたしていた——の姪でもあった。アンナの母マリア・エレオノーレが、このヨーハン・ヴィルヘルムの長姉だったのである。この母方の親類関係が意味をもったのは、ユーリヒ＝クレーヴェの家法が一族の財産と称号を女系に継承することを認めていたためだった。この異例の規定のおかげで、プロイセン公女アンナは叔父の継承者となり、さらには夫のブランデンブルク選帝侯ヨーハン・ジギスムントが、ユーリヒ＝クレーヴェ領の継承権請求者になった。[13] 近世ヨーロッパの結婚市場では、冷徹な策略を代々にわたり実践してきた一族に、時に思いもよらぬ幸運が転がり込んできたこと、そして黎明期のブランデンブルクにおいて婚姻政策がいかに決定的な役割を果たしたのかを、ここまで見事に示した例は他にない。

大いなる期待

一七世紀に入る頃、ブランデンブルク選帝侯は希望半分、不安半分といった状況だった。プロイセン公国にしろ、公国や伯領の連合体であるユーリヒ＝クレーヴェにしろ、間もなく継承が見込まれる地域はマルク・ブランデンブルクに隣接していなかった。かたやユーリヒ＝クレーヴェは神聖ローマ帝国の西方に位置しており、スペイン領ネーデルラント〔現在のベルギーに相当〕やネーデルラント連邦共和国〔オランダ〕に隣接していた。同地はドイツ語圏のなかでも最も都市的で工業化の進んだ地域のなかにある、宗派混交地帯だった。かたやルター派のプロイセン公国——ブランデンブルクとほぼ同じ面積を有していた——は帝国の外側、東方のバルト海沿岸に位置しており、ポーランド＝リトアニア共和国に四方を囲まれていた。そこは風の吹きすさぶ浜辺や入江、穀倉地帯の平原、穏やかな湖、沼地、そして鬱蒼とした森から成る世界だった。近世ヨーロッパにおいては、地理的にばらばらの領域が単独の君主の支配下にあるのは珍しいことではなかったが、ブランデンブルク＝プロイセンの場合は領土と領土の間の距離が異例なまでに長かった。ベルリンとケーニヒスベルク〔ロシアのカリーニングラード〕は七〇〇キロメートル以上に及ぶ道のりで隔てられていたうえ、その大部分が悪天候の際には事実上、交通不能となった。

どうみても、ブランデンブルクの要求が異論なく受け入れられることはなさそうだった。ポーランド議会にはブランデンブルクによるプロイセン継承に反対する強力なグループが存在していたし、ユーリヒ＝クレーヴェの継承権をめぐっては、ブランデンブルクに次ぐ二番手の候補であるドイツ西部のプファルツ＝ノイブルク公爵をはじめ、少なくとも七名の有力な対抗馬がいた。さらに、プロイセン公国とユーリヒ＝クレーヴェ公国は、国際的な緊張が激しい地域に位置していた。例えばユーリヒ＝クレーヴェは、一五六〇年代以来断続的に続いていたオランダのスペインからの独立闘争の舞台に近かった。同様に、プロイセン公国が存在していたのは、拡張主義をとるスウェーデンとポーランド＝リトアニア共和国の紛争地帯だった。選帝侯国の軍事機構は、一六〇〇年には既に一〇〇年は時代遅れになっていた古臭い封建制的な招集体制を基礎としていた。若干の近衛兵や小規模な要塞守備隊を除けば、常備軍は存在しなかった。仮にブランデンブルクが新たな領土を獲得できたとしても、それらを維持するには先立つものが必要だった。

しかし、そのあてはなかった。新しい領土を獲得するために財政基盤を拡充しようとすれば、国内では猛烈な反対運動が起こった。ヨーロッパの君主の例にもれず、ブランデンブルク選帝侯は、諸身分《シュテンデ》と呼ばれる合議機関に組織された地方エリートたちと権力を分有していた。諸身分は選帝侯によって徴収される税金に承認を与えたり――あるいは与えなかったり――、税金の徴収を――一五四九年以降は――管理したりした。そして徴税を代行する見返りに、広範に及ぶ権限と特権を保持していた。選帝侯は例えば、諸身分にお伺いをたてなければ、他国と同盟を結ぶこともできなかった。(14) 一五四〇年から一六五三年にかけて繰り返し出された布告をつうじて、選帝侯は、「余は諸身分すべて

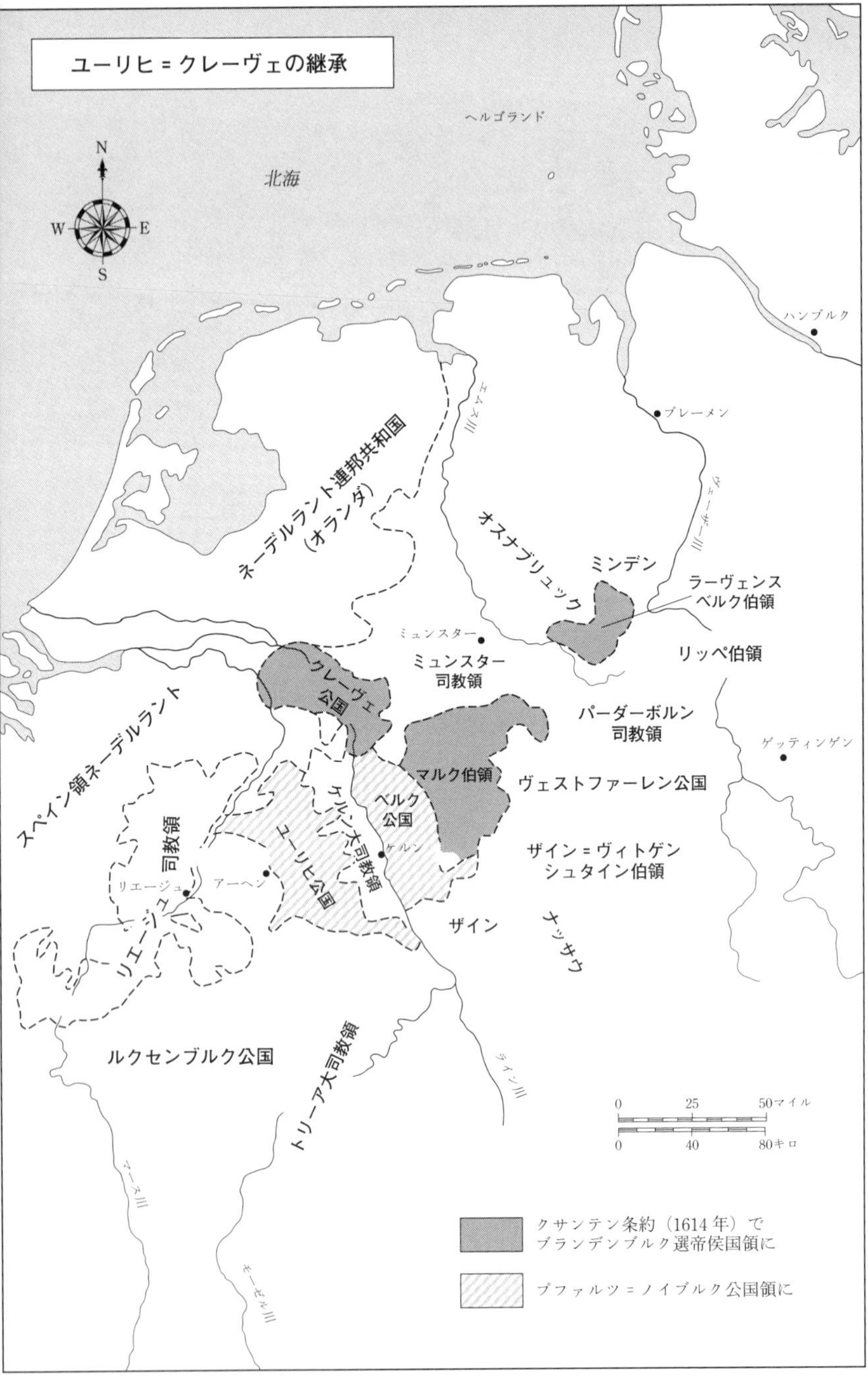

ユーリヒ＝クレーヴェの継承
ヘルゴランド
北海
N
W
E
S
ハンブルク
ブレーメン
エムス川
ヴェーザー川
ネーデルラント連邦共和国
（オランダ）
オスナブリュック
ミンデン
ラーヴェンス
ベルク伯領
ミュンスター
ミュンスター
司教領
リッペ伯領
クレーヴェ
公国
パーダーボルン
司教領
ゲッティンゲン
スペイン領ネーデルラント
マルク伯領
ヴェストファーレン公国
ケルン大司教領
ベルク
公国
ユーリヒ公国
ケルン
リエージュ
司教領
アーヘン
リエージュ
ザイン＝ヴィトゲン
シュタイン伯領
ザイン
ナッサウ
ルクセンブルク公国
トリーア大司教領
ライン川
マース川
モーゼル川
0 25 50マイル
0 40 80キロ
クサンテン条約（1614年）で
ブランデンブルク選帝侯国領に
プファルツ＝ノイブルク公国領に

プロイセン公国
国境線
N
W
E
S
バルト海
メーメル
リトアニア
タウロッゲン
クルシュー潟
ネマン川
ティルジット
ラグニット
ザムラント
ラビアウ
シュタルペーネン
ケーニヒスベルク
タピアウ
インスターブルク
グンビンネン
プレゴリャ川
ヴェーラウ
ヴィストゥラ潟
ダンツィヒ
バルテンシュタイン
エルムラント
リック
マズーリ
マリエンヴェルダー
ヨハニスブルク
オルテルスブルク
オーバーラント
ヴィスワ川
ポーランド
王領プロイセン
0
25
50マイル
0
40
80キロ

に事前に伝えて諮問することなく、各領邦の繁栄や衰退に関わるいかなる重要事項も決定したり着手したりしない」とさえ約束した。(15) つまり、選帝侯は手綱を握られていたのである。地方貴族は国内の土地収益の大部分を我が物にしており、選帝侯の最大の債権者ですらあった。しかし、彼らは極めて了見が狭かった。地方貴族には、選帝侯が見知らぬ土地をあちこち獲得するのに手を貸す気はなく、むしろそうした行為をマルク・ブランデンブルクの安寧を脅かしかねないものと考えて、反対するばかりだった。

選帝侯ヨアヒム・フリードリヒは事の重大さを認識していた。一六〇四年一二月一三日、彼は九名のメンバーから成る枢密参議会《ゲハイマー・ラート》の創設を明言した。その任務は、「余を圧迫する高度で重大な諸問題」、とりわけプロイセンとユーリヒの継承権をめぐる問題を監督することにあった。(16) 枢密参議会は様々な角度から問題を検討し、より一貫したアプローチをとることができるよう、合議制で機能するはずだった。この組織は決して国家官僚機構の中核を占めるところまではいかなかったし、当初に予定されていた定例会議の日程は守られず、おおよそのところ諮問機関としての役割にとどまった。(17) しかしその職掌の広さと多様性は、意思決定プロセスを中央に集中させようとする、新たな決意の表れであった。

婚姻政策にも、西方重視という新たな傾向が見られるようになった。一六〇五年二月、選帝侯の孫だった九歳のゲオルク・ヴィルヘルムが、プファルツ選帝侯フリードリヒ四世の七歳の娘と婚約することになった〔一六一六年に結婚〕。ライン川周辺に広大で豊かな領土をもつプファルツは、ルター派よりもさらに激しくカトリックと対立するカルヴァン派（改革派）の、ドイツにおける牙城であった。

一六世紀後半、カルヴァン派はドイツの西部や南部で信仰の足場を固めていた。プファルツの宮廷が置かれていたハイデルベルクは、ドイツ・カルヴァン派の都市や領邦の軍事的、政治的ネットワークの中心地であったが、このネットワークはさらに外国、とりわけオランダにまで及んでいた〔プファルツ選帝侯フリードリヒ四世の妃はオラニエ公ウィレム一世の娘だった〕。フリードリヒ四世はドイツ西部でも屈指の軍事力を保有しており、ブランデンブルクはプファルツとの関係をこれまで以上に強化することで、ユーリヒ＝クレーヴェの継承問題への戦略的支援を得ようとした。果たして一六〇五年四月、ブランデンブルクとプファルツ、そしてオランダの間で同盟が締結され、オランダは軍事に関して支援金を受け取る見返りとして、ブランデンブルクに代わってユーリヒを占領するために五〇〇〇人の兵を用意することに同意した。

これは画期的な出来事だった。一五五五年に締結されたアウクスブルクの和議は、ルター派を公認した反面で、カルヴァン派には同等の権利を認めていなかったが、ホーエンツォレルン家は強情なカルヴァン派と手を結んだことで、この取り決めからはみ出してしまった。ブランデンブルクは今や、ハプスブルク家の皇帝に最も頑強に敵対する一派に身を置くこととなったのである。ベルリンの政策決定者たちは分裂状態に陥った。選帝侯や彼の助言者の多くは、慎重かつ自制心ある政策を望んだ。しかし、長男ヨーハン・ジギスムント〔在位一六〇八〜一九〕――酒豪のエピソードで知られる――の周囲にいた有力者たちは、強硬路線を選んだ。ユーリヒ出身の枢密顧問官オットー・ハインリヒ・ビーラント・ツー・ライトや、ヨーハン・ジギスムントの妻でユーリヒ＝クレーヴェの継承権を有するアンナといった取り巻きたちの後押しを受けて――あるいは彼らに操られて――、ヨーハン・ジギスムントはプファルツとの関係を強化しようとした。彼はさらに、先手必勝とばかりに、ユーリヒ＝クレーヴェへの侵攻さえ主張した(18)。ホーエンツォレルン国家の歴史において、政治的エリートが外交方針をめぐって真っ二つに分かれるという事態は、この後も繰り返されることになる。

一六〇九年、精神を病んでいたユーリヒ＝クレーヴェの老公爵がついに死去すると、ブランデンブルクはその領土を要求し始めた。これは最悪のタイミングだった。この時期、スペインのハプスブルク家とオランダの間の地域紛争が未だ続いていたが、ユーリヒ＝クレーヴェはネーデルラントへと繋がる軍事的要衝に位置していた。さらに悪いことに、神聖ローマ帝国では、宗派間の緊張が著しく高まっていた。一連の苛烈な宗教対立を経て、カルヴァン派のプファルツが先導して一六〇八年に成立したプロテスタント同盟と、その翌年に成立し、皇帝の庇護を受けたバイエルンのマクシミリアン公が率いるカトリック連盟の、二つの対抗的な宗派連合が誕生した。もっと平和な時期であれば間違いなく、ブランデンブルク選帝侯とプファルツ＝ノイブルク公はユーリヒ＝クレーヴェを巡る紛争を解決するために、皇帝を頼りにしていたであろう。しかし一六〇九年の不穏な情勢にあっては、皇帝が中立を保つことは考えにくかった。そこで選帝侯は帝国の仲裁メカニズムをあてにせず、係争相手であるプファルツ＝ノイブルクと単独で協定を結んだ。両国は、まずは共同でユーリヒ＝クレーヴェを占領し、その後で互いの言い分を調整するという線で合意に達した。

彼らの行動は大きな危機を引き起こした。ユーリヒを防衛するために、スペイン領ネーデルラントから皇帝軍が派遣された。ヨーハン・ジギスムントはプロテスタント同盟に参加し、同盟はブランデンブルクとプファルツへの支援を正式に明言し、五〇〇〇人の兵を送った。フランスのアンリ四世も関心を示し、プロテスタント側に立っての介入を決断した――一六一〇年五月に彼が暗殺されなければ、大戦争が勃発するところだった。オランダ、フランス、イギリス、そしてプロテスタント同盟から成る連合軍がユーリヒに侵攻し、カトリック側の守備隊を包囲した。その間にカトリック連盟の側にも新たな国々が参集し、ブランデンブルクとプファルツの主張に激怒した皇帝がユーリヒ＝クレーヴェ全域をザクセン選帝侯に譲り渡したために、皇帝・ザクセン連合軍によるブランデンブルク侵攻の危機が囁かれるようになった。その後の紛争を経て、一六一四年、ユーリヒ＝クレーヴェは――最終的な解決を先送りして――二人の要求者の間で分割された。すなわち、プファルツ＝ノイブルク公がユーリヒとベルクを受け取り、ブランデンブルク選帝侯はクレーヴェ、マルク伯領、ラーヴェンスベルク、ラーヴェンシュタインを領有することとなったのである（三四頁を参照）。

ブランデンブルクは大層なものを手に入れてしまった。クレーヴェ公国はライン川の両岸にまたがっており、オランダへと張り出した形をしていた。中世末期、堤防が整備されたことでライン川の氾濫原の肥沃な土壌が回復し、この地域はオランダ向けの穀倉地帯に変貌した。マルク伯領はそれほど豊かではなかったし、人口も比較的少なかったが、鉱業と冶金業の一大中心地であった。ラーヴェンスベルク伯領は、小規模ながら、ライン地方とドイツ北東部を結ぶ戦略的に重要な輸送路を押さえており、主要都市のビーレフェルトを中心にリネン産業が盛んだった。マース川沿いにあるささやかな所領、ラーヴェンシュタインはオランダ内の飛び地になっていた。

ある時点で、選帝侯は自分が無理をし過ぎたことに気づいたに違いない。彼の乏しい資力では、継承権争いで大立ち回りを演じるのは無理だった。[19] それにもかかわらず領土を拡張して、ますます無防備な状態に陥ったのである。厄介事はもう一つあった。一六一三年、ヨーハン・ジギスムントはカルヴァン派への改宗を表明し、自らの一族を一五五五年のアウクスブルクの和議の埒外に置いてしまった。この行動の長期的な重要性については第五章で述べるが、短期的に見れば、選帝侯の改宗は外交上の利益を何らもたらさなかったばかりか、むしろルター派住民の激しい怒りを買う羽目になった。一六一七年、頼りがいのないプロテスタント同盟が、ブランデンブルクに対する支持を撤回した。[20] ヨーハン・ジギスムントはこれを受けて、同盟から離脱した。助言者の一人が指摘したように、彼が同盟に参加した主たる動機は、ユーリヒ＝クレーヴェの継承を確実なものにするためで、本拠地であるブランデンブルクにしてみれば、「僻地にあるので、［プロテスタント同盟など］何の役にも立たない」のであった。[21] ブランデンブルクは孤立を深めていた。

おそらくは苦境が身に染みたために、一六〇九年以降、選帝侯の心身の衰弱に拍車がかかった。即位前にはあれほどの活力と決断力を発揮した男も、ついに精根尽き果てた。生来の飲酒癖は度を超え、自制を失った。ヨーハン・ジギスムントが酩酊のあまり花婿候補の横っ面を殴りつけ、娘とプファルツ＝ノイブルク公の息子の政略結婚のチャンスをふいにしたという、後にシラーが書き記した物語は架空の話かもしれない。[22] しかし一六一〇年代の彼の暴力や酒乱に関する同様の話は、おそらくは信じるに足るものである。ヨーハン・ジギスムントは肥満と無気力に陥り、政務を執り続けられなくなった。一六一六年に脳卒中を起こしてからは、会話もままならなくなった。一六一八年の夏にケーニヒスベルク［正確には同市近郊のフィッシュハウゼン］でプロイセン公が死去し、ブランデンブルクによる遠方の領土継承がまた一つ実現した時、ある訪問者によれば、ヨーハン・ジギスムントは

「死にかけ《レーベンディヒトートト》」の有様だった。(23)

選帝侯たるホーエンツォレルン家の三世代にわたる周到な事業によって、ブランデンブルクの展望は大きく変わった。東西の遠隔地を含めた広大な支配領域の輪郭、すなわち後にプロイセンとして知られることになるものの原型が、おぼろげに見え始めたのである。しかし、この展望を叶えられるだけの元手は、まだなかった。どうすれば並みいるライバルに対抗して、自らの主張を押しとおせるだろうか。どうすれば新たに獲得した領土において、財政や政策についての承認をとりつけられるだろうか。こうした課題は、平時であっても難問だった。しかし一六一八年、各方面からの歩み寄りがあったにもかかわらず、神聖ローマ帝国は過酷な宗教戦争の時代、王朝間戦争の時代へと突入していった。

第二章　荒廃

三十年戦争（一六一八〜四八）の間、ドイツ諸邦はヨーロッパの破局の舞台となった。神聖ローマ帝国内におけるハプスブルク皇帝フェルディナント二世（在位一六一九〜三七）とプロテスタント勢力の対立は、デンマークやスウェーデン、スペイン、オランダ、そしてフランスを巻き込んで拡大した。スペインとそこから分離したオランダとの闘争、バルト海の支配権をめぐる北方諸国の競合、そしてブルボン朝フランスとハプスブルク家の伝統的な大国間対立など、大陸各地の紛争がドイツ諸邦の域内で繰り広げられたのである。(1) 各地で戦闘や包囲戦、軍事占領があったとはいえ、大半の合戦の舞台となったのはドイツだった。無防備で内陸に位置するブランデンブルクにとって、三十年戦争は自国の弱さが白日の下に晒される惨事となった。戦争中のここぞという場面で度々、ブランデンブルクは苦渋の決断を迫られた。この国の命運は、完全に他者に握られていた。選帝侯は国境を防衛することも、臣民を統率したり守ってやることもできず、自身の爵位を保持し続けることすらままならなかった。幾つもの軍隊がブランデンブルクの各地を横切る度に法の支配が途絶え、地域経済は混乱し、人々の暮らし、そして過去の記憶が無理やりに断ち切られた。一世紀半の後、フリードリヒ大王は以下のように書き記している。選帝侯の領土は「三十年戦争の間に荒廃し、その致命的な傷跡はあまりに深く、余がこの文章を書いている今なお、目に留まるほどなのだ[2]」。

戦線の狭間で（一六一八〜四〇）

ブランデンブルクはこの危機の時代に、ほとんど丸腰の状態で臨んだ。ブランデンブルクの戦力は微々たるもので、味方からにせよ敵からにせよ、交渉をつうじて見返りや譲歩を引き出す術もなかった。南方で国境を接していたのはラウジッツとシュレージエンであり、両地域はハプスブルク家が世襲するボヘミア王冠領――ただし、ラウジッツの管理権はザクセンが有していた――だった〔ラウジッツは一六二三年に皇帝への支援の代償としてザクセンに管理権が与えられ、一六三五年のプラハ平和条約でザクセンに正式に割譲された〕。この二地域の西側にあり、ブランデンブルクとも隣接していたザクセン選帝侯国は、三十年戦争の初期には皇帝との緊密な協調政策をとっていた。北方の国境は、バルト海沿岸で強盛を誇るプロテスタント国家、すなわちデンマークとスウェーデンの軍隊に対して無防備な状態にあった。ブランデンブルクとバルト海の間には、病気がちのボギスラフ十四世が統治する弱体なポンメルン公国〔およびメクレンブルク公国〕しか存在していなかった。西部においても、そしてはるか東方のプロイセン公国についても、ブランデンブルク選帝侯は新たな獲得地を侵略から守る手段を持ち合わせていなかった。そのため、そして皇帝への従属という旧習がまだ根づいていたこともあり、ブランデンブルク選帝侯は慎重にならざるを得なかった。

選帝侯ゲオルク・ヴィルヘルム（在位一六一九〜四〇）は臆病で、眼前の逆境を乗り越えるだけの資質を欠いた優柔不断な人物であり、戦争の初期には、自国の資源を消費したり、他国の報復を招くような同盟を結ぶことを避けた。彼は、プロテスタントのボヘミア諸身分がハプスブルク家の皇帝に対して起こした反乱に同情を示したが、義兄のプファルツ選帝侯〔フリードリヒ五世〕がプロテスタント側についてボヘミアに出征すると、係争から身を引いた。一六二〇年代半ば、デンマーク、スウェーデン、フランス、イギリスの宮廷間で反ハプスブルク同盟が構想されるようになると、ブランデンブルクは大国外交の片隅で怪しげな動きをとった。一六二〇年にはゲオルク・ヴィルヘルムの妹と結婚したスウェーデン王〔グスタヴ・アードルフ〕を説得して、皇帝に対する軍事行動をけしかけたこともあった。一六二六年、ゲオルク・ヴィルヘルムのもう一人の妹がカルヴァン派のトランシルヴァニア公爵〔ベトレン・ガーボル〕――トルコの支援を受けてハプスブルク家と戦争を繰り返し、皇帝の宿敵の一人となっていた――に嫁いだ。しかし同時に、ブランデンブルクはカトリックの皇帝に忠誠を誓い、一六二四〜二六年にイギリスとデンマークが皇帝への対抗を意図して結んだハーグ同盟には関わらなかった。

それでも、両陣営からの圧力や軍事侵攻から選帝侯国をやり過ごすことはできなかった。一六二三年、ティリー将軍率いるカトリック連盟軍がシュタットローンでプロテスタント勢力を撃破した後、ヴェストファーレンのマルクとラーヴェンスベルクはカトリック連盟軍の宿営地となった。ゲオルク・ヴィルヘルムは、自力では領土を守り切れない以上、面倒ごとに巻き込まれざるを得ないことを悟った。しかし、効果的な武装中立政策をとるだけの金はなかった。ルター派が圧倒的多数を占めるブランデンブルクの諸身分は、選帝侯がカルヴァン派に肩入れしているのに不満を抱いており、資金の提供に乗り気ではなかった。一六一八〜二〇年の時期、彼らの大半はカトリックの皇帝に共感しており、カルヴァン派の選帝侯がブランデンブルクを国際紛争に引きずり込むという愚を冒すのではないかと危惧していた。彼らの考えでは、最善の策は嵐の外で待機し、どの国からも敵意の目を向けられないようにすることだった。

一六二六年、ゲオルク・ヴィルヘルムが諸身分から資金を引き出すのに苦労していた頃、プファルツの将軍マンスフェルト伯が同盟相手のデンマーク軍を引き連れて、アルトマルクとプリーグニッツを制圧した。大混乱が発生した。教会は闖入者たちに略奪され、ナウエンの町は徹底的に破壊され、隠した金品を強奪しようとする軍隊によって村々が焼かれた。この件をブランデンブルクの高官から指摘されると、デンマーク使節ミッツラフは驚くべき横柄さで、こう切り返した。「選帝侯のお気に召そうと召すまいと、［デンマークの］国王はまったく同じことをなさるでしょう。王に同調しない者は誰であろうと、王に背く者なのです」(3)。しかしほしいままに振る舞ったのも束の間、デンマーク軍は敵に押し戻されるようになった。一六二六年八月二七日にブラウンシュヴァイク公国のルッター・アム・バーレンベルク近傍で皇帝軍とカトリック連盟軍に敗北した後、同年の晩夏にアルトマルクを皇帝軍に奪われ、デンマーク軍はベルリン北西のプリーグニッツ、そして北方にあるウッカーマルクに退却した。同じ頃、スウェーデン王グスタヴ・アードルフはプロイセン公国に上陸し、選帝侯の訴えを完全に無視して、対ポーランド戦のための拠点を築いた。ノイマルクも皇帝に従うコサック傭兵に蹂躙され、略奪された。ブランデンブルクが直面した脅威がどれほど大きなものであったのかは、隣国メクレンブルクの諸公の運命をみればよく分かる。メクレンブルクの場合、皇帝はデンマーク側についた懲罰として公爵家を退位させ、強力な指揮官であった配下の軍事企業家ヴァレンシュタイン伯に、この国を戦利品として下賜したのである〔皇帝とヴァレンシュタインが対立関係に陥った一六三一年、メクレンブルク家に公爵位が返還された〕。

今こそ、ハプスブルク陣営に帰順すべきではないか。絶望の淵に立たされたゲオルク・ヴィルヘルムは、側近に次のように漏らした。「無念で、このままでは頭がおかしくなってしまいそうだ。〔…〕皇帝に味方するしか策はなかろう。余には息子が一人しかいない。自分とこの子が選帝侯にとどまることができるかどうかは、おそらく皇帝次第だろう(4)」。一六二六年五月二二日、厳格な中立政策を望

図2 ゲオルク・ヴィルヘルム（選帝侯位 1619–40）の肖像画。当時の肖像画に基づくリヒャルト・ブレンダムールによる木版画

む助言者たちや諸身分の抗議を押して、選帝侯は皇帝との条約に調印した。この取り決めにより、選帝侯国の全土が皇帝軍に開放されることとなった。慣習に則って、皇帝軍の最高司令官であるヴァレンシュタイン伯爵が占領地の住民から食糧、宿舎、軍資金を取り立てるようになり、苦難の時代が続いた。

このように、ブランデンブルクが皇帝との同盟関係から得られるものは何もなかった。それどころか、一六二〇年代後半に皇帝軍が敵対勢力を後退させ、その権勢が頂点に達した際には、皇帝フェルディナント二世にとってゲオルク・ヴィルヘルムなど、無きに等しい存在だった。一六二九年の復旧勅令で、皇帝は、一五五二年にカトリックが所有していた「すべての大司教領、司教領、高位聖職者領、修道院領、慈善団体の保有地、寄進地」を、もし必要とあらば武力に訴えてでも「取り戻す」つもりであると宣言した――このような企てが実行に移されれば、多くの教会施設がプロテスタントの管理下に置かれていたブランデンブルクに大きな損害が与えられるのは必定だった。さらに、この勅令は一五五五年のアウクスブルクの和議を追認し、カルヴァン派を帝国の宗教的平和から除外し、カトリックとルター派の信仰のみが公式な立場を享受しうる――「他のすべての教義と宗派は禁止され、容認されない」ものとされた――と定めていた。[5]

一六三〇年のスウェーデンの突然の参戦はプロテスタント諸邦にとっては朗報だったが、ブランデンブルクにとっては、政治的な風当たりが強まることになった。[6] 一六二〇年、ゲオルク・ヴィルヘルムの妹マリア・エレオノーラは、スウェーデン王グスタヴ・アードルフに嫁いだ。グスタヴ・アードルフは戦争と征服を渇望する偉丈夫で、ヨーロッパにおけるプロテスタントの大義に身を捧げる、伝道師のような熱意に満ちた大物だった。ドイツの紛争への介入を深めるにつれて、他にドイツ諸邦との盟約関係をもっていなかった彼は、義弟にあたるゲオルク・ヴィルヘルムとの同盟強化を決意するようになった。対して選帝侯のほうは乗り気ではなかったが、その理由は容易に理解できる。グスタヴ・アードルフは、それまでの一五年間をバルト海東部での征服戦争に費やしてきた。ロシアとの一連の戦いで、スウェーデンはフィンランドからエストニアにかけての広大な領土を手に入れていた。一六二一年、グスタヴ・アードルフはポーランドとの戦争を再開し、プロイセン公国を占領してリヴォニア〔現在のラトヴィア〔北東部〕とエストニア〔南部〕〕を征服した。スウェーデン王はさらにポンメルン公爵を説得し、公爵の死後に同国をスウェーデンに移譲させる旨の協定を結ばせた。これは、ブランデンブルクと北の隣国とが長年にわたり維持してきた継承条約を、根底から覆すものだった。

つまりはどう考えたところで、スウェーデンは敵としても友としても危険な存在であった。ゲオルク・ヴィルヘルムは中立構想に立ち返った。彼は、ザクセンと協力してプロテスタント・ブロックを形成して復旧勅令の執行に対抗しつつ、皇帝と北方の敵との間の緩衝材となろうと目論み、この案は一六三一年二月に開催されたライプツィヒ会議で実現した。しかしそうした策略をもってしても、南北から迫りくる脅威をはね返すことはできなかった。ウィーンから猛烈な警告と脅しが発せられた一方で、ノイマルクではスウェーデン軍と皇帝軍が衝突し、前者が後者を域外に追い出し、フランクフルト・アン・デア・オーダー、ランツベルク〔ポーランドのゴジュフ・ヴィエルコポルスキ〕、キュストリン〔ポーランドのコストシン・ナド・オドロン〕といった城塞都市を占領した。

戦勝に勢いづくスウェーデン王は、ブランデンブルクに対して全面的な同盟を要求した。中立の維持を願うゲオルク・ヴィルヘルムの訴えは、聞き入れられなかった。グスタヴ・アードルフはブランデンブルクの使節に、以下のように告げている。

中立についてなど、知りたくも聞きたくもない。［選帝侯は］敵か味方か、どちらかでなければならない。余が国境を訪れたあかつきには、白黒はっきりさせねばならない。これは、神と悪魔の戦いである。貴公が神の側に立ちたいのであれば、余に加勢しなければならないし、悪魔の側に立ちたいのであれば、本気で一戦交えねばならない。第三の道はない。(7)

ゲオルク・ヴィルヘルムが言葉を濁している間に、スウェーデン王は軍隊を従えてベルリンに迫ってきた。慌てた選帝侯は、一族の女性たちを首都の南東十数キロメートルにあるケーペニックに派遣し、同地に駐屯する侵略者と交渉させた。結局、スウェーデン王が選帝侯の賓客の扱いを受け、一〇〇〇人の兵を伴ってベルリンに入城し、交渉を継続することで話がついた。その後の数日にわたり歓待が続き、スウェーデン側は気前よくポンメルンの一部をブランデンブルクに割譲すると言ってみたり、国王の娘と選帝侯の息子の結婚をほのめかしたり、あるいは同盟を迫ったりした。ゲオルク・ヴィルヘルムは肚を決め、スウェーデンと手を組むことにした。

この政策転換の理由は、スウェーデン軍の威圧的な態度にもあった。彼らは一時はベルリンの城壁の前に陣取り、大砲を宮殿に向け、苦悩する選帝侯の気持ちをはっきりさせようとした。しかし決定打となったのは一六三一年五月二〇日、プロテスタント都市のマクデブルクがティリー率いる皇帝軍によって陥落したことだった。マクデブルク占領に際しては、お定まりの搾取や収奪にとどまらず、ドイツ文学に消えない記憶を残すほどの、都市住民の大規模な殺戮も行われた。プロイセンのフリードリヒ大王は古典的なレトリックを駆使した文章で、その時の光景を以下のように描いている。

兵士の怒りが解き放たれた時に自由奔放に考え出されるもの、盲目の怒りが感覚を支配した時に最も獰猛な残虐性が人間に与えるもの、そのすべてが皇帝軍によって、この不幸な都市で繰り広げられた。軍隊は武器を手に、群れをなして街路を駆け回り、老人であろうと女子供であろうと、我が身を守り抵抗することが叶わぬ者たちを無差別に虐殺した［…］。目に入ってくるのはただ、なおも小刻みに震える死骸が積み上げられていたり、あるいは裸で四肢を広げている光景だった。今まさに喉を切られようとする者の悲鳴が、殺戮者たちの猛々しい叫び声と混じり合っていた［…］(8)。

当時の人々にとっても、ドイツのプロテスタンティズムの一大中心地であり、約二万人〔二万五〇〇〇～三万人とする説もある〕の人口を擁したマクデブルクの壊滅は、心胆寒からしめる出来事であった。様々な残虐行為を生々しく書き立てたパンフレットや新聞、ビラがヨーロッパ中を駆け巡った(9)。プロテスタント臣民に対する非道極まる殺戮を伝えるこうしたニュースは、何にもまして、ドイツ・プロテスタント地域におけるハプスブルク皇帝の盛名に泥を塗った。叔父のクリスティアン・ヴィルヘルムがマクデブルクの司教区管理者であったため、ブランデンブルク選帝侯が受けた衝撃は格別だった〔クリスティアン・ヴィルヘルムは重傷を負って皇帝軍の捕虜となった〕。一六三一年六月、ゲオルク・ヴィルヘルムは渋々スウェーデンとの協定に調印し、ベルリン西方のシュパンダウとノイマルク地方のキュストリンの両要塞をスウェーデン軍に開放し、またスウェーデンに毎月三万ターラーの上納金を支払うことに同意した。(10)

かつての皇帝との同盟と同様に、スウェーデンとの協定は短命に終わった。一六三一〜三二年、スウェーデンとザクセンの連合軍がドイツの南部と西部の深くにまで侵攻し、皇帝側に大打撃を与えたことで、形勢はプロテスタント側の有利に変わった。しかし、一六三二年一一月一六日のリュッツェンの戦いでグスタヴ・アードルフが騎兵戦の最中に戦死すると、彼らの猛攻は勢いを失った。ネルトリンゲンで大敗を喫した後、一六三四年末にはスウェーデンの優位は崩れた。戦争で消耗し、スウェーデンとドイツのプロテスタント諸侯との間に楔を打ち込もうと躍起になっていた皇帝フェルディナント二世は、この機会を捉えて、穏当な和平条件をドイツ諸侯に提示した。一六三一年九月にスウェーデンと手を組んだルター派のザクセン選帝侯は、ここに至って皇帝の側に舞い戻った。しかし、ブランデンブルク選帝侯にはもっと厳しい選択が迫られた。プラハ平和条約の草案は慈悲を示し、先の復旧勅令の苛烈な要求が撤回されたが、カルヴァン派の公認についてはなおも言及されていなかった。皇帝の和平提案を受けて、スウェーデンも独自の講和条約案をブランデンブルクに提示し、帝国内の戦闘が終了した後にポンメルンをブランデンブルクに全面的に譲渡すると約束した。

ゲオルク・ヴィルヘルムは悩んだ末に、皇帝のもとで活路を見出すことに決めた。一六三五年五月、ブランデンブルクはザクセンやバイエルンといったドイツ諸邦の多くとともに、プラハ平和条約に調印した。その見返りとして皇帝は、ポンメルン公国に対するブランデンブルクの継承権を尊重すると約束した。皇帝の数個連隊が援軍としてブランデンブルクに派遣され、ゲオルク・ヴィルヘルムは――彼に軍事的才能がまるで無かったのを思えば少し奇妙だが――皇帝軍の「総司令官《ゲネラリシムス》」の称号を与えられる栄誉に浴した。選帝侯は、皇帝軍を支援するために二万五〇〇〇人の兵力を調達すると約束した。ブランデンブルクにとって不運だったのは、このハプスブルク皇帝との和解と時を同じくして、北ドイツの勢力図がいま一度変化したことだった。一六三六年一〇月四日、ヴィットシュトック〔ブランデンブルク北西部〕でスウェーデン軍がザクセン軍に勝利し、再び「マルクの主《あるじ》」となったのである。(11)

ゲオルク・ヴィルヘルムはスウェーデン軍をブランデンブルクから追い出すこと、そして一六三七年三月に公爵が死去したポンメルンを支配下に置くことに、治世末期の四年間を費やした。スウェーデン軍に対抗して編成されたブランデンブルク軍は小規模で、装備も不十分だったため、選帝侯国はスウェーデン軍と皇帝軍、規律の低い自軍の部隊によって食い荒らされた。スウェーデン軍によるマルクへの侵攻後、選帝侯は比較的安全なプロイセン公国への逃亡――ブランデンブルク・ホーエンツォレルン家の歴史において、こうした敗走劇はその後も繰り返される――を余儀なくされ、一六四〇年に同地で没した。

政治

後年、フリードリヒ大王は選帝侯ゲオルク・ヴィルヘルムのことを「統治の能力なし」と評し、またあるプロイセンの歴史書は、この選帝侯の最大の欠点は「決断がつかなかった」というよりも、むしろ「決断する気がなかった」ところにあると、酷評している。同書はさらに、このような選帝侯がもう一人いたら、ブランデンブルクは「郷土史程度の歴史しか生み出さなかっただろう」とも付け加えている。同様の判定は、その後の文献にも数多く見られる。[12] 確かにゲオルク・ヴィルヘルムは英雄的な人物ではなかったし、本人もそのことを自覚していた。彼は若い頃、狩猟中の事故で大怪我を負っていた。太ももの深い傷は慢性的な炎症を起こし、彼を駕籠《かご》に縛りつけ、生命力を削いでしまった。堂々たる体軀を誇る将軍たちがドイツの運命を左右した時代にあって、領内を無断で通過する様々な軍隊を避けようと、選帝侯が駕籠に担がれて方々を逃げ回る光景は、いかにも頼りなかった。一六二六年七月、彼は「余の土地がかくのごとく劫掠され、余がかくも軽視され馬鹿にされていることに、無念やるかたない。全世界が余を腰抜けの弱虫だと思っているに違いない……」と書いている。[13]

しかしこの時期の迷いや揺らぎは、支配者の個人的な特性よりも、彼に突きつけられた選択がそもそも困難なものだったことが大きい。選帝侯が味わった苦境は、避けて通ることのできない、構造的な要因に規定されていた。この点は、ブランデンブルク——そして後のプロイセン——の歴史を貫く連続性の一つへと我々の目を向けさせてくれるがゆえに、強調するに値する。選帝侯たちはその後も再三再四、戦線の狭間に立たされ、複数の選択肢の間で右往左往させられることになった。そしてその度に彼らは、躊躇したとか、虚言を弄したとか、決断し損なったなどと非難を浴びた。これは、ブランデンブルクがヨーロッパにおいて、実際の「地図上の位置」というよりも、権力政治の構図のなかでどのような位置を占めていたかという点に起因する問題だった。一七世紀前半のヨーロッパ大陸の勢力ブロック——スウェーデン＝デンマーク、ポーランド＝リトアニア、オーストリア＝スペイン、そしてフランス――が対峙する主な前線を視覚化してみると、これらの戦線の交差する場所に、丸腰の領地を東西に抱えるブランデンブルクが位置していたという事実が浮かび上がってくる。後にスウェーデンが、そしてポーランドも衰退したとはいえ、ロシアの大国化によってこの問題が再浮上したのであり、ベルリンの歴代政府は同盟、武装中立、あるいは独自行動のいずれかの道をとるよう、選択を迫られ続けたのである。

ブランデンブルクの軍事的、外交的苦境が深まるにつれて、ベルリンでは、外交政策をめぐって党派対立が起こるようになった。一方の側は、神聖ローマ帝国皇帝への忠誠を墨守し、ハプスブルク家の側で安全を図るべきだと主張した。そうした意見を代表したのは、マルク伯領出身のカトリック教徒で、ユーリヒ＝ベルクに対するブランデンブルクの継承権を支持するアダム・シュヴァルツェンベルク伯であった。一六二〇年代半ば以降、シュヴァルツェンベルクはベルリンのハプスブルク派の頭目となった。他方で、枢密顧問官の筆頭格であるレヴィン・フォン・デム・クネーゼベックとザムエル・フォン・ヴィンターフェルトの二人は、プロテスタント派の強力な支持者だった。両陣営はブランデンブルクの政策の主導権をめぐって、激しく対立した。一六二六年には、選帝侯がハプスブルク派との連携を強めるなか、シュヴァルツェンベルクはヴィンターフェルトを反逆罪で裁き、諸身分からの抗議を抑えて国外に追放するのに成功した。しかし一六三〇年秋、スウェーデン軍が破竹の勢いで進撃してくると、カルヴァン派の宰相ジギスムント・フォン・ゲッツェを中心とする親スウェーデン派が台頭し、シュヴァルツェンベルクはクレーヴェでの隠棲を余儀なくされた。シュヴァルツェンベルクがようやくベルリンに帰還したのは、主導権が皇帝側に戻った一六三四～三五年になってからのことだった。

宮廷の女性たちも、外交に関して一家言をもっていた。選帝侯の妻は、カルヴァン派でプファルツ選帝侯位にあったフリードリヒ五世の妹だったが、彼女の実家であるプファルツはスペイン軍やカトリック同盟軍に蹂躙され、荒れ果てていた。したがって、彼女は反皇帝の立場をとったが、それはハイデルベルクからともに亡命してきた母親や、弟と結婚した選帝侯の叔母も同様であった。また、選帝侯の母でルター派だったアンナ・フォン・プロイセンも、ハプスブルク家に対する敵意を公言してはばからなかった。選帝侯である息子の反対を押し切って、娘のマリア・エレオノーラを一六二〇年にルター派のスウェーデン王と結婚させたのは、このアンナ・フォン・プロイセンであった。[14] 彼女の狙いは、プロイセン公国におけるブランデンブルクの地位を高めることにあったが、当時、スウェーデンはポーランドと戦争中であり、そしてポーランド王は未だに形式上はプロイセン公国の封主だったため、これは大いに挑発的な行動であった。こうした事例が示すように、王家の政治は君主の配偶者や、女性の親族に大きな発言権を与えるかたちで機能していた。君侯家の女性たちは単に、領土の継承を求める際の、生ける担保として存在していたわけではなかった。彼女たちは外国の宮廷との関係維持という重大事にも関わっていたし、君主の政策にがんじがらめにされる気もなかったのである。

狭小な宮廷界の外部には、地方を支配するルター派貴族たち、そしてその代表機関である地方の身分制議会が控えていた。彼らは少しでも冒険的な外交政策がとられそうになると懐疑的な態度を示し、とくにそこにカルヴァン派寄りの匂いを嗅ぎとった場合には、強く反発した。早くも一六二三年には、諸身分の代表者たちが選帝侯に対して、「せっかちな枢密顧問官たち」の熱狂を警告し、自分たちが有する軍役義務は「危急存亡の際の国土保全のためにどうしても必要なもの」に限定されているのだと、念押ししている。プロテスタント側の軍隊や皇帝軍が度々侵入してきてもなお、諸身分は君主の要請に対して冷淡な態度をとり続けた[15]。彼らの考えでは、自分たちの役割は不当な冒険を未然に防ぎ、中央からの干渉に対抗して地方の特権構造を護持するところにあった[16]。

平時には、受動的抵抗とも言えるこうした姿勢をやめさせるのは困難だった。この問題は一六一八年以降、戦争の初期の段階で選帝侯が領内各地の社団的構造への依存を強めたことで、さらに深刻化した。当時の選帝侯には、軍税や糧秣などを徴収するための独自の行政機関がなく、そうした諸事の一切を諸身分が選んだ代理人に委ねる必要があった。地方の徴税機関は、引き続き諸身分の管理下に置かれていた。地域の事情をよく知り、地元に睨みが利いた諸身分は、軍隊の宿営や移動を調整する際にも欠かせない役割を果たした[17]。場合によっては、軍税の支払いに関して、諸身分が進駐軍の司令官と独自に交渉する場合さえあった[18]。

とはいえ、戦争が長引くにつれて、地方貴族の財政的な特権は揺らぎ始めた[19]。外国の君主や将軍は、ブランデンブルクの各地から軍税を巻き上げるのに何の躊躇も示さなかった。それならば選帝侯にしてみても、自分の取り分を遠慮する必要はなかった。こうして、諸身分の古き「自由」が後退するのは避けられないところとなった。選帝侯はこの任務のために、地方貴族と縁故関係のない外地人のカトリック教徒、シュヴァルツェンベルクを起用した。シュヴァルツェンベルクは直ちに、従来の地方機関の手を一切借りないで、新たな税を導入した。彼は国家支出に対する貴族の監督権を縮小し、枢密参議会を停止し、貴族から完全に独立して選出された軍事評議会にその権限を移した。要するに、シュヴァルツェンベルクは社団の伝統を徹底的に破壊し、財政上の独裁体制を敷いたのであった。[20] ゲオルク・ヴィルヘルムの治世末期の二年間、シュヴァルツェンベルクが対スウェーデン戦争を実際に取り仕切り、消耗の著しかったブランデンブルクの連隊を再建し、スウェーデン軍に対する必死のゲリラ戦を展開した。戦火に見舞われた貧しい都市が願い出た免税の申請は無情に却下され、侵略者と――例えば宿泊場所の提供をめぐって――交渉した者には裏切り者の烙印が押された。[21]

シュヴァルツェンベルクに関しては、当時から賛否両論があった。諸身分はその慎重で親皇帝的な外交政策を当初は支持したが、後々になると、自分たちの集団的な自由を侵害する彼を憎悪するようになった。告発や陰謀を用いたために、彼は枢密参議会のなかにも敵を作った。そして、彼のカトリック信仰が火に油を注いだ。シュヴァルツェンベルクの権力が絶頂に達した一六三八～三九年には、彼の統治を「スペイン的苦役」と非難するビラがベルリンで出回った。[22] しかしこんにちからみれば、この強力な大臣が幾つもの重要な事柄に先鞭をつけたことは明らかである。緊急時には、国家が諸身分の特権や、社団的な財源共同管理権といった煩雑な仕組みを一掃して当然だとする考え方は、彼の軍事的独裁を経て後世に受け継がれた。そうした観点からすると、シュヴァルツェンベルクの時代は「絶対主義的」統治における最初の、そして手探りの実験の時代であった。

巨大な破壊

ブランデンブルクの民にとって、戦争は無法、悲惨、貧窮、欠乏、不安定、強制退去、そして死を意味した。一六一八年以降、選帝侯がプロテスタント派に肩入れするリスクを避けるようになったために、ブランデンブルクは当面は揉め事に巻き込まれずに済んでいた。最初の大規模な侵略は一六二六年、北ドイツにおけるデンマーク軍の作戦行動とともに始まった。その後の一五年間、デンマーク軍、スウェーデン軍、プファルツ軍、皇帝軍とカトリック連盟軍がブランデンブルク各地を次々と通り過ぎていった。

進軍の途上にある都市は、降伏して敵を受け入れるか、敗北覚悟で抗戦するか、あるいは町を放棄して逃げ出すかの、いずれかの選択を迫られた。例えば、ブランデンブルク西部のハーフェルラント地域にあった都市プラウエは、一六二七年四月一〇日に皇帝軍の小部隊の攻撃を跳ね返すのに成功したが、翌日に敵が大挙して戻ってきて攻撃を再開したため、住民たちは町を捨てた。しかし皇帝軍が市内に陣取るやいなや、今度はデンマーク軍が侵攻してきて都市を占領し、劫掠した。ブランデンブルク市〔プラウエの隣町〕では、市長とハーフェル川右岸の旧市街地の参事会は皇帝軍に城壁を開放することに同意したが、対岸の新市街地の参事会は両市街地を結ぶ橋を燃やして自分たちの居住区を封鎖し、門を塞ぎ、侵略者が近づくと砲撃することにした。その後、激しい戦闘が繰り広げられ、新市街地の防衛線は皇帝軍の砲兵隊によって破られ、市内になだれ込んだ兵士たちがあちこちで略奪をはたらいた。(23)

最も被害が大きかったのは、ハーフェルラントやプリーグニッツのように、付近を流れる川が軍隊の主要ルートとなっていて、その支配権が戦争中に何度も入れ替わった地域だった。一六二七年の夏、デンマーク軍はハーフェルラントで皇帝軍と要塞を奪い合いつつ、メートロ、レツォ、ゼルベラング、グロース・ベーニッツ、シュテルン、ヴァッサーズッペといった古風な名前をもつ一群の村々を襲撃し、荒廃をもたらした[24]。司令官たちは大抵の場合、部隊を自分の私物とみなしており、どうしても必要な場合を除けば、兵士を戦場に投入したがらなかった。そのため、本格的な戦闘になることは比較的少なく、むしろ軍隊は戦争中のほとんどの時間を行軍や作戦行動、占領行為に費やした。これは軍隊には好都合だったが、彼らを受け入れる住民たちには重い負担を強いた[25]。

戦争のせいで、税金をはじめとする義務的な支払いが大幅に増えた。まず、選帝侯の軍隊を維持するために、土地税と人頭税を合わせた定期的な「供出金」がブランデンブルクの住民に課された。そして、国内外の軍隊による課徴金も、非合法的なものも含めてあれこれ徴収された。これらは占領軍の司令官と政府の役人との、あるいは都市の市長や参事会との合意によって決定されることもあったが[26]、あからさまな強奪の事例も数え切れなかった。例えば一六二九年の冬、ブランデンブルク市の新市街に駐留していた部隊の指揮官は、今後九ヶ月間の必要経費を先払いするよう、市民に要求した。住民たちがこれを拒否すると、罰として兵士を各民家に住まわせねばならなくなった。「それから、腹いっぱいになった兵士は、自分たちの飲み残しや家財道具に当たり散らした。ビールをぶちまけ、樽に穴を開け、窓やドア、そしてかまどと、手あたり次第に破壊した[27]」。ベルリンの東方にあるシュトラウスベルクでは、マンスフェルト伯の軍隊が一人当たり一日に二ポンドのパン、同量の肉、二クォートのビールを要求した。多くの兵士は与えられた配給量では飽き足らず、「食えるだけ食らい、飲めるだけ飲んだ」。その結果、住民たちの栄養水準は急激に悪化し、死亡率が劇的に上昇し、出産可能な年齢の女性の出生率は著しく低下し、時に人食い行為さえ発生した[28]。多くの人々が取るものも取りあえず、着の身着のままで町を逃げ出した[29]。兵士がいつまでも市民の身近をうろつき回る緊迫した状況下で、単発的な恐喝や窃盗が数知れず行われたことは、多くの目撃者が証言している。

度重なる略奪によって、ブランデンブルクの大部分の住民は徐々に押しつぶされていった。一六三四年に書かれた報告書によると、ベルリンの東に位置するオーバーバルニム地域では、一六一八年に約一万三〇〇〇人だった人口が一六三一年には九〇〇〇人以下にまで減少した。オーバーバルニムの住民たちは、一六二七〜三〇年に皇帝軍の司令官に一八万五〇〇〇ターラー、一六三一〜三四年にスウェーデン・ブランデンブルク連合軍に上納金を二万六〇〇〇ターラー、さらにスウェーデン軍に五万ターラー、ザクセンの騎兵連隊に三万ターラー、ブランデンブルク軍の各司令官に五万四〇〇〇ターラー、さらに雑多な税金やその都度の徴収金を支払い、他にも非公式な強奪や差し押さえ、没収は数知れなかった。当時は馬一頭が二〇ターラー、一ブッシェル分の穀物が一ターラー以下で買い叩かれ、農民の所有地の三分の一が放棄されるか未耕作のままで、戦乱によって多くの熟練手工業が壊滅に追いこまれ、都市の周囲では穀物が通りすがりの騎兵たちによって定期的に踏み荒らされる、そういう時代だった。[30]

三十年戦争に関する文学的描写のなかで、残虐物語――武装した兵士が民間人にふるった激しい暴力や、非道な行為についての語り――の存在感があまりに大きいので、これを、「あらゆるものを破壊しようとする暴力の神話」とか「巨大な破壊と悲惨の寓話」などと、脚色されたエピソードとして片づけてしまう歴史家もいる。[31] しかし、この戦争に関する同時代の描写のなかで、残虐物語が一つのジャンルとして確立されたことは疑いえない。フィリップ・ヴィンセント〔一七世紀イギリスの文筆家〕の〈ドイツの嘆き〉はその好例で、同書は「子供を食べるクロアチア人」だとか、「削ぎ落とされる鼻や耳」とかいった題名のついた挿絵を用いて、無辜の人々が受けた恐怖を列挙している。[32] こうした残酷譚の多くは煽情的だが、それらが少なくとも間接的には人々の実際の生活体験に根ざしたものであったという事実を、曖昧にすべきではない。[33]

ハーフェルラントの公式報告書には、無数の暴力、家屋への放火、レイプ、手あたり次第の財産の破壊行為が記録されている。ブランデンブルク市から東に数キロメートルほど離れたプラウエ郊外の住民は、一六三九年の元日にザクセンに向かう皇帝軍の行軍について、「多くの年寄りが拷問にかけられて殺され、銃殺され、女たちは少女までもが死ぬまでレイプされ、子供が首を吊られ、時には焼かれ、裸にされて極寒のなかで死んだ」と記している。[34]

ポツダムに程近い都市、ベーリッツの税関吏兼都市文書官だったペーター・ティーレの回想は、ブランデンブルクに残されているもののなかでも、最も胸をえぐられる記録の一つである。ティーレは一六三七年に町を通過した皇帝軍の行動を描写している。ユルゲン・ヴェーバーなる名のパン屋が隠した金のありかを白状させるために、皇帝軍は「書き記すのもはばかられるが、指の半分ほどの長さの木片を彼［の陰茎］に突き刺した」。[35] さらにティーレの回想には、スウェーデン軍が考案したとされる「スウェーデン式飲み物」についての以下のような記述が見られるが、このやり方はすべての軍隊で広く実例が報告されており、後年の戦争に関する叙述でも定番になっている。

あの強盗ども、殺人鬼どもは哀れな人々の口に木片を突き刺し、それを引っ掻きまわし、口の中に水を流し込み、砂や人糞までも飲ませ、ひどい責め苦を負わせて金をふんだくった。ベーリッツのダーフィト・エルッテルという名の市民の話がよく知られているが、彼はこの拷問の後、すぐに死んだ。[36]

クリューガー・メラーという別の男性は皇帝軍の兵士に捕らえられ、手足を縛られ、金の隠し場所を白状するまで火で炙られた。しかし、拷問者たちが金を奪って去っていくとすぐに、また別の皇帝軍の襲撃者たちが町にやってきた。仲間がメラーを火炙りにして一〇〇ターラーをせしめたと聞くと、彼らはメラーを火のそばに連れ戻し、顔を炎に近づけて「焼け焦げて、ガチョウの丸焼きのように皮

図3　三十年戦争中のドイツ諸邦で女性に対して行われた残虐行為。フィリップ・ヴィンセントの木版挿絵『ドイツの嘆き』（ロンドン、1638年）

が剝がれるまで」炙った。家畜商人のユルゲン・メラーも同じように、金のために「死ぬまで炙られた」。[37]

一六三八年、皇帝軍とザクセン軍はベルリンの北西に位置するプリーグニッツの小都市レンツェンを通過し、家々の部材や家財を片っ端から引き剝がして、火にくべた。家人が炎のなかから救い出したものは全部、兵士たちが力ずくで奪っていってしまった。皇帝軍がいなくなるとすぐに、今度はスウェーデン軍が町を襲って略奪し、「市民、女性、子供たちは、トルコ人も青ざめるほどの残酷な扱いを受けた」。一六四〇年一月にレンツェン市がまとめた公式の報告書には、次のような地獄絵図が描かれている。「我々の誠実な市民であるハンス・ベトケは連中によって木の棒に縛りつけられ、朝の七時から午後の四時まで火炙りにされたので、あまりの痛みに絶叫しながら息を引き取った」。スウェーデン軍は老人のふくらはぎを切って歩けなくしたり、婦人に熱湯でやけどを負わせて殺したり、子供を裸にして寒中に吊るしたり、人々を無理やり凍った水のなかに追いやったりした。約五〇名の「老いも若きも、大きなものも小さなものも、このようにして犠牲になった」。[38]

選帝侯によって徴集された兵士たちも、侵略者とさして変わらなかった。彼らもまたひどい身なりをしており、栄養不足で、士気を失っていた。将校たちは部下に苛烈な罰を与え、残酷に扱った。フォン・ロホ大佐の連隊の兵士たちは「些細な理由で殴られたり、刺されたり、列間笞刑〔鞭や棍棒などをもって二列に並んだ兵士たちの間を、殴打されながら通り抜ける刑罰〕を受けたり、焼印を押されたりしたが」、なかには鼻や耳を削がれる者もいた。[39] 当然のように、軍隊は現地の民間人にも容赦なく接し、彼らの「頻繁な略奪、劫掠、殺人、強盗」に対して激しい抗議の声があがった。こうした抗議があまりにも多かったため、シュヴァルツェンベルク伯は一六四〇年に司令官たちと特別の会合を開き、横柄で暴力的な行為で民間人を苦しめている司令官たちを戒めた。[40] しかし、訓戒の効果はすぐに消え失せてしまった。一年後、ベルリン近郊のテルト地区から提出された報告書には、ブランデンブルクの司令官フォン・ゴルトアッカーの部隊が略奪をはたらき、穀物を見つけると脱穀して収奪し、地元の人々を「敵が行ったのと同じくらい、いやそれ以上に非人道的なやり方で」扱ったと記されている。[41]

残虐行為がどのくらいの頻度で行われていたのかは、正確に把握しようがない。しかし、個人が書いた私的な文章から地方当局の報告書、嘆願書、文学作品に至るまで、様々な同時代史料にこうした記述が定期的に登場するという事実は、残虐行為が広く行われていたことを示唆しているし、少なくとも当時そうした行為が強く認識されていたことに疑いの余地はない。[42] 残虐行為がこの戦争を意味づけたのであり、秩序の完全なる停止、制御不能な暴力に直面した老若男女の無力さといった事柄が、強烈な印象を残した。

一六一八〜四八年にブランデンブルクの人々を見舞った苦難の厳しさを最も雄弁にものがたっているのは、おそらく人口統計学的な記録である。チフス、ペスト、赤痢、天然痘といった病気が、長年の物価高騰と栄養不足で肉体の抵抗力が低下していた民間人に猛威をふるった。[43] マルク・ブランデンブルク全体としては、人口の約半分が死亡した。こうした数字は地域によって異なり、河川や沼地によって軍隊の占領や行軍から守られていた地域では、被害がそれほど深刻化しない傾向があった。例えば一六五二年に行われた調査によると、オーダーブルフなる呼称で知られるオーダー川の湿地状の氾濫原では、開戦期に経営していた農場のうち、調査時に放置されていた農場はわずか一五パーセントだった。それとは対照的に、無秩序状態が一五年近く続いたハーフェルラントでは、この数字は五二パーセントに達した。供出金や宿舎の提供など、住民の負担が大きかったバルニム地域では、一六五二年になっても五八・四パーセントの農場が捨て置かれたままだった。ブランデンブルクの北端に位置するウッカーマルクのレックニッツ地区では、この数字は何と八五パーセントに達した。ベルリンの西方のアルトマルクでは、東に行けば行くほど死亡率が上昇している。エルベ川周辺の東部地域は軍事的に重要な中継地であったため、五〇〜六〇パーセントが死亡したとされるが、中部の死亡率は二五〜三〇パーセント、西部では一五〜二〇パーセントにまで低下した。

主要な都市の幾つかは甚大な被害を受けた。ともに重要な中継点だったブランデンブルク市とフランクフルト・アン・デア・オーダーでは、人口の三分の二以上が失われた。ベルリン゠ケルン近郊のポツダムやシュパンダウは、人口の四〇パーセント以上を喪失した。やはり中継点だったプリーグニッツでは、主要な領地を経営していた四〇家の貴族のうち、一六四一年になおも土地にとどまっていたのは一〇家しかなかった。ヴィッテンベルゲやプトリッツ、マイエンブルク、フライエンシュタインなど、住民が誰もいなくなった都市もある。(44)

こうした災厄が民衆文化に及ぼした影響については、推測することしかできない。戦後、とくに荒廃した地域に住まわされた家族の多くは、オランダ人、東フリースラント人、ホルシュタイン人など、ブランデンブルクの外から来た移民だった。幾つかの場所では、戦争による衝撃は集合的な記憶の糸を断ち切るのに十分だった。ドイツ全域に関して確認されることだが、一六一八〜四八年の「大戦争」はそれ以前の紛争に関する民衆の記憶を消し去り、中世の、あるいは古代や先史時代の城壁や土塁は古来の名前を失って、「スウェーデン人の砦」と呼ばれるようになった。地域によっては、「スウェーデン人来襲の前」の状況を覚えている世代がいなくなり、村落に根ざした慣習法が権威をもち続け、継続するうえで欠かせない個々人の記憶の連鎖が、戦争によって切断されたかのように思える。[45] 神話や民間伝承を収集したり出版したりするのが大流行した一八四〇年代、グリム兄弟に触発された熱狂的な人々は、マルク・ブランデンブルクに民俗的な伝統が少ない理由の一つは、おそらくこの点に求められる。マルク・ブランデンブルクではさしたる成果を得られなかった。[46]

すべてを破壊し尽くした三十年戦争の苛烈さは、現実からかけ離れていたという意味ではなく、集合的な記憶のなかに定着し、人々が世界について考えるうえでの手立てとなったという意味で、神話の域に達していた。トマス・ホッブズが、正当な力を独占する怪獣リヴァイアサンとしての国家を社会を救済してくれるものとして称賛するようになったのは、――彼の母国イングランドだけでなく大陸においても吹き荒れた――宗教的内戦の激しさゆえであった。ホッブズの意見では、内乱のなかで秩序や正義が死に絶えるのを目にするよりは、個人や財産の安全と引き換えに、君主政国家に権威を委譲するほうがはるかにましだった。

ザクセン出身の法学者で、ドイツでとくにホッブズを読み込んでいたザムエル・プーフェンドルフもまた、我が身を取り巻く暴力と無秩序のディストピア的な光景を踏まえて、国家の必要性を唱えた。自然法だけでは人間の社会生活を維持できないと、プーフェンドルフは『普遍法学原理』〔一六六〇年刊〕において主張した。曰く、「主権」が確立されない限りは、人間はただ力にのみ頼って自分たちの幸福を求めるようになり、「あらゆる場所で、他者を害しようとする者と禍を追い払おうとする者との、戦争が繰り広げられるようになる」[47]。それゆえに国家こそが最も重要であり、国家の主たる目的は「人間を相互に協力させ援助させ合うことで、互いに与えうる、そして普段から与え合っている害悪や損害に対して安全な状態にすること」であった[48]。この文章には、三十年戦争のトラウマが反映されている。

国家の正統性は、権威を集中させることで無秩序を未然に防ぐ必要性に由来するという議論は、近世ヨーロッパ各地で採用されたが、ブランデンブルクでは特別な響きをもっていた。この議論は、ゲオルク・ヴィルヘルムが地方の諸身分から受けた抵抗に対する、説得力ある哲学的回答となったのである。プーフェンドルフは一六七二年に、平時にせよ戦時にせよ、国家運営に出費はつきものなのだから、君主には「そうした出費を賄うのに必要だと思われるだけの財貨を個々の市民に供出させる」権利がある、と書いている[49]。

こうして、プーフェンドルフは内戦の記憶から、国家の権威を拡大するための強力な論拠を抽出した。彼は諸身分の「自由《リベルタス》」に対して、国家の「必要性《ネケシタス》」を主張した。晩年に歴史編纂官としてベルリンの宮廷に雇われた際に、彼はこうした確信を直近のブランデンブルク史に関する年代記に織り込んだ[50]。プーフェンドルフが書き記したストーリーの中心を成すのは、君主による統治の到来というテーマであった。「プーフェンドルフが議論を展開する際の基準や焦点となったのは、決まって国家であった。国家にこそ、あらゆる権限が、あたかも中心点に集まる線のごとく収束していたのである」[51]。一六世紀後半から出回り始めた粗雑なブランデンブルク年代記の類とは異なり、プーフェンドルフの歴史叙述の主題になっていたのは、国家の創造力と変革力に焦点を据えた、歴史変動論であった。そうした手法で、彼は大きな力と優雅さを兼ね備えた物語を創りあげたのであり、それは――良きにつけ悪しきにつけ――、プロイセンの歴史に対する我々の理解をもかたちづくっている。

第三章　ドイツのなかの異常光

回復

一六四〇年の窮状と絶望的な状況を思えば、一七世紀後半のブランデンブルクの復興には目を見張るものがある。一六八〇年代には、兵力は二万人から三万人の間を推移し、各国で名声を博するようになった。(1)バルト海に小規模な艦隊を保有し、アフリカの西海岸にささやかな植民地さえ手に入れた。そして東ポンメルンを獲得したことによって、バルト海沿岸と陸で結ばれた。ブランデンブルクは今や、バイエルンやザクセンと肩を並べる確固たる地域大国であり、同盟相手として引く手あまた、主要な紛争を調停する際に大きな存在感を示すようになった。

この変革を主導したのが、「大選帝侯」として知られるフリードリヒ・ヴィルヘルム（在位一六四〇～八八）である。フリードリヒ・ヴィルヘルムは、多くの肖像画が残る最初のブランデンブルク選帝侯で、そのほとんどは本人の依頼で制作された。これらの肖像画は四八年間という、一族の誰よりも長く君主の座にあった人物が変貌していく様子を記録している。治世の初期、彼は面長でつややかな茶褐色の髪をもつ、背筋の伸びた偉丈夫として描かれていた。晩年になると肥え太り、顔はむくみ、不自然な巻き毛が顔の輪郭を覆い尽くしてしまっている。しかし、生前に制作された肖像画はどれも、一つの点で共通している。それは、こちらを鋭い視線で見つめ返す、知的な黒い瞳である。(2)

二〇歳で父の後を継いだ時、フリードリヒ・ヴィルヘルムは実際の政事に関してほとんど何の訓練も経験も積んでいなかった。彼は幼少期の大半を、鬱蒼たる森に囲まれたキュストリンの城塞に閉じこもって、敵の攻撃を逃れながら過ごした。同時代の外国語、あるいは製図画、幾何学、築城といった実学を学ぶ合間に、雄鹿や猪、野鳥を狩るのが、その頃の日課だった。父や祖父と違い、フリードリヒ・ヴィルヘルムは七歳からポーランド語を習ったおかげで、プロイセン公国の封主であるポーランド王と円滑な関係を築くことができた。三十年戦争の危機が深まり、またマルク・ブランデンブルクに疫病が蔓延した一四歳の時〔一六三四年〕、彼は比較的安全なオランダに送られ、その後の四年間を同国で過ごすこととなった。

フリードリヒ・ヴィルヘルムは日記をつけず、私的な回顧録も残さなかったため、共和国で暮らした十代の日々が彼に与えた影響を、事細かに分析するのは難しい。両親との手紙のやり取りはひどく他人行儀な決まり文句ばかりで、挨拶を交わし合う程度にとどまっている。(3) しかし、オランダで教育を受けたことにより、カルヴァン派の教義への傾倒を強めたのは明らかである。フリードリヒ・ヴィルヘルムは、カルヴァン派の両親から生まれた最初のブランデンブルク選帝侯であり、ホーエンツォレルン家にかつてなかった「フリードリヒ・ヴィルヘルム」という複合名はまさに、ベルリン――

「ヴィルヘルム」は父のセカンドネーム——と、伯父のフリードリヒ五世が治めるカルヴァン派のプファルツとの結びつきを象徴するために考案されたものであった。この世代になってようやく、一六一三年の祖父ヨーハン・ジギスムントの改宗に端を発するホーエンツォレルン家の方向転換が現実的な意味をもち始めたのである。一六四六年、フリードリヒ・ヴィルヘルムはオランダ総督のオラニエ公フレデリック・ヘンドリックの娘で、一九歳のルイーゼ・ヘンリエッテと結婚し、カルヴァン派との絆をさらに強めた。

図 4　スキピオに扮した大選帝侯フリードリヒ・ヴィルヘルム。アルベルト・ファン・デル・エークホウト作、1660 年頃

オランダでの長期滞在には、別の点でも意味があった。フリードリヒ・ヴィルヘルムが法律、歴史、政治学の手ほどきを受けたライデン大学は、当時流行していた新ストア主義の国家論の本場として知られていた。講義では、法の至上性、秩序の保証者としての国家の尊厳、君主たる者にとっての職分や責務の重要性が強調され、とくに、軍事を国家の権威と規律に従属させる必要性が重視されていた。[4]しかし、フリードリヒ・ヴィルヘルムにとって一番の勉強の場となったのは、講堂の外、街路や波止場、市場、そして練兵場だった。一七世紀前半、オランダは権勢と繁栄の絶頂にあった。このカルヴァン派の小国は、六〇年以上にわたり、カトリックの軍事大国スペインに抗って独立を達成し、ヨーロッパにおける世界貿易と植民地経営の司令塔たる地位に上りつめた。その過程で、オランダは強固な財政機構と、はっきりと近代的な特徴をもつ独自の軍事文化、すなわち戦場さながらの大演習の場で繰り広げられる規則的で体系的な練兵、高度な役割分担、専門教育を受けた職業的な将校団を築きあげた。フリードリヒ・ヴィルヘルムは共和国の軍事力を間近で観察する機会に恵まれた。一六三七年に彼は、自身の身元引受人であり親戚でもあるオラニエ公フレデリック・ヘンドリック総督をブレダの野営地に訪ねているが、同地は、オランダ軍が一二年ぶりにスペインから奪還した要衝であった。

フリードリヒ・ヴィルヘルムは後年まで、オランダで目にしたものを念頭に置きつつ、自国の改革に努めた。例えば、一六五四年にブランデンブルク軍が採用した練兵制度は、オラニエ公マウリッツ〔フレデリック・ヘンドリックの兄〕の命で作成された手引書を下敷きにしていた。[5]また、フリードリヒ・ヴィルヘルムは治世をつうじて、「航海と交易は国家の主柱であり、それらのおかげで臣民は海上をつうじて、あるいは陸上での手工業をつうじて、衣食を満たすことができる」と確信していた。[6] 彼は、バルト海と繋がることでブランデンブルクは活気づき、商業が栄え、ひいてはアムステルダムを彩る富と権力がもたらされるのだという考えにとりつかれていた。一六五〇年代から一六六〇年代にかけて、彼は未だ商船団を所有していなかったにもかかわらず、国際的な通商条約に関する交渉を行い、特権的な交易条件を確保しようとした。一六七〇年代後半になると、ネーデルラント商人ベンヤミン・ラウレの助けを借りて小さな船団を手に入れ、私掠船活動や植民地獲得の計画に次々と乗り出した。一六八〇年代初頭、ラウレはこんにちのガーナ沿岸にグロース・フリードリヒスブルクなるこぢんまりとした砦を築いて植民地の拠点としたが、そのおかげでブランデンブルクは西アフリカでの金、象牙、奴隷の交易に参入できるようになった。[7]

フリードリヒ・ヴィルヘルムは選帝侯の職務を一新したと言ってもいいだろう。ヨーハン・ジギスムントやゲオルク・ヴィルヘルムがたまにしか政務を執らなかったのに対して、フリードリヒ・ヴィルヘルムは「秘書よりも熱心」に働いた。同時代の人々はこれが新たな、刮目すべき事態であることを認識していた。大臣たちは彼の記憶力の高さ、自制心、そして丸一日会議に出席して国務を処理する忍耐力に驚嘆した。[8] 当時ベルリンに駐在していた神聖ローマ帝国公使のリゾラは決して甘口な観察者ではなかったが、その彼でさえ、大選帝侯の勤勉な姿勢に感銘を受けた。「この選帝侯は大したものです。彼は長大で些末なことこのうえない報告書を嫌がらず、大臣たちにそうした報告書を作成するよう、わざわざ求めてさえいます。彼は万事に目を通し、万事を決定し、指示を与えます［…］。そして何一つとしておろそかにしません」[9]。フリードリヒ・ヴィルヘルムは、「余は君主としての責務を、それが余個人の問題ではなく民の問題であるという理解のもとにまっとうする所存である」と明言した。[10] この台詞は元々はローマ皇帝ハドリアヌスのものだが、大選帝侯の口から発せられた時、そこには君主の役割に対する新たな理解が示されていた。すなわち、君主という地位は名誉ある称号だとか、あるいは権限や利得を寄せ集めたものではなく、治者が然るべき方法に則って自らを捧げるべき天職となったのである。選帝侯フリードリヒ・ヴィルヘルムはブランデンブルク＝プロイセンの初期の歴史叙述において、自らの仕事に全身全霊を惜しみなく傾ける君主の模範像となった。彼の先例は、ホーエンツォレルン家が伝統を積み重ねるなかで強力なアイコンとなり、子孫たちが模範とする、あるいは他者から評価を受ける際の基準となった。

拡大

フリードリヒ・ヴィルヘルムが即位した一六四〇年一二月、ブランデンブルクは未だ外国の軍隊の占領下にあった。一六四一年七月にスウェーデンとの間で二年間の停戦が合意されたが、略奪や焼き討ちといった蛮行は続いていた。[11] ブランデンブルク総督として荒廃していた領地の行政を担当していた辺境伯のエルンスト〔大選帝侯の従兄弟違い。当時ホーエンツォレルン家の男子はいずれも、名誉称号として「ブランデンブルク辺境伯」を名乗っていた〕は、一六四一年春の手紙で陰鬱な概況を伝えている。

この地はあまりにも惨めで困窮した状態にあり、無辜の民への同情は言葉では伝えられないほどです。全般的にみて、泥沼にはまり込んでしまったようなありさまで、ありきたりな言い方ですが、全能の神が特別な救済を授けてくださらなければ、そこから抜け出せそうにありません。[12]

無秩序状態のブランデンブルクを監督する重責に耐えかねたエルンストは、パニック発作や不眠、偏執的な妄想に陥った。一六四二年の秋には、彼は宮殿内をうろついて独り言を発したり、泣き叫んだり、床を転げ回ったりするようになった。九月二六日のエルンストの死因は、「憂鬱」と診断された。[13]

一六四三年三月になってようやく、フリードリヒ・ヴィルヘルムは比較的安全なケーニヒスベルクを離れ、都市であることを辛うじて認識できるかどうかというところまで荒れ果てたベルリンに戻ってきた。ここで彼が目にしたのは、人口が激減し、残った者は栄養失調に陥り、建物も焼け落ちるか、あるいは修理中で惨状を晒している町の姿であった。[14] 父の治世以来の窮状は、依然として解消されていなかった。ブランデンブルクには、自立を保つだけの兵力もなかった。シュヴァルツェンベルクが育てた小規模な軍隊は既に瓦解しており、再建のための資金もなかった。かつて大選帝侯の家庭教師を務めた枢密顧問官のヨーハン・フリードリヒ・フォン・ロイヒトマーは、一六四四年の報告書にブランデンブルクが置かれていた苦境をまとめている。彼の予測では、ポーランドが力を得ればすぐにプロイセンを掌握するに違いなかった。ポンメルンは既にスウェーデンの占領下にあり、今後も状況は動かなそうだった。西方のクレーヴェはオランダの支配下にあった。つまるところ、ブランデンブルクは「奈落の淵」に立たされていたのである。[15]

自国の自立性を回復し、領内に自らの意志を行きわたらせるのに必要な、柔軟で規律ある戦力を創りあげることが、フリードリヒ・ヴィルヘルムの生涯をかけた大業の一つとなった。ブランデンブルクが各戦役に投入した軍隊は一六四一～四二年に三〇〇〇人、一六四三～四六年に八〇〇〇人、一六五五～六〇年の北方戦争に二万五〇〇〇人、一六七〇年代の仏蘭戦争では三万八〇〇〇人と、多少のペースの変化を示しつつも激増していった。大選帝侯の治世末期の一〇年間、その規模は二～三万人にまで達した。[16]フランスやオランダ、スウェーデン、そして神聖ローマ帝国でそれぞれ行われていた模範的事例を採用して戦術訓練や軍備を改良したために、ブランデンブルク軍はヨーロッパの軍事革新の先端を走るようになった。槍兵は廃止され、歩兵が携行していた火縄銃は、より軽量で扱いやすく発射速度の速い火打ち石銃に替えられた。大砲の口径は統一され、スウェーデン軍が編み出した野戦砲兵術を柔軟かつ効率的に活用できるようになった。士官学校が設立され、標準化された軍人養成の仕組みが導入された。負傷したり退役したりした将校への手当など、勤務条件が改善されたことで、指揮系統も安定した。こうした変化によって兵卒の結束や士気も向上し、一六八〇年代には、ブランデンブルク軍は規律の高さと脱走者の少なさで知られるようになった。[17]

治世初期には戦役ごとにそのつど召集されていた即席の部隊は、徐々に常備軍と呼べるものに進化していった。一六五五年四月、ミシェル・ル・テリエ〔当時の陸軍卿。ルーヴォア侯爵の父〕のもとでフランスに導入されたばかりの軍事機構を手本にして、軍費や軍需品の処理を監督する軍事総監察庁《ゲネラールクリークスコミッサリアート》が設置された。この改革は当初は戦時の一時的な措置と考えられていたが、後に領地支配のための恒久的な手段として確立された。一六七九年以降、ポンメルンの貴族ヨアヒム・フォン・グルンプコの指導のもとで、軍事総監察庁はホーエンツォレルン家の領内全域に拡大され、伝統的に地域レベルでの軍税徴収や練兵を取り仕切ってきた諸身分側の役人の機能を徐々に奪っていった。大選帝侯が他界した一六八八年には、軍事総監察庁と御料地財務庁はまだ比較的小さな組織だったが、彼の後継者たちのもと、ブランデンブルク＝プロイセン国家において中央の権威が貫徹されていくうえで重要な役割を果たすようになる。戦争をすることと、国家と呼びうるだけの中央機関を発展させることが相乗効果を発揮するという新たな現象は、戦争を遂行するための仕組みが古い地方貴族の基盤から切り離された時に、初めて可能になったのである。

三十年戦争終結後の数十年間、ヨーロッパ北部では激しい紛争がなおも続いており、このような強力な軍事的手段の獲得は重大事であった。大選帝侯の時代、二つの巨大な外国勢力がブランデンブルクの外交政策に影を落としていた。その第一は、スウェーデン王カール十世である。彼は落ち着きがなく、領土拡大の夢想にとりつかれた人物で、先々代の王グスタヴ・アードルフの業績を凌駕しようと意気込んでいたふしがある。一六五五～六〇年の北方戦争の発端となったのは、このカール十世のポーランド侵攻であった。彼の計画では、スウェーデンはデンマークとポーランドを制圧し、プロイセン公国を占領してから、いにしえのゴート人よろしく大軍を率いて南下し、ローマを劫掠するはずだった。しかし実際には、スウェーデンはバルト海沿岸の支配権をめぐって五年間も苦闘することになった。

一六六〇年にカール十世が没してスウェーデンの力が衰えた後、ブランデンブルクの政治を左右するようになったのは、フランスのルイ十四世である。一六六一年に枢機卿のマザランが死去した後、親政を開始したルイ十四世は、一六九三年までに戦時の総兵力を七万人から三二万人に増強した。西ヨーロッパに覇を打ちたてようとした彼は、一六六七～六八年にスペイン領ネーデルラント、一六七二〜七八年にオランダ、そして一六八八年にプファルツへと侵攻を繰り返した。

この危機的状況にあって、大選帝侯が育てた軍隊は真価を発揮した。一六五六年の夏、フリードリヒ・ヴィルヘルム率いる八五〇〇人の軍勢はワルシャワの戦い（七月二八〜三〇日）に参加し、カール十世と協力して、ポーランドとクリム・ハン国の大軍を破った。(18) 一六五八年には彼は鞍替えし、ポーランドとオーストリアの同盟国としてスウェーデンとの戦いに臨んだ。一六五八〜五九年にスウェーデン軍と戦うために編成された三ヶ国の連合軍の司令官にフリードリヒ・ヴィルヘルムが任命されたのは、この地域において彼の政治的重要性が高まったことの証しであった。その後、ブランデンブルクはまずシュレースヴィヒ＝ホルシュタインとユトランドで、次いでポンメルンで一連の侵攻を成功させた。

一六七五年にフェールベリンでスウェーデン軍に単独で勝利したのが、フリードリヒ・ヴィルヘルムの治世中の最も輝かしい戦功となった。一六七四〜七五年の冬、仏蘭戦争中にルイ十四世を抑え込むために結成された連合軍の一翼として、大選帝侯はオーストリア軍とともにライン地方に遠征中だった。この時、スウェーデンは同盟国フランスからの支援をあてにして、カール・グスタヴ・ヴランゲル将軍の指揮のもと、一万四〇〇〇人の軍勢でブランデンブルクに侵攻した。三十年戦争の記憶を呼び起こすかのように、スウェーデン軍はまたしても、ベルリンの北東にあるウッカーマルクで暴虐の限りを尽くし、住民を不幸のどん底に陥れた。この侵攻の知らせを聞いたフリードリヒ・ヴィルヘルムは、怒りを露わにした。二月一〇日、彼はオットー・フォン・シュヴェリーンに「スウェーデン人に復讐あるのみ」と伝えた。痛風で寝込んでいた大選帝侯は激情に満ちた手紙を書き連ね、「貴賤を問わず」臣民たちに、「スウェーデン人を捕らえたら、手当たり次第に切り刻み、首をへし折り［…］、情けは一切かけぬよう」、促した(19)。

五月末、フリードリヒ・ヴィルヘルムはフランケン地方の自軍に合流した。ブランデンブルク軍は週に一〇〇キロメートル以上を行軍し、六月二二日、スウェーデン軍が陣を敷くハーフェルベルクから九〇キロメートルあまり離れたマクデブルクに到着した。ブランデンブルク軍の本陣が地元の情報提供者をつうじて確認したところでは、スウェーデン軍はハーフェル川の対岸に陣取っており、ハーフェルベルク、ラーテノウ、ブランデンブルク市に結集して守りを固めていることを確認した。スウェーデン軍に自軍の到着を知られておらず、有利な立場で奇襲をかけられた大選帝侯と司令官ゲオルク・デルフリンガーは、たった七〇〇〇人の騎兵で、スウェーデン軍の防衛拠点であるラーテノウを攻撃することにした。さらに、マスケット銃を装備した一〇〇〇人の兵士が同行できるように、荷馬車に乗せられた。大雨とぬかるみに邪魔されたが、しかしそのおかげでラーテノウのスウェーデン軍に発見されずに済んだ。六月二五日早朝、ブランデンブルク軍はごくわずかな犠牲でスウェーデン軍を撃破した。

ラーテノウでのスウェーデン軍の壊滅で、大選帝侯時代の最も名高い戦闘であるフェールベリンの戦いの幕が切って落とされた。ブランデンブルク市にいたスウェーデンの連隊は陣形を整え直すために、北西に移動してハーフェルベルクの本隊と合流しようとして、農村部の奥深くへと退却した。しかし春から夏にかけての大雨で、この地域の湿地は水に浸かった草や砂の島地だけが残り、細い土手道が縦横に走る危険な水没地帯になっていたため、撤退は予想以上に困難だった。地元民に案内された大選帝侯軍の先遣隊が周辺の主要な出口を封鎖したので、スウェーデン軍はリン川沿いの小さな町フェールベリンに後退せざるを得なくなった。ここで指揮官のヴランゲル将軍は七〇〇〇人の歩兵を中央に、騎兵を両翼に配して、一万一〇〇〇人の兵に防御の姿勢を取らせた。

一万一〇〇〇人のスウェーデン軍に対し、大選帝侯が投入できたのは約六〇〇〇人――歩兵の大半を含む自軍のかなりの部分が、まだ到着していなかったのである――に過ぎなかった。スウェーデン軍はブランデンブルク軍の約三倍の野砲を配備していた。しかし戦術面で絶好の機会をつかんだことで、数的不利は相殺された。ヴランゲルは、自軍の右翼を見下ろす低い砂丘の防衛を怠っていた。大選帝侯は時を移さず一三門の野砲を配備し、スウェーデン軍に向けて砲撃を開始した。失策に気づいたヴランゲルは右翼の騎兵に、歩兵の支援を受けつつ丘を奪取するよう命じた。それからの数時間、双方の騎兵があたり一帯で突撃と反撃を繰り返し、スウェーデン軍は敵の大砲を奪おうとしては、ブランデンブルク軍の騎馬にはね返された。こうした戦闘には「戦場の霧」〔戦闘の際の不確定要素を指す比喩的な表現。クラウゼヴィッツによる〕がつきまとうものだが、この時は実際に、ハーフェルラントの湿地帯に夏場につきものの深い霧がたちこめていた。両軍ともに兵を操るのが難しくなったが、先に算を乱して戦場から逃げ出したのはスウェーデンの騎兵だった。ダールヴィク将軍が率いる歩兵連隊は、ブランデンブルクの騎兵隊のサーベルの餌食となった。一二〇〇人の同連隊兵のうち、命からがら逃げおおせたものは二〇人で、約七〇人が捕虜となり、残りは戦死した。[20] 翌日には、フェールベリンにわずかに残っていたスウェーデンの占領軍も撃退され、町は解放された。スウェーデン軍は今や、マルク・ブランデンブルクから大挙して逃走しなければならなくなった。おそらくは戦場での死者よりも多くの者が、北へ北へと敗走する途中で、ここぞとばかりに襲いかかる農民たちに斬り殺された。当時の報告書には、スウェーデン領西ポンメルンとの国境に程近い都市ヴィットシュトック周辺の農民たちが、多数の将校を含む三〇〇人のスウェーデン兵を殺したと記されている。「将校の何人かは命乞いをして、二〇〇〇ターラーを差し出すともちかけたが、復讐心に駆られた農民たちによって首を切られてしまった」[21]。ここでは、年長者たちの間になおも鮮明に残っていた「スウェーデンの恐怖」の記憶が一役買った。難を逃れたスウェーデン兵も、七月二日には一人残らず大選帝侯の領土からいなくなっていた。

大選帝侯と家臣たちにとって、ワルシャワとフェールベリンで達成したような勝利には、巨大な象徴的意味があった。勲《いさお》を立てた武人が褒め称えられる時代にあって、ブランデンブルク軍の勝利は、その創建者の威信と評判を否が応にも高めた。ワルシャワの戦いでは、フリードリヒ・ヴィルヘルムは陣頭に立ち、幾度も敵の砲火に晒された。彼はその時の様子を書き記し、ハーグで出版した。この記録は、ザムエル・プーフェンドルフが大選帝侯の治世を歴史書――同書は、ブランデンブルクにおける歴史叙述の新たな出発点を示す、包括的で洗練された作品である――にまとめるに際して、関係する箇所の下敷きとなった[22]。これらの書にはブランデンブルクの歴史的自意識、つまり自らの歴史を刻み、語ろうとする気持ちの高まりが示されている。ルイ十四世は、後継者の目を意識しつつ書かれた『王の回想録』において、王たる者には「あらゆる時代に対し」自らの行動について説明する義務があると述べている[23]。大選帝侯は、この同時代のフランス王に張り合って、自身にまつわる記憶を歴史化して崇拝の対象にしようとしたわけではないが、彼もまた後世の目を気にかけつつ、自らを、そして自らの業績を意識するようになっていた。

一六五六年のワルシャワでは、ブランデンブルク軍は連合軍の一翼として奮戦した。一九年後のフェールベリンでは、大選帝侯の軍隊は数的に劣勢で、電光石火のごとく進軍しなければならなかったが、ヨーロッパを震え上がらせる敵を相手に、他国の手を借りずに勝利を収めた。ここでも、五五歳で恰幅のよくなった大選帝侯が主役だった。彼は騎兵たちと轡《くつわ》を並べてスウェーデン軍を攻撃し、敵軍に包囲されて、九人の竜騎兵に助け出されるまで剣を振るった。「大選帝侯」という異名が初めて活字になったのは、フェールベリンでの勝利の後のことである。一七世紀のヨーロッパでは、新聞は支配者の偉大さを讃えるのが当たり前だったので、これは取り立てて珍しい事例ではない。しかし、太陽王のおべっか文士たちが無駄な努力を重ねて広めようとした「ルイ大王」だとか、オーストリアの「レーオポルト大帝」〔神聖ローマ帝国皇帝のレーオポルト一世〕だとか、あるいは既にバイエルンの頑迷な君主主義者たちの間でしか使われていなかった「大選帝侯マクシミリアン」〔初代バイエルン選帝侯のマクシミリアン一世〕だとかいった、名前に「大」を冠される多くの近世の君主たちとは違って、「大選帝侯フリードリヒ・ヴィルヘルム」の尊称は後々まで生き続けた。彼は、王号や皇帝号をもたない近世ヨーロッパの君主としては、今なお広くこの称号で呼ばれる唯一の人物となった。

さらに、フェールベリンによって歴史と伝説を結ぶ紐帯が創り出され、この戦いは記憶に繋ぎとめられた。一九世紀の劇作家ハインリヒ・フォン・クライストは、フェールベリンの戦いを戯曲『ホンブルク公子』の題材に選んだ。史実に大胆な脚色を施したこの作品では、感情に駆られた軍司令官が制止命令を振り切ってスウェーデン軍に突撃して勝利したものの、命令違反の罪で死刑を言い渡されてしまう。ところが、彼が自身の非を認めるや、大選帝侯は直ちに恩赦を与えたのであった。後世のブランデンブルク人やプロイセン人にとって、フリードリヒ・ヴィルヘルム以前の時代の人々は、遠い過去のなかに封じ込められた、影のような古ぼけた存在となった。対照的に、「大選帝侯」は実体を備えた建国の父、国家の歴史を象徴し、そこに意味を与える偉人の地位に祀りあげられることとなる。

同盟

「同盟は確かに良いものだ」と、フリードリヒ・ヴィルヘルムは一六六七年に書いている。「しかし、確実に信の置ける自己の力のほうがもっと良い。支配者は、自前の軍隊や資源がなければ、敬意をもって扱われない。神に感謝すべきだが、これらを手にしたことで、余は重要な存在になったのだ」[24]。跡取りたる息子に教えを垂れるために書かれたこの省察には、多くの真実が含まれていた。フェールベリンの戦いの後には、フリードリヒ・ヴィルヘルムはひとかどの人物となっていた。周辺国からすると、彼は魅力的な同盟相手であり、相当な額の見返りを支払うに値する存在であった。彼はまた、周辺地域で大きな講和条約が締結される際に主役級の立場で列席するようになったが、このような待遇はそれまでの歴代ブランデンブルク選帝侯には考えられなかった。

しかし、一六四〇年以降にブランデンブルクが国勢を回復し、領土を拡大できた要因は、軍隊だけではない。地域紛争に際して優位に立てるだけの軍事力を手に入れる前から、フリードリヒ・ヴィルヘルムは、国際関係を利用してかなりの広さの領土を獲得できたのである。一六四八年の講和条約の締結以来、ブランデンブルクが強気に出られるようになったのは、フランスの後ろ盾があったからだった。オーストリアに対抗するためにドイツ地域に従属国を探していたフランスは、〔ヴェストファーレン講和会議の交渉において〕同盟国のスウェーデンとフリードリヒ・ヴィルヘルムが何とか妥協にこぎつけ、オーダー河口地域を除くポンメルン東部をブランデンブルクが獲得するのに手を貸した。それからフランスとスウェーデンは結託して神聖ローマ帝国皇帝に圧力をかけ、ハルバーシュタット、ミンデンの両司教領、およびマクデブルク大司教領の土地をブランデンブルクへと割譲させて、ポンメルンの一部がスウェーデン領にとどまる埋め合わせにした。これらの地域の領有は、フリードリヒ・ヴィルヘルムの長い治世のなかでも最も重要な成果となった。一六四八年以降、ホーエンツォレルン家の領土はアルトマルクの西端からポンメルンの海岸線の東端まで、大きな曲線を描きながら広がり、中核地帯とプロイセン公国の距離は一二〇キロメートル以下にまで縮まった。ブランデンブルクはその歴史上初めて隣国のザクセンよりも大きくなり、今やハプスブルク君主国に次いで、ドイツで二番目に大きな領土をもつ国となった。この拡大はブランデンブルクの軍隊がまだ小さく、取るに足りない存在だった時代に、一挺のマスケット銃も用いずして達成されたのであった。

同様のことは、一六五七年に達成されたプロイセン公国の完全な主権獲得についても言える。確かに、一六五五～六〇年の北方戦争の過程で、大選帝侯の軍隊は二万五〇〇〇人にまで増大した。大選帝侯は最初はスウェーデン側に、続いてポーランドと神聖ローマ帝国の側について戦うことで、東方の無防備状態の公国領をいずれかの参戦国に奪われずに済んだ。一六五六年にワルシャワで大選帝侯が勝利した後、カール十世はプロイセン公国を自国の封土とする計画を放棄し、ブランデンブルクに完全な主権を与えることに同意した。しかし、スウェーデン軍がデンマークへと追い返されると、この約束は意味をもたなくなってしまった。もはやスウェーデンがあてにならない以上、ポーランドに先例を尊重してもらい、完全な主権を認めさせられるかどうかが問題となった。しかしここでも大選帝侯は、自分の力とは無関係の国際情勢から恩恵を受けた。ポーランド王とロシア皇帝の関係が悪化し、ポーランド＝リトアニア共和国の領土がロシアの攻撃に晒されるようになったのである。その結果、ポーランド王のヤン・カジミエシは、ブランデンブルクをスウェーデンから切り離し、軍事的に中立化させようと腐心した。

さらに、偶然にも皇帝フェルディナント三世が一六五七年四月に死去したために、フリードリヒ・ヴィルヘルムは神聖ローマ帝国に対して、選帝侯としての一票と引き換えに、プロイセン公国についての承認を求められるようになった。ハプスブルク家はポーランド王に対して、大選帝侯が要求するプロイセン公国への主権を認めるよう正式に迫ったが、この督促にはかなりの重みがあった。ポーランドは、スウェーデンやロシアから再び攻撃を受けた場合に、オーストリアの加勢をあてにしていたためである。一六五七年九月一九日にヴェーラウ〔ケーニヒスベルク東方の都市。ロシアのズナメンスク〕で調印された秘密条約で、ポーランドは、プロイセン公国を「その権利のすべてを、従来の賦課は取り去った状態」で大選帝侯に移譲することに合意した。大選帝侯はその代わりに、スウェーデンから攻撃を受けた場合にヤン・カジミエシを支援すると約束した。(25) ブランデンブルクにチャンスを与えた複雑かつ広域的なメカニズムを、かくも明瞭に示した例はおそらく他にない。この時までにフリードリヒ・ヴィルヘルムが頼もしい同盟相手として各国からあてにされるだけの兵力を蓄えていたことも、こうした結果をもたらした重要な要因だったが、しかし、プロイセン公国の主権をめぐる問題がブランデンブルクに有利なかたちで解決されたのは、大選帝侯自身の努力よりも国際情勢によるところが大きかったのである。

逆に、武力の行使という要因だけでは、——軍事の観点からすれば成功していたとしても——ブランデンブルクの思惑がより広域的な国際情勢の力学に合致して
いない場合には、さしたる成果を得られなかった。一六五八〜五九年、大選帝侯はオーストリア、ポーランド、ブランデンブルクの連合軍による対スウェーデン戦役を指揮して、華々しい勝利を飾った。彼はまずシュレースヴィヒ＝ホルシュタインとユトランドで、続いてポンメルンで連戦連勝を収めた。一六五九年の戦役が終わる頃には、ブランデンブルク軍は、沿岸都市のシュトラールズントとシュテッティン〔ポーランドのシュチェチン〕を除くスウェーデン領ポンメルンのほぼ全域を制圧していた。しかしこの成功をもってしても、継承権を主張する西ポンメルンという係争地に大選帝侯が恒久的な足場を確保することはできなかった。フランスがスウェーデンを支持して介入し、その後に結ばれたオリヴァ条約（一六六〇年五月三日）は、三年前のヴェーラウ条約での合意事項をほぼ認めるだけにとどまったのである。かくして、対スウェーデン連合への参加をつうじてブランデンブルクが得たものは、プロイセンにおける主権的地位が国際的に広く承認されたことの他には、何もなかった。この一件もまた、場合によっては国際情勢のほうが、一弱小国の武力よりも事態を決定する要因たりうることを示す教訓であった。

一六七五年にフェールベリンでスウェーデンを相手に金星を挙げた後も、まったく同じ事態が起きた。四年にわたる死闘の末に、大選帝侯は西ポンメルンからスウェーデン軍を一兵たりとも残さず追

い出すのに成功した。しかし、それだけでは自分の言い分を貫くことはできなかった。ルイ十四世には、盟邦スウェーデンをブランデンブルクのなすがままにしておくつもりがなかったからである。仏蘭戦争を終えて国力を回復していたフランスは、ブランデンブルクが征服したポンメルン地方はすべてスウェーデンに返還されるべきだと主張した。ウィーンもこれに同意した。ハプスブルクの皇帝は「新たなヴァンダル人〔独語版では「ヴェンド人」〕」の王がバルト海で台頭する」のを望まず、強いブランデンブルクよりも弱いスウェーデンを好んだのである。(26) 一六七九年六月、大選帝侯は空しく怒りを爆発させた挙げ句、必死で勝ち取った土地を結局は放棄し、フランスとのサン＝ジェルマン条約に調印するよう公使に命じた。

長い戦いの果てに待っていたこの惨憺たる結末は、粉骨砕身して戦果を挙げたところで、大国の意向が結果を左右する世界においては自分たちが未だに小物とみなされているという事実を、ブランデンブルクにあらためて思い知らせた。フリードリヒ・ヴィルヘルムは、ポーランドとスウェーデンの間の地域紛争の際にはパワーバランスの変化をうまく利用できたが、より直接に大国の利害に関わる紛争の場合には、如何ともしがたかったのである。

この仕組みにうまく乗っかるには、適切なタイミングで適切な側につくことが必要であり、そのためには、既存の約束事が負担になったり、あるいは不都合になったりしたら、風見鶏のごとく振る舞えるよう準備していなければならなかった。一六六〇年代後半から一六七〇年代前半にかけて、大選帝侯はフランスとオーストリアの間でせわしなく揺れ動いた。一六七〇年一月、三年間にわたる一連の交渉と合意の末に、一〇年を期限とする条約をフランスと締結した。しかし、一六七二年の夏、フランスがオランダを攻撃し、その過程でクレーヴェに侵入して略奪をはたらいたため、大選帝侯は、ウィーンの皇帝レーオポルトに泣きついた。一六七二年六月後半に条約が結ばれ、神聖ローマ帝国の西部国境をフランスの攻撃から守るために、ブランデンブルクと皇帝が共同作戦を行うという合意が結ばれた。ところが、一六七三年の夏には、大選帝侯は再びフランスとの同盟締結に向けた協議に入り、さらには、早くも同年の秋、神聖ローマ帝国、オランダ、スペインの三国同盟を中核とする新たな反フランス連合に舞い戻った。フリードリヒ・ヴィルヘルムの治世の末期にも、同じような変わり身の早さが確認できる。この頃には、一六七九年一〇月、一六八二年一月、一六八四年一月と、フランスとの同盟締結が相次いだが、しかし、同時期の一六八三年のトルコ軍による第二次ウィーン包囲に際しては、ブランデンブルクは神聖ローマ帝国を救援するために部隊を派遣した。さらに、一六八五年八月には、フリードリヒ・ヴィルヘルムはオランダとの間で、フランスへの対抗を主眼に置いた条約を締結し、しかし、それと同時にフランスに忠誠を誓い、「補助金《ズプジーディエン》」を支払い続けるよう迫った。

オーストリアの軍事戦略家モンテクッコリ伯爵は、「わずかでも不都合が生じた際に、それを解消することにこそ同盟の本質がある」という賢察を示している(27)。しかしおそらく、同盟が短期的なものと考えられていた当時にあっても、大選帝侯の「浮気熱《ヴェクセルフィーバー》」は並外れていた。もっとも、この狂熱には然るべき理由があった。フリードリヒ・ヴィルヘルムは増大する軍費を捻出するために、外国からの補助金を必要としていた。そこで同盟を事あるごとに変更しては同盟相手に入札競争をさせ、ブランデンブルクの値打ちを釣り上げたのである。また、同盟関係の頻繁な交替は、ブランデンブルクの安全保障を満たすための条件がいかに複雑であるかを反映したものでもあった。例えば西方の領土の保全には、フランスやオランダとの友好関係が不可欠だった。またプロイセン公国の存立は、ポーランドとの関係に依存していた。あるいはバルト海沿岸地域全体の安全は、スウェーデンを押しとめられるかどうかにかかっていた。そして選帝侯としての地位を維持し、神聖ローマ帝国内で相続権を要求し続けるためには、皇帝との良好な——あるいは少なくとも実利的な——関係が必要だった。その様子はさながら、たくさんの糸があちこちで絡まり合って、何を引き起こすか予測できない神経網を形成しているかのようであった。

こうした問題は大選帝侯の治世において顕著だったが、しかし彼の死後も解決の糸口は見つからなかった。プロイセンの君主や為政者たちは再三再四にわたり、対立する同盟関係のどちらにつくかをめぐって苦渋の選択を迫られ、難題の重さにあえいだ。例えば一六五五〜五六年の冬、北方戦争の緒戦で大選帝侯が身の振り方を思案していた時、大臣や顧問官たち、さらにはホーエンツォレルン家のなかにも「スウェーデン派」と「ポーランド派」が形成された。不信と逡巡が蔓延し、重臣の一人の観察によれば、「殿下と側近たちは、自分たちの望まざるを望み、思わざるを行う」状態に陥った。(28)しかし、こうした批判はゲオルク・ヴィルヘルムに対してもあったし、後年の君主たちにも向けられた。政策決定機関が定期的に崩壊して、相反する選択肢を支持する派閥に分裂するというのは、プロイセン政治の構造的かつ持続的な特徴の一つだったのである。

大選帝侯は、ポンメルン出身のカルヴァン派教徒であった枢密顧問官のパウル・フォン・フクスの助言に従って、同盟相手を次々と切り替えていった。フクスは大選帝侯に、特定のパートナーに常に身を委ねるのを避け、「振り子政策《シャウケルポリティーク》」をとり続けるよう勧めた。[29] ここには、前の君主との重要な違いを確認できる。確かに、ゲオルク・ヴィルヘルムもウィーンとストックホルムの間で風見鶏を演じたが、それは相手側から迫られての行いであった。対照的に、「振り子政策」なる言葉には、自ら進んで揺れ動くという意味合いが込められていた。そしてここには、皇帝に義理立てする気が薄れつつあったことも読み取れる。一六七〇年代にフランスの脅威に対してブランデンブルクとハプスブルクが共同で対応しようとし続けた結果、両国の地政学的な利害関心が大きく異なっていること——この問題は一九世紀になっても普墺関係を悩ませ続ける——が明らかになった。また、大選帝侯の野心が妨害されるのを目にしてオーストリア・ハプスブルクの宮廷がほくそ笑む姿も、一度ならず見受けられた。フリードリヒ・ヴィルヘルムは、こうした侮辱的な扱いに憤りを感じていた。一六七九年八月、ウィーンがスウェーデンへの西ポンメルンの返還を支持した際、彼は枢密顧問官の筆頭格であるオットー・フォン・シュヴェリーンに、「皇帝と帝国が我々をいかに処遇したのかは、貴公も知るとおりである。そして、彼らが先に我々を敵の面前で丸裸にしたのだから、我々の利益と一致しない限り、もはや彼らの利益を気にかける必要などない」と語っている。[30]

もっとも、大選帝侯がウィーンと自らを繋ぐ橋を焼き落とそうとはしなかったのも確かである。彼は諸侯の一員として神聖ローマ帝国への忠誠を誓い続け、一六五八年に行われた皇帝選挙とその前哨戦において、ハプスブルク家のレーオポルト一世を支持した。[31] 一七世紀のブランデンブルクの紋章に描かれたホーエンツォレルン家の鷲は常に、帝国世襲財務官の黄金の笏で誇らしげに飾り立てられた盾を身に帯びていたが、これは神聖ローマ帝国における儀礼上の優位を示すものであった。フリードリリヒ・ヴィルヘルムは、自国の将来的な安寧のためには、帝国が絶対に不可欠だと考えていた。帝国の利益とハプスブルク皇帝の利益が一致しなくても不思議ではなく、時には帝国の制度を皇帝から守る必要があるのを、大選帝侯は十分に認識していた。しかし、皇帝がブランデンブルクの蒼穹に輝く恒星であることに変わりはなかった。一六六七年に執筆した『政治遺訓』において、大選帝侯は後継者に向けて、「〔選帝侯として〕皇帝と帝国に対する敬意を心に留めておくこと」が肝要であると警告している。[32] 皇帝に対する反抗的な憤りと、帝国の古い制度に対する畏敬の念——あるいは、少なくとも旧制度を廃止したくないという思い——の奇妙な取り合わせもまた、一八世紀後半まで続くプロイセンの外交政策の特徴の一つであった。

主権

一六六三年一〇月一八日、ケーニヒスベルクの宮殿の前に、華やかな装いをした諸身分の代表たちが集結した。彼らは、ブランデンブルク選帝侯に忠誠を誓うために参じたのである。その場は荘厳な雰囲気に包まれていた。大選帝侯は緋色の布で覆われたひな壇の上に立った。傍には、プロイセン公の権威の象徴たる公爵冠、剣、笏、元帥杖をそれぞれ捧げ持った四人の現地高官が控えていた。式典が終わると城の中庭へと続く門が開かれ、君主によって、昔ながらの大盤振る舞いが繰り広げられた。祝いの場に参加しようと町の住民たちが群がると、財務官が記念の金貨や銀貨を投げ与えた。ホーエンツォレルン家の鷲を模した噴水の二つの注ぎ口からは、赤と白のワインが一日中吹き出していた。宮殿の大広間には大きなテーブルが二〇卓も置かれ、諸身分をもてなした。[33]

儀式は古式ゆかしく演出された。忠誠の誓いは、一二世紀以来、西欧で統治権が確認される際に行われた儀礼で、君主と臣下の国制上の関係を「表現し、更新し、永続させる」ための法的行為であった。[34] 諸身分の代表者たちは古来伝わるやり方で、新しい主君との紐帯を「考えうるいかなる状況においても」決して断ち切らないことを誓い、大選帝侯の前に跪きながら、左手を胸に当て、親指と二本の指を伸ばした状態で右手を頭上に掲げた。親指は父なる神、人差し指は子なる神、中指は聖霊を意味し、「手の中に折りたたまれた他の二本の指のうち、薬指は人間に宿る尊い魂を、小指は魂よりも小さきものである肉体を意味する」とされた。[35] こうして、政治的従属という個別具体的な行為が、神への人間の服従という恒久性に結びつけられたのである。

永遠やら伝統やらがことさらにもち出されたのは、プロイセン公国におけるホーエンツォレルン家の権威の脆さの表れにほかならない。ケーニヒスベルクで忠誠の誓いが行われた一六六三年、プロイセン公国における大選帝侯の法的主権はよちよち歩きの状態だった。ホーエンツォレルン家の主権がオリヴァ条約で国際的に認められてからわずか三年しか経っておらず、条約の締結以来、住民たちは激しい反発を示していた。ケーニヒスベルクでは、大選帝侯の役人が頭ごなしにものを言おうものなら、大規模な抗議活動が起こった。市の有力な指導者たちが逮捕され、大選帝侯軍の大砲が町の中心部に撃ち込まれたことでようやく事態が収拾し、一六六三年一〇月一八日に宮殿の中庭で和解の式典が行われて、一件落着となったかに思われた。しかしそれから一〇年も経たないうちに、大選帝侯の政府は再び公然たる抵抗に直面し、市に対して軍隊を投入せざるを得なくなった。こうした事件はプロイセン公国だけでなくクレーヴェでも、そしてお膝元のブランデンブルクにおいてすら起こっており、三十年戦争後の数十年間、地方の特権を護持しようとする勢力との諍いは絶えなかった。

君主と諸身分の争いは、起こるべくして起こったわけではない。君主と貴族は、本来は持ちつ持たれつの関係にあった。貴族は地方を管理し、税金を徴収し、君主に金を貸していた。例えば一六三一年に、ゲオルク・ヴィルヘルムは二つの所領を担保にして、ブランデンブルク貴族のヨーハン・フォン・アルニムから五万ターラーを借金した(36)。貴族の富は君主の借金の担保となり、戦時には、防衛のために彼らの兵馬が頼りにされた。しかし一七世紀の間に、両者の関係は次第に緊張の度合いを増していった。君主と諸身分のいがみ合いは例外的な事態というよりも、おそらく日常茶飯事だった(37)。

この問題は、本質的には視点の問題であった。諸身分と彼らが代表する地域は一つの総体の一部なのだから、君主が統べるすべての領邦の維持や防衛、そして君主による正当な領土要求に協力する義務があることを自覚せねばならない――フリードリヒ・ヴィルヘルムは再三にわたって、このように主張する必要があった(38)。しかしこのようなものの見方は、自分たちの領邦は国制上どれも独立しているとみなし、自分たちは大選帝侯の人格と縦に結ばれているに過ぎず、地域間の横の繋がりがあるわけではないと考えていた諸身分には、ちっとも理解できなかった。マルク・ブランデンブルクの諸身分にしてみれば、クレーヴェやプロイセン公国は、ブランデンブルクの資源をあてにする権利なども たない「よその土地」でしかなかった(39)。同様に、ポンメルンをめぐるフリードリヒ・ヴィルヘルムの戦いは君主の個人的な「私闘」に過ぎず、彼らの見解では、臣下が苦労して得た富をそのような「私闘」のために没収する権利は、君主にはなかった。

諸身分は、大選帝侯が自分たちの「個別の特権や自由、約定、君主から与えられた免除特権、婚姻上の取り決め、領地に関する契約、古来の伝統、法、正義」を維持し、厳守することを望んでいた。[40] 彼らの精神世界において、主権は混在し、重なり合っていた。一六六〇年までハーグ〔オランダ政府が置かれた都市〕において外交代表権を保持していたクレーヴェの諸身分は、ベルリンからの不当な介入に対抗するための支援を得ようとして、オランダや神聖ローマ帝国の議会、そして、ときにはウィーンの皇帝にも支援を求めた。[41] 彼らは、マルクやユーリヒ、ベルクといった近隣の諸身分と、大選帝侯の要求にどう対応するべきか――あるいはどう抵抗するべきか――について、頻繁に協議していた。[42] 一方、プロイセン公国の諸身分には、隣接するポーランドを、自分たちの古来の諸特権の保証人とみなす傾向があった。大選帝侯の高官の一人が怒気を込めて書き記しているように、プロイセンの諸身分の頭目たちは「ポーランド人の忠実な隣人」であり、「〔自分たちの〕国の防衛に無関心」だったのである。[43]

大選帝侯の野望が広がり、諸身分と衝突するのに時間はかからなかった。諸領邦の要職のほとんどにカルヴァン派教徒から成るよそ者を登用したことは、大部分がルター派教徒であった貴族に対する侮辱行為となった。この措置は、各地で長らく尊重されてきた国制上の伝統、すなわち行政に携わることができるのは「土着の者」だけだとする、「官職独占権《インディゲナート》」を侵すものだったのである。常備軍も難題だった。諸身分は、費用がかかるからというだけでなく、自分たちが管轄してきた昔ながらの地域的な民兵制度が廃止されるという理由からも、常備軍に反対した。民兵制度が古くから続く自由の象徴として重んじられていたプロイセン公国では、この問題はとくに深刻だった。一六五五年、民兵を廃してベルリン直属の常備軍に代置するという案を選帝侯政府が出すと、諸身分は猛反発し、従来の方法では効果的な防衛に事足りぬのなら、君主は「万民のための懺悔と祈り」の日を何日も設け、「神に加護を請う」べきなのだとやり返した[44]〔「懺悔と祈りの日」は毎年一一月下旬水曜日に設けられるルター派の祭日〕。ここには、イングランドで常備軍の拡充に反対し、ジェントリが支配する地域民兵の維持を訴え、国の外交政策は古来の軍制によって決定されるべきであって、その逆ではないと公言した「地方ホイッグ」との興味深い類似点が確認できる[45]。イングランドではプロイセン公国と同様に、農村エリートの「地方イデオロギー」のなかに地域的な愛郷心、「自由」の擁護、国家権力の拡大に対する抵抗といった要素がしっかりと内包されていた[46]。常備軍を批判する立場から一六七五年にイングランドで出版されたパンフレットには、「貴族の権力と常備軍は二つのつるべのようなもので、一方が下がればもう一方が寸分違わず上がる……」と述べられているが、プロイセンの貴族の大多数はこの意見に心底から賛同しただろう[47]。

最大の争点は、課税問題だった。諸身分は、自分たちの代表者との事前の合意なくしては、金品の徴収を合法的に行うことはできないと主張した。しかし一六四三年以降にブランデンブルクが次第に広域的な権力政治に深く関与していったために、財政の仕組みが昔のままでは統治に必要な費用を賄えなくなった[48]。一六五五〜八八年、大選帝侯の軍事費は総額およそ五四〇〇万ターラーに達した。不足分の一部は、相次ぐ同盟締結によって外国から得られた助成金で埋め合わせた。また、直轄支配地の開発や、郵便事業、貨幣鋳造、関税といった君主の収益も充てられた。しかし、そうした財源を寄せ集めても一〇〇〇万ターラーにしかならず、残額は各領邦の住民から税として徴収しなければならなかった[49]。

クレーヴェ、プロイセン公国、そしてホーエンツォレルン家の世襲領の中核を成すブランデンブルクにおいてすら、新たな軍費を確保しようとする大選帝侯の取り組みに対して諸身分が抵抗した。大選帝侯が、自分の支配する諸領邦は今や全体として「一つの頭をもつ四肢《メンブラ・ウニウス・カピティス》」を成しているのだから、ポンメルンも「選帝侯国の一部」とみなして支援するべきだと熱心に説いたにもかかわらず、一六五〇年、ブランデンブルクの諸身分は、同地におけるスウェーデンとの戦いのための戦費を承認しなかった。[50] 裕福な都市門閥が未だに大選帝侯をよそから来た闖入者とみなしていたクレーヴェでは、諸身分がマルク、ユーリヒ、ベルクとの伝統的な同盟関係を復活させた。諸身分側の論客は、同時期のイングランドでの動乱を引き合いに出し、議会派が国王チャールズ一世〔在位一六二五～四九〕を処遇したのと同様の扱いを選帝侯も受けるだろうと脅しつけさえした。フリードリヒ・ヴィルヘルムは「軍事的な懲罰措置」をとると威嚇したが、大概は徒労に終わった。それというのも、諸身分はなおもクレーヴェ公国を占領していたオランダの駐屯軍の支援を受けていたからである。[51] プロイセン公国でも、大選帝侯は頑強な抵抗に出くわした。同地では久しく諸身分が万事を取り仕切っており、定期的に総会を開き、領邦全域の政務、民兵、領内の財政を掌握していた。プロイセン公国の諸身分は伝統的に、事あらばポーランド王に申し立てを行う権利を有していたため、彼らに脅しをかけて協力させるのは容易ではなかった。[52]

　財政をめぐる対立を表面化させたのは、一六五五～六〇年の北方戦争の勃発である。まず、強権と武力によって抵抗の動きが潰された。毎年の賦課金が一方的に引き上げられ、軍事的な「懲罰措置」による取り立てが行われた。大選帝侯の支配する諸領邦のなかでもとくにクレーヴェは、戦争中に年間の軍事分担金《コントリブツィオン》が増大した。諸身分の指導者たちは脅迫を受けたり、逮捕されたりした。(53) 抗議は無視された。この闘争で大選帝侯の追い風となったのは、広域的な法的環境の変化が、地方エリートの権利を弱めるように作用したことであった。一六五四年、自領内で諸身分との揉め事が何かと多かった選帝侯たちに押されて、皇帝は、神聖ローマ帝国内の各領邦の臣民には「要塞や軍の駐屯地を維持したり占領したりするために［…］必要な援助を、自らの主君に従順に提供する義務がある」と定めた。この文書を「絶対主義のマグナ・カルタ」と表現するのは大げさかもしれない。しかし、帝国全域において社団的特権を主張できない時代が到来したことを示すこの法は、重要な出発点となった。(54)

諸身分の権利をめぐる争いが最も激しかったのは、プロイセン公国である。ここでも、対立の発端となったのは北方戦争だった。大選帝侯は一六五五年四月にプロイセン議会を招集したが、八月になってスウェーデン軍の脅威が明確化してもなお、諸身分は七万ターラーを超える資金――もっと貧しく人口の少ないブランデンブルクが、この時期に年間三六万ターラーの軍税を供出していたのを考えれば、これは少額だった――の提供を渋った。(55) 一六五五年の冬にフリードリヒ・ヴィルヘルムが軍隊を伴ってケーニヒスベルクに到着すると、状況は一変した。間もなく軍税の支払いは強制となり、一六五五～五九年には年平均六〇万ターラーにまで増額された。一連の行政改革が行われ、諸身分の承認を得る必要はなくなった。とくに重要なのは、財務や物品の徴発に関して強い権限を有する軍事監察庁が設置されたこと、そしてボグスワフ・ラジヴィウ侯がプロイセン総督に任命されたことである。伝統的に諸身分に代わってプロイセンを統治してきた、強力で自立した上級参事会を監督するのが、ラジヴィウの任務であった。

ヴェーラウ条約（一六五七年）とオリヴァ条約（一六六〇年）によってこの地の独立した主権を手に入れた大選帝侯は、プロイセンの諸身分との持続的な和解を実現しようと決意した。しかし、諸身分は両条約の有効性に対して異議を唱え、プロイセンの在り方は、選帝侯、公国の諸身分、ポーランド王の三者間の合議に基づいてのみ変更可能であると主張した。[56] 一六六一年五月にケーニヒスベルクで開催された一年に及ぶ公国議会で、諸身分は、ポーランド王への恒久的な上訴権を認めること、小規模な沿岸警備隊を除くすべての選帝侯軍を撤退させること、プロイセン人にあらざる者を公職や定例議会から除外すること、自分たちと選帝侯との間に生じた揉め事はいかなる場合もポーランド王によって調停されることなど、広範囲にわたる要求を掲げた。これらの問題に関して合意に達することは極めて困難だったが、ケーニヒスベルクの市中にただならぬ空気が漂い始めてからはなおさらだった。一六六一年一〇月、大選帝侯の大臣であるオットー・フォン・シュヴェリーンは、同市の不穏状態から協議の場を切り離すために、議会を南方の、より平穏なバルテンシュタイン〔ポーランドのバルトシチェ〕へと移すよう命じた。ワルシャワへ送った使節団がポーランドから具体的な支援を得られなかったために、一六六二年三月以降になってようやく、貴族集団は譲歩し始めた。

ヨーロッパ各地の例にもれず、この間に都市ケーニヒスベルクの情勢はきな臭さを増していき、連日のように抗議集会が開かれるようになった。都市の社団的な特権を主張していた急先鋒の一人が、ケーニヒスベルクの旧市街を構成する三つの「街区」のうちの一つであるクナイプホーフの商人で、参事会のリーダーのヒエロニムス・ロートだった。ロートを懐柔しようとしたオットー・フォン・シュヴェリーンは、一六六一年五月二六日、公爵宮殿での私的会合に彼を招待した。しかし、この会合

図5　ケーニヒスベルクの風景（1690年頃）

は惨憺たる失敗に終わった。シュヴェリーンの記録によると、ロートは頑なで煽情的にあれこれとまくし立て、こともあろうに「君主は皆、いかに敬虔だとしても、一皮むけば暴君です」などと言い放ち、この台詞はロートに対する訴状でも引き合いに出された。一方でロートの側は、自分は礼儀正しく道理を踏まえてケーニヒスベルクの古き自由を擁護したのであって、怒りのあまり拳を振り上げ脅しつけてきたのはシュヴェリーンのほうだった、と振り返っている[57]。

相次ぐ嫌がらせを受けながらも、ロートは選帝侯政府に対する抗議運動を続け、市当局は彼を逮捕することも活動に制限を加えることも拒否して、この同胞をかばい続けた。おそらく諸身分を支援してくれるかどうか談判するために、ロートはワルシャワに出向いてポーランド王に謁見した。一六六二年一〇月の最終週、しびれを切らした大選帝侯は二〇〇〇人の軍勢を率いてケーニヒスベルク市内に入城した。ロートは逮捕されて裁判にかけられ、大選帝侯が任命した裁判委員たちによって即決で有罪判決を受け、遠く離れたザクセン選帝侯国内にあったホーエンツォレルン家の飛び地、コトブスのパイツ要塞に収監された。獄中での当初の待遇はそれほどひどくなかった。ロートには六品から成る昼食が与えられ、監房は快適で、要塞を囲む城壁の上を散歩することも許されていた。

しかし一六六八年、ケーニヒスベルクにいる義理の息子と秘かに文通を続けており、その中で、大選帝侯の代理として市政を牛耳る「傲慢なカルヴァン連中」を罵っていた事実が発覚したため、獄中生活に様々な制約が加えられるようになった。ケーニヒスベルクの出身で、手紙の受け渡しを行っていた要塞守備隊の兵士も処罰された。フリードリヒ・ヴィルヘルムは当初、ロートが自らの「罪」を認め、心から反省を示し、慈悲を請うならば、釈放してやろうと言っていた。しかしロートは、自分の行為は何らかの悪意によるものではなく、「祖国」に対する義務感に駆られてのものだと抗弁し続けて、一歩も譲らなかった。密書の発覚という騒動を受けて、大選帝侯は始末に負えぬこの市参事会員を決して釈放してはならないと決めた。齢七〇に達してようやく、ロートはフリードリヒ・ヴィルヘルムに手紙を書いて釈放を請い、自分は大選帝侯の「忠実で従順な臣民」であると訴えた。(58) しかし恩赦は与えられず、彼は一六年間の獄中生活の末、一六七八年夏に獄死した。

ヒエロニムス・ロートの投獄によって、大選帝侯とプロイセン諸身分との間にかりそめの和解の道が開かれた。しかし、一六七〇年代初頭にも課税をめぐってまたもや衝突が起こり、この時は軍隊が出動して税の支払いが強制された。一六七二年一一月には、大選帝侯の治世下で唯一のケースとはいえ、プロイセン公国で政治犯の処刑すら行われた。(59) しかしプロイセンの人々は徐々に、選帝侯の統治とそれに伴う租税制度を受け入れるようになっていった。プロイセンでは、諸身分が政治を動かす体制は一六八〇年代までには終焉を迎えることとなった。そしてその跡には、ポーランド王の緩やかな宗主権のもとで享受していたとされる「なおも忘れ得ぬ至福、自由、穏やかなる平安」への、ノスタルジックな夢想だけが残されたのである。(60)

宮廷と地方

大選帝侯の施政は、地方エリートへの依存状態から徐々に脱却していった。大選帝侯はブランデンブルクの約三分の一、プロイセン公国の約半分を直轄地としていたので、そうした領地の管理を改善さえすれば、収入の基盤を大きく拡張できた。北方戦争の間に新たに設けられた御料地財務庁《アムツカンマー》の監督下で、直轄地の管理は合理化された。さらに重要な措置として、各種の物資やサービス業に対する間接税である物品税《アクツィーゼ》が一六六〇年代後半にブランデンブルクの諸都市に少しずつ導入され、その後はポンメルン、マクデブルク、ハルバーシュタット、プロイセン公国にも拡大された。徴税の方法をめぐって諸身分間の対立が続いた後、物品税は中央の都市税務監督官《シュトイアーレーテ》の管理下に置かれるようになり、この監督官は間もなく他の行政機能も担い始めた。物品税は、諸身分内部に存在していた諸々の社団をいがみ合わせ、中央政府への対抗力を弱めるための重要な戦術的手段であった。物品税は都市にしか適用されず、都市部よりも農村部の企業活動に有利に働いたため、大選帝侯は強力な地主層を敵に回さずして、各地の商業からあがる富を搾取することができた。

　また、フリードリヒ・ヴィルヘルムはカルヴァン派教徒を行政の要職に任命することで、自らの権威を強化した。これは単なる宗教的な好みの問題ではなく、ルター派の諸身分の権勢に対抗しようと狙った、意図的な政策であった。重臣たちには、長らくクレーヴェの総督を務めたナッサウ＝ジーゲン侯ヨーハン・モーリッツや、八面六臂の活躍で鳴らしたヴェストファーレンの小邦の領主で、オランダ軍に仕官した経験をもち、フリードリヒ・ヴィルヘルムの治世前半の最も有力な大臣だったヴァルデック伯(後にヴァルデック侯)のゲオルク・フリードリヒなど、よそ者のカルヴァン派諸侯が名を連ねていた。さらに、一六七二年の戦役の司令官で、ブランデンブルク総督を度々務めたアンハルト゠デッサウ侯ヨーハン・ゲオルク二世もその一員だったし、北方戦争の際にプロイセン公国の総督に任命されたポーランド゠リトアニア系大貴族のボグスワフ・ラジヴィウ侯はカルヴァン派の大物で、帝国貴族の地位を狙っていた。一六五八年以降、ブランデンブルクの事実上の宰相としてベルリンの宮廷を取り仕切っていたオットー・フォン・シュヴェリーンは、カルヴァン派に改宗したポンメルン出身の貴族であり、貴族の所領を買い取って大選帝侯の直轄地に組み入れるのに勤しんだ。全体としては、大選帝侯の治世で登用された上級官吏の約三分の二をカルヴァン派が占めた。[61]

他地域からの官吏の起用が進んだことも重要である。一六六〇年以降に任用されたブランデンブルクの主要な大臣で、選帝侯国の出身者はほぼ皆無だった。文武双方の行政の上層部に有能な平民——主に法律家——が抜擢され、中央政府と地方エリートの懸隔は拡大した。一七世紀末には、ブランデンブルクの片田舎出身のユンカー貴族は、成立途上にあったホーエンツォレルン国家の官僚機構のなかで勢力を失い、地方エリートが三十年戦争の惨禍からなかなか立ち直ることができず、経済的にも苦境にあったために、この傾向はますます加速した。一六四〇年の大選帝侯フリードリヒ・ヴィルヘルムの即位から孫のフリードリヒ大王の即位までの一〇〇年間に宮廷、外交、軍事の要職に任命された者のうち、ブランデンブルクの貴族地主層はわずか一〇パーセントしかいなかった。[62]彼らに代わって登場した新しいタイプの官吏たちは、地方貴族よりも、君主や中央政府に結びついていた。だからといって、一方の側が他方の側に無条件で屈服したのではない。中央の権力者は地域エリートを直接支配しようとしたわけではなく、伝統的な権力構造における特定の部分を支配しようとしたに過ぎない。[63] 大選帝侯は、身分制議会を廃止するだとか、自らの権威に完全に服属させるなどといったことに乗り出したのでもない。選帝侯政府の意図は常に限定的かつ現実的だった。重臣たちは大抵、諸身分とは柔軟かつ寛大にやり取りするよう勧めた。[64] クレーヴェ総督のナッサウ＝ジーゲン侯ヨーハン・モーリッツは、君主と地方エリートを仲立ちするのに任期の大半を費やすなど、根っからの調停役として知られた。[65] プロイセン公国での君主代理の立場にあったラジヴィウ侯とオットー・フォン・シュヴェリーンはともに穏健な人物で、諸身分の意見にも少なからず共感を示していた。枢密参議会の文書を調べてみると、諸身分から寄せられた膨大な数の個別の苦情や要望が出てくるが、それらの大半は君主によって即決で承認されている。[66]

貴族集団をはじめとする諸身分はすぐに、自分たちの利益と選帝侯の権勢をうまく両立させる術を編み出した。彼らは算盤ずくで行動し、都合次第で仲間割れも辞さなかった。常備軍に対する反発は、指揮官として軍務に就けばステイタスや定収入が得られ、魅力的で名誉ある道を歩めるようになるのだと納得することで弱められた。[67] 選帝侯が顧問官と協議して外交政策を立案する権限に対して、原則的には異議は唱えられなかった。彼らが思い描いていたのは、中央の権力機関と地方貴族層の相互補完的な関係であった。クレーヴェの諸身分が一六八四年の覚書において説明したところによれば、選帝侯は自領で何が起こっているか隅々まで知りようがないので、役人に依存することになる。しかし役人とて人の子、弱さもあれば誘惑にも負けるのが世の常である。ゆえに、地方の統治機構を正し、バランスをとるのは諸身分の役割であるというのが、彼らの言い分だった[68]。一六四〇年代には手紙で非難の応酬が続いていたのを思い返すと、隔世の感がある。

武力や威圧も地方エリートから同意を引き出すのに有効だったが、長期の交渉、調停、利害調整は地味ながら、はるかに重要であった[69]。中央政府は、大選帝侯が定期的に強権を発動して肝心な点で譲歩を求め、その間隙を縫って役人が合意形成に努めるという、柔軟な二本立てのやり方をとった。諸都市もまた、この実用的なアプローチの恩恵に浴した。一六六五年、ヴェストファーレンのマルク伯領の小都市ゾーストは、大選帝侯への忠誠を正式に表明する見返りに、各社団のトップから選ばれた行政官による独自の自治制度や司法権を定めた、古来の「法制」を維持することを許された[70]。

農村地域の視点から一七世紀末の状況を調べると、貴族が自治的な裁判権や社会経済的な力の大部分をもち、地域に対する支配力を保っていたことが、手に取るように分かる。貴族は、地域の福祉に関係する問題を審議するために、自らの意思で集会を開く権限を有していた。彼らは、地域において税の徴収や配分を司った。さらに重要なのは、郡《クライス》の統括者たる郡長《ラントラート》を選任する権限が郡諸身分《クライスシュテンデ》にあり、地方行政を左右するこの要職が、君主のみならず地域の社団的な利益にも応える仲介者としての役割を一八世紀後半に至るまで果たし続けたことである[71]。

しかしながら、ホーエンツォレルン家の支配地の政治権力構造に注目した場合、中央政府と地方の諸身分の関係が不可逆的に変化していったのは明らかである。当該地域の貴族集団の代表から成る総会は次第に開かれなくなり、一六八三年のアルトマルクとミッテルマルクでの集まりが最後となった。

それ以後、身分制議会の業務や政府とのやり取りは、「小委員会《エンゲレ・アウスシュセ》」と呼ばれる、常任の代表者たちから構成される小規模な代理機関をつうじて行われるようになった。貴族集団は国家の高みから退いて領邦レベルでの政治的野心を放棄する代わりに、各自の地元への社団的な関心を強めていった。宮廷と地方は遠く隔たってしまったのである。

遺産

一七世紀末、ブランデンブルク゠プロイセンは、オーストリアに次いでドイツで第二位の面積を有する領邦となった。その領土は広域に点在し、ライン地方から東のバルト海に至るまで、不揃いの飛び石を並べたように広がっていた。一六世紀に婚姻や相続に関する契約のなかで約束されたことの多くが、ついに現実のものとなったのである。死の二日前の〔一六八八年〕五月七日に、枕もとに集まって悲嘆にくれる人々を前にして当人が語ったように、大選帝侯の治世は苦しく「戦争や面倒ごとに満ちた」ものではあったが、神の恩寵によって、長く、そして幸福なものとなった。「余の治世が始まった頃、この国が惨めなほど混乱していたことは皆も知っていよう。神の助けによって、余はこの国を改め、友からは敬意を、敵からは畏怖を得たのだ[72]」。名声高き曾孫のフリードリヒ大王は、後の偉大なるプロイセンを支える「揺るぎなき礎」を築いたのは大選帝侯であり、プロイセンの興隆の歴史は大選帝侯の治世とともに始まったのだと明言した。そしてこうした主張は、一九世紀のプロイセン学派が語った壮大な物語にもこだましている。

大選帝侯の治世下の軍事的、外交的な偉業が、文字どおりブランデンブルクにとって新たな出発点となったことは間違いない。一六六〇年には、フリードリヒ・ヴィルヘルムは神聖ローマ帝国の外側に位置するプロイセン公国の宗主権を獲得した。彼は歴代の選帝侯に課されていた政治的条件を克服した。大選帝侯はもはや帝国の有力諸侯であるにとどまらず、ヨーロッパ屈指の君主となった。彼がルイ十四世の宮廷に対して、伝統的に主権国家の君主のみに与えられてきた「我が同輩《モン・フレール》」の公称で呼ぶよう求めたのは、自らの新しい地位に対するこだわりの表れであった(73)。大選帝侯の後を継いだ選帝侯フリードリヒ三世の時代に、プロイセン公国に対する支配権は王号獲得のために利用されるようになる。やがて、ブランデンブルクという古く由緒ある呼び名も「プロイセン王国」なる名称に取って代わられ、一八世紀の間に、ホーエンツォレルン家の領土のうち〔フランケン地方を除く〕北部全体を指すようになっていった。

大選帝侯自身は、自らの治世に起こった変化の重要性に注意を払っていた。一六六七年、彼は後継者のために『政治遺訓』を作成した。この文書は、昔ながらの君主の遺言の形式に従って、敬虔であるよう、神を畏れる生活を送るよう勧めるところから始まるが、すぐに先例とは異質な、政治的な内容へと展開する。大選帝侯は過去と現在を鋭く対比し、プロイセン公国が主権を獲得したおかげで、先祖たちを圧迫してきたポーランド王への臣従という「耐えがたき状況」が消滅したことを、息子に思い起こさせようとする。曰く、「これについての一切を書き記すことはできない。公文書や会計帳簿を参照すべし(74)」。そして将来に選帝侯位を継ぐ者は、眼前の問題を歴史的に捉える目を養うよう求められた。過去の公文書を丹念に調べれば、フランスと良好な関係を維持することがいかに重要であるかが、そして同国との関係を「選帝侯として帝国と皇帝に対して抱くべき敬意」といかにして両立すべきかが分かるだろう。また、ヴェストファーレン講和条約によって新たな秩序が確立されたという認識、そして必要とあらば、この秩序を覆そうとする一切の勢力に立ち向かわねばならないという認識もはっきり示されていた。[75] つまりこの文書は、歴史のなかで自らがどのような立場にあるのかを敏感に捉え、歴史の連続性と変化の力との緊張関係を強く意識したものだったのである。

歴史の偶発性に対する大選帝侯の警戒心は、自らの功業が盤石ではないという事実に対する鋭敏な感覚、築き上げたものは常に壊されうるのだという意識と密接に結びついていた。スウェーデンは、「狡知によって、あるいは力ずくで」ブランデンブルクからバルト海沿岸の支配権を奪おうと、虎視眈々と窺っているに違いなかった。そのうえポーランドは現地住民と一緒になって、プロイセン公国を「以前の状態」に戻すための足がかりを得ようとしているやもしれなかった。[76] したがって、後継者たちの任務はブランデンブルクの領土をさらに広げることではなく、むしろ既に手に入れたものを守り抜くことにあった。

帝国の各選帝侯、諸侯、諸身分とできる限り相互の信頼や友好関係を築き、交流を続け、彼らに悪意を抱かせず、良き平和を維持するよう、常に心がけよ。そして、神は我が一族に多くの土地を恵み給うたのだから、その保全にのみ目を向け、さらなる土地を求めて大きな妬みや敵意を呼び起こしたり、既に所有しているものを危険に晒したりせぬよう、心がけよ。[77]

この緊迫感に満ちたもの言いは、注目に値する。ここには、ブランデンブルク＝プロイセンの外交を貫徹する不変のテーマの一つが表現されている。ベルリンの世界観の底流には常に、自分たちの脆弱さに対する鋭い自己認識があった。プロイセン外交の特徴となった絶え間ない右往左往ぶりは、三十年戦争の生々しいトラウマに端を発していた。それは、『政治遺訓』の悲痛な一節のなかに窺える。「一つだけ確かなのは、汝が、戦火は未だ国境の彼方にあると信じていたずらに座するままならば、汝の諸領邦は悲劇の舞台となるに相違ないということだ」[78]。一六七一年にフリードリヒ・ヴィルヘルムが宰相のオットー・フォン・シュヴェリーンに語った言葉からも、同様の認識が確認できる。「余はかつて中立を保ってきた。しかし、どんなに状況が良かったとしても、ひどい扱いを受けることになる。余は死ぬまで二度と中立の策を取るまい」[79]。この自らの弱さに対する認識は、ブランデンブルク゠プロイセンの中心的な問題として、つきまとい続けるところとなる。

第四章　王位の威厳

戴冠

一七〇一年一月一八日、ブランデンブルク選帝侯フリードリヒ三世は、ケーニヒスベルクで戴冠式を行い、「プロイセンにおける王」〔王としてはフリードリヒ一世〕となった。その豪華絢爛ぶりは、ホーエンツォレルン家の歴史に前例のないものであった。当時の記録によると、選帝侯の一族と家臣たち、そして彼らの荷物を積み込んだ一八〇〇台の馬車がベルリンから会場へと東進するのに、三万頭の馬が必要だった。道中の村々は飾り立てられ、街道には松明が並び、あるいは上質な織物がかけられた。一月一五日、プロイセン公国の王国昇格を宣言するために、新たな王家の紋章をこれ見よがしにあしらった青いビロードの制服を着た使者がケーニヒスベルク市内を練り歩き、祝宴の幕が上がった。

戴冠式は一月一八日の朝、この日のために特別に玉座が用意された謁見の間で始まった。ダイヤモンドのボタンが輝く緋色と金色のコートと、オコジョの毛皮を裏地にした深紅のマントを身にまとい、男性親族や廷臣、地方の高官らから成る一団をつき従え、選帝侯は自ら王冠を戴き、笏を手にして、参列者の祝意を受けた。それから彼は妻が待つ部屋に足を踏み入れ、一族郎党の前で王妃の冠を授けた。諸身分の代表者たちが恭しく挨拶した後、国王夫妻は城内の教会に向かい、塗油の儀式を受けた。入り口で一行を迎え入れた二人の聖職者のうち、一名はルター派の監督、もう一名はカルヴァン派の教師〔いずれもカトリックの司教に相当〕だったが、この二人は、ブランデンブルク゠プロイセン国家の宗派的二重性を考慮して、戴冠式のために特別に起用されたのであった。賛美歌と説教の後、太鼓とトランペットによるファンファーレで、礼拝が最高潮に達したことが告げられた。王が玉座から立ち上がって祭壇に跪《ひざまず》くと、カルヴァン派のウルジーヌス教師が右手の指二本を油に浸し、王の額と左右の手首の脈の上に塗油した。続いて王妃にも同じ儀式が行われた。歓呼の音楽に合わせて、参列した聖職者たちが玉座の前に集まり、敬意を表した。さらに賛美歌と祈りが捧げられた後、宮廷の高官が起立し、瀆神や殺人、債務不履行、不敬、大逆などの罪を犯した者を除く、すべての罪人の恩赦を発表した。(1)

国富の消費という点からすると、一七〇一年の戴冠式がブランデンブルク゠プロイセンの歴史のなかで最大のイベントだったことは間違いない。権力を誇示するための大がかりな宮廷儀礼が一般的だった当時の基準からしても、プロイセンの戴冠式の豪華絢爛ぶりは異例だった。政府は費用を捻出するために臨時の「戴冠税」を課したが、集まったのは五〇万ターラーに過ぎず、そのうちの五分の三が王妃の冠の制作費となり、残額では、全面にダイヤモンドが散りばめられた貴金属製の王冠の費用を賄いきれなかった。勘定書がまとまったかたちで残っていないので、祝典にかかった総額を算出するのは難しいが、戴冠式とそれに付随する祝宴だけでも六〇〇万ターラーが費やされたと推計される。この金額は、ホーエンツォレルン家の年間収入のおよそ二倍に相当する。

一七〇一年の戴冠式は、別の点からしても前例がなかった。この式典は、特別な歴史的瞬間のために設計された発明物であり、純然たる特注品であった。設計者はフリードリヒ一世自身であり、彼は新しい王章や世俗儀式、城内の教会での宗教儀式だけでなく、主だった参列者たちが着用する衣服の形状や色に至るまで、細部にわたって陣頭で指示を与えた。君主の儀礼について助言する、専門のスタッフたちもいた。なかでも詩人のヨーハン・フォン・ベッサーはイギリス、フランス、ドイツ、イタリア、スカンディナヴィアの有職故実に精通しており、一六九〇年から治世の終わりまでフリードリヒの宮廷で儀礼の責任者を務めた。もっとも、重要な決断を下したのは常に君主だった。

出来上がったのは、ヨーロッパの過去の戴冠式からの借り物を新旧取り混ぜた、自意識過剰気味のユニークな式典だった。フリードリヒは美的効果の観点からのみならず、王としてのステイタスを保つうえで決定的だと思ったものを誇示するために、戴冠式を設計した。王冠の形は筒状ではなく、上部が閉じたドーム状の金属製だったが、これは聖俗双方の主権を一身に集めた君主の、すべてを包み込む権力を象徴していた。さらに、ヨーロッパの通例とは異なり、聖職者による塗油の前に別の儀式で王が自ら戴冠したのは、彼の地位が神以外のあらゆる聖俗の権威から独立していることを示す行為だった。宮廷の「儀礼学」の専門家として知られていたヨーハン・クリスティアン・リューニヒは、この段取りの意義を次のように説明している。

諸身分から王国と主権を承認された王は、通常ならば、塗油された後でなければ王冠と笏を身に帯びることはないし、玉座に着くこともない。[…]しかし、諸身分をはじめいかなる[勢力の]支援も仰がずして王国を手に入れた陛下[フリードリヒ一世]にはかくのごとき引き継ぎの儀式を行う必要はない。陛下はむしろ古代の王たちのように、ご自身の拠って立つところから王冠を得たのである。(2)

ブランデンブルクとプロイセン公国の直前の歴史を振り返れば、こうした象徴的なジェスチャーがどれほど重要だったのかがよく分かる。大選帝侯とプロイセンの諸身分、とくに都市ケーニヒスベルクとの闘争は、未だ鮮明な記憶として影を落としていた――戴冠式についてプロイセンの諸身分には一切相談がなく、来たる祝祭について、ようやく一七〇〇年一二月になって知らされたという事実が、すべてをものがたっている。同様に重要だったのは、この新たな王国がポーランドや神聖ローマ帝国の宗主権の枠外で成立したことである。一六九八年、イギリス使節のジョージ・ステップニーは、北部担当国務大臣[大陸ヨーロッパ北部の諸国との関係を司った大臣]のジェームズ・ヴァーノンに次のように報告している。

[当地では周知の事態でありますが、]プロイセン公国を領有していることから生じる絶対的な主権を[…]この選帝侯は大いに重視しております。と申しますのも、その点において同侯の権勢は、帝国のどの選帝侯や諸侯も凌駕しているからです。こうした諸侯は、皇帝から直接爵位を受けることが己の権威の源であるため、十分に独立した存在とは言えません。かかる理由から、ブランデンブルク選帝

侯は、他の選帝侯や諸侯よりも何らかの格上の称号を用いることで差をつけようと、躍起になっています。(3)

「プロイセンにおける王」という、ヨーロッパの宮廷でいささか滑稽に感じられた異例の称号を採用した理由の一つは、当時なおも「王領プロイセン」の宗主権を有していたポーランド王から苦情が寄

図6 戴冠式の後に描かれた〈プロイセンにおける王〉フリードリヒ一世（選帝侯位 1688–1713 年、王位 1701–13 年）。ザムエル・テオドール・ゲリッケ作

せられるのを避けるためであった。ウィーンとの交渉においては、皇帝が新しい王位を「創出《クレイーレン》」するわけではなく、「承認《アグノスツィーレン》」するに過ぎないことをはっきりさせるために、細心の注意を払って協定の文言が作成された。議論を重ねた末にベルリンとウィーンの間で結ばれた最終協定では、キリスト教世界の最高君主たる皇帝が特別な優位にあることがリップサービスとして確認されたものの、プロイセンの王位の創設は完全に独立したものであり、皇帝の承認は必要不可欠ではなく、儀礼的なものに過ぎない旨が明記された。

同じようなことはそれまでにも度々あったが、一七〇一年のベルリンの幸運は、国際情勢によるものだった。皇帝がブランデンブルクからの支援を至急に必要としていなければ、選帝侯の昇格に協力してはくれなかっただろう。空位となったスペイン王の座にルイ十四世の孫を据えようとするフランスの策動に対抗してヨーロッパ諸国が結集したために、数世紀に及ぶハプスブルク家とブルボン家の闘争は、新たな流血の局面を迎えようとしていた。大規模な戦争の勃発を予測した皇帝は、フリードリヒを味方につけるには譲歩を示す必要があると考えた。選帝侯は双方の側から魅力的な提案を受け、思案の末に一七〇〇年一一月一六日に王冠条約を締結して、皇帝と手を結ぶことにした。この条約により、フリードリヒは八〇〇〇人の兵力の提供をはじめ、ハプスブルク側に各種の支援を与えると約束した。対してウィーンの宮廷は、フリードリヒが新たな称号を創出するのを認めるだけでなく、神聖ローマ帝国内、そしてヨーロッパ諸国の間でこの称号が広く受け入れられるよう努力すると請け合った。

王号が導入されると、プロイセンの宮廷は大幅に拡張され、綿密に練り上げられた儀式が大々的に執り行われるようになった。そうした儀式の多くで目についたのは、歴史に材をとった演出である。戴冠記念日、王や王妃の誕生日、黒鷲勲章の授与、大選帝侯の銅像の除幕式といった記念行事が盛大に行われた。この点でフリードリヒ一世の治世は、先代の大選帝侯が自らの職務に対して示した理解を特徴づける鋭敏な歴史意識を制度化したものだったが、そうした意識は一六世紀後半以降、西欧各国の宮廷で浸透しつつあった。[4] 一六八八年にザムエル・プーフェンドルフを宮廷お抱えの歴史家に任命したのは、フリードリヒであった。大選帝侯の治世に関するプーフェンドルフの大作は、公文書庫の史料を体系的に利用する歴史書の先駆けとなった。

スペイン継承戦争の行方に他国の宮廷の目が釘付けになっていた当時、ベルリンでの暮らしは「見世物、ダンス、その他諸々の気晴らし」の連続だと、イギリス特使（後に公使）のレイビー卿は苛立ち混じりに記している。[5] 宮廷生活が一挙に華美になったために、ベルリンに赴任した外国使節は何かと物入りになった。レイビーは一七〇三年夏に提出した報告書のなかで、「ロンドンではとても上等だと思われている馬車や供揃えが、ここではいかほどにもなりません」と述べている。突如としてヨーロッパでも指折りの豪華な宮廷となったベルリンで、体裁を保つのに莫大な出費がかかることに、この時期のイギリスの外交官たちは不平たらたらだった。宿舎は改装され、使用人や馬車、馬はこれまでよりも高額で気の利いたものに取り換えて、人並みにしなければならなかった。レイビーは、「特使の職から何の利益も得られないことを痛感しています」と意気消沈ぎみに語り、手当をもっとはずんでくれるよう、遠まわしに願い出ている。[6]

凝った儀式を好む新たな風潮を最もドラマチックに表現していたのは、一七〇五年二月に行われた王の後妻ゾフィー・シャルロッテ・フォン・ハノーファーの服喪の儀であろう。王妃が亡くなったのは、ハノーファーの親族を訪ねた際のことだった。王命を受けた宮廷の高官一名がブランデンブルク軍の二個大隊を率いてハノーファーに赴き、遺体をベルリンに運んだうえで、特製の寝台に六ヶ月間安置した。そして、「できる限り深い喪に服す」よう厳命が下され、王領地全域がこれに従った。宮廷に参内する者は誰もが長く黒い外套を着用し、外国使節も含め、すべての住居、馬車、従者が「深い服喪」を命じられた。

宮廷は、私がこれまで見たこともないような深い喪に服しています。なにしろ、女性たちは全員、黒い布を頭に被って黒いベールで全身を覆い、顔を確認することもできません。男たちは皆、長い黒い外套をまとい、部屋はどれも天井から床まで布で覆われているのに、各部屋には四本の蠟燭しか灯されていません。そのため、王を他の者と見分けるには、従者が裾持ちするマントの高さで判断するしかありません。(7)

宮廷が華やかさを増し、儀礼が発展していくのと同時に、ホーエンツォレルン家による文化投資はかつてないほど盛んになった。大選帝侯の治世末期の数十年間に、都では人目を集める建造物が増加したが、フリードリヒ一世の治世に開始されたプロジェクトはそれとは桁違いだった。スウェーデン領ポンメルン出身の建築家、ヨーハン・フリードリヒ・エオザンダーの指揮のもと、シャルロッテンブルクに広大な庭園を備えた巨大な宮殿群が建設され、市内の各所には、アンドレアス・シュリューターが設計した印象的な大選帝侯の騎馬像をはじめ、立派な彫像が数多く建てられた。戦争の傷痕が残るベルリンの古い街並みは、優雅な宮廷都市の幅広い舗装道路と重厚な建物の下に消えていった。

王号の獲得が間近となった一七〇〇年七月、フリードリヒは王立科学協会、後のプロイセン王立科学アカデミーを設立した〔正確には、一七〇〇年七月に「ブランデンブルク選帝侯立科学協会」が設立され、翌年に「王立科学協会」、一七四四年に「王立科学アカデミー」、一八一二年に「プロイセン王立科学アカデミー」と改称された〕。この時代、アカデミーは王朝の威厳を示すものとしてとくに重視されていた。[8] 哲学者のライプニッツが考案した協会の創設記念メダル——創設記念日の七月一一日は君主の誕生日だった——の片面には選帝侯の肖像が、もう片面には天空の鷲座に向かって飛び立つブランデンブルクの鷲の姿が、「己に似たる星を目指して」というモットーとともに刻まれていた。[9]

しかし、プロイセンの王号やそこに付随する華やかさは、それを手に入れ、それにふさわしい生活を送るために費やした金や労力に見合うものだったのだろうか。この問いに対する回答としては、次の辛辣な否定が最もよく知られている。フリードリヒ一世の孫にあたるフリードリヒ二世にとって、王号へのこだわりは虚栄心を満足させるものでしかなかった。祖父である初代プロイセン王を手厳しく批判した文章のなかで、フリードリヒ二世はこう論じている。

彼は小さく不格好で、態度は高慢、人相は下品だった。彼の魂は、あらゆるものをそっくりそのまま映し出す鏡のごとく、空虚だった。[…] 彼は虚栄心を真の偉大さとはき違えていた。彼は健全に作られた有用なものよりも、うわべを重視した。[…] 彼が王冠を熱望したのは、儀式にうつつを抜かすことや浪費癖があることを正当化するための、表面的な口実が必要だったからに過ぎない。[…]概して、彼は小事に際して尊大、大事に際して小心だった。そして彼にとっての不幸は、歴史上、優れた才能をもつ父と息子の間に位置して、その陰に隠れてしまった点にある。(10)

フリードリヒ一世の宮廷の維持費がずっと払い続けられないほど高くついたのは確かだし、この初代国王が壮大な祝祭や入念に演出された儀式に大きな喜びを感じていたのも事実である。しかし見方を変えると、彼の個人的な欠点ばかりをあげつらうのは不公平である。この時代のヨーロッパで、王としてのスティタスを求めた君主はフリードリヒ一世だけではなかった。例えば、一六九一年にはトスカーナ大公が「王族殿下」と呼ばれる権利を手に入れたし、その後もサヴォイア公やロレーヌ公が同様の権利を得た。ホーエンツォレルン家にとってより重要だったのは、一六九〇年代に競合関係にあった他の幾つかの家門も王号を狙っていたことである。ザクセン選帝侯は一六九七年にポーランド王に選出されるためにカトリックに改宗したし、ほぼ同時期にハノーファー選帝侯家のイギリス王位継承をめぐる交渉も始まっていた。ヴィッテルスバッハ家の人物がそれぞれ選帝侯位にあったバイエルンとプファルツも、結局は不調に終わったとはいえ、王号の獲得を模索しており、前者は選帝侯から昇格することによって、後者は「アルメニア王位」の継承権を得ることによって、王国を名乗ろうとした。つまり、一七〇一年のプロイセンの戴冠式は単独の個人的な気まぐれなどではなく、王号を有する君主がまだわずかだった神聖ローマ帝国やイタリアの諸邦へ一七世紀末に到来した、王国化現象の一環を成すものだったのである。「王」という肩書はなおも国際社会における特権的地位を意味しており、価値を保っていた。また、各種の継承戦争での講和条約においては、王冠をもつ君主に優先的な継承順位が認められていたため、王冠は実際的な値打ちもあった。

近年では、近世ヨーロッパの宮廷が政治・文化的な機関として注目されるようになり、宮廷儀礼の機能についての理解が深まっている。宮廷の祝祭はコミュニケーションを促進したり、自己の正統性をアピールするうえで、重要な機能を有していた。哲学者のクリスティアン・ヴォルフが一七二一年に述べたところによれば、理性よりも感覚に頼る「凡人」には、「王の威厳の何たるか」はなかなか理解できない。しかし「その目を引き、他の感覚を刺激するもの」を見せつけて、君主の権力を感じさせるのは可能であった。したがって、大規模な宮廷や儀礼は「決して不必要なものでも非難されるべきものでもない」と、ヴォルフは結論づけている[11]。また、各地の宮廷は君侯家どうしの外交的、文化的な紐帯によって緊密に結びついており、国内のエリートたちの社会的、政治的生活の中心地であるのみならず、国際的な宮廷ネットワークの結節点でもあった。例えば、戴冠記念日の盛大な祝賀行事には、期間中に宮廷に常駐していた君主家の親族や外交使節団といった面々だけでなく、多くの外国人訪問客も参列した。

ヨーロッパの宮廷システム内部で執り行われたこうした行事は、公式あるいは半公式の記録によって国外の反響をも呼ぶようになり、席次や服装、式次第、出し物の豪華さなどのディテールに細心の注意が払われた。同様のことは、綿密に儀式化された服喪の儀にも当てはまる。王妃ゾフィー・シャルロッテの死後に出された命令は、遺族の私的な悲しみを表現することを何よりの目的としていたわけではなく、むしろ不幸に見舞われた宮廷の格の高さや重みを発信しようとしていた。そのメッセージは国内の臣民のみならず他国の宮廷にも向けられており、各国の宮廷は程度の差こそあれそれぞれ喪に服し、この出来事に関与するよう求められた。そうした暗黙の了解があったため、フリードリヒ一世は、ヴェルサイユのルイ十四世の宮廷が不義理をはたらいたと知って、激怒した。フランスの態度はおそらく、スペイン継承戦争に際してベルリンが親オーストリア的な政策をとったことに対する、不快の念の表明だったと思われる。[12] 宮廷生活を彩る他の儀式と同様、服喪の儀は政治的なコミュニケーション・システムの一部であった。つまり、宮廷は国際的な「宮廷社会」の前で君侯の序列を提示する役割を担っていたのである。[13]

一七〇一年の戴冠式に関して最も注目すべきは、それがプロイセンにおいて、神聖なる戴冠式の伝統の礎にはならなかったという事実であろう。フリードリヒの後を継いだフリードリヒ・ヴィルヘルム一世は、少年期には母が上品さや遊び心を身につけさせようとするのに激しく反発し、長じては、父の治世を特徴づけた儀礼的演出の類に興味を示さなかった。即位後の彼は戴冠式の儀礼を一切行わなかっただけでなく、父親が創りあげた宮廷を大幅に縮小してしまった。そしてフリードリヒ二世は、王朝的権威をけばけばしく誇示する行為を嫌った父王フリードリヒ・ヴィルヘルム一世の方針を受け継ぎ、戴冠の儀式を復活させようとはしなかった。その結果、ブランデンブルク゠プロイセンは戴冠式のない王国になった。即位に伴う儀式のなかで最も重要なものは、王国昇格の前と同様、――プロイセンの諸身分がケーニヒスベルクで、そしてその他のホーエンツォレルン家領の諸身分がベルリンで行う――忠誠宣誓であった。

しかし後世から振り返ると、王号の獲得がブランデンブルクの政治史に新たな局面をもたらしたことがはっきりと分かる。第一に注目すべきは、戴冠式にまつわる儀礼が王朝の集団的記憶のなかに密やかに残り続けたことである。例えば、王国の貴顕の人々の名誉を称える目的でフリードリヒ一世が戴冠式の前日に創設した黒鷲勲章は、次第にその宮廷的機能を失っていったが、一八四〇年代のフリードリヒ・ヴィルヘルム四世の治世に再び注目を集め、古文書をもとに当初の授与式のかなりの部分が復元され、あらためて式典が執り行われるようになった。ヴィルヘルム一世は一八六一年の自らの即位に際して、同時代人の多くが時代遅れだとみなしていた忠誠宣誓の儀礼を廃し、その代わりにケーニヒスベルクで自己戴冠の儀式を復活させた。[14]一八七一年にヴェルサイユ宮殿の「鏡の間」でドイツ皇帝の即位宣言式の日取りを一月一八日と決めたのも彼だが、この日はプロイセン王国の最初の戴冠式の記念日だった。このように戴冠式は、フリードリヒ一世が死去する一七一三年にすっぱりと廃止されたわけではなく、王朝生活のなかで文化的な影響力をもち続けたのである。

一七〇一年の戴冠は、君主と配偶者の関係にも微妙な変化をもたらした。一七世紀のブランデンブルク選帝侯の妻や母のなかには、宮廷において独立独歩で行動した人物もいる。この点で傑出しているのは、ヨーハン・ジギスムントの妻アンナ・フォン・プロイセンである。彼女は夫が酩酊して癇癪を起こす度に頭めがけて皿やグラスを投げつけるなど、気性が荒く、鉄のように固い意志をもった女性だった。夫がカルヴァン派に改宗した後、〔ルター派にとどまった〕アンナはブランデンブルクの宗派政策が不安定になっていくなかで重要な役割を果たした。また、彼女は自分なりの外交網をもっており、事実上、独自の外交政策を行っていた。これは夫が他界し、一六一九年に息子のゲオルク・ヴィルヘルムが即位した後も継続された。一六二〇年の夏、アンナはスウェーデン王〔グスタヴ・アードルフ〕と娘のマリア・エレオノーラとの結婚をめぐり、国家元首である息子に相談もせずに、独自の交渉を行った。また、一六三一年にブランデンブルク最大の戦争危機が訪れた際に、スウェーデンとの微妙な外交関係を取り仕切ったのはゲオルク・ヴィルヘルム本人ではなく、むしろ妻のエリーザベト・シャルロッテ・フォン・デア・プファルツ、そしてその母のルイーゼ・ユリアーネ〔オラニエ公ウィレム一世の娘〕であった。(15) 言い方を変えれば、宮廷の女性たちは自分の出身の家系に根ざした、夫とはまるで別の利害を追求し続けたのである。同じことは、一六八四年にフリードリヒ三世〔プロイセン王としては一世〕と結婚したハノーファー家の公女で、聡明なゾフィー・シャルロッテにも言える。彼女はハノーファーの母親の宮廷に長期間滞在し――一七〇五年に死去した時も同地に滞在していた――、ハノーファーの政策を擁護し続けた。(16) 彼女は自分の実家の利益を損なうと考え、戴冠式の計画に反対していた。プロイセンの戴冠式に退屈した彼女は、「何か楽しい気晴らし」をしようとして、式の最中に嗅ぎタバコを何つまみか愉しんだと伝えられている。(17)

こうした背景を踏まえれば、戴冠式が選帝侯と配偶者の関係を新たな枠組みにはめ直したことが明らかである。選帝侯はまず自分が戴冠し、次に妻に戴冠したのであり、彼女を女王にしたのは選帝侯だった。もちろん、これは些細な象徴的行為に過ぎず、実際的な影響はなかったし、それ以降一八世紀には戴冠式が行われなかったため、再演されることもなかった。とはいえこの儀式は、出身一族に根ざしていた妻のアイデンティティが、王家の長たる夫のアイデンティティへと部分的に統合されていく始まりだった。こうして君主政が男性的な性格を強めていき、また同時にホーエンツォレルン家がドイツのプロテスタント諸侯のなかではっきりと優位に立つようになったために、他家からブランデンブルク＝プロイセンに嫁いできた「ファースト・レディ」たちの活動の幅は狭められた。一八世紀になっても彼女たちの個人的な才能や政治的な洞察力が失われたわけではないが、前世紀に顕著だった存在感を政治の場で発揮することはなくなった。

大選帝侯が手に入れた神聖ローマ帝国から自立した確たる主権は、このうえなく芝居がかった方法で寿《ことほ》がれた。一六四〇年以降、ブランデンブルクがその軍事力、そして指導者の決断力によってヨーロッパの中小諸国のなかで特別な存在感を示し出したという事実は、国際的な序列関係において同国が占める公的地位に反映された[18]。ウィーンの宮廷もこれにすぐに気づいて、ブランデンブルク選帝侯の昇格を後押ししてしまったことを後悔するようになった。プロイセンが手に入れた王号には、心理面での統合の効果もあった。具体的に言えば、かつてプロイセン公国と呼ばれていたバルト海沿岸の領域は、もはや中核地帯たるブランデンブルクから離れた辺土ではなくなり、当初は「ブランデンブルク＝プロイセン」、後には単に「プロイセン」の名で知られることとなる新たな複合体の、主たる構成部分に組み込まれた。こうして「プロイセン王国」という呼称は、ホーエンツォレルン家が支配する全領域の公式名称となった。戴冠式に反対する勢力がいち早く指摘したように、ブランデンブルクの君主は既に国王に匹敵するだけの実力を有していたのだから、新たな称号で自らを飾る必要などなかったのかもしれない。しかしそう考えてしまうと、物事は結局、呼び方次第で変化するのだという事実を見過ごしてしまうだろう。

文化革命

プロイセンの初代国王とその次の王ほど、対照的な人物はそうそういない。フリードリヒ一世は都会的で礼儀正しく、温厚で社交的な人物であった。彼はフランス語やポーランド語を解し、宮廷での芸術や知的活動に力を入れた。「レイビー卿」の爵位名だった時に長らくベルリン駐在公使を務めたストラフォード伯爵は、「好人物、愛想がよく〔…〕、寛大で公正〔…〕、物惜しみせず慈悲深い」と、フリードリヒを評している。[19] 対照的に、フリードリヒ・ヴィルヘルム一世は無愛想を通り越して粗暴、極度に猜疑心が強く、激しい癇癪、ひどい憂鬱の発作の持ち主だった。彼は頭の回転が速く、強靭な知性をもっていたが、ドイツ語の読み書きが――難読症だった可能性が高い――十分ではなかった。また文化的、知的活動に関しても、すぐに実用化できるもの――とくに軍事――以外の事柄に対しては、極めて懐疑的であった。彼のもの言いにしばしば表れた刺々しさや侮蔑的な調子は、次のような、公文書の余白に書かれた走り書きからも伝わってくる。

一七三一年一一月一〇日：コペンハーゲン駐在ブランデンブルク公使のイヴァッツホフが手当の増額を要求している「フリードリヒ・ヴィルヘルムの走り書き。「悪党が増額を望んでやがる。上乗せ分は鞭で、奴の背中にくれてやろう」」。

一七三五年三月二五日：フォン・ホルツェンドルフのデンマーク派遣を提案する手紙「「提案者をホッ《マ》ツェンド《マ》ルフと一緒に絞首台に送れ。よくもあの外道を派遣しろなどと、ほざいたもんだ。奴はろくでなしだから絞首台で十分だ、そう言ってやれ」の走り書き」。

一七三五年一一月五日：クールヴァインからの報告［「クールヴァインは大馬鹿者、ケツでもなめやがれ」の走り書き］。
一七三五年一一月一九日：クールヴァインへの指令[20]［「このゲス野郎、我が一族の邪魔をするな！　さもなきゃ、シュパンダウ要塞で重労働が待ってるぞ」の走り書き］。

一七一三年二月に即位してから数日もたたないうちに、フリードリヒ・ヴィルヘルムは、父王が築き上げた宮廷生活に大なたをふるった。既にみたように、一七〇一年の戴冠式は一切継承されなかった。新王は、王室の財務状況を精査し、大幅なコスト削減に乗り出した。ショコラティエ、二人組のカストラート歌手［少年時の声を保持するために去勢した男性歌手］、チェリスト、作曲家、オルガン製作者など、宮廷の使用人の三分の二が予告なしに解雇され、残りの者は最大で七五パーセントの減給を受け入れねばならなかった。父の時代に蓄蔵された相当な数の宝石、金製や銀製の食器類、高級ワイン、調度品、馬車は売り払われた。王室動物園のライオンはポーランド王への贈り物にされた。先王の時代に働いていた彫刻家たちの大半は雇用条件の改定を告げられ、間もなくベルリンを離れた。宮廷はパニック状態に陥った。ベルリン駐在イギリス公使のウィリアム・ブレトンが一七一三年二月二八日に送った報告書には、次のように書かれている。国王は「年金の打ち切り、王室費の大幅な削減に執心で、多くの宮廷人が悲嘆にくれています」。とくに削減の対象となったのは王太后関連の出費で、「哀れな女官たちは故郷に帰り、悄然として友人たちと過ごしています[21]」［ゾフィー・シャルロッテの死後にフリードリヒ一世と結婚したゾフィー・ルイーゼは、夫王が死去した直後に母国のメクレンブルクへ送還された］。

フリードリヒ・ヴィルヘルムが即位してからの数週間、先王の儀典長として一六九〇年から仕えてきたヨーハン・フォン・ベッサーは、とりわけ傷心を味わったに違いない。ベッサーは王宮の儀式文化の確立に尽力し、戴冠式についての詳細な公的記録を作成した人物であった。しかし彼のライフワークは水泡に帰し、当人もあっけなく官員の名簿から抹消された。別の役職を与えてくれるよう懇願した新王への手紙は、届くやいなや火に投げ込まれた。ベッサーはベルリンを離れ、ドレスデンで未だ豪壮を誇っていたザクセン選帝侯の宮廷で、顧問官や儀典長として禄を食むことになった。

フリードリヒ一世の時代に整えられた宮廷は、あっという間に衰退していった。代わって登場したのは、これまでよりも質素で安上がり、もっと粗野で男性的な社交界だった。一七一六年の夏、新任のイギリス公使チャールズ・ホイットワースは、「先代のプロイセン王は、この上なく品の良い儀式を執り行うのに総力を尽くしたものですが、今度の陛下は逆に、その足跡をほとんど消し去ってしまいました」と報告している[22]。君主の社交の中心を占めるようになったのは、「タバコ会《タバクスコレギウム》」と呼ばれるグループであった。この一団は八〜一二名の顧問官、高官、将校、およびベルリンを訪問中の冒険家や外交官、文人といった面々から構成されており、夜な夜な君主のもとに集まっては、強い酒とパイプを愉しみつつ、よもやま話を繰り広げた。会のルールの一つに、王が会場に到着しても起立しないというのがあったことからも窺えるように、タバコ会を支配していたのは、無礼講の雰囲気だった。そこでの話題は聖書の一節、新聞記事、政治的ゴシップ、狩猟の武勇伝から始まって、女性の体臭などといったきわどい事柄まで、多岐にわたった。参加者は自分の意見を述べるよう求められ、時に激しい論争が起こることもあったし、君主自身が論戦を奨励していたふしもある。例えば一七二八年の秋には、ヘルムシュテット大学の客員教授フリードリヒ・アウグスト・ハッケマンとベルリンの人気作家ダーフィト・ファスマンとの神学論争が泥仕合になり、他の招待客を大いに楽しませた。当時ベルリンに駐在していた外交官の報告書によると、ハッケマンがいよいよファスマンを「嘘つき」呼ばわりしたところ、ファスマンはすかさず、

したたか平手打ちを食らわせて、これに応えた。何たるやり方！〔ハッケマンは〕王の上に倒れそうになった。彼〔ハッケマン〕は陛下に、〔…〕君主の御前でこのような振る舞いに及び、人を攻撃したのだから、厳罰に処せられるべきではないのでしょうかと訴えた。

フリードリヒ・ヴィルヘルムは明らかにこの騒動を楽しんでおり、悪党は殴られて当然だと述べるだけだった[23]。

一七一三年以降に君主を取り巻くようになった風潮や価値観を象徴しているのが、ヤーコプ・パウル・フォン・グントリングの辿った運命である〔グントリングが貴族に叙せられたのは一七二四年〕。ニュルンベルク近郊に生まれ、アルトドルフ、ハレ、ヘルムシュテットの各大学で学んだグントリングは、フリードリヒ一世の時代に起こった知的生活の拡大に引きつけられてベルリンを訪れた、多数の学識者の一人であった。グントリングはベルリンの貴族の子弟向けに新設された学校で教員を務めていたうえ、官職を求める貴族たちの系譜証明のために一七〇六年に設立された上級紋章庁《オーバーヘロルツアムト》なる機関で、歴史編纂官という名誉職についていた。しかし一七一三年、フリードリヒ・ヴィルヘルムの即位の数

週間後に、この二つの機関がともに消滅してしまうという災難に見舞われた。グントリングは新体制において自分の居場所を確保するために、国王の意向を汲んで、確たる裏付けのない立場で数年にわたり経済政策の助言役を務め、貴族の財政的、経済的特権に対する批判者として知られるようになった。その功績により、彼は「商業顧問官」や科学アカデミー会長などの様々な名誉称号を与えられ、タバコ会に頻繁に出入りするようになった。つまり、グントリングは一七三一年に亡くなるまで様々なかたちで宮廷に奉仕し、王室財産から食い扶持を得ていたのである。

しかし教育者や廷臣としての実績も、アカデミーの会長職も、積み重ねた学術論文のリストも、グントリングが宮廷で笑いの種にされるのを防ぐことはできなかった。一七一四年二月、王はグントリングに、幽霊が存在するかしないかについて、いつものように強い酒を飲みながら、集まった客の前で講義するよう所望した。飲み過ぎて酩酊したグントリングが二人の擲弾兵に付き添われて帰宅すると、白いシーツに身をくるんだ人物が部屋の隅から飛び出してきて、グントリングは恐怖のあまり悲鳴をあげた。この手の悪ふざけは、やがて日常茶飯事となった。グントリングは、王が小熊を何匹も飼っている部屋に閉じ込められ、上から花火を投げ込まれた。あるいはフランスもどきの奇抜な宮廷服を着せられ、先王が使っていた大仰で時代遅れなカツラを被せられた。あるいは下剤を飲まされて、一晩独房に閉じ込められた。あるいは論敵との拳銃での決闘に追い込まれたこともあった。この一件は悪い冗談の類で、グントリング以外の者は銃に弾が込められていないのを知っていた。グントリングは銃を握らず、撃とうとしなかったが、相手が彼の顔に火薬を吹きかけてカツラに火をつけ、その場にいた全員が爆笑した。彼は借金のせいでベルリンを離れられず、主君である国王を満足させるために毎日のように屈辱の現場に戻っては、王宮のなぐさみものにされ、名誉と名声を踏みにじられた。重圧のあまり、元々飲める口だったグントリングがひどい酒浸りになるのは時間の問題だったが、彼を虐める連中の目にはそれすらも、「宮廷道化師」の役がますます板についたようにしか映らなかった。それでもグントリングは、トスカーナの歴史、神聖ローマ帝国法、ブランデンブルク選帝侯国の地形などに関する学術的な著作をこつこつと発表し続けた。

グントリングは、ニス塗りのワイン樽を模した棺桶が自分の寝室に置かれることさえ、甘んじて受け入れねばならなかった。そこには、次のような嘲笑的な一節が刻まれていた。

図 7　ヤーコプ・パウル・フォン・グントリングの風刺的な肖像画。ダーフィト・ファスマン『学識ある愚か者』（ベルリン、1729 年）に掲載された銅版画。作者不詳。ファスマンはグントリングをなぶりものにした一人である。

皮を身に着け、ここにぞ眠る
半ばは豚で半ば人、何とも怪しき物体よ
若き時分は賢きも、老いたる今はさにあらず
朝は機知に溢れども、夜は酒に溺れたる
バッカスの声で歌わせん
我が子よ、これこそグンデリング
[…]
この詩を詠みたる人に告ぐ、見抜けるものなら見抜いてみせよ
ここなる者は人なのか、さにあらずんば豚なのか(24)

グントリングは一七三一年四月一一日にポツダムで死去し、遺骸は公開された。蠟燭が並ぶ部屋で樽の棺桶に入れられた彼は、太腿まで垂れたカツラ、錦織の半ズボン、赤い縞の入った黒いストッキングという、明らかにフリードリヒ一世の宮廷のバロック文化を当てこすった格好で展示された。この不気味な見世物は、ライプツィヒの大見本市さながらに衆目を集めた。グントリングの遺体が入った樽は、その後すぐにベルリン近郊の村に運ばれ、教会の祭壇の下に埋葬された。弔辞を述べたのは、度々グントリングをなぶりものにした作家のファスマンであり、地元のルター派とカルヴァン派の聖職者は良心の咎めから参列を拒否した。

グントリングの「殉教」は、フリードリヒ・ヴィルヘルム一世の治世に広がった粗野で男性的な仲間意識の裏返しであった。先王の戴冠式の儀式に垣間見えていた男性中心主義は、今や宮廷の社会生活を一変させた。フリードリヒ・ヴィルヘルム一世のもとでは、フリードリヒ一世の宮廷で重要な役割を担っていた女性たちは公的生活の片隅に追いやられてしまった。一七二三年にベルリンに数ヶ月滞在したザクセンからの訪問者は、宮廷主催の年中行事が「ユダヤの作法さながらに」行われており、男女が分離されていたことを回想し、女性が一人も姿を見せない晩餐会が何度もあったと、驚きまじりに述べている。[25]

図8　タバコ会。ゲオルク・リジエフスキ作、1737年頃

顧みて、一七一三年の国王の代替わりは「文化革命」とさえ表現しうるものであった。確かに、前後の二つの治世には行政や財政の分野では連続性があるが、表現や文化の分野では、価値観やスタイルの全面的な転換が起こったと言える。歴代のプロイセン王は皆、この変化のなかで最初の二人の王が示した両極の間の、どこかに位置づけることができる。一方の極を成すA型君主は社交的で財布の紐が緩く、派手好きで、日々の公務に縛られず、見栄えを気にした。もう一方のB型君主は反対に堅物で倹約家、仕事の虫だった。[26]既にみたように、フリードリヒ一世が打ち立てた「バロック」様式の統治は王朝の集合的な記憶のなかで

一定の共感を呼び、時代ごとの好みや流行の変化に応じて、宮廷の大盤振る舞いが定期的に復活した。〔一八世紀末の〕フリードリヒ・ヴィルヘルム二世の時代には宮廷の支出が再び激増し、先代のフリードリヒ大王の治世では二二万ターラーに抑えられていた年間の宮廷費は、国家予算総額の八分の一に相当する約二〇〇万ターラーに達した。(27) 緊縮財政寄りの方針が採られた時期を経て、一九世紀末の数十年間には、最後のドイツ皇帝ヴィルヘルム二世の周囲で宮廷文化が華やかに咲き乱れた。しかし、フリードリヒ・ヴィルヘルム一世が体現したB型君主の伝統もまた、ホーエンツォレルン家の歴史のなかで脈々と生き続けた。彼が書類の余白に残した走り書きは、高名な息子フリードリヒ二世の場合にはもっとウイットを上乗せして、あるいは遠い子孫の皇帝ヴィルヘルム二世の場合には、長たらしいがウイットは少な目で模倣された。華美な文官の礼服よりも軍服を着用するというフリードリヒ・ヴィルヘルム一世の習慣はフリードリヒ二世に引き継がれ、さらに第一次世界大戦末期のプロイセン君主政崩壊に至るまで、ホーエンツォレルン家を特徴づける自己表現であり続けた。B型君主が歴史的に力をもち得たのは、それが単にドイツにおけるプロイセンの地位向上に結びついたからだけでなく、プロイセンの新興社会の価値観や好みにも合致していたからである。彼らにとって、国家に奉仕する公正で質実な王という君主像は、自分たちの思い描く王権観にぴったりだった。

行政

しばしば、大選帝侯と孫のフリードリヒ・ヴィルヘルム一世の治世は相互補完的な関係にあると指摘される。大選帝侯の功績は主に、権力を外へと誇示したことにある。これとは対照的に、フリードリヒ・ヴィルヘルム一世は国家行政の確立者としての役割を演じた点に敬意を表して、プロイセン最大の「内政王」と呼ばれる。もっとも、両者を対立した存在とするのは行き過ぎである。行政の実践に関しては、二つの時代の間に、宮廷での文化革命に匹敵するような決定的な断絶はなかったのである。むしろ、一六五〇〜一七五〇年の一〇〇年間は、プロイセンの行政が統合されていくプロセスだったとみるほうがより正確であろう。そのことは、財政と軍政の領域において最も顕著だった。直轄地をはじめ、君主の持ち分とされていた通行料や鉱山、専売品など、中央の財源を確保するための制度は元々場当たり的に運営されていたきらいがあるが、そうした制度を簡素化して中央集権化する事業に着手したのは大選帝侯であった。一六五〇年代、君主の歳入の徴収を司る選帝侯直属の機関がブランデンブルクに設置され、その第一歩が踏み出された。しかし、東フリースラント出身の精力的な貴族、ドドー・フォン・クニプハウゼンのもと、ホーエンツォレルン家領全域で中央機関による歳入の直接管理が実現したのは、ようやく一六八三年になってからのことであった。クニプハウゼンは大選帝侯の死後も改革に努め、一六八九年に彼によって、強固な制度構造を有する機関として、ブランデンブルク＝プロイセン全体の歳入を管轄する官庁が設立された。この改革の結果、一六八九〜九〇年にブランデンブルク＝プロイセン史上初めて、完全な収支計算書の作成が可能となった[28]。さらに一六九六年には、直轄地の経理を担当する統一的な中央行政機関が設置され、中央集権化がさらに大きく前進した[29]。

　これと並行して、軍隊の維持や戦争遂行に関わる分野でも集中化が進行した。陸軍、そしてその財務や兵站を統括するために、一六五五年四月に軍事総監察庁《ゲネラールクリークスコミッサリアート》が創設された。この官庁は歴代の能吏たちのもとで大選帝侯の行政府のうちでも主要な機関の一つに成長し、軍事費に充てられる全収入――軍事分担金、物品税、外国からの補助金――を管理するだけでなく、地方の役人を囲い込んで、諸身分の徴税権を次第に弱体化させていった。一六八〇年代になると、軍事総監察庁は国内のマニュファクチュア経済の育成にまで影響を及ぼすようになり、ブランデンブルクで羊毛を主体とする繊維製品を自給生産させる計画を打ち出したり、手工業者ギルドと新規業者の地域的な対立を調停するまでになった。このような、財政や経済と軍事行政との融合はプロイセン独自のものではなく、ルイ十四世のもとで辣腕を振るった財務総監《コントロルール・ジェネラル》、ジャン＝バティスト・コルベールに範をとったものであった。

一七一三年にフリードリヒ・ヴィルヘルム一世が即位すると、改革は新たな弾みを得た。浮世離れした奇人ではあったが、フリードリヒ・ヴィルヘルムは行政の再編に関して独自の構想をもっており、制度設計者としての才能に恵まれていた。この分野に対する彼の情熱は、父親から施された様々な帝王教育から来ていた。早くも九歳の時に、フリードリヒ・ヴィルヘルムはベルリンの南東にあるヴスターハウゼンの所領の管理を任され、この仕事に並々ならぬ熱意を注ぎ、真摯に取り組んだ。こうして彼は、当時なおブランデンブルク＝プロイセン経済の基礎的な運営単位であった領地経営に日々直接ふれ、慣れ親しむようになったのである。一七〇一年に枢密参議会の会合に出席し始めた頃、フリードリヒ・ヴィルヘルムはまだ一三歳だったが、その後すぐに他の行政部門にも関わるようになった。したがって、東プロイセンでペストと飢饉が発生して王国が危機に陥った一七〇九～一〇年の時点で、既にフリードリヒ・ヴィルヘルムは行政の内部構造を熟知していた。一七〇〇～二一年の大北方戦争でザクセン、スウェーデン、ロシアの軍隊が通過した際にもちこまれたと思われるペストは、東プロイセンの人口の三分の一を上回る約二五万人の命を奪った。ポーランドとの国境に近い東プロイセン南部の小都市ヨーハンニスブルク〔ポーランドのピシュ〕の年代記に掲載されている同時代の回想によれば、一七〇九年には疫病の惨禍を免れたが、一七一〇年にははるかに猛烈な勢いで再来し、「牧師と学校教師がそれぞれ二名いたが、彼らだけでなくほとんどの市参事会員も墓に入ってしまった。町から人がいなくなったため市場には草が生い茂り、生き残った市民は一四人だけだった」という[30]。飢饉が抵抗力を奪っただけでなく、疫病を生き延びた人々の多くも飢えに倒れたために、ペスト禍の影響は広域に及んだ。何千もの農場、何百もの村が放棄された。とくに被害の大きかった地域の多くでは、社会生活や経済生活が完全に停止してしまった。死亡率が極めて高かった東プロイセンの東部は王家が主要な土地所有者であったため、王室の収入も急減した。中央行政も地方行政も、この惨事の拡大に対して有効な対応をとることができなかった。それどころか重臣のなかには、危機の深刻さを君主に隠そうとする者も少なくなかった。

東プロイセンの惨状は、寵臣や高官たちの手際の悪さや腐敗を浮き彫りにした。有力な大臣であるコルベ・フォン・ヴァルテンベルクの一派を追い落とすために、王太子だったフリードリヒ・ヴィルヘルムは宮廷内で仲間を集めた。公式の調査によって巨大な不正と横領が露見し、ヴァルテンベルクは引退に追い込まれた。彼と親しい関係にあったヴィトゲンシュタインはシュパンダウ要塞に収監され、七万ターラーの罰金を科された末に追放された。このエピソードは、フリードリヒ・ヴィルヘルムにとって決定的な意味をもっていた。彼はこれを境に、政治に積極的に関わるようになった。また、この出来事は父王の治世の転機にもなり、徐々に権力が息子の手に委ねられるようになっていった。何より重要だったのは、東プロイセンの惨状が王太子に制度改革への熱意、そして腐敗や無駄、非効率に対する直感的な憎しみを植えつけたことであった。(31)

フリードリヒ・ヴィルヘルムは即位から数年のうちに、ブランデンブルク＝プロイセンの行政の様相を一変させた。大選帝侯時代に始まった組織の集中化が再開され、強化された。一七一三年三月二七日、王領地を管理していた上級御領地管理庁《オーバー・ドメーネン・ディレクトーリウム》と枢密財務本庁《ゲハイメ・ホーフカンマー》が統合されて、新たに財務総監理府《ゲネラールフィナンツディレクトーリウム》が創設され、国内のすべての税外収入が一元的に管理されるようになった。こうして国内の財政は、主に王領地の地代収入を扱う財務総監理府と、都市からの物品税や地方からの軍事分担金を扱う軍事総監察庁の二つの機関の専管事項になった。しかし、この改革はかえって新たな緊張を生み、管轄の重なる部分が多い両者はやがて激しく対立するようになった。財務総監理府とその下部の地方組織は、軍事総監察庁による取り立てのせいで王領地の借地人が地代を払えないことに、しじゅう不平を鳴らした。財務総監理府が地代収入を増やそうとして、醸造所や製造所といった小規模な事業を農村で興すよう借地人に奨励すると、軍事総監察庁は、そうした事業は都市の外で行われるのだから物品税の対象とならず、都市の納税者が競争上不利になると抗議した。一七二三年、フリードリヒ・ヴィルヘルムは熟考の末、対立する二つの官庁を統合し、絶大な権限を有する上部組織として「軍事・御料地財務総監理府《ゲネラール・オーバー・フィナンツ・クリークス・ウント・ドメーネン・ディレクトーリウム》」――長大な名称のため「総監理府《ゲネラールディレクトーリウム》」の略称で知られる――を創設するのが得策だと判断した。二週間のうちに、両官庁に属するすべての地方組織も統合された。(32)

フリードリヒ・ヴィルヘルムは、総監理府の頂点に一種の「合議制的」な意思決定構造を設置した。そして、何らかの事案を解決しなければならない時は常に関連官庁のメインテーブルに集まるよう、全大臣に求めた。テーブルの片側には大臣たちが座り、反対側には当該官庁の枢密顧問官が向かい合って座った。国王はほとんど会議に出席しなかったが、形式的に上座には彼のための椅子が置かれた。この合議制の仕組みには幾つかの利点があった。例えば、意思決定の過程がオープンになったことで、先王の治世に顕著だった個々の大臣による権限の肥大化を――理論的には――防げるようになった。また、地域や個人の利害や意向を調整できるようになった。さらに、意思決定者たちの耳に入る関連情報が大幅に増えた。そして最も重要なことだが、役人たちが大所高所から物事をみられるようになっていった。フリードリヒ・ヴィルヘルムは財務総監理府出身の職員に対して、軍事総監察庁出身の同僚から遠慮せず学び、また逆に積極的に教えるよう奨励して、この傾向を促進しようとした。さらに彼は、それまで対立していた行政機関の職員の間で知識の伝達が効率的に行われているかどうかを調べるために、内部試験を実施するとまで言い出した。最終的な目標は、専門的な知識がばらばらになっている状態を脱し、全国をカバーする有機的な専門家集団を創りあげることにあった。[33]

総監理府はそれでもなお、近代的な官僚機構とは多くの点で異なっていた。総監理府の業務は活動分野に沿って組織されていたわけではなく、この時代のヨーロッパのほとんどの行政機関と同様に、各地域の管理を受けもちつつ、特定の政策分野も担当するという、混成的なシステムがとられていた。例えば、総監理府の第三部局はクールマルクやマクデブルクを管轄するとともに、軍への食糧や宿営の割り当てを担当し、第四部局はクレーヴェ、マルク、その他の様々な飛び地の領土を監督しつつ、郵便事業の管理なども兼務していた。さらに、新体制のなかで権限の範囲を分かつ境界線が不明確なままだったため、職掌をめぐる深刻な内部対立は一七三〇年代まで続いた。こうして、総監理府を生み出したそもそもの制度上のライバル関係は解消されるよりむしろ内在化し、地方、州、中央政府のあちこちに新たな構造的緊張をもたらした(34)。

一方、総監理府の勤務形態や一般的なエートスは、現代からみても馴染みやすいものだった。大臣は夏は朝七時、冬は八時が始業時間で、その日の仕事が終わるまでは机の前にいるよう求められた。また、土曜日は必ず出勤して、その週の会計をチェックしなければならなかった。一日の勤務時間が一定時間を超えると、温かい食事が支給されることになっていたが、提供のタイミングが二回に分けられていたので、大臣の半分が食事をとっている間、もう半分は仕事を続けた。これは現代の官僚制度において当たり前になっている、監督と規則とルーチンから成る世界の原型だった。大選帝侯やフリードリヒ一世の時代の大臣職と比べると、総監理府での勤務において、こっそり私腹を肥やすような機会は減った。組織の各層を密かに貫く監視と報告のシステムによって、少なくとも理論上は、不正は直ちに国王に通知されることになっていた。重大な違反行為には解雇、罰金、賠償、部局内での懲罰など、様々な処分が下された。東プロイセンの軍事・御料地顧問官を務めていたフォン・シュルプフートが横領の罪によりケーニヒスベルクの軍事・御料地財務庁〔総監理府に直属する機関として各地方に置かれた官庁〕の本会議室で絞首刑に処されたのは、悪名高い事例である。

*

一七〇九～一〇年の惨事の後、フリードリヒ・ヴィルヘルム一世はとくに東プロイセンの状況を気にかけていた。同地では既に父王の時代に、無主になった農場をよそから来た入植者や移民によって埋め合わせることに、ある程度成功していた。一七一五年、フリードリヒ・ヴィルヘルムは地元の有力貴族であるカール・ハインリヒ・トルフゼス・フォン・ヴァルトブルクに命じて、この地の行政改革を監督させた。ヴァルトブルクがとくに問題視したのは、小自作農に不利になりがちな税制であった。この地方の伝統的な税制では、土地の所有者は所有地が何フーフェ（当時の土地面積の基本単位の一つで、英語の「ハイド」〔約六〇～一二〇エーカー〕に相当）であるかに応じて税金を納める決まりになっていた。その際、徴税機関がまだほとんど貴族集団の手に委ねられていたため、貴族の地主が課税対象となる所有地を控え目に申告しても、当局は見て見ぬふりをする傾向があった。それに対して農民の申告は、細大漏らさずチェックされた。さらに、土地の質や収穫量が考慮されなかったため、大抵はあまり肥沃でない土地に住む小農たちに対して、大土地所有者よりも相対的に大きな負担が強いられたことも不公正として問題視された。フリードリヒ・ヴィルヘルムにとって問題だったのは、不平等という事実そのものではなく――そうした不平等はあらゆる社会秩序に内在するのだから、やむを得ないとみなされた――、この特殊な制度の運用によって生じる歳入の減少のほうであった。国王の懸念の根底には、過剰な課税は生産性を低下させるし、臣民の「庇護」は君主の最も重要な任務の一つなのだという確信があり、そうした理解は当時のドイツやオーストリアの著名な経済理論家たちとも部分的に共有されていた。(35) ルイ十四世の財務総監ジャン＝バティスト・コルベールに代表される重商主義の理論と実践は、商業や製造業の振興に重点を置き、農業生産者を犠牲にする傾向があったが、フリードリヒ・ヴィルヘルムによる小規模農民層の重視は、この世代からの転換を意味するものであった。

東プロイセンでの改革事業は、まず大がかりな所有地調査から始まった。その結果、およそ六〇〇〇平方キロメートルに相当する約三万五〇〇〇フーフェもの課税対象地がこれまで申告されてこなかったという事実が明らかになった。地方の王領地を担当する役所はさらに、収穫量のばらつきを補正するために、土壌の質に応じて全保有地を包括的に分類することにした。これらの措置が整うと、土地の良し悪しに応じて調整された一般フーフェ税が新たに東プロイセン全体に課された。より透明性が高く平準化された新しい農地賃貸契約の制度が王領地に適用されたことも相まって、ヴァルトブルクの改革は、農地の生産性と王室収入を飛躍的に向上させた[36]。

フリードリヒ・ヴィルヘルムは一般フーフェ税がまだ施行の途上にある段階で、「騎士領地の自由地化《アロディフィカツィオーン・デア・レーエン》」と呼ばれる長く困難な事業に着手した。この語は、貴族が君主の「臣下」として土地を「所有」していた封建制の時代以来の、様々な法的手続きの除去を意味する。当時はまだ、前の所有者の相続人や子孫に属する残存請求権を尊重しなければならず、これが土地を譲渡したり売却したりする際の障害となっていた。「自由地化」によって、そうした残存請求権を考慮せずに売却できるようになったことで、貴族の所領への投資や農業改良への意欲が誘発される可能性が生じた。自分の土地が独立所有で封建的な義務に縛られない「自由地」へと再編された代わりに、貴族は恒久的な納税を甘んじて受け入れなければならなくなった。しかしこの措置は、現存する封建的な法や慣習が各地で異なっていたため、法的な手続きが煩瑣だった。また、課税免除という伝統的な特権に対する貴族の執着は、既にほとんど形骸化していた理論上の封建的義務に対する不満よりもはるかに強かったため、この措置はひどく不評であった。彼らが「自由地化」を自分たちの古くからの財政上の特権を奪うための狡猾な口実だと考えたのも、あながち不当ではない。多くの地域で、新税を導入するのに何年もの交渉が必要となった。クレーヴェとマルクでは合意が得られず、「強制執行」によって税金が徴収されることになった。プロイセンの支配下に入ったばかりで、まだ独立心が旺盛だったマクデブルク公国でも、反発は強かった〔ハレ市を含むマクデブルク大司教領はヴェストファーレン講和条約でブランデンブルクが継承権を獲得し、一六八〇年に大司教が没すると「マクデブルク公国」として正式にブランデンブルクの領土となった〕。一七一八年と一七二五年には、同公国の貴族代表団がウィーンの帝国宮内法院で勝訴判決を得るのに成功した。[37]

このような財政面での取り組みと並行して、増収のために数多くの措置がとられた。一六七五年にスウェーデン軍を苦しめたハーフェルラントの沼地は干拓され、一〇年の間に一万五〇〇〇ヘクタールの良質な耕作地と牧草地が創出された。オーダー川やヴァルテ川、ネッツェ川流域のデルタ地帯でも排水事業が始まった。この壮大なプロジェクトがようやく完成したのは次の治世においてだが、次王のフリードリヒ大王が設立したオーダー川委員会の監督下で、オーダー川の氾濫原の周りの約五〇〇平方キロメートルの湿地帯が埋め立てられた。繁栄の指標として人口規模を重視する当時の風潮そのままに、フリードリヒ・ヴィルヘルムは入植計画に着手し、特定の地域の生産性を高めたり、製造業を活性化させたりしようとした。例えば、ザルツブルクから来たプロテスタントの移民は東プロイセンの東端部の農場に定住させられたし、ユグノーの繊維業者たちはハレに配置されて、マクデブルク公国におけるザクセン製品の優位に対抗するよう期待された。[38] 一七二〇年代や三〇年代に出された一連の規則は、地域に根づいたギルドの権限や特権の多くを解体し、製造業部門における労働市場の統一性を強めようとした。[39]

政府がとくに継続的にてこ入れをした分野は、穀物経済である。穀物は最も基本的な生産物であり、商取引の大部分を占め、多くの人々が日常的に購入し消費するものの代表格だった。国王の穀物政策は二つの目標に基づいていた。その第一は、ブランデンブルク＝プロイセンの穀物生産者と取引商人を外国産の輸入品から守ることであり、ここではとくに、ポーランドの農場で生産される良質で安価な穀物が念頭に置かれていた。[40] この目標を達成するために採用された手段が高関税、そして密輸の防止であった。当局が違法な穀物の流入をどの程度まで食い止められたのかは定かでない。記録には、ポーランド人農民のグループがブランデンブルクの臣民を装い、数ブッシェル〔一ブッシェルはイギリスの換算法で約三六リットル〕の穀物をもちこもうとしたような小規模な事例も登場するし、一七四〇年に一三台の馬車でウッカーマルクに穀物を運び込もうとしたメクレンブルクの密輸団のような巧妙な連中もおり、数多くの訴追が行われたのは間違いない。[41]

第二にフリードリヒ・ヴィルヘルムは、大選帝侯が常備軍の維持のために利用していた穀物庫のネットワークを、不作による穀物価格の高騰で都市の製造業や商業経済が危機に瀕するのを防ぐために拡大した。こうした穀物庫はフリードリヒ一世の時代にも存在していたが、一七〇九～一〇年の惨事で明らかになったように管理が不十分で、民間経済の需要に応えるにはあまりに貧弱だった。一七二〇年代初頭から、フリードリヒ・ヴィルヘルムは軍民双方の要望に対応できるだけの大規模な穀物庫の増設に着手し、二一ヶ所を新設した。これらは軍隊の需要を満たし、国内の穀物市場も安定させるという重要な役割を果たした。各地方に置かれていた軍事監察庁と御料地財務庁〔一七二三年に統合されて「軍事・御料地財務庁」となる〕は、穀物を安価な時に買い入れ、食糧不足の時に売り出すことで、穀物価格をできるだけ安定させるよう命じられた。この新制度は、一七三四〜三七年や一七三九年に政府の備蓄穀物を低価格で売却して、相次ぐ不作の社会的、経済的な影響を緩和したことで、真価を発揮した。国王が治世の最末期に発した命令の一つは、自身の命日となった一七四〇年五月三一日付で総監理府に出されたものだが、そこではベルリン、ヴェーゼル、シュテッティン、ミンデンの穀物庫を冬が来るまでに再び満たすよう指示されている(42)。

もちろん、フリードリヒ・ヴィルヘルムの経済面での功績には限界もあるし、その構想にも盲点があった。調整と統制を好んだ点で、彼は当時の主流である重商主義思想の信奉者だった。これは、アフリカ西岸に植民地グロース・フリードリヒスブルクを獲得し、植民地貿易の拡大への扉を開こうとした、大選帝侯の交易重視の政策とは明らかに対照的である。また、フリードリヒ一世は己の気分を満足させるために不振の植民地を維持し続けたが、息子のフリードリヒ・ヴィルヘルム一世は一七二一年までに植民地をオランダに売却してしまった。彼によれば、「この貿易は幻のごとく無意味なものだとかねてから考えていた」(43)〔この他、モーリタニア西岸のアルギン島やカリブ海のセント・トーマス島もほぼ同時期に放棄された〕。国内でも同様に、交易やインフラの重要性は軽視された。フリードリヒ・ヴィルヘルムは領内の市場統合の問題に真剣に取り組まなかった。彼の治世の間にオーダー川とエルベ川を結ぶ運河の建設は加速し、より均一な穀物の計量制度が導入され、国内関税は地方の反対を押して若干引き下げられた。しかし、ホーエンツォレルン家領を横断する物資の移動には、依然として多くの障害が残っていた。ブランデンブルクの域内においてさえ、あちこちで通行料の徴収がまかり通っていた。東と西の辺境地は経済的には外国領のごとく扱われ、統合に向けた努力はほとんどなされなかった。一七四〇年に国王が死去した時、ブランデンブルク＝プロイセンは統合された国内市場を構成するには程遠い状態にあった(44)。

フリードリヒ・ヴィルヘルム一世の時代に、ますます自信を深めつつあった君主権と、伝統的な権力の保持者たちとの対立は事務的な解決の段階に入った。歴代君主の慣行とは対照的に、フリードリヒ・ヴィルヘルムは即位時に、地方貴族に対する「譲歩」に署名するのを拒否した。議会では、芝居がかった討論は行われなくなったし、そもそも彼の治世にはほとんどの地域で議会の開催は稀になった。それどころか、貴族たちの伝統的な特権は相次ぐ措置によって、ますます削り取られていった。これまで見てきたように、昔ながらの地主貴族の免税特権は縮小され、かつて地域の利益に応えてきた機関は次第に中央政府の権威に従属させられ、貴族の遊学の自由が削減されたことで、ブランデンブルク＝プロイセンの地方エリートは徐々に神聖ローマ帝国の国際的なネットワークから遠ざかっていったのである。

これは単なる中央集権化の副産物ではなかった。むしろ、王は貴族の地位を低下させる必要性を明確に示し、祖父の大選帝侯が開始した歴史的事業を推進するのが自分の役目だとはっきり自覚していたのである。東プロイセンに関連して、彼はこう語ったことがある。「貴族に関して言えば、以前は大きな特権があったが、選帝侯フリードリヒ・ヴィルヘルムがその特権を君主権によって破壊した。

そして今では余が、一七一五年の一般フーフェ税によって、彼らを完全に従属《ゲホールザム》させた[45]」。自らの目標を達成するために彼が整備した中央行政では、意図的に平民ばかりが（大抵は貴族に格上げされたうえで）起用されたが、それは貴族の集団的な利害と提携する余地がまったくないことを示すためでもあった[46]。そして不思議な印象もあるが、フリードリヒ・ヴィルヘルムは常に、貴族集団に不利になるとしても王の施策に協力してくれる、トルフゼス・フォン・ヴァルトブルクのような有能な貴族を見つけ出すことができた。彼らがいかなる動機から王に手を貸すようになったのかは、必ずしも明確ではない。おそらく、ある者は単に君主の行政構想に賛同し、ある者は地方の社団的な雰囲気に対する不満から、またある者は給与を目当てにして、君主の行政機構に参加した。確かに、地方貴族は一枚岩ではなかった。派閥や家門ごとの対立は日常茶飯事だったし、貴族層全体の関心事よりも地方の利害問題が優先される場合も多かった。そのことを熟知していたフリードリヒ・ヴィルヘルムは、断定的な判断を避けた。一七二二年に書かれた『政治遺訓』は、次のように後継者に助言している。「すべての地方のすべての貴族に対して、恩情と慈悲の心をもたねばならない。善人を悪人よりも優先し、忠実な者には報いるように[47]」。

軍隊

新国王が軍隊を五万人に増員すると決意されたことを、［…］閣下はもうご存じでしょう［…］。戦争状態［軍事予算のこと］が自分の前に示された時、王は余白に以下のようにお書きになられました。余

は我が軍隊を五万人に増強するつもりだが、なんぴとも心配するに及ばぬ、余の唯一の楽しみは軍隊なのだから、と。(48)

フリードリヒ・ヴィルヘルム一世が即位した時にプロイセン軍の規模は四万人だったが、彼が死去した一七四〇年には八万人を超えた。当時の感覚からすると、ブランデンブルク=プロイセンが有する軍隊組織は人口や経済力におよそ見合っていなかった。国王は、よく訓練され、独立した財源をもった軍事力だけが、父や祖父には許されなかった国際社会での自立をもたらしてくれるのだと主張して、膨大な軍事費を正当化した。

しかし、軍隊の拡大そのものが目的だった印象もある。フリードリヒ・ヴィルヘルム一世が在位中に一貫して、外交上の目標のために軍隊を展開することに消極的だったという事実が、そうした直観を裏づける。確かに、フリードリヒ・ヴィルヘルムは軍隊の秩序に強く惹かれていた。一七二〇年代半ば以降、彼はいつも中尉や大尉の制服を着用しており、軍服姿の男たちが広場をパレードし、常に対称性を保ちながら動き続ける光景を眺めるのを、何よりの楽しみとした――実際、彼は王室の庭園を幾つか潰して練兵場に変え、できるだけ訓練が見える部屋で仕事をするようにしていた。彼がのめり込んだ数少ない道楽の一つは、著しく高身長の兵士たち、「のっぽ君《ランゲ・ケルルス》」から成る連隊をポツダムに創設することだった。この異様なほど長身の兵士たちは、莫大な費用をかけてヨーロッパ中からかき集められ、そのなかには、体が不自由で実際の軍務には適さない者もいた。彼らの姿は一人一人、国王の依頼で制作された油絵の肖像画に、等身大で刻まれた。素朴なリアリズムを思わせる筆使いで描かれたそれらの作品には、ディナープレートのように大きな手をして、鋤の先ほどもある黒い革靴を履いた大男が描かれている。そもそも軍隊は政治のための道具であったが、ここには同時に、フリードリヒ・ヴィルヘルム一世という君主の世界観が人間的にも制度的にも表現されていた。秩序ある上下関係と男性中心主義に支えられたシステム。集団の利益やアイデンティティが個人のそれに優越し、王の権威に従順で、身分や礼儀作法にではなく機能性に基づいて階級差が設定されているシステム――これこそは、フリードリヒ・ヴィルヘルム一世が理想とする社会を可視化したものであった。

フリードリヒ・ヴィルヘルムの軍制改革への関心は、即位の前に既に芽生えていた。それは、一七〇七年、王太子であった一九歳の時に軍事評議会に提出したガイドラインのなかに確認できる。そこでは、すべての歩兵銃の口径を揃え、共通の銃弾を使用できるようにすること、すべての部隊が同じデザインの銃剣を使用すること、各連隊の兵士は指揮官によって定められた同一モデルの短剣を着用すること、弾薬入れも統一し、均一の紐を備えたものでなければならないといったことが提唱されていた。[49] 軍司令官としての彼の初期の重要な革新の一つは、統制しがたい大規模な兵力をどんな地形で

図9 フリードリヒ・ヴィルヘルム一世の王室警備隊に所属した擲弾兵、ジェームズ・カークランドの肖像。ヨーハン・クリストフ・メルク作、1714年頃

もうまく操るために、また火力を安定させて最大の効果を発揮するために、自身の連隊に新たな、より厳格な形式の行進訓練を導入したことであった。一七〇九年、スペイン継承戦争のマルプラケの戦いで自軍の戦いぶりを実見した後、フリードリヒ・ヴィルヘルムはこの新しい訓練をブランデンブルク゠プロイセン軍全体に徐々に拡大していった(50)。

治世の初期、王の最大の関心事は、とにかく常備兵員をできるだけ早く増やすことだった。当初、これは主に強制的な徴集によって達成された。兵員獲得の責務は、民政当局から現地の連隊長に委譲された。事実上なんの制限も受けずに活動した募兵将校は、長身の農民や身体強健な職人を探して農村や小都市を徘徊し、住民の恐怖と憎悪の対象となった。強制的な徴集はしばしば流血の事態に繋がり、捕吏の手にかかって死ぬ者さえ出て、各地から苦情が殺到した(51)。実際、強制徴集の第一段階はあまりにも衝撃的であり、パニックの波を引き起こした。新国王の即位からわずか三週間後の一七一三年三月一八日、ベルリン駐在イギリス公使のウィリアム・ブレトンは以下のように書き記している。「［陛下は軍隊の］徴集にあたって、まるで危急存亡の秋《とき》到来とばかりに、張り切っていらっしゃいます。農民は強制的に兵役に就かされますし、商売人の息子がしょっぴかれていくのも日常茶飯事です。このようなやり方をしていたら、当地では間もなく市場がなくなり、多くの人が領内から逃げ出してしまうでしょう……(52)」。

強制徴集が引き起こす混乱に直面した国王は方針を転換し、徴集を停止した(53)。その代わりに確立されたのが、後に「カントン制度」として知られるようになる、より整備された徴兵制度であった。一七一四年五月の王令によって、兵役年齢にある全男性に国王軍への従軍義務が課せられ、この義務を回避するために国外に逃亡する者は脱走兵として処罰されると宣告された。さらなる王令が出されて、各連隊に特定の地区《カントン》が割り当てられ、その地区内で就役年齢にある若年の未婚男性は全員が連隊簿に登録《エンロリールト》された。こうして、自発的な入隊で満たせない不足分は、各連隊に登録された地元の徴集兵で補充できるようになった。最後に、基礎訓練を終えた入隊者を地域社会に戻すための一時帰休の制度が整えられた。彼らは、毎年二〜三ヶ月の再訓練を受けねばならないが、戦時でなければ、それ以外の期間は自由に生業に戻れる予備役兵として、定年まで軍に身を置くことができた。徴兵制が経済に与える衝撃をさらに和らげるために、農場を所有し経営する農民、国家にとって価値があると考えられる諸々の産業部門の手工業者や労働者、官吏などは兵役から除外された。(54)

こうした変革が積み重ねられた結果、ブランデンブルク゠プロイセンの君主は市民経済に深刻な打撃を与えずして、大規模でよく訓練された国軍を供給してくれる、まったく新しい軍事制度を手に入れることとなった。ヨーロッパ諸国のほとんどの軍隊が依然として外国人の徴集や傭兵に大きく依存していた時代に、ブランデンブルク゠プロイセンでは軍隊の三分の二を領民から調達できた。この新たな軍事制度によって、ヨーロッパにおいて国土面積は第一〇位、人口では第一三位に過ぎなかった国が、四番目に大きな軍隊を編成できるようになったのである。次代のフリードリヒ大王が力ずくで達成した政治的偉業は、父親が築きあげた軍事力なしには考えられなかったといっても過言ではない。

カントン制度はプロイセン国家の対外的な攻撃力を著しく高めただけでなく、社会的、文化的にも大きな影響を同国にもたらした。この時に再編された軍隊は、国内の貴族を屈服させるのに最大限の成果を挙げた。フリードリヒ・ヴィルヘルムは治世の初期に、地方貴族が事前の許可なしに外国で軍務に就くことだけでなく、無断で自領から出ることすらも禁止した。また一二～一八歳の貴族の子弟のリストを作成させ、このリストを元にして、ベルリンに新設された士官学校で訓練を受ける少年たちが選出された。同校はかつてグントリングが教師を務めていた貴族学校の敷地内に建てられた。このエリートに対する徴兵制は一部の貴族の猛反発を呼び起こし、自分の子に声がかかるのを何とか回避しようとする者もいたが、国王は方針を変えなかった。反抗的な一家の若い貴族が拘束され、ベルリンに護送されるケースも珍しくなかった。一七三八年、フリードリヒ・ヴィルヘルムは、まだ義務を果たしていないすべての若い貴族を毎年調査することにした。翌年、彼は各地の郡長に、管轄郡内の貴族の子弟を検査し、「容姿端麗、五体満足」な者を特定し、適切な人数を毎年ベルリンの士官候補生部隊に送るよう命じた。[55] 一七二〇年代半ばには、国内の貴族で、息子を一人も将校団に入れていない者は皆無となった。[56]

しかしこのプロセスを、単なる一方的な押しつけだったと考えるべきではない。この政策が成功したのは、多くの貴族には自力では賄いきれないような高い生活水準を保証してくれる給与や、君主の威光や権威との密接な結びつき、昔から貴族の領分とされてきた名誉ある職位に就くことで得られるステイタスといった、価値あるものを提供してくれたからであった。そうは言っても、カントン制度が確立されたために、王権と貴族の関係がかつてとは違うものになったという事実は否定できない。田舎の所領に閉じ込められていた人的資源に国家の手が伸びるようになり、貴族は徐々に勤務階級へと変貌し始めた。マクデブルク公国のアッツェンドルフの牧師で、ブランデンブルク＝プロイセン軍の従軍聖職者を務めたザムエル・ベネディクト・カールシュテットの述懐によれば、カントン制度は

「国王フリードリヒ・ヴィルヘルムがついに全面的な主権を獲得したことを証明するもの」にほかならなかったが、この見方は正しい[57]。

カントン制度によって、徴兵制に基づく軍隊の階層構造と貴族が治める所領の階層構造とが継ぎ目なく融合して、一つの強力な支配手段である社会軍事システムが創り出されたとする、有力な見解がある。そうした捉え方によると、連隊は所領を武装化したものであり、地主である貴族が指揮官として、所領の農民が兵士として軍務に就いた。その結果、社会的支配と規律化が進む伝統的な農村構造に軍事的な価値観が浸透していき、ブランデンブルク゠プロイセンの社会は広範囲にわたって軍事化されていったことになる[58]。

しかし、現実はもっと複雑であった。地主貴族が地元連隊の指揮官でもあった事例はごく稀で、そうしたケースは常態というよりも例外的だった。農民は若い男が基礎訓練のために連れ去られるために生じる労働力の損失に憤慨しており、彼らの間で兵役は不人気だった[59]。ベルリンの北にあるプリーグニッツの地方文書は、国境を越えてブランデンブルクから隣国のメクレンブルクに逃れる兵役忌避が日常的だったことを示唆している。兵役を逃れるためなら、男たちは無茶を覚悟で、非嫡出子をもうけた村の女性と結婚するつもりだと公言し、地主貴族がこの行為を支援する場合もあった。さらに、現役兵や予備役兵は所領に服従や従順の気風をもたらすよりも、地元の裁判権に服さなくてもよいという軍隊の特権を悪用して、村当局に盾突く破壊分子になりがちだった[60]。

地域社会と軍隊の関係は緊張に満ちていた。連隊将校の横暴な振る舞いに対しては、怒りの声が絶えなかった。新兵を「徴集」に来た将校が兵役の免除規定を無視することや、規則に反して収穫期に予備役兵が召集されることもあったし、地元の指揮官に結婚許可を願い出た農民に賄賂が強要されることもあった——幾つかの地域ではこの問題が深刻で、非嫡出子の割合がかなり増加した[61]。地主貴族も不満を募らせていた。当然ながら彼らは、労働力である農民に対する不当な介入に腹を立てていた。

しかしこうした問題がありつつも、連隊と地域共同体の間には一種の共生関係も育まれた。実際に召集されたのは兵役対象の男性人口の七分の一程度であったが、農村に住む男性のほぼ全員が連隊名簿に登録され、兵役免除が決まるのはその後だったため、カントン制度は——現実にはそうではなかったとはいえ——原則としては国民皆兵に立脚していた。予備役兵は皆、教会での軍服の着用を義務づけられていたので、軍隊が身近にあることを常に思い起こさせる存在だった。入隊した兵士が町や村の広場に集まり、自主的に教練をする場合も珍しくなかった。免除制度のせいでどうしても貧しい者が登録者の中心になりがちで、土地を持たない農村労働者の息子が兵役に就き、裕福な農民の息子は兵役に就かない傾向があったため、多くの男性が自分の軍籍に対して抱いていた誇りが一層強まったということも言えるかもしれない。こうして、現役兵や予備役兵が次第に村のなかでひときわ目を引く社会集団になっていったのは、制服姿や、軍人然としたある種の立ち居振る舞いが一人前の男としての値打ちを証明するうえで不可欠になったのにくわえ、各年代のなかで最も背の高い者から順番に徴兵される傾向があったためである。身長が一六九センチメートル未満の少年が運搬係や荷物係として召集される場合もあったが、ほとんどの場合、小柄であることは兵役を逃れるための格好の口実となった[62]。

カントン制度は、連隊の士気や結束を高めただろうか。プロイセン軍を誰よりもよく知り、三度の激しい戦争をつうじてカントン制度の効果を観察したフリードリヒ大王は、この制度の有効性を確信していた。彼が一七七五年夏に書き終えた『同時代史』〔独語版では、一七六八年の『政治遺訓』〕によれば、カントン制度に基づいて各中隊に所属する者は「同郷の出身者である。実際、多くの者は知り合いか親戚関係にある。〔…〕カントンは競争心や勇気を育み、親族や友人は往々にして戦場で互いを見捨てぬものだ」。(63)

父と子の対立

三十年戦争後のホーエンツォレルン家内部の歴史を確認すると、二つの矛盾した特徴が目に留まる。第一は、世代を超えた政治的意志の一貫性が顕著なことである。一六四〇〜一七九七年に、領土獲得を実現できなかった君主は一人もいない。大選帝侯、フリードリヒ一世、フリードリヒ・ヴィルヘルム一世、そしてフリードリヒ大王がそれぞれ著した『政治遺訓』に示されているように、歴代の君主は、自分は代々受け継がれる歴史的事業に関与しているのだと考え、前任者たちが達成できなかった目標を引き受けた。それゆえ、ホーエンツォレルン家の歴代君主を顧みれば、ブランデンブルクの拡張パターンに意図の一貫性があることが分かるし、この王朝が強靱な記憶力、すなわち、時至ればいつでもかつての主張を復活させ、再び活性化させる能力を備えていたことをも確認できる。

しかし、このような明確な一貫性の裏には、父と子の間で繰り返される対立があった。選帝侯ゲオルク・ヴィルヘルムの治世末期の一六三〇年代、この問題が発生した。後に大選帝侯となる嫡男のフリードリヒ・ヴィルヘルムは、父が自分をオーストリアの皇女と結婚させるつもりではないかと疑い、オランダからの帰国を拒否した。彼はさらに、家老格のシュヴァルツェンベルク伯爵が自分の殺害を企んでいると疑うまでになった。父子は一六三八年にケーニヒスベルクで再会したが、両者の関係が修復されることはなく、父は息子を国政に関与させようとせず、まったくの赤の他人として扱った。後に大選帝侯は、後継者に向けた『政治遺訓』において、父親からこのような仕打ちを受けていなければ、自らの統治は「当初はかくも難儀ではなかったであろう」と記している。[64]

しかしこの経験から得られた教訓をもってしても、大選帝侯の治世の終わりに同様の一幕が演じられるのを防ぐことはできなかった。大選帝侯は嗣子のフリードリヒに好感を抱いておらず、その兄のカール・エーミールがお気に入りだったが、この子は一六七四〜七五年のフランス遠征中に赤痢で他界してしまった。カール・エーミールが才能豊かでカリスマ性があり、軍人としての適性に恵まれていたのに対し、フリードリヒは緊張しやすく繊細なうえに、幼少時の怪我のせいで軽度の障害を抱えていた。フリードリヒが二四歳の既婚者となった一六八一年、選帝侯は、「倅《せがれ》には何の取り柄もない」と外国の使者に語っている。[65] 親子の関係は、大選帝侯の後妻ドロテア・フォン・ホルシュタインとフリードリヒが犬猿の仲だったために、さらに悪化した。フリードリヒは実母から可愛がられていたが、この母親の死後、継母は大選帝侯との間に七人の子をもうけた。そして当然のなりゆきだが、後妻は前妻の子供たちよりも自分の子を贔屓にしがちだった。ドロテアの勢いに負けた大選帝侯は、遺言によって、彼女の息子たちに土地を分け与えるのに同意した。もっとも、この決定はフリードリヒには隠されており、彼が即位すると反故にされてしまった。

こうした事情のため、大選帝侯の晩年の一〇年間は身内の間で緊張が高まり、不穏な空気が流れていた。一六八七年、フリードリヒの実弟が猩紅熱の発作で急死したことで、最悪の事態が訪れた。疑心暗鬼が高じ、妄想にとりつかれたフリードリヒは、弟が毒殺されたのは、父の再婚相手が自らの長男を君主の座に就かせるための陰謀であり、次は自分の番だと考えた。この頃、彼はしょっちゅう腹痛に悩まされていたが、これはおそらく、毒消しにしようと怪しげな粉末や飲み薬を大量に服用したせいであろう。宮廷に噂が渦巻くなか、彼はハノーファーの妻の実家に逃げ込み、「弟が一服盛られたのは間違いない。だからベルリンは危険だ」と言って、帰国を拒否した。大選帝侯は激怒し、フリードリヒを後継者候補から外すと宣言した。神聖ローマ帝国皇帝レーオポルトとイギリス王ウィリアム三世の取り成しでようやく和解が成立したのは、父の死のわずか数ヶ月前のことであった。[66] もちろん、このような状況でフリードリヒが政務をまともにこなすなど、不可能だったのは言うまでもない。

フリードリヒ三世（後にプロイセン王に戴冠してフリードリヒ一世）となった彼は父祖の失敗を繰り返すまいと心に誓って、嫡男にできる限りの帝王学を授け、半ば独立した活動領域を与え、能力を伸ばすのに多大な労力を費やした。息子は一〇代の頃から、政府のあらゆる主要部門で徹底的に仕込まれた。幼少期のフリードリヒ・ヴィルヘルム一世は気難しく頑固な子供で、教師を困らせたが——長年にわたって彼の家庭教師を務めたジャン＝フィリップ・ルブールは、フリードリヒ・ヴィルヘルムの家庭教師になるくらいならガレー船の奴隷になったほうがましだったとこぼしたとされる——、父親に対しては常に畏怖の念をもって接した。しかし一七〇九～一〇年の危機に際して、王太子は父親の寵臣たちの無能や不手際を公然と批判し、親子関係が冷え込んだ。フリードリヒは最後まで友好的な態度を崩さず、息子に権力を譲ることで、修復不可能な状態に陥るのを避けた。フリードリヒの治世末期の数年間には、父と息子の共同統治が実現していたと言える。しかしこの宥和的な接し方をもってしても、即位後のフリードリヒ・ヴィルヘルムが、父の築いた華麗なバロック的政治文化を跡形もなく消し去ろうとするのを止めることはできなかった。東プロイセンの再興から汚職の一掃、穀物貯蔵制度の拡充に至るまで、フリードリヒ・ヴィルヘルムの治世における大規模な事業の多くは、父の統治の欠点とみなしたものへの回答として理解できる。

フリードリヒ・ヴィルヘルムと一〇代の息子、後のフリードリヒ大王との間に勃発した冷戦は、それまでの親子間の確執がかすんで見えるほど、深刻であった。父と子の争いがこれほどまでに感情的、心理的に激化したことは、かつてなかった。この対立の原因の一つとして挙げられるのが、フリードリヒ・ヴィルヘルムのひどく権威主義的な気質である。フリードリヒ・ヴィルヘルムは、やむをえず反対派に身を置いた時でさえ、父に対して常に礼儀正しく接していたので、嫡男の反抗的な態度がさっぱり理解できなかった。くわえて、彼は理屈においても感情においても、自身の人格と政治的な業績を分けて考えられず、自分に対する敬意の欠如は自分の歴史的偉業、さらには国家そのものを危うくする行為であると考えていた。後継者が「我が信念、我が考え、我が嗜好」に同調せず、「要するに自らの似姿でない場合」、苦労して完成させた自分の事績は崩壊してしまうに違いないと、フリードリヒ・ヴィルヘルムは考えていた。[67] フリードリヒがこのような厳格な計画を実行できないことは、早い段階で明らかになった。彼には軍人の適性がほとんどなく、しばしば落馬し、射撃に怯えた。立ち居振る舞いは気だるげで、髪は乱れ、寝坊が多く、一人でいるのを好み、母親や姉妹の部屋で小説を読んでいる姿がよく見かけられたという。フリードリヒ・ヴィルヘルムが幼い頃から裏表のない性格で、残忍なまでに率直だったのに対して、フリードリヒは斜に構えて皮肉っぽく、父親の敵意ある目から自分の本性を隠す技を既に身につけているかのようだった。フリードリヒが一二歳になった一七二四年、「この小さな頭のなかで何が起こっているのか知りたい。この子が余のように物事を考えていないのは確かだ」と、国王はこぼしている。(68)

フリードリヒ・ヴィルヘルムは王太子に過酷な雑務を日夜与え、プレッシャーをかけるという策を講じた。閲兵、視察旅行、枢密参議会の会合など、分刻みのスケジュールが組まれた。フリードリヒが一四歳の時、ベルリン駐在神聖ローマ帝国公使のフリードリヒ・ハインリヒ・フォン・ゼッケンドルフ伯爵は、「王太子はまだお若いのに、もう何度も戦場に出ているかのように老け込まれ、みずみずしさがありません」と手紙に書いている。(69) ゼッケンドルフも見抜いていたように、父王のやり方には期待どおりの効果はなく、むしろフリードリヒの反発心を強め、深めただけだった。息子は慇懃無礼な態度で、父の思いに抗う術に熟達していった。一七二五年の夏、マクデブルク連隊の閲兵式の際に国王が「どうしてしょっちゅう遅刻するのか」と尋ねると、寝坊したフリードリヒは、「着替えの後に祈る時間が必要なのです」と答えた。着替えながら朝の祈りを捧げればよいではないかと王が問い詰めると、少年はこう切り返した。「陛下は、一人にならねばしっかり祈れないこと、祈りのための時間を特別に用意しなければならないことを、必ずやお認めくださるでしょう。こうした問題に関しては、人よりも神に従わなければならないのです(70)」。

一七二八年に一六歳に達した頃には、王子はいわば二重生活を送るようになっていた。うわべでは父親の厳しいやり方に従って義務を果たすが、親しい仲間と一緒にいる時を除けば、彼は冷たくよそよそしい表情を浮かべていた。フリードリヒはこっそりとフルートを吹き、詩を作り、借金を重ねるようになった。ユグノーの家庭教師デュアンの計らいで手に入れたフランス語の蔵書は、世俗的、啓蒙的、哲学的な香りが濃厚で、父の世界とは正反対だった。息子が自分から離れていくのを感じたフリードリヒ・ヴィルヘルムは、次第に暴力的になっていった。彼は頻繁に王太子を平手打ちし、手錠をかけ、公衆の面前で晒しものにした。とくにひどく殴打した際には、息子に向かって、自分ならば父からこれほどの罰を受けたら、拳銃で己を撃ち抜くだろうと叫んだと言われる(71)。

一七二〇年代後半、父子の間で深まる反目は、政治的な色合いを帯びるようになった。一七二五～二七年、父親とハノーファー出身の母親ゾフィー・ドロテアは、フリードリヒをイギリスのアミーリア王女と、そして姉のヴィルヘルミーネを同国の王太子と婚姻させようとする交渉に加わった。これによって、自国を脅かす西側諸国のブロックが形成されるのを恐れたハプスブルクの宮廷は、この話から手を引くよう、プロイセンに圧力をかけた。またベルリンでは、神聖ローマ帝国公使のゼッケンドルフや、王の信頼厚い身でありながらウィーンから多額の賄賂を受け取っていた可能性がある大臣、フリードリヒ・ヴィルヘルム・フォン・グルンプコ将軍を中心に、親皇帝派が形成された。

この一派の謀略に対抗したのが、王妃ゾフィー・ドロテアである。彼女はイギリスとの縁談に子供たちの、そしてハノーファーとイギリスの君主を兼ねている実家のヴェルフェン家の利益を追求するチャンスを見出していた。王妃がこの計画に注いだ死に物狂いの情熱が、女性の政治活動の余地を極端に狭めてしまった宮廷に対する、積年の不満を反映したものだったことは疑い得ない。

イギリス、オーストリア、プロイセン、ハノーファーの外交的謀略の網が広がるなか、ベルリンの宮廷は二つの派閥に分裂した。ウィーンとの断交を恐れた国王は息子の結婚を後押しするのをやめ、妻を相手にまわしてグルンプコとゼッケンドルフの側についた。反対に王太子は母親の計画に肩入れし、イギリス王室との婚姻に乗り気だった。しかし、案に違わず国王の意向が優先され、縁談は立ち消えとなった。この一件は、選帝侯ゲオルク・ヴィルヘルムの晩年にあたる一六三〇年代に、父と重臣のシュヴァルツェンベルク伯によってオーストリアの皇女と結婚させられるのを恐れ、即位前の大選帝侯がベルリンに戻るのを拒否した時と瓜二つである。

この「イギリス王室との婚姻」をめぐる諍いが重要な背景となって、一七三〇年八月のフリードリヒのブランデンブルク゠プロイセンからの逃亡未遂という、ホーエンツォレルン家の歴史のなかで最も劇的で、最も印象深いエピソードが生じた。王太子を突き動かしたのは、政治的な怒りでもなければ、会ったこともないアミーリア王女との結婚が水泡に帰したことへの個人的な失望でもなかった。むしろ、一七二九〜三〇年の闘争や陰謀によって、長年にわたり父から受けてきた仕打ちに対する不満や憤りが沸点に達したのが、その原因である。一七三〇年の春から初夏にかけて、フリードリヒは逃亡を計画した。最大の協力者はジャンダルメン近衛甲騎兵連隊に所属するハンス・ヘルマン・フォン・カッテという二六歳の将校で、絵画や音楽に興味をもつ知的な教養人であり、フリードリヒの最も親しい友人だった。同時代人の回顧録によれば、彼らは「恋人どうしのように睦み合っていた」[72]。フリードリヒの逃亡をおおよそ準備したのは、カッテである。二人の逃亡計画に成功の見込みはなかった。フリードリヒとカッテは不注意な行動をとり、すぐに疑惑を招いた。国王は王子の家庭教師や召使いを警戒にあたらせ、昼夜を問わず監視した。カッテは連隊の休暇を利用して王子と逃亡するつもりだったが、王が彼の関与を知ったためか、直前になって休暇許可が取り消された。父王に同行して南ドイツを歴訪中だったフリードリヒはそれでもなお、土壇場になって計画の実行を選択した。この無謀な決断は、当時の彼が相当な窮地に追い詰められていたことをものがたっている。八月四〜五日の夜半、フリードリヒはシュタインスフルト村近くの野営地から抜け出した。その模様を目にした召使いが騒ぎ出し、フリードリヒはあっけなく捕らえられた。翌日、父親に事の顚末が伝えられた。

フリードリヒ・ヴィルヘルムは、息子をキュストリンの要塞に連行するよう命じた。そこは、かつて大選帝侯が三十年戦争中の最も悲惨な時期に幼少期を過ごした場所であった。フリードリヒは地下牢に閉じ込められ、茶色の囚人服を着せられた。看守役の衛兵は、王子の質問に答えることを禁じられており、聖書を読むために与えられた小さな獣脂灯は毎晩七時に消されてしまった。[73] その後の取り調べのなかで、王子は事細かに尋問された。尋問の指揮を任された軍法会議法務長官、クリスティアン・オットー・ミュリウスには一八〇項目以上の問いから成る尋問表が渡されており、そのなかには次のような問いもあった〔計一八五項目の尋問表のうち、第一〜一七八項は王太子の行為が軍人としての脱走罪に該当するか否かという法的観点からミュリウスが作成し、第一七九〜一八五項は父王が追加した〕。

第一七九項：自分の行為に対して、どのような罰がふさわしいと考えるか。
第一八〇項：自らの名誉を傷つけ、脱走を企てた者は、どのような罰を受けるべきか。
第一八三項：自分がまだ君主になるに値すると思うか。
第一八四項：自分の命が助かることを望んでいるか、否か。

第一八五項：命拾いをすれば、結果的に名誉を失い、実質的に〔王位を〕継承する資格を失うことになるが、生き延びるために身を引き、神聖ローマ帝国全体から確認されるようなかたちで王位継承権を放棄するか。(74)

この非難がましく、相手を痛ぶる執拗な調子、そして極刑をほのめかす物言いからは、父王の精神状態がありありと伝わってくる。支配に執着した彼にしてみれば、息子が試みた直接的な反抗は最大級の憎悪の表現に思えた。息子の処刑が唯一の策だという考えが王の脳裏を度々よぎったであろうことは疑い得ない。他方で、尋問官に対するフリードリヒの回答は、いかにも彼らしいものだった。第一八四項に対して彼は、王の意志と慈悲に身を委ねる、とだけ答えている。また第一八五項に対しては、「自分の命はそれほど大切ではないが、国王陛下はきっと自分に対してそれほど厳しい扱いはされないだろう」と応じた。(75)ここで目を引くのは、先行きがまだ見えないこの時に、恐怖を感じていたであろうにもかかわらず発した巧みな回答が示す、息子の自制心の強さである。

フリードリヒの処分が決まるまでの間、王は息子の友人や協力者に怒りをぶつけた。軍人仲間だったシュペーンとインガースレーベンの両少尉は牢獄に入れられた。ポツダム市民の娘で、王子と思春期の火遊びに興じたことがあった一六歳のドリス・リッターは、街頭で絞首刑執行人に鞭打たれ、一七三三年までシュパンダウの感化院に収容された。しかし誰よりも激情の矛先が向けられたのは、ハンス・ヘルマン・フォン・カッテである。彼が辿った末路は語り草となり、ブランデンブルクの歴史的イマジネーションのなかで唯一無二の位置を占めるようになった。逃亡の謀議者たちを裁くために開かれた特別軍法会議はカッテの処遇に悩み、最終的に一票差で終身禁錮を言い渡した。しかし、フリードリヒ・ヴィルヘルムはこの判決を覆し、死刑を要求した。王は、一七三〇年一一月一日の王令でその理由を述べた。彼の考えでは、カッテは王室の精鋭部隊からの脱走を企み、王位継承者が大逆の行いをなそうとするのを支援したために、最大級の大逆罪《レズ゠マジェステ》を犯したのであった。その罪は最も残酷な罰、すなわち熱い鉄で手足を引き裂かれた後、絞首刑に処されるに値した。しかし遺族への配慮から、王はこの刑を単なる斬首刑に減刑し、一一月六日にキュストリン要塞で、王太子の独房からよく見えるところで執行することにした。

おそらくカッテは、最終的には国王が慈悲を示してくれるものと信じていた。彼はフリードリヒ・ヴィルヘルムに手紙を書き、自らの悪行を認め、残りの人生をかけて忠実に尽くすと誓い、赦免を乞うた。しかし、返事はなかった。一一月三日、フォン・シャック少佐の指揮する警護隊が到着し、三〇キロメートルの距離をリレーして罪人をキュストリンに移送した。フォン・シャックは、カッテが道中で、「不孝をはたらいてしまった」父親——父子ともども国王の軍隊に所属していた——に手紙を書きたいと所望したと回想している。この願い出は認められ、一人で手紙が書けるよう、カッテに部屋があてがわれた。しかし、しばらくしてシャックが様子を見に入ったところ、カッテは室内をぐるぐると歩き回っており、「とてもじゃないが書けません、悲しくてペンを取れません」と嘆いた。少佐に慰められてから、カッテは次のような言葉で始まる手紙を書いた。

> 父上、この手紙が父上にこのうえない悲しみを与えるだろうと思うと、涙が止まりません。私の現世

での幸福と、あなたの快い老後への希望は永遠に消え、［…］あなたの労苦が報われることもなく、私は人生の春半ばにして世を去らねばなりません……(76)。

カッテは処刑の前夜をキュストリンの要塞で過ごした。聖職者や同僚の将校仲間が参列し、賛美歌を歌い、祈りを捧げた。彼は明るく振る舞ったが、その場に居合わせた人によれば、三時頃には「肉と血の厳しい闘いが展開されている」のが見て取れるようになり、陽気さは影を潜めた。二時間ほど眠った後、カッテはすっきりと目を覚まし、活力を取り戻した。一一月六日の朝七時、彼は警護隊に連行されて部屋を出て、小さな砂山が用意された処刑場へ向かった。刑場までの同伴役を任された駐屯地付聖職者のベッサーによると、フリードリヒ王子は独房の窓から様子を見守っており、死刑囚と最期の短いやり取りを交わした。

ずっと探し続けた末に、要塞の窓に愛する「友である」王太子殿下の姿がやっと見つかった。殿下はいささかの悲しみも見せず、フランス語で礼節ある、しかし親しみのこもった言葉をかけて、お別れになった。［罪状が読み上げられるのを聞き、上着、カツラ、ネクタイを外した後、］彼は砂山の上に跪き、「イエスよ、我が霊を受け入れたまえ」と叫んだ。かくして彼が自らの魂を父なる神の手に委ねると、処刑人コブレンツの見事な一太刀で、贖われた頭部が身体から斬り離された。［…］その後に残されたのは、体内の新鮮な血液と生命によって、少し震える死体のみであった(77)。

カッテを処刑する際に、王は息子に絶妙な罰を与えた。カッテが辿る命運を知ったフリードリヒは、王位継承権を放棄させてほしい、いっそのこと我が身と引き換えに死刑囚の命を助けてやってほしい、と父王に懇願した。王の命令を受けた衛兵が王子の顔を鉄格子に押しあて、王子は独房の窓から処刑の一部始終を見せられた。カッテの遺体は斬り離された頭部とともに、午後二時までそのままの状態で放置された(78)［フリードリヒの独房から見えない場所で、処刑が執行されたとする説もある］。

カッテの死はフリードリヒの人生の転機となった。怒りを静めた父親は、息子の更生に心を向けるようになった。しばらくすると、フリードリヒに対する束縛は徐々に解かれていき、要塞を出てキュストリンの町に住むことが許された。彼はそこで、総監理府の地方支局にあたる軍事・御料地財務庁の会議に出席するようになった。こうして、父王が築き上げた厳格な統治体制との表面上の和解が始まった。フリードリヒは生真面目な懺悔者のように粛々と、軍の駐屯都市だったキュストリンでの単調な生活に文句一つ言わず耐え、行政の仕事を誠実にこなし、その過程で有益な知識を身につけた。そして何よりも、父の提案に従って、ハプスブルク家のマリア・テレジアの従姉にあたるブラウンシュヴァイク゠ベーヴェルン家の公女、エリーザベト・クリスティーネとの結婚を受け入れる決意を固めたのである。

このエピソードは、フリードリヒの人格を一変させるような人生のトラウマになったのだろうか。彼はキュストリンでカッテの首が斬られる前に衛兵の腕の中で気を失い、何日か極度の恐怖と精神的苦痛を味わったが、それは、当時は自分の処刑がまだ間近に迫っていると考えていたためでもある。一七三〇年の出来事は、辛辣で頑なで他人を寄せつけない、複雑怪奇なオウム貝の殻に閉じ込められた、新しい人工的な人格を創り出したのだろうか。それとも思春期の王子に元々備わっていた、本心を隠し偽る傾向をさらに深め、強固にしたに過ぎなかったのだろうか。結局のところ、こうした疑問に答えはない。

ただ、この危機が王子の外交観の発展に重要な影響を及ぼしたことは、間違いなさそうである。オーストリアはプロイセン王室とイギリス王室の縁談を破談させただけでなく、フリードリヒの逃亡未遂の後の危機管理にも深く関与していた。過ちを犯した王子を懲らしめ更生させるための「方針」を定めた文書の最初の草稿が、神聖ローマ帝国公使のゼッケンドルフ伯によって王に提出されたことは、フリードリヒ・ヴィルヘルム一世の治世に帝国とブランデンブルク゠プロイセンの宮廷政治がどれほ

図 10　独房の窓越しにカッテに言葉をかける王太子フリードリヒ。アブラハム・ヴォルフガング・キュフナーによる銅版画

ど強固に結びついていたのかを示している。フリードリヒが最終的に結婚させられたのは、事実上、オーストリアが推薦した女性であった。一七三二年、彼は大臣のグルンプコに「私とやむなく結婚しても、彼女《エル・スラ・レピュディエ》は拒絶されるでしょう」と警告した。[79] フリードリヒは一七四〇年の即位後もこの決意を変えなかった。彼の妻となったエリーザベト・クリスティーネ・フォン・ブラウンシュヴァイク＝ベーヴェルンは、日陰者として公けの場から追いやられた。

こうしてフリードリヒは、自国の宮廷がオーストリアから指図を受けなければならない現実を、政治的にも個人的にも身に染みて感じさせられた。一七三〇年の危機とその余波によって、オーストリアに対する彼の不信感は増幅し、伝統的にウィーンの敵であった西方のフランスへの文化的、政治的愛着が強まっていった。さらには後で確認するように、フリードリヒ・ヴィルヘルム一世も一七三〇年代にオーストリアの政策に不満を募らせていき、これが父と子の完全な和解への扉を開くことになる。[80]

国家の限界

プロイセンの歴史家オットー・ヒンツェは、ホーエンツォレルン家についての古典的な通史のなかで、フリードリヒ・ヴィルヘルム一世の治世は「絶対主義の完成期」だったと述べている。[81] ここでヒンツェが言わんとしているのは、フリードリヒ・ヴィルヘルム一世こそが田舎の地方エリートの力を抑え、ホーエンツォレルン家の雑多な世襲領をベルリンが一元的に支配する中央集権国家へとまとめあげるのに成功したという点である。ここまで見てきたように、こうした考え方にはある程度の説得力がある。フリードリヒ・ヴィルヘルムは中央政府への権力集中を図った。彼は軍事勤務をつうじた貴族の制圧、税負担の平等化、元々貴族の所領だった土地の買い上げ、ベルリンの役人に従う地方行政機関の創設を目指した。彼はさらに、穀物価格の変動に介入するために行政の能力を向上させた。

しかし、こうした展開を過大評価するのは控えなければならない。統治機構は一応は「国家」と呼べる程度で、依然として小さな存在であった。地方にいる国王直属の役人を含めても、中央の行政機関の規模は全部で数百人に過ぎなかった。[82] 統治のためのインフラはほとんど未完成だった。政府と地域社会のコミュニケーションは相変わらず遅滞気味で、あてにならなかった。公文書は牧師や堂守り、宿屋の亭主、通りすがりの学童の手で目的地へと運ばれていた。一七六〇年にミンデン侯国で行われた調査によると、公的な回状などの重要文書が近隣の数キロメートルを移動するのに、一〇日もかかっていた。政府の通達はまずは酒場に送られる場合が多く、そこで開封され、ブランデー片手に回し読みされ、その結果、最終目的地に辿り着く頃には「触れるのがためらわれるほど、油やバター、タールで汚れた」状態になっていた。[83] 然るべき訓練を受けて統制のとれた郵便関連の官僚組織が地方にまで浸透するのは、まだずっと先のことだった。

ベルリンから王令が出されるのと、地方でそれが実行に移されるのとは別の話であった。その好例が一七一七年の学校令で、この有名な法令はホーエンツォレルン家の諸領邦における初等普通教育制度のはしりとみなされることが多いが、実際にはマクデブルクやハルバーシュタットには適用されなかった。なぜならこれらの地域では、既存の規則を優先することに政府が合意したためである。また他の地域でも王令は十分な効力を発揮しなかった。一七三六年の「再王令」において、フリードリヒ・ヴィルヘルム一世は「我々の有益な［先の］王令は守られていない」と苦言を呈している。地方の関連記録を渉猟した先行研究によれば、一七一七年と一七三六年の王令はホーエンツォレルン家の諸領邦の多くの地域で、まったく知られていなかった可能性もある。(84)

ゆえにブランデンブルク＝プロイセンの「絶対主義」は、社会組織の各層で君主の意志を実現するための、よく動く機械ではなかった。また、田舎のエリートが振りかざす地域的な権力機構も、雲散霧消してしまったわけではなかった。例えば東プロイセンに関する研究は、地方貴族が中央政権の干渉に抗って一種の「ゲリラ戦」を繰り広げたことを明らかにしている。(85) 領内で独自の権限を行使し続けたケーニヒスベルクの地方政庁《レギールング》は、地元貴族の支配下に置かれたままであった。御料地監督頭《アムツハウプトマン》などの重要な地方官職の任命に際して王が重要な役割を果たすようになるには、時間がかかった。縁故採用や官職売買など、地方エリートの影響力の強化に繋がる慣行は依然として一般的であった。(86) 一七一三～二三年の東プロイセンの地方人事に関する研究によると、記録から確認できる限りで、国王の介入があった人事はたった五分の一で、その後の一〇年間でこの数字は三分の一近くにまで上昇したが、しかし残りの人員は地方政庁が直接採用していた。(87)

東プロイセンでは一般にエリートの影響力があまり目立たない、非公式なかたちで行使されたのであり、「潜在的な諸身分の政府」が根強く存続したと主張する研究者もいる。(88) 実際、一八世紀半ばの数十年間に、幾つかの地域で主要な行政機関に対する地方エリートの力が増大したことを示唆する証拠は、数多く存在する。ブランデンブルクの貴族は、フリードリヒ・ヴィルヘルム一世の治世に中央政界では能動的な役割からほぼ締め出されたかもしれないが、長期的には地方政治において支配を強化することで、損失を埋め合わせた。彼らは例えば現地の郡長を選出する権限を握っていた。このポストは、課税をめぐって中央と交渉したり、地域における税負担の分配を監督したりする重職であった。フリードリヒ・ヴィルヘルム一世は、貴族から成る郡議会が提案する候補者をしばしば拒否したが、フリードリヒ二世は、貴族たちが独自の候補者のリストを提示する権利を認め、そのなかから自分にとって好ましい者を選ぶようにした。[89] ベルリンの官僚が郡長の選出に口を挟んだり、現職者の行動を操作したりしようとするケースは、ますます稀になっていった。[90] こうして政府は、地元の有力者から信頼と支持を得ている地方の顔役の協力を取りつけるために、一定の支配権を譲り渡したのであった。

このような交渉による権力分担のプロセスをつうじて達成された、地方における権限の集中は、潜在的で非公式なものであったがゆえに長続きした。地方の社団的権力やその結束を維持し続けたという事実は、長らく割と大人しかった地方貴族が、なぜナポレオン時代の動乱のなかで強気に出て、政府のイニシアティブに挑戦し抵抗できたのかを説明するうえでも役立つ。ホーエンツォレルン家の諸領邦で新たに形成されつつあった中核的な官僚機構は、地方の権威構造を置き換えたり、無力化したりはしなかった。むしろ中央は、国家の財政的、軍事的特権が危うくなった時には地方機構と対立し指図するが、そうでない時には好き勝手にさせておくという、一種の共生関係を築いたのである。このことは、ブランデンブルク＝プロイセンではいわゆる「絶対主義の勃興」が伝統的な貴族の権力基盤の強化と並行して進んだという、不可思議で一見したところ逆説的な事実を説明するのに有効である。[91] 大選帝侯の時代と同様に一八世紀においても、絶対主義は中央と周辺が繰り広げるゼロサムゲームではなく、異なる権力構造が徐々に補完的に集中化していく過程だったのである。

第五章　プロテスタント諸派

一六一三年のクリスマスの日、選帝侯ヨーハン・ジギスムントはベルリン大聖堂で、カルヴァン派の儀式に則って聖餐式〔カトリックのミサに相当〕を行った。いつもはルター派の礼拝のために祭壇に飾られている、蠟燭と十字架は取り外された。聖餐の前に跪くことも片膝をつくこともなく、聖餅〔聖餐式で信徒に配付される白くて丸い特製のパン〕が配られることもなく、ただ長いパンが割られて参列者に配られた。選帝侯にとってこの儀式は、私的に続けてきた探究が公のものとなった瞬間であった。ヨーハン・ジギスムントがルター派の教義に対して疑問を抱くようになったのは、父の宮廷で流布していたライン・カルヴァン派の影響を受けた一〇代の頃に遡る。彼がカルヴァン派信仰を受け入れたのは一六〇六年、当時のドイツ・カルヴァン派の中心地であり、プファルツの宮廷が置かれていたハイデルベルクを訪れた時だと考えられる。

ヨーハン・ジギスムントの改宗によって、ホーエンツォレルン家は新たな道を歩み始めた。一七世紀初頭の神聖ローマ帝国で繰り広げられていたカルヴァン派の政治闘争に、足を踏み入れたのである。また、ブランデンブルク政府において実力を蓄えつつあった、カルヴァン派の官吏たちの地位も強まった。しかし、政治的な損得勘定だけで物事が決まったと考えるべきではない。改宗は利益よりリスクのほうが大きかったのである。カルヴァン派に宗旨替えすることで、選帝侯はアウクスブルクの和議［一五五五年の神聖ローマ帝国議会での決定。カトリックかルター派かを選ぶ権利が諸侯に認められた］によって承認されていない陣営に身を置くことになった。諸宗派が混在している神聖ローマ帝国において、拘束力のある条約によってカルヴァン派の信仰が容認されるようになるのは、一六四八年のヴェストファーレン講和条約を待たなければならなかった。そして選帝侯の改宗は、君主家と民衆の間に深い信仰上の溝を生むことにもなった。ルター派の聖職者たちは領内に万遍なく分布していたし、一六世紀後半のブランデンブルクに領邦レベルである種の「アイデンティティ」が存在していたとすれば、それはルター派教会と密接に結びついたものだった。ブランデンブルクの最古の年代記がルター派の教区聖職者の手によって書かれたのは、偶然ではない。ミッテルマルク地方の小都市シュトラウスベルクの牧師、アンドレアス・エンゲルは一五九八年に執筆した『マルク・ブランデンブルク年代記』の冒頭において、祖国を愛することが美徳であり自然であるという持論を滔々と展開している。(1) 一六一三年以降、ホーエンツォレルン家はこの萌芽的な領邦愛国主義の恩恵に浴することができなくなった。一六世紀の半ば、ヨーロッパのどこよりも穏健かつ平和的な宗教改革によって、細心の注意を払って臣民を導くのに成功した一族が、一〇〇年後に突如として多くの領民との紐帯を断ち切ったのである。しかも当時のヨーロッパは、宗派対立が革命を引き起こし、玉座を覆す時代を迎えていた。

カルヴァン派の君主、ルター派の民

意外にも、選帝侯や彼の助言者たちは、改宗によって面倒事が生じる可能性を考慮に入れていなかった。ヨーハン・ジギスムントは、自らの改宗を契機にブランデンブルク全域で、しかもおおむね自発的に「第二の宗教改革」が起こるだろうと考えていたのである。そのうえで一六一四年二月、カルヴァン派の重臣や顧問官たちは、ブランデンブルクをカルヴァン派の領邦にするための方策をまとめた。彼らの提案書に基づき、高等教育機関には同派の人材が送り込まれ、聖職や官位を独占していくための拠点が築かれることになった。また、儀式的な要素は段階的な改革を経てルター派の礼拝から除去され、カルヴァン派のための中央機関がすべての改革策を監督し、調整するものとされた。(2) 同月に出された布告は、マルク・ブランデンブルクの聖職者は今後、「純粋で穢れなく、[…]少しの歪みもない、そして怠惰で狡猾で厚顔無恥な一部の神学者たちがでっちあげた解釈や教説を排除した」、神の言葉を説教しなければならないと命じた。その後、ブランデンブルク・ルター派の基本文書であるアウクスブルク信仰告白〔メランヒトンが一五三〇年に作成したルター派の信仰告白文書〕と和協信条〔アウクスブルク信仰告白の公的解釈書として一五七七年にまとめられた〕の権威が否定され、指示に従うことができない牧師には国外退去が勧告された。選帝侯とその助言者たちは、カルヴァン派の教義のほうが本質的に優れており、分かりやすく説得すれば、大多数の臣民を改宗させられるはずだと考えていたのである。

しかし、これはひどい見当違いだった。ブランデンブルクの伝統あるルター派教区に手を出したために、あちこちで抵抗を受ける羽目になったのである。一六一五年四月、シュプレー川を挟んでベルリンに面する宮廷都市のケルンで、深刻な宗教騒動が生じた。折しも、選帝侯はプロイセン公国の継承問題について協議するためにケーニヒスベルクにおり、ケルンとベルリンはカルヴァン派の弟、ブランデンブルク辺境伯のイェーゲルンドルフ公ヨーハン・ゲオルクが留守を預かっていた。このヨーハン・ゲオルクが、華麗な装飾を施されたベルリン大聖堂から「偶像崇拝的」な像や典礼用具を撤去するよう命じ、騒動を引き起こした。一六一五年三月三〇日、祭壇、洗礼盤、木製の大型十字架、そしてルーカス・クラーナハ（子）が下絵を描いた有名なキリスト受難の連作画など、多くの美術品が大聖堂から取り払われた。追い打ちをかけるように、数日後の棕櫚《しゅろ》の日曜日〔復活祭の一週間前の日曜日〕にカルヴァン派の宮廷説教師マルティン・フュッセルが大聖堂で説教し、「教皇の偶像崇拝の残滓を礼拝堂から一掃してくださった」ことを神に感謝した。

朝九時に行われたこの説教から数時間のうちに、近くのペトリ教会のルター派副牧師が説教壇から激しい反撃を開始し、「カルヴァン派は我々の教会を売春宿と呼び、〔…〕我々の教会から絵画を剝ぎ取り、今や主イエス・キリストをも我々から引き離そうとしている」と糾弾した。彼の説教は大きな反響を呼び、その日の夜には一〇〇人以上のベルリン市民が集まって、「坊主を手始めに、カルヴァン派の連中をことごとく縛り首にする」と誓い合った。翌日の月曜日、市内で本格的な暴動が発生した。発砲が起こり、七〇〇人以上の群衆が中心街で暴れまわり、カルヴァン派の著名な説教師二名の家を略奪した。被害者の一人であるフュッセルは、下着姿で隣家の屋根を乗り越えて逃亡しなければならなかった。(3) さらには、ヨーハン・ゲオルクが群衆との衝突に巻き込まれ、間一髪で大怪我を免れるという一幕もあった。これほどの規模ではなかったとはいえ、同様の衝突はブランデンブルクの他の都市でも連鎖的に発生した。あまりの事態に、カルヴァン派の顧問官の何人かはベルリンを離れて国外に逃れる算段もした。この年の暮れ、シュレージエンのイェーゲルンドルフにある自領に引きこもることにしたヨーハン・ゲオルクは、選帝侯である兄上も護衛を増やしたほうがよいと、切々と訴えている。

街頭での突き上げに加えて、ヨーハン・ジギスムントは諸身分の徹底抗戦にも直面した。ルター派の地方貴族が支配する諸身分は課税に対する承認権限を利用して、莫大な負債を抱えた選帝侯から譲歩を引き出すのに成功した。一六一五年一月、諸身分は、さらなる資金調達を認めてほしいのなら、信仰の自由に対する一定の保証が必要であると告げた。選帝侯はルター派教会の地位を承認すべし、地域エリートの教会に対する保護権を尊重し、聖職者の任命権が彼らにあることを認めるべし、そして自らの教会保護権を乱用して、ルター派の民衆が望まぬ教師や聖職者を登用しないことを約束すべしというのが、諸身分側の要求であった。ヨーハン・ジギスムントは怒り心頭に発し、このような脅迫に屈するくらいなら、自分の血の最後の一滴まで戦い抜くと息巻いたが、結局は引き下がった。一六一五年二月五日の布告で彼は、臣民はルター派の教義や古来の重要文書に愛着を抱き続ける権利を有すること、いかなる方法をもってしてもそれを放棄するよう迫られたり強制されたりしてはならないことを認めた。「なぜならば、選帝侯殿下は皆の良心を支配しようなどと目論んではおらず、教会保護権を握っているとはいえ、疑わしい説教者や好ましくない説教者を誰かに押しつけようとは望んでいないからである……」、と布告は続けている。(4) これは手痛い後退だった。この時にはヨーハン・

ジギスムントもさすがに、「第二の宗教改革」が延期されるか、あるいは無期限に先送りされるかもしれないことを悟ったに違いない。

この対立の根底にある問題は、いったい何だったのだろうか。確かに、そこには権力政治の一面が看取できる。一六一三年以前から既に、選帝侯による「よそ者」のカルヴァン派官吏の起用は宗教上の理由からだけでなく、高位官職への任命を地元出身のエリートに限定する「官職独占権《ユス・インディゲナトゥス》」に反しているという観点から、論議の的になっていた。また既に見たように、カルヴァン派寄りの外交政策のつけを払わされるのを嫌う風潮も広がっていた。確かに、都市民もカルヴァン派の役人や聖職者を侵入者とみなして憤っていたが、それは都市の重要な宗教建築が自分たちのアイデンティティのよりどころとなっていたからだった。しかし、カルヴァン派とルター派の諍いを「利権政治」の観点からのみ捉え、当事者たちの言い分を打算的な方便として片づけることはできない[5]。対立する両派には、強い反感が渦巻いていた。カルヴァン派のなかでもとくに急進的な人々の心の奥底では、ルター派の儀礼に残された教皇制的な要素に対する、潔癖症じみた嫌悪感が渦巻いていた。

また、両派の間には美意識の違いもあった。ルター派の教会の内部が蠟燭や彫像、灯りが照らし出す絵画で飾り立てられ、華美で豪奢だったのに対して、カルヴァン派は、自然光で満たされた清浄な教会の白い空間を好んだ。ルター主義は一皮剝けばカトリシズムを引きずっているのではないかというのが、カルヴァン派の本音だった。とくに疑惑の目が向けられたのは、聖餐式である。選帝侯ヨーハン・ジギスムントは、ルターの「主の晩餐における臨在」の教説〔いわゆる「共在説」〕。聖餐式の際に、パンとぶどう酒に、キリストの体と血が現存するとする説」を「誤った、分裂を招く、非常に物議を醸す教え」とみなして、異議を唱えた。一六一三年にデュッセルドルフで論争的な著作を刊行したカルヴァン派神学者のジーモン・ピストリスの言葉を用いれば、ルターは「教皇庁の暗闇から自らの見解を導き出し、かくして、パンがキリストの体に変わるなどといった化体《かたい》の誤謬と虚偽を受け継いだ」のであり、その結果、ルター派の教義は「教皇庁の支柱」となっているのであった。(6) 換言すれば、宗教改革は不完全なままだった。過去のカトリックの闇と完全に訣別しなければ、再カトリック化の危険は消えなかった。カルヴァン派は内心、まさに時代の進歩が危機に瀕していると感じていた。彼らにしてみれば、宗教改革以来、自派が積み重ねてきた宗派的な成果を深化させ強化しなければ、それらは失われ、歴史から抹殺されてしまう恐れがあった。

他方でルター派は祭儀や礼拝のための、視覚に訴える聖具に強い愛着を抱いていた。これは大いなる歴史的皮肉である。領内における宗教改革のペースを鈍らせて、波風が立たないようにしたのは、一六世紀のホーエンツォレルン家の歴代選帝侯の功績だったが、その結果、ルター派を受容したブランデンブルクの宗教改革は、神聖ローマ帝国のなかでも保守的な性格がとりわけ濃厚だった。ブランデンブルクのルター派は古めかしい教義を堅持するとともに、時代がかった儀式に大いにこだわっていたが、こうした傾向は一六世紀末の選帝侯の統治によって強化された。カルヴァン派への恐怖が広がり、同派に対する反駁が度々試みられたこの時期、ルター派では一五三〇年のアウクスブルク信仰告白や一五七七年の和協信条といった領邦教会の基礎文書が従来以上に尊重されるようになり、それらが教義の実質を規定することとなった。こうして、ほかならぬ選帝侯家こそが、カルヴァン派の主張に激しい拒絶反応を示すルター派の形成に一役買ってしまったと言えよう。

反発が強かったために、選帝侯とカルヴァン派教徒の助言者たちは、ブランデンブルクにおいて「第二の宗教改革」を実現しようという希望を断念せざるを得なくなった。目標は「宮廷宗教改革《ホーフレフォルマツィオーン》」に変更され、政治エリートたちの宗教的情熱は次第に弱まり、周縁化していった。[7] しかしその宮廷社会においてさえ、カルヴァン主義が揺るぎない地位を確立していたわけではない。ヨーハン・ジギスムントの妻だったアンナ・フォン・プロイセン――彼女の血筋をつうじてブランデンブルクはプロイセン公国とユーリヒの継承権を主張できた――は一筋縄ではいかない相手で、ルター派の信仰を護持し、新秩序に反対し続けた。宮廷の礼拝堂で彼女のためにルター派の礼拝が行われているという事実は民衆の抵抗を勇気づけ、その支えとなった。彼女はまた、隣国のザクセンとの深い繋がりを維持していたが、同国は正統ルター派の牙城であり、神をも恐れぬベルリンのカルヴァン派に対する弾劾の一大中心地となっていた〔当時のザクセン選帝侯ヨーハン・ゲオルク一世の妃は、アンナ・フォン・プロイセンの妹だった〕。一六一九年、夫が世を去ると、アンナはルター派の論客として知られるバルタザル・マイスナーをザクセンから招いて、心の癒しを得ようとした。マイスナーは宮廷礼拝堂で公開の説教を行ってルター派を鼓舞したために、カルヴァン派の反感を煽った。ベルリンの情勢は緊迫し、ブランデンブルク総督がアンナに公式に抗議して、マイスナーの国外退去を要求するに至った。しかしマイスナーは、本人の言葉を借りれば、「カルヴァン派のイナゴを吹き飛ばす」ための努力を続けた。アンナが夫の遺体をルター派の流儀で安置し、片手に十字架を持たせるという、象徴的な演出をこれ見よがしに行ったために、選帝侯は死の床でカルヴァン主義を否定してルター派に改宗したのだと、まことしやかに語られた[8]。選帝侯家内でまがりなりにも宗派の一体性を保てるようになったのは、一六二五年にアンナが亡くなってからのことであった。一六二〇年に生まれたフリードリヒ・ヴィルヘルム——後の大選帝侯——は、ホーエンツォレルン家の男子として初めて、両親ともにカルヴァン派という環境のなかで成長することになる。

ルター派とカルヴァン派の感情的な対立が沈静化するまでには、長い時間がかかった。緊張の度合いは、寄せては返す宗教論争の波に応じて変動した。一六一四〜一七年にヨーハン・ジギスムントの改宗をめぐってベルリンで出回った書物やパンフレットは二〇〇冊に及び、ルター派によるカルヴァン派に対する論駁の書は一七世紀をとおして普及し続けた[9]。王朝の儀式は両宗派を納得させられるものになるよう、細心の注意が払われた。公的な儀式や象徴といった点からすれば、ブランデンブルク＝プロイセンは二重信仰の国家へと発展していったのである。

この問題に対する大選帝侯フリードリヒ・ヴィルヘルムの見解は、曖昧だった。彼はルター派の臣民に対しては、いかなる臣民に対しても信仰を強制するつもりはないと、繰り返し明言した[10]。しかし他方では、両陣営が相手の立場をより正確に理解できれば、——もっとはっきり言うと——ルター派がカルヴァン派の立場をよりしっかりと理解してくれさえすれば、互いの相違を乗り越えることができるという希望を抱いていたようにも思われる。フリードリヒ・ヴィルヘルムは、両宗派が会合をもつことで、「友好的で平和的な議論」が促進されるものと期待した。しかし、ルター派はそれほど楽観的ではなかった。彼らは、この種の話し合いは神なき習合主義への扉を開くものだと考えた。一六四二年四月の共同書簡の中で、ケーニヒスベルクの聖職者たちは、「霊的な戦争と対立は、正統なるに、一六六三年に案に違わず、苦言を呈している。[11] 案に違わず、一六六三年にベルリンの選帝侯の宮殿に両派の神学者を集めて行われた会合は、両派の違いをより露わにし、相互非難の波を再び巻き起こすだけの結果に終わった。

大選帝侯は治世中、とくに一六六〇年代前半に神学論争を禁じ、宗派間の平和を維持しようとした。一六六四年九月に出された「宗教寛容令」では、カルヴァン派とルター派の聖職者が誹謗中傷し合わないよう命じられ、この指示に従う意思表示としてすべての説教者が、あらかじめ配布された書類に署名して返送するよう義務づけられた。ベルリンでは、署名を拒否した説教者二名が即刻解雇され、逆に指示に従った説教師一名は教区民の不興を買って説教を聞いてもらえなくなり、間もなく世を去ったという。ルター派最大の讃美歌作詞者として知られるパウル・ゲルハルトも、署名を拒否して停職処分を受けた。[12] 大立ち回りが演じられたのが、ベルリンの聖ニコライ教会でルター派説教師を務めていたダーフィト・ギガスが逮捕され、投獄された事件である。ギガスは当初、政府の質問状に署名して返送した。しかし教区民の反発に直面した彼は前言を撤回し、一六六七年の元旦に行った説教で、宗教的な強制は「反乱と悲惨な戦争」を招くだろうと熱っぽく訴えた。結局、ギガスは逮捕され、シュパンダウの要塞に連行された。[13]

ホーエンツォレルン家の支配地において宗派対立がくすぶり続けた理由の一つは、そこに中央政権と地方権力の政治闘争が絡んでいたからである。地方に根強くはびこる特権との衝突を繰り返すうちに、君主は、自分たちの特権の維持に汲々としつつ、中央政府が押しつけてくる馴染みのない宗派文化を敵視するルター派のエリートと対峙するようになった。そうした状況のなかで、地域による教会への保護権のネットワークによって制度的に守られていたルター派信仰は、地方の自治の、そして中央権力に対する抵抗のイデオロギー的支柱となった。他方で選帝侯は、各地で少数勢力になっていたカルヴァン派の立場を強化するのに、労を厭わなかった。フランスやプファルツ、あるいはスイスの各州から流入してきた約一万八〇〇〇人のプロテスタント移民の大半はカルヴァン派の信者だったが、彼らの存在は、選帝侯が奉じる宗派の影響力が宮廷という狭い範囲の外部へと拡大するのに一役買うとともに、ルター派のエリートたちの反発や苦情を引き起こした。こうして、「絶対主義の時代」の特徴とされる中央と地方の対立は、ブランデンブルク＝プロイセンではすぐれて宗派対立的な性質を帯びるようになった。

しばしば指摘されてきたことだが、選帝侯一族や重臣たちがカルヴァン派というマイノリティの立場にあったために、ブランデンブルクの中央政府は宗教的な事柄に関して寛容な路線をとらざるを得ず、それゆえに「客観的な立場から見れば」、寛容が行政の実践に組み込まれるようになったと言える。[14]可能な場合には、寛容が統治の原則として地方当局に課される場合もあった。例えば、プロイセン公国の主権者が選帝侯であることを諸身分が正式に承認してから五年がたった一六六八年、フリードリヒ・ヴィルヘルムはようやく、ケーニヒスベルクを構成する三つの街区にカルヴァン派教徒の財産取得と市民権取得を認めさせるのに成功している。[15]もっとも、ここでの寛容がごく限定的なものに過ぎなかったことは言を俟たない。それは原則の問題であるよりも、歴史的な偶発性や実際の政治状況の産物であった。ここでの寛容はこんにち的な意味での少数者の権利といった概念とは別物であり、他の少数者にも転用されうるものでは必ずしもなかった。例えば、フリードリヒ・ヴィルヘルムはプロイセン公国やライン地方のホーエンツォレルン家領では、過去の条約に基づいてカトリックを保護することを認めたが、領土の中核を成すブランデンブルクや東ポンメルンでは彼らの受け入れに反対した。また、フランスから逃れてきたカルヴァン派教徒であるユグノーの難民を迎え入れた有名なポツダム勅令（一六八五年）は、確かに迫害に対して寛容を打ち出しているが、そこには、ブランデンブルクのカトリック信者がフランスと神聖ローマ帝国の各公使公邸内の礼拝堂で行われるミサに参加するのを禁じる条文も含まれていた。一六四一年、ブランデンブルク総督を務めていた辺境伯のエルンスト〔イェーゲルンドルフ公ヨーハン・ゲオルクの子〕が、戦争による財政負担を軽減する手段として、一五七一年に国外追放されたユダヤ人の再入国を検討してはどうかと提案すると、フリードリヒ・ヴィルヘルムは、そのままにしておくに越したことはないと応えた。我が祖先には「選帝侯国からユダヤ人を追放する、重大にして確固たる理由」があったはずだ、と大選帝侯は考えていたのである。(16)

しかし、自国の特殊な宗派状況のゆえに、大選帝侯が寛容を原則として追求するようになっていったことを窺わせる手がかりもある。彼は臣民に信仰を強制するつもりはないと繰り返し表明し、『政治遺訓』をつうじて後継者に、宗教に関係なくすべての臣民を平等に慈しむよう指示した。また、カトリックの隣国ポーランドで迫害を受けながらも信仰を捨てなかったプロテスタント諸派の人々をプロイセン公国で受け入れるのを許可し、彼らの内輪での宗教的実践を容認することにした。さらに、後年になるとユダヤ人の移住も奨励され、ブランデンブルクやプロイセンでの定住は認められなかったものの、クレーヴェとマルクには彼らの小さなコミュニティが形成された。一六七一年、神聖ローマ帝国皇帝レーオポルトがハプスブルク家領の大部分からユダヤ人を追放すると、フリードリヒ・ヴィルヘルムはそのなかのとくに裕福な五〇の家族にブランデンブルクでの居住地を提供した。その後数年にわたり、彼は諸身分をはじめとする地域勢力から激しい非難を受けながらも、このユダヤ人家族を支援した。

この政策はもちろん損得勘定を踏まえてのものだったが、大選帝侯によるユダヤ人受け入れの論理に偏見がまったく読み取れないことも事実である。ユダヤ人の追放を要求したハーフェルラント郡の代表団に対して彼は、「商売上の不正行為はキリスト教徒にもユダヤ人にもあり、しかもキリスト教徒の場合はもっと平然と行われているのは周知のとおりだ」と述べた。[17] 一六六九年、キリスト教徒の暴徒がハルバーシュタットのシナゴーグを破壊した時には、大選帝侯は現地の諸身分を戒め、自身の役人に命じて再建費用を負担させている。[18] 大選帝侯がなぜこのような異例の見解を示したのか、その真意を突き止めるのは難しいが、ユダヤ人社会が栄え、敬意を払われていたオランダで青年期を過ごしたことを理由とするのは、納得のいく見方である。一六八六年に側近に草稿を書かせた以下の手紙〔ヴァルド派への弾圧で知られるサヴォイア公（後に初代サルデーニャ王）のヴィットーリオ・アメーデオ二世宛て〕からは、彼が寛容の必要性を三十年戦争という生々しい争いの記憶と結びつけて考えていた様子が窺える。「大選帝侯によれば、「宗教共同体の相違は間違いなく激しい憎悪を生みます。しかしより古く、より神聖なる自然法は、人間が互いに支え合い、認め合い、助け合うこと〔独語版では「罪なく打ちのめされている者を助けること」〕を義務づけているのです」。[19]

第三の道――ブランデンブルク＝プロイセンにおける敬虔主義

一六九一年三月二一日、ドレスデンにあるザクセン選帝侯の宮廷でルター派の上級宮廷説教者を務めていたフィリップ・ヤーコプ・シュペーナーが、ベルリンで教会の重職〔聖ニコライ教会の監督教区長〕に就いた。この人事は、どう見ても挑発的だった。賛否両論を呼ぶ改革運動の旗手として、シュペーナーの名は既によく知られていた。一六七五年、彼は『敬虔なる願望』と題する小冊子を出版し、当時のルター派の宗教生活の様々な欠陥を批判して、たちまちその名を轟かせた。シュペーナーは、正統ルター派の教会組織は教義の墨守に拘泥するあまり、一般信徒に対する牧会〔牧師が信徒の魂を導くこと。カトリックで言う「司牧」〕の必要を軽視していると主張した。彼に言わせれば、ルター派の教区の宗教生活はみずみずしさを失い、陳腐化していた。シュペーナーは簡潔で分かりやすいドイツ語を用いて、様々な解決策を提案した。彼は真の信仰について議論するために「敬虔の集い《コレギア・ピエタティス》」なるグループを組織し、共同体の精神生活を活性化させようとした。シュペーナーによれば、このような親密なサークルのもつ精神的な熱意が、名ばかりの信者を、現世における神の代理人としての自覚をもったキリスト者へと再生させるはずだった。この考えは大きな反響を呼び、各国のルター派教区に「敬虔の集い」が次々と出現した。既成のルター派教会はこの現象を、教会から叙任された牧師の霊的権威を貶めようとする破壊的なキャンペーンとみなして、警戒心を露わにした。

「敬虔主義者」なる蔑称で呼ばれたシュペーナー派の改革者たちは、一六九〇年頃にはルター派の各大学を支配する正統派から攻撃を受けるようになった。一六八九年、シュペーナーの信奉者だったライプツィヒ大学神学部の修士号取得者〔聖書文献学の講義資格を有していた〕、アウグスト・ヘルマン・フランケが学生たちによる「敬虔の集い」の創設を奨励したうえ、伝統的なルター派の神学カリキュラムを非難して、教科書や講義ノートを燃やすよう学生を焚きつけると、大変な騒動となった[20]。事態はすぐに大学当局の手に負えなくなり、一六九〇年三月にザクセン政府が介入して、あらゆる「秘密集会」――非公式な宗教的集まりに対して当時よく用いられた表現――を禁止し、「敬虔主義者」――この紛争の最中に一般化した用語である――の学生が聖職に就けないようにした。当のフランケは大学を追われ、その後エアフルト〔マインツ大司教領〕で下級聖職者の職を得た。敬虔主義と思しきグループが現れたところではどこでも、ルター派との激しい紛争が繰り広げられ、時に暴力沙汰に発展する場合もあった[21]。

敬虔主義が物議を醸したのは、この運動がドイツのルター派内部の重大な対抗文化を体現していたからである。一七世紀のヨーロッパでは、正規の教会の通例よりも熱心かつ献身的、実践的にキリスト教を遵守するよう求め、教会組織の権威に挑む宗教運動が広がりを見せていたが、敬虔主義はそうした動きの一部であった。敬虔主義者はルターの説いた「万人祭司論」を全うしようとし、信仰上の経験を重視した。彼らは洗練された語彙を用いて、神との和解による救済を〔単にうわべではなく〕心底から信じるようになる際に到達する、極限的な精神状態を表現した。そのような熱情に突き動かされていたためか、敬虔主義は力強さを有していた反面で、不安定だった。いったん既存のルター派教会からの離脱が始まると、運動の分裂を食い止めるのは困難となった。新造の「秘密集会」は多くの場所で制御不能の状態に陥り、急進派が組織を支配し、ついには既存の教会から完全に切り離されていった[22]。もっとも、シュペーナー自身は、「秘密集会」を分離主義の手段にしようとは考えていなかった。[23] 彼は信心深いルター派であり、公的な教会の組織構造を尊重しており、宗教的な集会は聖職者の監督下で行われるべきだし、教会当局の承認を得られなければ潔く解散するべきだと主張していた。[24]

この運動は独自の勢いをもつようになった。一六八六年からシュペーナーが上級宮廷説教者を務めていたドレスデンでは、改革論者が宮廷の道徳の緩みを糾弾したことで正統ルター派との対立が激化し、雇い主であるザクセン選帝侯ヨーハン・ゲオルク三世との関係もこじれた。一六九一年三月、かなり放埓な性道徳の持ち主でもあったヨーハン・ゲオルクはついに堪忍袋の緒を切らし、「これ以上会いたくないし、口もききたくないので、シュペーナーをさっさとお払い箱にする」よう、枢密顧問官に命じた。[25] 翌年、ヴィッテンベルク大学のルター派神学部がシュペーナーの異端性を公式に認め、彼の著作に二八四ヶ所もの教義上の「誤謬」があると論難した[26]〔「誤謬」の数については諸説ある〕。

救いの手はすぐ近くから差し伸べられた。ドレスデンで窮地に追い込まれるや、シュペーナーはブランデンブルク選帝侯のフリードリヒ三世に招かれて、ベルリンで牧会関係の高位聖職に任命された。フリードリヒはさらに、迫害を受けている多くの敬虔主義者をブランデンブルク＝プロイセンにおいて聖職位や学術機関に採用する権限も、シュペーナーに与えた。こうして日の目を見た者の一人が、アウグスト・ヘルマン・フランケである。彼はライプツィヒを去った後、エアフルトで副牧師の職に就いたものの、わずか一年で解任されたところであった。一六九二年、フランケはハレ近郊のグラウハの牧師に任命され、新設のハレ大学でオリエント諸語の教授に就任した。正統ルター派に対してフランケを擁護したためにエアフルトで不興を買った神学者のヨアヒム・ユストゥス・ブライトハウプトも、一六九一年に同大学で最初の神学教授に就任した。さらに、フランケと並んでライプツィヒ大学での騒動の中心人物であったパウル・アントンも教授に任命された。同時にシュペーナーは、次世代の敬虔主義の指導者を養成するために、ベルリンで週二回、「敬虔の集い」を開いた[27]。国家によるこれほどまでの支援は他国には見られないもので、敬虔主義運動の歴史とブランデンブルク＝プロイセンの政治文化史の双方にとって重要な出発点となった。

ブランデンブルクが敬虔主義を支援した理由は、カルヴァン派に属する支配者一族が抱えていた、特異な宗派上の苦境にあった。ルター派からの批判を封じ込めようとする度重なる努力は奏功せず、相変わらず、二つの宗派が自発的に統合される目途は立っていなかった。そのため、宗派対立を率直に批判するシュペーナーの声は、選帝侯一族の耳に心地よく響いた。『敬虔なる願望』で掲げられた六つの提案のうちの四番目は、神学論争を抑制すべしというものであった。シュペーナーによれば、論争よりも「神の聖なる愛」こそが、各人のなかに真理を定着させるのであり、したがって、異なる信念を抱く人々との交流は論争によってではなく、牧会の精神に基づいて行われるべきであった[28]。牧会について論じた彼の神学的な著作の中心を占めていたのは、信仰や戒律の実践と経験に対する強い関心であり、教義に関する問題は二の次だった。キリスト者は、日々の暮らしのなかで隣人の幸福に積極的に尽くし、彼らを見守り、信仰心を起こさせ、「回心」させることで、「霊的祭司制」を実践するよう促された[29]。「もしわれわれが熱烈な愛を、まずわれわれキリスト者相互のあいだに、ついですべての人間にたいして掻き立て、［そしてこの愛を実践できるようになれば、］われわれの望むほとんどすべてのことが達成されるであろう[30]」、と。

シュペーナーは、既存のプロテスタント教会とその典礼や教義の伝統を常に尊重し、宗派合同の構想を支持しなかった[31]。それでも、敬虔主義運動を包み込んでいた個人主義的で、経験と信仰心を重視する文化がそうだったように、彼の著作には、カルヴァン派とルター派という両プロテスタントの垣根を越えた、公平なキリスト教信仰の輪郭が見出せる。教義や聖礼典〔カトリックで言う「秘跡」〕を重視せず、十二使徒の創設による真のキリスト教会の不可分性を強調することで、敬虔主義は、プロイセンの君主政がプロテスタント両宗派に対して最高監督権を主張するうえでの「内的根拠」を補強したのであった[32]。

選帝侯が敬虔主義運動の地域的な拠点としてハレを選んだのには、それなりの理由もあった。ハレはマクデブルク公国の主要都市で、ブランデンブルクは一六四八年のヴェストファーレン講和条約でマクデブルクの継承権を獲得していたが、編入の実現は一六八〇年になるのを待たねばならなかった。マクデブルクは正統ルター派の牙城であり、名目上の君主に過ぎない大司教に邪魔立てされず、ルター派の諸身分が昔から統治を続けてきた場所で、一六八〇年までカルヴァン派は土地所有を禁じられており、市民権も認められていなかった。しかしこの地がブランデンブルクの手に渡ってからは、ベルリンの政府と地元の諸身分との関係が緊迫し、ルター派の意向に反して、カルヴァン派が行政の長に据えられた。

こうした背景を踏まえると、地方の敬虔主義運動を国家が支援したことの意味がよく分かる。つまり敬虔主義者は、正統ルター派の色調が極めて濃厚な地域において文化的統合を促進するための、一種の内通者の役割を果たすよう期待されたのである。一六九〇年代をつうじて、選帝侯政府は市当局やギルドの組合員、地主といった地元のルター派による攻撃や妨害から敬虔主義者を守るために、事態に介入した。[33] この地域における中央政府の文化政策の要となったのは、ホーエンツォレルン家領でも屈指の大学となるべく一六九一年〔正式な開学は一六九四年〕に創設された、ハレ大学であった。主要な教職員に敬虔主義者や優れた世俗思想家を擁する同校は、周辺地域の闘争的なルター派の懐柔に努めた。将来の牧師や教会関係者の養成機関として、ハレ大学は、隣国ザクセンの反カルヴァン主義一辺倒な神学部――それまでブランデンブルクのルター派牧師の多くが学んでいた――に代わる、もっと落ち着いて学べる学部を提供することになった。

敬虔主義者たちは社会奉仕活動にも携わるようになった。シュペーナーはかねてから、貧困とそれに付随する悪、怠惰、物乞い、犯罪は、貧者を労働プログラムへと強制的もしくは自発的に参加させるなどの賢明な改革によってキリスト教社会から排除できるし、そうすべきだと信じていた。[34] 宗派間の和解を是とする展望と同様に、この点でも、彼はブランデンブルク国家の思惑や政策と歩を合わせることができた。シュペーナーは選帝侯の求めに応じて、ベルリンにおける物乞いの抑制と取り締まりや、一時的あるいは恒常的な扶助が必要な人々に対する慈善事業の一本化を推奨する覚書を提出した。彼の見解では、必要な資金は教会の募金箱や寄付金、国の補助金から調達できるはずであった。こうして物乞いが全面的に禁止され、常設の救貧委員会が設置され、一七〇二年にはベルリンに「大フリードリヒ救貧院・孤児院」が設立された。[35]

敬虔主義者はハレでも貧困や窮乏の問題と闘った。ここではアウグスト・ヘルマン・フランケというカリスマを中心に、キリスト教的な奉仕運動がかつてないほどに開花した。一六九五年、フランケは信者からの寄付によって運営される貧民学校を開校した。世間から寄せられた善意は大きく、学校は間もなく「孤児院」へと発展し、宿泊施設や日々の糧、無償の初等教育が提供されるようになった。施設での教育活動は実用的な課題を中心に構成されており、「孤児」――実際には地元の貧困家庭の子供が多かった――は手に職をつけるために、手工業者の工房に定期的に連れていかれた。フランケは当初、児童労働によって生産された品物を販売することで施設の活動資金を調達しようと考えており、この案がうまくいかず放棄された後も、手仕事の熟達は孤児院の教育プログラムの重要な要素であり続けた。(36) ハレでの教育、労働をつうじた社会への適応、そして慈善事業の見事な組み合わせは、国内外の同時代人たちの関心と称賛を集めた。

フランケはこの新しい学校から得た収益で、こんにちもハレ中心部のフランケ広場に偉観を呈している、優美で壮大な石造りの建物を建てた。特定の社会的、職業的背景をもつ子供たちを受け入れ、あまり裕福でない生徒を景気変動から守るための奨学金制度や無料給食制度を備えた、新たな有償の学校が幾つか新設された。(37) また一六九五年には、貴族をはじめ、最高の教育を受けるだけの資力をもった家の子供たちに特化した学校、「ペダゴギウム」が設立された。王太子フリードリヒの親友で、後にフリードリヒの国外逃亡の企てに手を貸したために斬首されたハンス・ヘルマン・フォン・カッテも、同校の卒業生である。さらに二年後に設立された「ラテン語学校」は「学問の基礎《フンダメンティス・ストゥディオルム》」を教えるための施設で、ラテン語やギリシャ語、ヘブライ語、歴史、地理、幾何学、音楽、植物学などがカリキュラムに含まれており、どの科目も専門の教師が指導に当たったが、こうした教育方法は類例がなかった。同校を卒業した著名人には、プロイセン啓蒙主義を牽引したベルリンの出版業者、フリードリヒ・ニコライがいる。

ハレの敬虔主義者たちは、宣伝の重要性を理解していた。フランケは、福音的な説教と読者の慈善精神への訴えかけとを巧みに結びつけた印刷物を大量に用いて、宣伝活動で自らの施設を支えた。ハレの敬虔主義者による事業を世に知らしめるための出版物として最も広く知られ、大きな影響力を及ぼしたのが、一七〇一年の出版以来、何度も版を重ねた『今も生き、君臨する、慈悲深き真の神の足跡――不信心を恥じ入らせ、信仰を強くするために』である。[38] 敬虔主義に共感する人々のネットワークをつうじてヨーロッパ中に配布されたこうした出版物は、熱烈な言辞と揺るぎない自信に満ちた論調で、ハレの施設の背後にある壮大な志を伝えている。ハレの敬虔主義者たちの出版物には、自分たちの組織の慈善事業や規模拡大についての報告、寄付金の流れに関する通知、書簡や新聞記事の採録などが散りばめられており、組織の活動を支援する人々に切迫感を伝え、当事者意識を呼び起こした。これはまさに、現在の募金キャンペーンを先取りするものであり、少なくとも一部の読者の間に、地域を越えた共属意識をもたらした。ルター派のネットワークは特定の地域を中心にして緊密に形成されており、同じ境遇にあることから来る親近感が彼らのネットワークを活性化していた。それとは対照的に、敬虔主義者たちは関係者や支援者、友人らが交わし合う書簡をつうじて中心なきネットワークを構築した。この結びつきは中欧を越えてロシアへと、あるいは大西洋を越えて北米植民地へとどこまでも拡大し、ハレの敬虔主義者は新世界におけるプロテスタンティズムの進展にも重要な貢献を果たした。[39]

フランケの意図は、最終的にハレの複合施設全体を財政的に自立した自治組織とするところにあった。「神の都市」たるハレは、信仰心に基づく労働によって広範な社会変革が成し遂げられることを示す小宇宙でなければならない、と彼は考えていた。[40] ある程度の自給自足を実現するために、フランケは孤児院内での商業活動を奨励した。財政面で最も重要なのは、出版所と薬局だった。一六九九年、ライプツィヒでの秋の見本市で、孤児院は自前の印刷機で印刷した本の販売を開始した。一七〇二年にはベルリンに孤児院の支部が開設され、その後ライプツィヒとフランクフルト・アム・マインにも設置された。孤児院の出版所はハレ大学の教員と密接な協力関係を結んでおり、宗教的な著作や良質な時事批評など、売れ行きがよさそうな原稿をいつも確保できた。一七一七年の目録には、七〇人の著者による二〇〇冊の書籍が掲載されている。一七一七～二三年に、孤児院はフランケの説教が収録された小冊子を三万五〇〇〇部も印刷し、販売した。

さらに収益を上げたのが、一七〇二年から始まった医薬品の通信販売である。孤児院は、中欧や東欧に広がる委託代理業者の洗練されたシステムを採用していた。このビジネスの成長によって、敬虔主義が創り出す巨大なネットワークの商業的価値がいよいよ明らかになった。薬売り《メディカメンテンエクスペディツィオーン》は一七二〇年代に毎年約一万五〇〇〇ターラーの収益を上げ、孤児院の財政に最も貢献する事業となった。さらに、ハレで営まれていた醸造業や新聞発行、貿易業からも収入が得られた。一七一〇年までには、孤児院の建物を中心にして、商業施設や教育施設から成る大規模な複合施設が出来上がり、街の中心部から離れた南側の空き地にまで広がっていった。

これほどの成功はおそらく、中央政府や現地当局の協力なしには考えられなかった。[41] フランケは、自分の活動が有力な友人たちの庇護に依存していることを理解しており、シュペーナーと同様に、宮廷や政府との接触を増やすのに力を入れた。この仕事には、かつてライプツィヒ大学で聴講生たちを

図11　ハレの孤児院群。創設者アウグスト・ヘルマン・フランケの肖像画が、プロイセンの鷲と智天使によって空高く掲げられている。

感動させたカリスマ性と誠意が惜しみなく注がれた。一七一一年にフランケを引見したフリードリヒ一世は、王国に昇格して間もないプロイセン国家の直轄下に孤児院を置いて、特権を与えた。その後も特権は増え、様々な公的財源から収入を得られるようになった。

そして、王太子時代にフランケに師事したフリードリヒ・ヴィルヘルム一世が即位すると、さらなる蜜月の時代が始まった。この若き君主は落ち着きがない気分屋で、ひどい鬱の発作を起こしがちだったが、二〇歳の時に長男を亡くした後で「回心」し、自らの信仰に極めて個人的な要素を取り入れた〔長男を亡くした三年後、次男も亡くしている。その翌年に生まれた三男が、後のフリードリヒ二世である〕。この点は、フランケと相通じるものがある。フランケの原動力の一部となっていたのは、信仰によって得られた自らの存在の脆さに対する感覚と、「回心」以前に自分を苦しめていた絶望や無意味への恐怖から逃れたいという願望だった。ハレ敬虔主義の並外れた開拓精神と「軍人王」の不屈の熱意によく反映されているように、二人はともに、内なる葛藤を「絶え間ない活動や限りない献身」へと転化したのだった。[42]

王権と敬虔主義運動の協力関係は着実に深まっていった。[43] ハレと同じスタイルの教育関係施設が相次いで設立された。フリードリヒ・ヴィルヘルム一世は、ポツダムに新設された軍用孤児院やベルリンの新しい士官学校の運営に、ハレで訓練を受けた敬虔主義者たちを登用した。一七一七年、国王は全国を対象に義務教育法を公布し、すべてが実現したわけではないが、ハレをモデルとする二〇〇〇校の設立が計画された。[44] 一七二〇年代後半には、ブランデンブルク＝プロイセンにおいて国家公務員になるには、敬虔主義者が支配するハレ大学で少なくとも二学期（一七二九年からは四学期）の研修を行うことが必須となった。[45] 敬虔主義者がケーニヒスベルク大学で重用されたために、東プロイセンも敬虔主義の拠点に成長し、ハレと同様に信者のネットワークによって、敬虔主義を奉じる学生が教会関係の職に就けるようになった。[46] 一七三〇年以降、公務員や聖職者のみならず将校団に対する教育も、敬虔主義者が運営するハレをモデルにした学校で行われた。[47]

軍隊に敬虔主義の価値観を伝道する存在として最も重要だったのが、従軍牧師である。[48] 一七一八年、フリードリヒ・ヴィルヘルム一世は、軍の聖職者の管理を正統ルター派が掌握する民間の教会から切り離し、ハレ大学で学んだランペルトゥス・ゲディケを新たな責任者に任命した。ゲディケは従軍牧師の任命権と監督権を手に入れ、ハレ大学の関係者に有利になるよう、この権限を精力的に活用した。例えば、一七一四〜三六年に東プロイセンで任命された従軍牧師のうち、半数以上はハレ大学神学部の出身者であった。[49] また、士官候補生、軍に志願する戦争孤児、あるいは従軍兵士の子弟の教育も、ますます敬虔主義者の手に委ねられることになった。

このような目覚ましい実績は、いかなる影響を及ぼしたのであろうか。説教や牧会活動をつうじて敬虔主義者が軍に与えたインパクトを、教練の改善やカントン制度の導入などといった、フリードリヒ・ヴィルヘルム一世のもとでの軍の組織や管理に関する他の変化の影響と切り離して考えるのは難しい。確かに、敬虔主義者の従軍牧師の誰もが、荒々しい軍隊の世界で活躍できたわけではない。ある牧師は、ダンスをしたり髪に白粉を振りかける〔当時のファッション〕のを批判する説教をしたために、将校になぶりものにされた。また別の者は所属連隊の嘲笑と罵倒に涙した。従軍牧師はカントン制度で採用されたわけではないので、他郷の出身であることを理由に「よそ者」とみなされ、兵士たちからなかなか尊敬を得られないケースも稀ではなかった。[50] とはいえ、敬虔主義運動が流布させた考え方や態度が、プロイセン軍の集団精神の形成に一役買ったことは否定しがたい。少なくとも、一七四〇〜四二年、一七四四〜四五年、一七五六〜六三年の三度のシュレージエン戦争においてプロイセンの一般兵卒の脱走率が西欧の水準に比して低かったのは、敬虔主義を信奉する牧師や教官によって新兵の世代に高い規律や士気が植えつけられていたためだとする見方には、説得力がある。[51]

敬虔主義運動が強力な理解者を数多く得た将校団では、おそらく敬虔主義の道徳的な厳格さや生業の神聖視が、向こう見ずで小粋なギャンブラーを気取っていた古い将校像に代わって、節制や自己修養、絶対的な忠誠心に基づいた行動規範が確立され、それが「プロイセン的」特徴として認識されるのに一役買った。[52] フランケの敬虔主義はさらに、一見して世俗的だが実のところ信仰と結びついた職業観念、公共の求めに応えようとする意識、自己犠牲を強調することで、新しい「職業倫理」の出現に貢献し、プロイセンの官吏の独特なアイデンティティや集団精神が醸成されるうえでも役立ったものと思われる。[53]

フランケと彼の後継者たちが打ち出した革新的な学校教育は、プロイセンの教育実践に転換を迫った。ハレの敬虔主義者と君主との緊密な連携は、「国家活動の独自の対象」としての学校教育の誕生に寄与した。[54] 教員養成や標準化された資格手続き、初等教育用の共通教科書の刊行などを主導したのは、敬虔主義者であった。また孤児院学校は、生徒の心理の綿密な観察、自己規律の重視、時間に対する鋭敏な意識――フランケはすべての教室に砂時計を設置した――を特徴とする、新しいタイプの学習環境を創りあげた。一日は、様々な教科を集中的に学習する時間と、自由な時間とに明確に分けられた。この点でハレの制度は、現代の産業社会を特徴づける労働と余暇の二極化を先取りしていた。こうして教室は、こんにち近代的な学校教育の特徴の一つとみなされるような、一定の目的に特化した閉じた空間となった。

もちろん、このような学校教育改革は、フリードリヒ・ヴィルヘルム一世という強力な後援者が死去した一七四〇年の時点では、なおも未完の状態にあった。しかしハレ・モデルは影響力を保ち続けた。フランケがハレに開いた師範学校で学び、ペダゴギウムで教鞭をとった経験もある教育家のヨーハン・ヘッカーは、一七四〇年代から一七五〇年代にかけて、放置され非行に走る可能性のある多くの兵士の子供たちのために、ベルリンに「貧民学校」のネットワークを設立した。ヘッカーは、然るべき訓練を受けた熱意ある教師を確保するために、フランケに倣った教員養成所を設立した。彼をはじめとするハレの師範学校の卒業生たちは、プロイセンの各都市に同様の施設を設立していった。また、ヘッカーはベルリンに実科学校《レアルシューレ》を設立したが、この学校は、伝統的な中等学校で教えられていたラテン語主体の人文主義的カリキュラムに代わって、広く中流層の子供たちに様々な職業教育を提供する先駆けとなった。さらにヘッカーは、同レベルの生徒たちを集団で教えることで授業の効率を上げるという方法を普及させたが、これは重要な革新であり、後年まで受け継がれた。

敬虔主義者たちは教育や公共サービスの標準化に貢献しただけでなく、リトアニア人や、ポーランド語を話すプロテスタントであるマズーリ人〔マズーリ人の言葉をポーランド語の方言ではなく独自の言語だとみなす見解もある〕といった少数派の教育にも目を向けた。東プロイセンの学校・教会監察官に就任した敬虔主義者のハインリヒ・リュジウスは一七一七年に、同地の非ドイツ語系コミュニティで宣教や教育活動を行う聖職者を専門的に育成すべきだと提唱した。その結果、当初は賛否両論があったが、リトアニア語とポーランド語のゼミナールがケーニヒスベルク大学に設置された。[55] その目的は、リトアニア人やマズーリ人の教区での勤務を志願する敬虔主義者を養成することにあった。敬虔主義者は、この地域の少数言語を対象とした本格的な研究の開始にも貢献した。一七四七年にはフィリップ・ルーイヒによって、一八〇〇年にはクリスティアン・ゴットリープ・ミールケによって、プロイセン当局の後援を受けて、リトアニア語の大部の辞書がケーニヒスベルクで出版された。[56]

また、一七三一〜三二年にザルツブルク大司教領から難民として流入してきた二万人あまりのルター派の統合にも、敬虔主義者は手を貸した。後述するように、難民の多くはフリードリヒ・ヴィルヘルム一世によって過疎地のプロイセン領リトアニア〔リトアニア語話者が比較的多い東プロイセン東部地域〕

に農民として入植させられたが、敬虔主義者たちは彼らが現地まで移動するのに同伴し、募金活動や財政支援を行い、孤児院で印刷した信仰の書を新参者たちに配り、東部に創られた入植者コミュニティに牧師を提供した。(57)

さらに、見落とされがちだが、敬虔主義者はユダヤ人への伝道活動も行った。一七二八年以降、ハレ市には敬虔主義の神学者ヨーハン・ハインリヒ・カレンベルクが運営するユダヤ教研究所〔正式名称は「ユダヤ教・イスラーム教研究所」〕が存続し、この種の機関として初めて、ドイツ語圏のユダヤ人に対する組織的な宣教を行った。ここでのヨーロッパ初のイディッシュ語講習会で語学の訓練を受けた宣教師たちは、ブランデンブルク＝プロイセンの津々浦々を回り、あまり成功はしなかったが、各地を遍歴するユダヤ人たちに、イエス・キリストこそがメシアであると説いた。孤児院と密接な関係にあったこの研究機関は、ユダヤ人の大量改宗の予言という、シュペーナーの著作に記されていた終末論的希望を拠りどころにしていた。しかし実際に彼らが主眼を置いたのは、一八世紀初頭のドイツで増加傾向にあった「乞食ユダヤ人《ベッテルユーデン》」と呼ばれる、貧しい放浪民の改宗と職業訓練であった。(58)このようにユダヤ人に対する宣教は、社会問題に対する意識と伝道熱の混合という、敬虔主義の特徴を象徴するものであった。敬虔主義者たちのユダヤ人への布教の取り組みは、彼らの他の活動領域と同様に、ブランデンブルク＝プロイセンの行政が直面していた課題、つまり宗教的、社会的、文化的統合に貢献し、ある歴史家の言葉を借りれば「野生的要素の家畜化」に寄与することで、公権力からお墨付きを頂戴した。(59)

一七二〇年代から一七三〇年代にかけて、敬虔主義は押しも押されもせぬ一大勢力となった。このような場合によくあることだが、彼らは拡大の過程で変化していった。敬虔主義は当初、既成のルター派教会のなかに確固たる地歩を得ておらず、何かと批判を浴びた。一六九〇年代から一七世紀初頭にかけて、敬虔主義は新たな信者を獲得したが、その一方で、狂熱を帯びた運動という世評は絶えなかった。[60] しかし一七三〇年代には、第一にはシュペーナーが築いた土台と、第二には正統ルター派に批判的な人々の有り余る情熱を様々な制度的プロジェクトに投入したフランケたちの不断の努力によって、プロイセンの敬虔主義において穏健派が揺るぎない優位を保つようになった。他のドイツ諸邦では露骨な分離主義者も含めて様々な急進派が隆盛を誇っていたが、プロイセンの敬虔主義者たちは世間体の悪い過激な主張を放棄し、根っからの正統派となった。自信に満ちた第二世代の敬虔主義者たちは、かつて正統ルター派が行ったように、反対派を黙らせ排除するために、重要機関における自分たちの地位を利用した。敬虔主義運動は、パトロンのネットワークを独自に築きあげた。[61]

このような優位は長くは続かなかった。一七三〇年代半ばまでに、フランケ（一七二七年）、パウル・アントン（一七三〇年）、ヨアヒム・ユストゥス・ブライトハウプト（一七三二年）といった、ハレ神学者の第一世代のなかでもとくに影響力があり、才能にも恵まれたメンバーが世を去ってしまったのである。後継世代からは、彼らと肩を並べるほどの人材は輩出しなかった。一七三〇年代には、フリードリヒ・ヴィルヘルム一世がルター派の儀式に含まれる「カトリック的」要素を排除しようとしてキャンペーンを開始し、これをめぐって運動内部で論争が生じたことで、敬虔主義はさらに弱体化した。一部の有力な敬虔主義者たちはこのキャンペーンを支持したが、大半のメンバーはルター派の伝統を尊重し、国王による典礼の改悪に反対した。この論争の過程で、反対派は正統ルター派の指導者たちと意見を同じくするようになり、数十年にわたる反目が生んだ溝は相当まで埋まった[62]。

こうして、敬虔主義運動にあれほどまでの隆盛をもたらした国家への忠誠が、今度は運動を分裂させる不安材料となった。また運動の内部では、宗派の相違に対して敬虔主義が伝統的に示してきた寛容が、宗派の統合を求める最初期の啓蒙主義的熱意に転じてしまう兆しも見られた。さらに、行政や教会のポストに敬虔主義者を優先的に送り込む政策が、立身出世を目論む者を表面的な宗旨替えへと走らせてしまうという問題も生じた。誘惑に負けて、心からの真の信仰を得たといった話をでっちあげたり、熱心な信者に見られる厳粛な表情や態度――ある史料は、敬虔主義者の「白目剝き」と呼んでいる――を装う者も少なくなかった。運動が成功したために起こったこうした現象のせいで、「敬虔主義者」という言葉は宗教的詐欺という消しがたい汚名を被せられてしまった[63]。

一七四〇年以降、各大学の神学部やブランデンブルク＝プロイセンの聖職者ネットワークのなかで、敬虔主義は急速に衰退した。その理由の一端は、王家からの支援が打ち切られたことにある。フリードリヒ大王は、父の庇護を受けた「プロテスタントのイエズス会士ども」に対して個人的な反感を抱いており、教会行政のポストに啓蒙主義者をねじ込み続けた。その結果、ベルリンはプロテスタントの啓蒙運動の中心地として知られるようになった[64]。かつて敬虔主義運動の拠点だったハレ大学は合理主義の中心地となり、そうした状況は一九世紀になっても変わらなかった。ハレの孤児院学校の児童数は徐々に減り、それに伴って、活動を支援してくれる篤志家の輪も小さくなっていった。衰微の色はハレを拠点とするユダヤ人への伝道活動にも表れており、一七九〇年に出された最後の年次報告書は、「我々の研究所の初期の頃と現在とを比較すると、雲泥の差だ……」という書き出しから始まっている[65]。

敬虔主義運動は、プロイセンの社会や制度にどれほどの影響を及ぼしたのだろうか。敬虔主義者は自制と謙遜を重んじ、宮廷の贅沢や浪費を軽蔑した。宮廷や軍の組織、あるいは民間の教育機関でも、彼らはことあるごとに慎み深さや倹約、自己鍛錬の美徳を称えた。フリードリヒ・ヴィルヘルム一世の登位以来、大袈裟なカツラや豪華な刺繍付きの上着は時代遅れの代物として軽蔑されるようになっていたが、敬虔主義はそうした文化的変化のインパクトを増幅させた。彼らは士官学校での活動をつうじて、地方貴族の意識や態度を改めさせ、一八世紀半ばには貴族の子弟がますます士官学校に通うようになっていった。プロイセンのユンカー層が質実剛健を旨とするようになったことも、同様に説明できよう。よく語られるユンカーの謙虚さは、単に個々人の気取りやポーズだった可能性も否定できないが、しかしこれもまた、敬虔主義運動が喧伝する理想的な人物像の影響力が大きかったことを示す証左である。

敬虔主義はまた、プロイセンの啓蒙主義の下地作りにも一役買った[66]。この運動の楽観主義や未来志向は、啓蒙の進歩思想と親和性があったし、人格形成の手段としての教育への関心は、「啓蒙主義の本質的な特徴である、人間存在の包括的な教育学化をもたらした[67]」。ハレ大学における自然科学の発展は、多くの相違点があったにもかかわらず、敬虔主義と啓蒙主義が密接に絡み合っていたことを示している。両者の間に存在する「力の場」〔物体に働く力が、物体の位置によって一義的に定まる空間領域を指す〕が、科学的探求の前提条件をかたちづくったのである[68]。教理よりも倫理を重視したことや、宗派の違いに対処する際に寛容にこだわったことも、やはり一八世紀後半の風潮——例えば、道徳を理性的に理解できる真理の最高の領域と考えたり、道徳的直観に宗教的直観を従属させたりしたカントの思想――を先取りしていた。[69]

プロイセンを代表する哲学者たち、啓蒙主義的でありロマン主義的でもあった人々のなかには、敬虔主義の影響圏で育った事例を少なからず見出せる。ロマン主義運動と結びついた内省の崇拝は敬虔主義者の「霊的伝記」をルーツとしており、広く読まれたフランケの回心の物語はその典型である。霊的伝記を世俗的なスタイルで継承した「自伝」は、一八世紀半ばから後半にかけて、有力な文学ジャンルとして隆盛を誇った。[70] ロマン主義的な哲学者のヨーハン・ゲオルク・ハーマンは、穏健な敬虔主義者たちの牙城であったケーニヒスベルクのクナイプホーフ校で学んだ後、ケーニヒスベルク大学に進学して、やはり敬虔主義に感化されていた哲学教授マルティン・クヌーツェンの薫陶を受けており、ハーマンの著作には敬虔主義と相通じる内向性や禁欲性が読み取れる。彼は聖書の精読や懺悔まじりの自己観察を一定期間にわたって行ったことで、ある種の回心も経験した。[71] ベルリン大学の哲学や政治思想の発展に大きな影響を与えたゲオルク・ヴィルヘルム・フリードリヒ・ヘーゲルの著作にも、ヴュルテンベルクの敬虔主義の影響が確認できる。自己実現という目的によって万物が規定されているとと捉えるヘーゲル哲学は、敬虔主義的な色彩の濃い歴史神学を背景にしている。[72]

ブランデンブルク゠プロイセン国家に話を戻そう。ハレにあるフランケ財団の本館の正面を飾る装飾帯《フリーズ》には、プロイセンの二羽の黒鷲が翼を広げた姿で刻まれているが、その翼は道行く人に、敬虔主義運動が国家権力と近しい関係にあったことをまざまざと思い出させる。ブランデンブルク゠プロイセンの敬虔主義者たちが君主当局の権威強化に積極的に貢献した様子は、同時代のヴュルテンベルクの敬虔主義運動の政治的中立性や、イギリスのピューリタニズムの破壊的インパクトと著しい対照を成している。[73] ブランデンブルク＝プロイセンにおいて敬虔主義は、公権力の意を受けてルター派を内側から揺さぶった点で、カルヴァン派の宗派規定や君主による検閲政策よりもはるかに有効な思想的手段であった。しかし、彼らは単に君主を援助しただけではなかった。敬虔主義者は、広い基盤をもつプロテスタントのボランティア精神の活力を、王国昇格から間もないブランデンブルク＝プロイセンの公的事業に供給した。そして何より、国家が求めるものは良き市民が求めるものでもありうるのであり、国家への奉仕は義務や利害によってだけでなく、全般的な倫理的責任感によっても動機づけられるのだという考え方を流布させた。こうして、庇護する者とされる者の関係を超えた、連帯の共同体が出現した。ブランデンブルク＝プロイセンにおいて敬虔主義は、君主のプロジェクトを支持する幅広い基盤を創り上げたのである。

信心と政策

ブランデンブルク＝プロイセンの対外関係を、「プロテスタントの外交政策」という観点から語ることに意味はあるだろうか。パワー・ポリティクスや国際関係論を専門とする歴史家は、大抵はこうした問いかけに対して懐疑的である。「宗教戦争」の時代においてさえ、領土の安全保障が宗派間の連帯よりも優先されたのだと、彼らは主張する。確かに、カトリックのフランスはプロテスタント連合を支持して、カトリックのオーストリアに対抗した。ルター派のザクセンはカトリックのオーストリアに味方して、ルター派のスウェーデンに敵対した。宗派的な忠誠心が最優先されることは、ごく稀だった。一六一八〜二〇年にフリードリヒ五世の下でプロテスタントの利益のためにすべてを賭けたカルヴァン派のプファルツの覚悟は、おそらく例外的であった〔一六一九年、ボヘミアのプロテスタント貴族に推されたプファルツ選帝侯フリードリヒ五世がボヘミア王に即位し、カトリックの支援を得た皇帝フェルディナント二世と戦った。一六二〇年一一月の白山の戦いでフリードリヒは敗北し、ボヘミア王位を失った〕。

ただし、外交政策が完全に世俗的な打算に基づいて策定されていたとか、宗派はさしたる重要性をもたない要素だったなどと結論づけるのは、早計であろう。それは一つには、王朝間で婚姻による同盟関係が構築される際に、宗派が重要な役割を果たしたからである。とりわけ新たな領土継承権が絡んでくる場合が多かったため、婚姻は対外政策に重大な影響を及ぼした。さらに、プロテスタントの支配者の多くが、自らをプロテスタント諸国の共同体の一員であると認識していたのも明らかである。これはとくに大選帝侯に当てはまる。彼は一六六七年の『政治遺訓』で、可能な限り他のプロテスタント諸邦と協調し、神聖ローマ帝国の皇帝からプロテスタントの自由を守るために警戒を怠らぬようにと、後継者に助言している。[74] また、政府内の政策論争においては、宗派が重視された。一六四八年にフランスとの同盟に反対した枢密顧問官ゼバスティアン・シュトリーペは、カルヴァン派を敵視しているマザラン枢機卿がフランスのカトリック化を進める可能性があると指摘した。[75] 一六六〇年代、フランスでカルヴァン派に対する不当な扱いが深刻化すると、大選帝侯はルイ十四世に書簡を送って、憂慮を表明した。[76] 一六七〇年代、フリードリヒ・ヴィルヘルムは、ヨーロッパ北部のカルヴァン派の根拠地であったオランダが征服されるのを防ぐために、反仏同盟に鞍替えした。一六八〇年代初頭、地政学的理由と金銭的援助の約束によって、彼はフランス側に戻ったが、一六八六年にまたもや神聖ローマ帝国との同盟に寝返った背景には、フランスで行われていたユグノーに対する残虐な迫害への懸念もあった[77]。

武力衝突の危険を冒さないで宗派的連帯を示す方法の一つは、他国で迫害されている同門の徒に亡命受け入れなどの支援の手を差し伸べることだった。この種の政治的ジェスチャーとして最も有名なのは一六八五年のポツダム勅令であり、この時、大選帝侯はフランスで迫害されていたカルヴァン派を自国に招いた。これは、ナント勅令（一五九八年）でユグノーに与えられた権利をフランス王が破棄したことに対する、彼なりの回答であった。大選帝侯時代のブランデンブルク゠プロイセンには、全部で約二万人のフランス・カルヴァン派の難民が住み着いた。富裕層は一般的にイギリスやオランダなど、経済的に魅力的な場所を選んだため、プロイセンにやってきた人々はカルヴァン派のなかでも比較的貧しい層であった。彼らの移住は、オランダやイギリスでの事例とは対照的に、国からの補助金や安価な住居、免税、低金利での貸し付けなどによって支援された。三十年戦争による人口損失の穴埋めがまだできていなかったブランデンブルクは、仕事の腕が良く勤勉な移民を是非とも必要としていたため、この施策は自己利害を踏まえてのものだったが、政治的ジェスチャーとしては高い効果をあげた。プロイセンはルイ十四世を大いに苛立たせるという目的の一つを果たしただけでなく[78]、ドイツ各地のプロテスタントから称賛を浴びた。もっとも、ここでの称賛が実質とかけ離れたものであったことは無視できない。迫害を受けてフランスを逃れた二〇万人あまりのユグノーのうち、実際にプロイセンが受け入れたのはわずか一〇分の一程度だったにもかかわらず、大選帝侯はこの機を捉えて、各国の君主の誰よりも名声を高めるのに成功したのである。高邁で万人受けする道義的なトーンをもつポツダム勅令はそれ以降、——幾分か誤解を招きかねないが——プロイセンの寛容の伝統を象徴する偉業の一つとして称えられるようになった。

ポツダム勅令が大きな成功を収めたために、ここから始まった「宗教的権利の政治」はホーエンツォレルン家の国家運営を左右する、一種のお家芸となった。フリードリヒ一世は一七〇四年四月の布告で、南フランスのオランジュ侯国で迫害されていたカルヴァン派信者を支援する決意を、ポツダム勅令と同様の物言いで表明した。オランジュ侯国は周囲をカトリックに囲まれたプロテスタント地域であり、ホーエンツォレルン家が継承権を声高に主張していた土地だった。(79)

余は神の栄光と教会の利益のための熱意を抱いているがゆえに、神意によって数年前からフランスで猛威を振るうようになった荒々しい迫害によって、信仰を同じくする同胞が哀れにも困窮している状態を憂慮し、彼らを慈悲深く、多くの費用を投じて我が国で受け入れることを決意した。したがって、余の庇護下に避難させるべく〔…〕余のオランジュ侯国を去って同地の財産の一切を放棄せざるを得ない余の臣民に対しても、余は同様の慈善を施す義務が一層あると思い至った次第である。(80)……。

この文章が特徴的なのは、美辞麗句と冷静な損得勘定が絶妙に組み合わされている点である。善意に満ちた申し出は、係争中の領土に対する要求と結びついていた。さらに、難民の受け入れ業務を担当する顧問官への指示のなかで、王は、難民を遊ばせておくのではなく、できるだけ早く適当な仕事をあてがって、「国王がそこから利益を得られるように」せよと厳命した。(81)

宗派連帯の論理が有効な外交手段となり得たのは、どこよりも神聖ローマ帝国においてであった。そこでは、帝国議会の二元的な構造によって、宗派間の揉め事がさらに大きくなっていたからである。ヴェストファーレン講和条約の規定は、信仰の問題が帝国議会で議論される場合、福音派会議《コルプス・エヴァンゲリコルム》〔ザクセン選帝侯が首席〕とカトリック派会議《コルプス・カトリコルム》〔マインツ大司教が首席〕という、両宗派の代表者から構成された二つの常任理事会が別々に審議を行うよう定めていた。「両会議分離《イティオ・イン・パルテス》」と呼ばれるこの仕組みの狙いは、激しい対立を引き起こしかねない宗派上の問題を、相手側からの望まざる干渉を受けずに双方で討議できるようにすることにあった。しかし、構造的に優位にあったカトリック以上に一致団結を必要としていたプロテスタントにとってはとくに、宗派上の不満を表明するための領邦を超えた公議の場が創り出された点にこそ、その実質的な効果があった。

ザルツブルクのプロテスタント少数派の運命をめぐる争いに介入したフリードリヒ・ヴィルヘルム一世の華々しい成果は、このメカニズムがいかに有効であったかを示している。一七三一年、ザルツブルク大司教領のピンツガウ地方とポンガウ地方の険しい渓谷に、プロテスタントを名乗る人々が二万人近く居住していることが分かった。この事実はカトリック当局を動揺させ、また、ザルツブルク市とその後背地であるアルプスの間に横たわる深い文化の溝を明るみにした。宣教師が派遣されたが農民たちを改宗させられなかったため、ザルツブルク大司教アントン・フィルミアーンは、彼らを力ずくで従わせるという決断を下した。富裕を誇る大司教当局と、半文盲の頑健なプロテスタントの山岳農民との対立は、帝国議会のプロテスタント議員たちの想像力に訴えかけるものがあった。農民たちを擁護するパンフレットや新聞が出版され、それに対してザルツブルクのカトリック当局も猛烈に反論した。この事件の関連文書をまとめた書籍を双方が出版し、ザルツブルクの農民たちはドイツのプロテスタント諸邦にとって一種の「闘争のシンボル《コーズ・セレブル》」となった。

この紛争のもつ意味をいち早く見抜いた一人が、プロイセン王フリードリヒ・ヴィルヘルム一世である。彼は東プロイセン東部に広がるプロイセン領リトアニアの過疎地、つまり一七〇九〜一〇年の飢饉と疫病からほとんど回復できていない地域に入植してくれる農民を、切実に求めていた。同時に彼は、ブランデンブルク＝プロイセンがプロテスタントの権利の普遍的な保証人となることを強く望んでいた。そのような役割を引き受けるのは、帝国内外で宗派間紛争が起こった際の中立的な仲裁者を自任する、ハプスブルク皇帝への挑戦でもあった。だからこそフリードリヒ・ヴィルヘルムは、ザルツブルクのプロテスタントを自国に受け入れると提案したのである。

当初、プロイセン王の計画が成就する見込みは薄かった。大司教にはプロテスタント農民の移住を認める気はなく、地元の異端分子を軍事的手段で抑え込むつもりだった。実際、大司教は既にバイエルンや皇帝に対して、鎮圧軍の派遣を要請していた。しかし、帝国の国制がまたもやホーエンツォレルン家に味方した。皇帝カール六世は、娘のマリア・テレジアの家領継承を確認した「国事詔書《プラグマティッシェ・ザンクツィオン》」〔ハプスブルク家領の不可分・不分離と、女系も含めた長子相続制とを定めた法令〕に対する帝国議会の支持が必要だったのである。皇帝はブランデンブルク選帝侯でもあるプロイセン王の賛成票を必要としていた。フリードリヒ・ヴィルヘルムが国事詔書を支持する見返りに、カール六世はザルツブルク大司教に圧力をかけ、東プロイセン東部へのプロテスタント信者の大移動を認めさせるという取引が成立して、双方が利益を得ることになった。

一七三二年四月から七月にかけて、二万人余りの農民がおおよそ八〇〇〇人ずつに分かれて合計二六の列を組み、アルプスの草原からフランケン、ザクセンを経て東プロイセンの平原へと移り住んだ。一行は行く先々で話題となった。奇抜なアルプスの出で立ちをしたザルツブルクの人々がプロテスタントの住む町々を通り過ぎ、北へ北へとひたすら歩く長い列は、観衆に衝撃を与えた。村の者も町の者も、食べ物や衣服、子供たちへの贈り物を持ってきた。窓からは小銭が投げられた。多くの人が、エジプトを脱出するイスラエルの子らを思い浮かべた。宗教的なプロパガンダが洪水のごとく展開された。様々な印刷物がこの追放劇を描き、移住者の不屈の信仰を称え、敬虔なプロイセン王を称賛し

図 12　プロイセン王フリードリヒ・ヴィルヘルム一世が、ザルツブルク大司教領から逃れてきたプロテスタントの亡命者を出迎える。当時のパンフレットの挿絵。

た。虐げられた人々にとって、この国は約束の地となった。一七三二〜三三年だけでも、六七のドイツ都市で三〇〇以上の単独の出版物（定期刊行物を除く）が発行された。一八世紀から一九世紀にかけて、この移民伝説は説教やパンフレット、小説、劇のなかで延々と繰り返された。

こうしてこの一件は、ホーエンツォレルン家とブランデンブルク＝プロイセン国家にとって、計り知れない価値をもつ宣伝材料となった。さらに、ユグノーやオランジュ侯国からの難民とは違い、ザルツブルクの人々がカルヴァン派ではなくルター派だったことも、その後の展開に大きな意味をもった。敬虔主義者はブランデンブルク＝プロイセンを超宗派的なプロテスタントの権威の担い手たらしめようと国内で尽力したが、今やその威光は神聖ローマ帝国全体に及ぶようになったのである。

第六章　地域権力

都市

ブランデンブルク市の旧市街を走るミューレントーア通りを少し曲がったところに、聖ゴットハルト教会の日の当たらぬ庭がある。中世のブランデンブルク辺境伯領で創建された教会の多くと同様、聖ゴットハルト教会は黒ずんだ赤レンガでできた、巨大な納屋のような外観をしている。内部の穹《きゅう》窿《りゅう》を支える控え壁は、黄土色の瓦葺きの大屋根の下に隠れるように並んでおり、無骨な軒先が堅牢な雰囲気を醸し出している。西側の入り口部分には、ロマネスク様式の建物にバロック様式の優雅な塔が不格好に継ぎ足されている。夏の盛りになると木々が茂り、敷地に木陰を作って、ひと気のないのどかな場所となる。しかし、かつてはここが街の中心地だった。中世のドイツ人集落はここから、蛇行するハーフェル川の流れに沿って、三本の街路を成して南へ広がっていた。

涼しげな聖ゴットハルト教会に足を踏み入れた旅人は、天井の高さと空間の広さに驚かされることだろう。内壁には、壮麗な彫刻が施された碑が並んでいる。大きな石板の墓碑銘は高さが二メートルもあり、精巧な彫刻が施されている。そのうちの一つは、老舗の服飾商の家系出身で、一六世紀にブランデンブルク市長を務めたトーマス・マティーアスの生と死を記念したものである〔正確には、マティーアスはブランデンブルク市長の子として同市に生まれ、ベルリン市長を務めた。彼の祖父と叔父もベルリン市長を務めている〕。彼は選帝侯ヨアヒム二世のもとで権勢を誇ったが、次代のヨーハン・ゲオルクによって、ヨアヒムが積み上げた借金を帳消しにするために失脚させられ、一五七六年に故郷の町でペストにかかって他界したのであった。墓碑銘には、イスラエルの民が捕らわれの身にあったエジプトから逃れるために、紅海を渡る様子が刻まれている。レリーフの左手には、都会風の立派な衣服を着た男女の群衆が我が子や所持品を抱え、背後で繰り広げられる惨事を振り返っている。彼らの視線の先では、鎧を着た男たちが逆巻く灰色の濁流のなかに沈み、溺れかかっている〔旧約聖書の「出エジプト記」の一場面〕。一五八三年に制作された別の碑には美しいレリーフが施されており、新古典主義風の二階建てファサードで繰り広げられる、キリストの受難のシーンが描かれている。上階ではキリストが裸で吊るされ、両手は頭上のまぐさ石に固く縛られ、棍棒と鞭を手にした三人の男たちに蹴られたり殴られたりして、体は曲がり捻じれている。この驚くほど躍動感に溢れた写実的な彫刻は、ブランデンブルク市長ヨアヒム・ダムシュトルフとその妻アンナ・ドゥーリングスを記念したもので、墓碑銘の下にある段状の装飾帯に二人の名前と生没年が刻まれているのを確認できる。彫刻の下部にある左右の円形の窪みから覗くダムシュトルフ夫妻の肖像は雅な貴人風の装いで、雑然とした光景の両端から互いに視線を交わし合おうとしているかのようである。

図13 トーマス・マティーアス市長の墓碑銘の彫刻。1549 / 76年、ブランデンブルク市の聖ゴットハルト教会

「ラザロと金持ち」〔「ルカによる福音書」でのイエスの喩え話中の人物。死後に金持ちは神に嫌われるが、生前に貧困に苦しんだラザロは神に優遇されるという〕の寓意を描いた精巧なレリーフを載せた大きな墓碑銘は、市長が輩出したもう一つの一族であるトレバフ家の二世代を記念するものである。こうした記憶の飛び石は一八世紀にまで続いており、祭壇の右側にある豪華な装飾が施された二メートルの石板は、一七三八年に八一歳で亡くなった「ブランデンブルク旧市街の傑出した参事会員にして著名な商人」、クリストフ・シュトラーレを称えている。これらの作品に顕著なのは、芸術的な出来栄えもさることながら、市民としてのアイデンティティがそこに強く投影されている点である。墓碑銘は単なる個人の記念碑ではなく、都市寡頭政の矜持と集団的アイデンティティの発露である。多くの碑は、同じ家族の数世代を記念しており、子供の誕生や婚姻に関する詳細な情報を提供している。聖ゴットハルト教会で最も印象的なモニュメントは、説教壇である。砂岩製のこの類まれな複合彫刻は、白亜から掘り出した大ぶりの見事な細工の像に支えられている。像は白いひげを蓄え、開いた書物の上に首を垂れている。また、牧師席へと続く螺旋階段の側壁には、新旧の聖書の各場面が描かれている。ゲオルク・

ツィンマーマンが一六二三年に制作したこの素晴らしい総合芸術作品を発注したのは旧市街の織物職人組合で、説教壇に付随する柱に彼らの碑が埋め込まれているのを確認できる。この銘板には、一七世紀前半の富裕市民層らしく、いずれも白い襟付きの厳かな黒装束を着込んだ威厳のある人物一〇名の姿にくわえて、一〇〇人の親方たちの家紋と名前が記されている。市民たちの集団的な自尊心をこれほどまで強烈に、また堂々と伝えるものはあまりない。

こうした事例は、決して聖ゴットハルト教会だけのものではない。一七世紀から一八世紀にかけて市民たちが建立した記念碑は、ブランデンブルク地域の他の都市の教会にも見られる。例えば、ハーフェル川流域のハーフェルベルク市にある聖ラウレンティウス教会にも、同じような石碑が並んでいる。歴史的な街並みが広がる中洲に建つこの教会の場合、見栄えはやや落ちるが、それでも貿易商や材木商、ビール醸造業者、そして市長が多く輩出した名家が、碑に登場する主な面々である。とりわけ、一七四四年に没した「名高き商人にして貿易業者」ヨアヒム・フリードリヒ・パインの碑は、その簡素さが印象的である。

この墓石の下に
私、パインは苦《パイン》しみから解放されて横たわる
そして親しき身内とともに
神のみもとで祝福されんことを

ブランデンブルクとハーフェルベルクはどちらも司教座都市だったが、それゆえに信徒の集団的な自己表現の場である都市教会の重要性は一層高まった。中世以来、都市の真ん中に位置し、ギルド会員や官吏が信徒の中心を占めてきた都市教会と、伝統的に帝国貴族が聖堂参事会を構成していた大聖堂は、暗黙のうちに対立関係にあった。そのことは、ハーフェルベルクの地形にはっきりと表れている。この町では、要塞のごとく堂々たる大聖堂が川の北側の高台から、店や屋台が立ち並び狭い路地が走る中洲の旧市街を見下ろすように建っているのだ。一九世紀になっても、この二つの教会は信徒の社会的地位に応じて二極化していた。聖ラウレンティウス教会は市民や駐屯地の兵士のための教会であり、対して貴族は社会的、地理的に高い位置にある大聖堂に通っていた。

ハーフェルベルクとブランデンブルクの教会の碑は、プロイセン国家に関する通常の歴史叙述では

図 14　ハーフェルベルク大聖堂

見落とされがちな、ある世界を思い起こさせる。それは、都市の世界である。都市は、手工業の親方や家父長的な家族ネットワークが支配する社会環境《ミリュー》であり、そのアイデンティティは、周囲の農村から政治的にも文化的にも隔絶した自治意識や特権意識に根ざしていた。ブランデンブルク＝プロイセンの歴史において都市が長らく目立たない存在だったのは、この地の都市がドイツ語圏のなかでも決して突出していなかったためでもある。一七〇〇年にドイツには人口一万人以上の都市が三〇あったが、ブランデンブルク＝プロイセンにはそうした都市はベルリンとケーニヒスベルクの二つしかなかった〔一七世紀の半ばから後半にかけてブランデンブルクが正式に編入したマクデブルクやハルバーシュタットも、一七世紀末には一万人以上の人口を有していた〕。いずれにせよ、この国では都市、さらに言えば都市が育んだ自治の精神、市民的な責任感、政治的な自立志向は、ホーエンツォレルン家の絶対主義によって大きく損なわれてしまったというのが通説である。実際、ある歴史家は、中央集権的な君主政国家によってブランデンブルクの市民層は意図的に「破壊」されたと述べている[1]。その結果、服従心は強いが、市民としての勇気や美徳は弱い政治文化が生まれたとされるが、こうした議論にもまた、ドイツの「特殊な道」論のもつ強力な負の吸引力を看取できる。

一七世紀や一八世紀が都市の衰退期だったとする理解は、とくに都市の政治的自立の後退という意味であれば、一定の説得力がある。君主権力の攻勢に直面して、政治面や経済面での伝統的な独立性を維持しようとして叶わなかった都市の最たる例は、おそらくケーニヒスベルクであろう。大選帝侯が即位した一六四〇年当時、ケーニヒスベルクはバルト海に面した裕福な貿易都市であり、議会に参加する都市代表は地方貴族と同格の地位を保っていた。しかし〔大選帝侯が死去した〕一六八八年になると、この都市の政治的自治、議会における影響力、そして富の大半が失われてしまった。確かに、市当局と中央政府との闘争がとくに激しかったケーニヒスベルクは極端な事例だが、ブランデンブルク＝プロイセンの他の都市が辿った道も、大筋では似たり寄ったりであった。

多くの都市で、一六六〇年代に商品やサービスに対する物品税が段階的に導入されるとともに、政治的特権が縮小されるか、撤廃されていった。物品税は売買の際に商品やサービスに直接に課税されたため、国家は都市部の諸身分の代表者と税に関して交渉する必要がなくなった。こうして、社団としての都市は地方議会から排除されただけでなく、有力な地方代表者で構成され、諸身分と君主の交渉を担当するようになった「常任委員会」からも姿を消した。このような段階的な権利剝奪のプロセスは、君主に任命された都市税務監督官が最初は一六六七年にベルリンに、そしてその後すべての都市に設置され、たちまちに権限の範囲を拡大していったことで強まった[2]。中央集権化はフリードリヒ三世〔王としては一世〕の時代にいったん緩やかになったが、次代のフリードリヒ・ヴィルヘルム一世の時代に再び加速し、一七一四年の「市庁令《ラートホイスリッヒェス・レグレマーン》」によって都市の予算編成権が中央直属の役人に移管され、市当局の権限は縮小されていった。さらにフリードリヒ二世期の諸法によって、残っていた行政権もすべて剝奪され、また都市資産の売却に際して国の認可が必須となった[3]。西部でも、フリードリヒ・ヴィルヘルム一世とフリードリヒ二世の時代に都市共同体の自立性が大幅に後退した。ヴェストファーレンのマルク伯領のゾーストや、東フリースラントのエムデンでは、都市の独自の法制や特権は廃棄された[4]。

ほとんどの都市にとって、一七世紀後半から一八世紀前半にかけては、経済的な停滞や衰退の時期でもあった。ブランデンブルクと東ポンメルンの大部分は、やせた土地で地域交易も振るわなかったため、元々都市は貧しかった。物品税が都市に与えた影響を評価するのは難しい。以前から都市には農村部よりも高い税率の軍事分担金が課されていたので、一部の都市は当初、物品税が税負担の公平化に繋がると考え、新税の導入に積極的だった。なかには、納税者から圧力を受けて、市当局が政府に対して物品税の導入を懇願した例さえある。確かに、物品税には都市経済を刺激する効果があったことを示唆する、断片的な証拠も幾つかある。例えばベルリンでは、物品税が導入されるとすぐに建設ブームが起こり、三十年戦争の惨禍が埋め合わされていった。こうした事態は、物品税の導入によって、都市での主要な課税対象が土地や不動産からあらゆる種類の商業活動へと変化した結果であった。

物品税の最大の欠点は、都市部だけがこの税を負担し、農村部には従来どおり軍事分担金のみが課された点にあった。もっとも、初めからこうした税体系が計画されていたわけではない。大選帝侯は当初、都市と農村の双方に物品税を課そうとしたが、地方貴族からの圧力で、課税を都市に限定することになった。そのため、都市部の製造業は、物品税が課される都市内で商品を販売しない限り免税措置を受けられる農村部の製造業との競争に晒されるようになった。多くの貴族領主はこの状況を利用して、商品を農村部の主要市場に直接もちこみ、周辺都市の競争相手を打ち負かすことができた。国境を越えて商品をやり取りする製造業者や商人の地域競争力が物品税によって低下したため、貿易に依存している地域では、問題はさらに深刻だった。例えばクレーヴェではライン川交易の規模や利益を縮小させたとして、あるいはゲルダーンではマース川での貿易活動を抑制したとして、物品税は怨嗟を招いた。[5]

成長するプロイセン軍、とくに駐屯兵がブランデンブルク＝プロイセンの都市に与えた影響は、両義的だった。一方で、駐屯都市の兵士やその家族は消費者であり、また補助的な労働力でもあった。兵役はフルタイムの仕事ではないので、駐屯兵は民間の労働に従事して薄給を補った。ベルリンの北にあるウッカーマルク地方のプレンツラウや、ライン地方に位置するクレーヴェ公国のヴェーゼルといった駐屯都市では、多くの兵士たちが任務のない時に宿営先の主人の工房や製造所で働くことを選択し、しばしば本給の何倍もの金を稼いでいた。また既婚者の場合は、妻が町の織物工場に働き口を求めるケースもあった。こうして、兵士の存在は、非ギルド所属者の安価な労働力に部分的に依存していた繊維製造業の強化に貢献した。さらに兵役は、コミュニティのなかでも最も脆弱な階層に何とか暮らしていけるだけの収入をもたらすことで、都市の社会構造を安定させるのに一役買ったと言えるかもしれない。[6]兵士を自分の家に泊めたくない富裕市民は、貧しい家主に金を払って代役を務めさせたので、宿営制度には多少の再分配効果も備わっていた。

しかし、マイナス面もあった。駐屯都市で採用された柔軟性の高い宿営制度は驚くほどうまく機能していたが、家主と兵士の間に緊張が走るケースも少なくなかった。軍事法廷の権限に服する相当数の兵士が都市に存在することで、司法上の管轄をめぐって争いが発生した。軍の指揮官が誘惑に負けて市当局を軽んじ、民間から物資を徴発したり、地元市民を衛兵として働かせたりする場合もあった。非番の兵士が低賃金で働いたために、工房の職人見習いの立場が危うくなり、都市に組み込まれた専門職の階層秩序が脅かされる場合もあった。[7]不況で副業が難しい時には、兵士の家族が街頭で物乞いをする姿も見られた。[8] 都市を取り囲む城壁について内部情報を有していた兵士はしばしば、物品税の境界をまたぐ密輸行為に関与した。[9] さらに、ある研究者は「市民社会の軍事化は、軍隊による駐屯都市の恣意的で野放図な支配をもたらし、市民や市当局の間に受動的な風潮が広がることに繫がった」と指摘して、後の時代への不吉な前兆を示唆している。[10]

もっとも、こうした議論は過大評価できない。確かに兵士は駐屯地の街角で見慣れた存在であり、酒場から貴人たちのサロンに至るまで、あらゆるレベルの社交の場に欠かせない存在であった。しかしだからといって、都市の市民社会に軍国主義的な価値観や行動様式が浸透したことを示す証拠はほとんどない。プロイセンで確立された徴兵制度は、市民層の若者を兵役義務から解放する免除措置をあれこれと設けていた。免除の対象者には、学位を取得したり商業の分野で活躍したりする見込みがある上流市民層の子弟だけでなく、家業を継ぐために修業中の様々な手工業の親方の息子も含まれていた。推計では、ホーエンツォレルン家領全体でおよそ一七〇万人の男性が、こうした兵役免除の恩恵を受けていた。[11]

いずれにせよ、当時のブランデンブルク＝プロイセン軍には、組織的な馴致や教化によって平時に新兵の頭と心を一新することなどできなかった。一八世紀の都市に駐屯する軍隊は、穴だらけのルーズな組織であった。基礎訓練の期間は——地域ごとに決定され、場所によってまちまちだったが——一年にも満たず、この期間に限ったとしても、兵士が周囲の社会から隔離されて「脱市民化」されることはなかった。それどころか、既婚者の場合は、妻をはじめとする扶養家族とともに兵舎で暮らしていた。後世とは違って、当時の軍隊はまだ男性だけの領域ではなかったのである。実際、外国出身の新兵に対しては、プロイセン軍との繫がりを強化するために、結婚が奨励された。[12] 未婚者は、市民の家に宿営するのが望ましいとされた。既に確認したように、基礎訓練の修了後も兵役にとどまりたいと希望した兵士の場合、勤務時間はかなり短く、様々な形態の臨時労働によって収入を補うことができた。彼らのなかには、賃金を得るために働きに出た同僚の代わりに歩哨に立って、小遣い稼ぎをする者もいた。大勢の下宿学生が大学都市の社会構成や地域経済に独特の貢献を果たしたように、軍関係者と都市民との間に共生関係が成立していたのは明らかである。[13] ただし、兵士が駐屯都市を「軍事化」した程度は、学生が自分たちの住む街を「文教化」したのには及ばない。もちろん、都市参事会や市民との間に諍いを起こしたという点では、軍当局も学生も大差ない。しかし大学都市と違って駐屯都市の場合、「文民」当局は確執が生じる度に、地元の指揮官の越権行為に対して抗議するだけの用意があることをアピールした。

図 15　物乞いをする兵士の妻、ダニエル・ホドヴィエツキ作、1764 年

なおも未発達な状態にあった国家の官僚機構が都市行政に介入したとしても、地方の自主の精神を抑圧するほどの効果を及ぼしたとは考えにくい。大きな都市の行政官に任命された国王直属の官吏は、都市エリートの権限を剝奪しようと目論む中央の政策を代行する、威圧的な存在として機能したわけではない。むしろ反対に、彼らの多くは「地元に根づき」、都市エリートと交際し、婚

姻関係を結びさえした。そして、地元の軍司令官や中央省庁との揉め事が起こった際には、都市当局の側についた。多くの都市で汚職や縁故採用が横行していたのは、地元のパトロネージュ・ネットワークが健在だったことの証しであり、都市を支配していた寡頭制が国家権力の介入によって排除されたわけではないことを示唆している。都市支配者の側も、新しく赴任してきた官僚の面倒をよく見て、多くの場合、地元の利益に彼らを従わせるのに成功した(14)。

さらに、一九世紀に入るはるか前から、都市ブルジョワはダイナミズムや革新性を内に秘めていた。一八世紀後半、都市の製造業や商業の構造が変化したことで、商人や企業家、製造業者を中心として新たなエリート層が誕生し、ギルド組合員をはじめとする伝統的な社会層と対峙した(15)。このようなエリート層が、奉仕活動や名誉職をつうじて、地方都市行政に様々なかたちで関与していた。彼らは自治体の顔役であったり、ギルドなどの各種社団の役員会、学校や教会、地元の慈善団体の運営委員会に属したりしていた。

こうした傾向は、とくに中小都市で顕著だった。なぜなら、中小都市の行政は有志の名士たちの協力なしには成り立たなかったからである。例えば、ハルバーシュタット近傍の都市オスターヴィークでは、毛織物製造業者のクリスティアン・H・ベットヒャーが市参事会員を務め、ウッカーマルク地方のプレンツラウでは、商人のヨーハン・グランツェが市裁判所の判事補を兼任していた。あるいは、ブルクとアッシャースレーベンの市長はともに、地元の実業家であった(16)。プロイセン全体で見れば、このような事例は一〇〇を下らないだろう。つまり、プロイセンの都市統治は中央から派遣された役人たちにのみ握られていたのではなく、むしろ進取の精神に富む地元の市民たちの自発性に大きく依存していたのである。プロイセンの、そして西欧の多くの都市で「衰退」したのは、熟練工の古風な習わしや名誉の規範に支えられた、昔ながらの社団的特権や自治であった。それに取って代わったのがダイナミックな新エリートたちであり、彼らの野心は事業の拡大や、都市問題における非公式なリーダーシップの獲得というかたちで表現された。

一八世紀後半に幾つかの中規模都市で設立された自発的結社もまた、都市住民の文化的、市民的活力の高まりを示している。例えば、ハルバーシュタットでは一七七八年に文芸協会が設立され、教養ある市民に集いの場を提供し、地域の自尊心とプロイセン愛国主義を融合させた印刷物を多く発行するなど、活発な活動を展開した。ヴェストファーレンのゾーストでは、地元の判事が「愛国的朋友と郷土史愛好家の会」を設立した。地域誌の『ヴェストファーレン誌』に掲載された案内によれば、同会の目的は、自分たちの町について初めての包括的な史料調査を行い、その成果を編纂することにあった。大学都市フランクフルト・アン・デア・オーダーでは、一七四〇年代に設立された「ドイツ協会」がドイツ語の洗練や文学の育成に取り組み、後に現地の学術協会やフリーメイソン支部もこの活動に加わるようになった。[17] これらの都市だけでなく、もっと小さな田舎町の多くでも、教育が新しい社会的ステイタスを示す重要な指標になっていった。とくに一八世紀後半には、弁護士、学校教師、牧師、裁判官、医師といった教養市民層が、手工業を基盤とする伝統的なエリートから遊離し始め、都市の内部に、あるいは都市と都市の間に独自の社会的ネットワークを形成していった。[18]

地域の学校教育を改善したのも、都市の有力市民たちだった場合が少なくない。この分野では、国家は繰り返し布告を出したものの、さしたる成果を挙げられていなかった。一七七〇年代以降に続いた学校の新設や改善の波は、ごく小規模な都市においてさえ、より良質で広範な教育への需要が高まっていたことをものがたっている。[19] ベルリン北西の細長い湖に面した牧歌的な都市であるノイルピーンでは、一七七〇年代に、啓蒙主義を信奉する牧師、市職員、学校教師の一団が、町の大幅な教育改革と経済状況の改善を掲げた協会を結成した。[20] こうした人々の努力を背景として、同市で教鞭をとっていたフィリップ・ユリウス・リーバーキューンは、市当局や有力市民から寄付を得て、権威主義に対抗する革新的な教育プログラムを開発するのに成功し、ドイツ中の教育改革者たちの模範となった。リーバーキューンが自身の教育哲学を略述した著作の中で述べているところでは、「教師は、生徒があらゆる自然な能力と長所を自由に発達させ、意のままに操ることができるように努める。なんとなれば、それこそが合理的な教育の眼目なのだから」。[21] この言葉には、啓蒙の精神のみならず、ブルジョワの市民的プライドも示されている。

地主貴族

土地の所有と経営は、ブランデンブルク゠プロイセンの貴族にとって、自らの存在意義を決定づけるような集団的経験であった。少なからぬ地域差があるとはいえ、プロイセンにおける貴族の土地所有率は、ヨーロッパの基準に照らせばかなり高かった。一八〇〇年頃の数字によれば、ブランデンブルクとポンメルンにおける貴族の土地所有率の平均値はそれぞれ約六〇パーセントと六二パーセントであり、王家が筆頭の土地所有者だった東プロイセンでも四〇パーセントであった。対照的に、フランス貴族は国内の耕作地の二〇パーセント程度しか所有していなかったし、ヨーロッパ・ロシアの貴族の場合は一四パーセント程度に過ぎなかった。ブランデンブルク＝プロイセンと遜色がないのは一八世紀後半のイギリスで、同国では貴族が土地の約五五パーセントを支配していた。(22)

エルベ川以東の地域に暮らす地主貴族は「ユンカー」と総称され、今もその名で知られている。この言葉は「若旦那《ユング・ヘル》」に由来し、中世におけるドイツ人の東方拡大や東方植民の波のなかでスラヴ人から奪った土地の征服や入植、防衛に貢献した、多くは次男以下のドイツ人貴族を指していた。彼らは軍役の見返りとして、土地と永代免税権を与えられたとはいえ、貧富の差が相当にあった。東プロイセンでは、十三年戦争（一四五四〜六六年）でドイツ騎士団に雇われてポーランドと戦った傭兵指揮官の末裔が大貴族に相当する集団を形成していたが、そうした家系はごく少数であった。ブランデンブルクではほとんどの貴族が入植した地主の子孫であり、ヨーロッパの水準からすると、ユンカーの平均的な所領はかなり慎ましいものだった。

植民を進めた中世の君主にとっては、スラヴ人の襲撃を受けやすい土地にできるだけ沢山の武装貴族を移住させることが必要だったので、貴族の土地利権は小規模で所有地が近接している場合が多く、一つの村落が複数の領主によって分割されている事例もあった。統計的に見ると、最も一般的なのは一つないし数個の領地や村落を所有する貴族であり、全貴族の約半数を占めていた。(23)しかし、このグループのなかにも大きな格差があった。例えば、プリーグニッツ地方のシュターヴェノは当初クヴィツォ家が、一八世紀からはクライスト家が所有する所領であり、二四〇〇エーカーもの耕地を有していたが、周辺のユンカーの一般的な所有地は五〇〇エーカーにも満たず、差は歴然としていた。このような状況においては、小貴族が地域レベルの政治的主導権を、裕福でしばしば婚姻関係にあるエリート家系の小集団に譲るのは、自然な成り行きだった。王権との交渉で重要な仲介役を務めるのは、この「第一級」の貴族たちであった。

一七世紀のホーエンツォレルン家領の地域密着型の政治構造は、ベルリンを中心とする政治的アイデンティティには馴染みにくかった。とくにブランデンブルクでは、ユンカーは大選帝侯の治世後半の数十年間に国家の上級職からほとんど締め出され、一八世紀になっても、国政への進出は緩慢だった。彼らは諸身分が管轄する地域レベルの役職に主たる狙いを定めたが、そのため視野が狭くなりがちで、あまり裕福ではない一族は子弟に遠方で教育を受けさせる資力がなかったために、この状況はさらに強まった。ホーエンツォレルン家が支配する各地の地域性は、親族関係や婚姻関係に反映されていた。例えばポンメルンと東プロイセンはスウェーデンやポーランドとの血縁関係が強固だったし、ブランデンブルクの貴族は隣国のザクセンやマクデブルクの貴族と頻繁に婚姻関係を結んでいた。

一八世紀のホーエンツォレルン家の君主たちが、「プロイセン」の貴族を一まとめにして語ることはなかった。彼らが語ったのは常に、明確な個性をもつ地方エリートの集団についてであった。例えばフリードリヒ・ヴィルヘルム一世は一七二二年の『政治遺訓』で、ポンメルンの貴族は「黄金のごとく忠実」であり、多少の意見を述べるにしても、君主の命令には決して逆らわないと断言している。この点では、ノイマルクやウッカーマルク、ミッテルマルクも同様だった。対照的に、アルトマルクの貴族は「悪漢、まつろわぬ者ども」であり、「君主に対して無礼」だった。彼の意見では、マクデブルクやハルバーシュタットの貴族も、自領や周辺地域の公職に就かせるべきではなかった。そしてクレーヴェやマルク伯領〔独語版ではベルク〕、リンゲンといった西部地域の貴族は、「愚かで意固地」

だった[24]。

ほぼ半世紀後の一七六八年、フリードリヒ大王も『政治遺訓』の中で、各支配地の貴族について同様のことを述べている。曰く、東プロイセン人は気骨があり品も良いが、なおも分離主義の伝統に固執するあまり、国家への忠誠心に欠けた。ポンメルン人は頑固だが強健であり、立派な士官になれた。自分たちの土地を征服され、ホーエンツォレルン家に併合されたばかりのオーバーシュレージエン人は怠惰で無学であり、かつての主君であるハプスブルク家に愛着を抱き続けていた[25]。

より均質なプロイセン・エリートが出現するには、相当な時間がかかった。その際に役立ったのは、各地域間の婚姻関係であった。一七世紀末まで、ブランデンブルクではほぼすべての貴族が同じ地域の有力者どうしで結婚していたが、一七五〇年代と一七六〇年代に状況が変わり、親族関係が次第に複雑化していく兆しがみられるようになった。ブランデンブルク、ポンメルン、東プロイセンの有力家系による婚姻のほぼ半数が、ホーエンツォレルン家領の他の地域に基盤を置く家系との間で行われるようになった。しかし、エリート層の均質化を推進した最も重要な制度的要素は、プロイセン軍であった。一八世紀に将校団が急速に拡大したために、地方エリートを精力的に採用せざるを得なくなった。また一八世紀初頭には、ベルリンやコルベルク〔ポーランドのコウォブジェク〕、マクデブルクに国費で士官学校が新設され、フリードリヒ・ヴィルヘルム一世は即位後まもなく、これらをベルリンの中央士官学校へと統合した。

確かに、貴族が自分の息子を士官学校に送り出したのは君主から圧力を受けたためだったが、貴族のほうも進んで、士官候補生制度がもたらすチャンスに飛びついた。とくに、裕福な貴族が通う私立学校に息子を通わせるだけの経済的余裕がない多くの家庭にとって、国立の学校は魅力的だった。また、この制度では大尉以上の階級に昇進すると、多くの小領地を維持するのに十分な額の収入を得られる可能性があった。[26] 新世代の職業将校の典型例が、アルトマルクの小領主の家に生まれたエルンスト・フォン・バルゼヴィッシュである。大学に通って国家の官僚になるだけの資力が家になかったため、彼は一七五〇年にベルリンの士官学校に入学した。バルゼヴィッシュの回顧録によれば、当時三五〇名いた士官候補生たちは、そこで作文、フランス語、論理学、歴史と地理、工学、ダンス、フェンシング、「軍事製図《ミリテリッシェ・ツァイヒェンクンスト》」などを教授された。[27]

教練を受けた経験、そして何よりも軍務に就いた経験を共有することで強い戦友意識《エスプリ・ド・コール》が育まれたのは間違いないが、しかし代償も大きかった。戦場で犠牲となる少年たちを供給するのが、いわば家業になった一族もある。とくにポンメルンのヴェーデル家は、一七四〇〜六三年に何と七二名もの若者を戦争で失った。同じ時期、クライスト家では五三名の男子が戦死している。またブランデンブルクのベリング家は、二三人の男子のうちの二〇人を七年戦争で犠牲にした。

フリードリヒ大王の時代には、貴族ではない者の昇進を妨害する慣行によって、貴族のステイタスと将校の地位との繋がりが強化された。七年戦争で貴族の士官候補生が不足した時には、王は平民出身者が将校になるのを認めざるを得なかったが、その多くは後に解任されたり、閑職にまわされたりした。一八〇六年、七〇〇〇名の将校団のうち家系が貴族でない者はわずか六九五名に過ぎず、しかもその大半は、権威の点で劣る砲兵や技術部門に集中していた。[28]

しかし、こうして王権との利害関係がますます密接になるにつれて、貴族は社会的、経済的変化の影響を受けやすくなった。一八世紀後半、地主貴族は危機的状況に陥った。一七四〇年代、そして一七五〇〜六〇年代の戦争と経済危機がもたらした混乱は、貯蔵制度を用いた政府の穀物市場操作と大土地を所有する一族の自然増加による人口過密によって悪化し、地主たちは一層の負担を強いられるようになった。ユンカーの農場の負債は激増し、破産や強制売却に至るケースが頻発し、金持ちの平民に売却される場合もあった。所領の主人が頻繁に入れ替わることで、伝統的な農村社会の結束も揺らいだ(29)。

国王がこうした事態を軽視していたわけでは決してない。フリードリヒ二世は、父親よりも保守的な社会観の持ち主であった。彼の見解では、貴族は将校として軍隊で活躍できる唯一の集団であり、ゆえに、自らが築いた軍事国家を存続させるためには、貴族の所領の安定と存続が肝要であった。そのため、フリードリヒ・ヴィルヘルム一世が貴族の社会的優位を意図的に揺さぶろうとしたのに対し、フリードリヒは彼らを庇護する政策を選んだ。重要なのは、貴族の土地が貴族以外の手に渡るのを防ぐ点にあった。そのため、金欠状態の貴族は納税を大幅に減免されたり、臨時金を支給されたりした。さらには、土地所有者が自身の所領を抵当にして過度な負債を抱えてしまうのを防ごうとする取り組みもなされたが、いずれの措置もほとんど実を結ばなかった(30)。これらの試みが不調に終わると、フリードリヒは直感に頼って土地売買の国家管理を強化したが、それも逆効果だった。土地売買の統制によって、財産処分の自由が厳しく制限されたからである。こうして政府は、貴族層の尊厳と経済的安定を回復し維持しようとしつつも、しかし地主層の基本的な自由を制限することでそれを実現せねばならないという、矛盾に悩まされるようになった。

国家による介入が弱まったように思わせ、反発を招かないような方策で貴族の利害を擁護しようとした結果、国庫金を使って、もっぱら土着のユンカーの家系を対象とした「土地抵当信用協会《ラントシャフト》」が設立されることになった。この組織は、困窮したり負債を抱えたりした土地所有者に対して、利子を補助するかたちで、不動産を担保とした融資を行った。土地抵当信用協会は一七七七年にクールマルクとノイマルク、一七八〇年にマクデブルクとハルバーシュタット、一七八一年にポンメルン〔これらの他に、一七七〇年にシュレージエン、一七八七年に西プロイセン、一七八八年に東プロイセン〕と、州ごとに設立された。多くの地域で貴族集団が財政的自助を伝統としていたということはあるが、公的な組織を用いて貴族の土地所有権を強化する案が平民から発せられた点は興味深い。おそらく土地抵当信用協会の出発点となったのは、ベルリンの富裕な商人ビューリングが一七六七年二月二三日の謁見の際に行った、国王への進言である。

土地抵当信用協会の成果については、発行する信用状の価値が金融投機の対象となるまでに高騰した側面に注目するならば、当初は上首尾だったと言ってもよいだろう。信用協会の融資は確かに、一部の不振な所領の生産性の向上に役立った。しかし、融資を「所領の有用な改良」と結びつけるという法律上の規定は、しばしばかなり恣意的に解釈され、政府の補助金が、貴族の土地所有の強化とはほとんど関係のない目的に利用される場合もあった。いずれにせよ、低金利の融資を利用し尽くした地主たちが他の金融機関を利用するようになったため、信用協会では農村部門全体の債務問題という喫緊の課題を解決し得なかった。一八〇七年には、全国各地の信用協会が総計五四〇〇万ターラーの不動産抵当債権を保持していたのに対し、民間の金融機関が抱える所領関連の債権は三億七〇〇〇万ターラーにも上った(31)。

こうした展開から窺えるように、ユンカーと君主の関係は今や一変した。一六世紀にはユンカーが選帝侯を経済面で支えたが、一八世紀も終わりに差しかかる頃には、両者の相互依存関係は逆転していた。一部の歴史家は、君主とユンカーは「支配のための妥協《ヘルシャフツコムプロミス》」を行い、他の社会勢力を犠牲にして、国家と伝統的エリートの支配を強固にしたとみなしている。この捉え方の問題点は第一に、ある時点で双方の「当事者」が不動の権力分有の状態に合意したとする理解が前提になっているところにある。しかし現実はその逆で、君主や大臣と様々な地方貴族との関係は、果てしない摩擦や対立、再交渉の繰り返しだった。そしてこのテーゼの第二の問題点は、国家と伝統的エリートの協力関係が有していた安定化機能を過大視してしまうことである。実際には、君主と大臣が最善を尽くしたところで、プロイセンの農村社会の様相を激変させつつあった社会的、経済的変化のプロセスは阻止しようがなかったのである。

領主と農民

一八世紀のドイツ地域では、大地を耕すことはほとんどの住民の宿命だった。耕作地は土地面積全体の三分の一を占め、人口の五分の四が農業を生業としていた(32)。したがって、土地の所有と利用を支配する権力関係は、滋養や富の生成というにとどまらず、国家と社会の政治文化全般に関わる、極めて重要な問題であった。ブランデンブルク＝プロイセンの農村社会を支配する貴族にとって、土地がもたらす富の分配を統制するのは自分たちの集団的権力の一部でしかなく、法的、政治的な権力も重要であった。一五世紀半ば以降、ユンカーは、最良の耕地が自分たちのものになるように土地所有権を再編成しただけでなく、領内の農民を直接支配するだけの政治権力を手に入れることで、経済的な優位を補完するのに成功した。彼らは例えば、農民が無断で農場を離れるのを阻止したり、逃亡して都市や他の領地に移り住んだ農民を——必要とあらば強制的に——連れ戻したりする権利を手に入れた。彼らはまた、農村の「臣民」に対して賦役を課す権利も徐々に獲得していった。

なぜこのような変化が起こったのか。同時期の西欧ではこれまで隷属状態にあった農民を法的に解放し、強制的な賦役を貨幣地代に切り替える傾向があったのに、なぜそれと逆行する現象が起こったのか、その原因はなお完全には解明されていない。エルベ川以東の地域はドイツ人が入植してから十分な歳月が経過していなかったため、農民の伝統的な権利が比較的弱かったこともあるだろう。また、中世末期の長い農業不況で人口が減少し、広範囲にわたって耕作地が放棄されたため、地主貴族が収入を最大限に増やし現金コストを削減する必要に迫られたのも、事実である。逃亡農民の回収をめぐる最大の競合相手であり、潜在的な抵抗勢力であった都市の経済が縮小したことも見逃せない。さらには、国家の権威が弱体化したことも重要である。地方貴族に頼りきりで、彼らにすっかり依存していた一五〜一六世紀のブランデンブルク選帝侯には、地方における貴族の法的、政治的権力の強化に対抗するだけの力も気概も欠けていた。

しかし原因はどうであれ、結果として、新しい地主制が出現した。農民は領主の所有物ではなかったので、それは正確に言えば「農奴制」ではなかった。しかし、農民たちは領主の個人的権威にある程度まで服属していた。貴族の領地は、法的にも政治的にも完結した空間となった。領主は農民の雇用主であり、土地の所有者であるばかりでなく、領主裁判所をつうじて農民に対して司法権を行使し、軽犯罪に対する少額の罰金から鞭打ちや投獄といった体罰に至るまで、様々な処罰を与える権限を有していた。

歴史家たちは長きにわたり、プロイセンの農地制度の権威主義的性格に関心を寄せてきた。ドイツからアメリカへ亡命した学者のハンス・ローゼンベルクは、プロイセンの農地制度は小さな独裁体制のごときものであり、次のような特徴があると述べている。

ローカルな支配は完璧だった。ユンカーはその時々に応じて、厳格な地主、世襲の農奴所有者、精力的な企業家、熱心な土地管理人、何でも扱う商人にもなったし、地域の教会のパトロン、警察署長、検察官、裁判官にもなったからである。[…]こうした地方の圧政の専門家の多くは、「無礼」で「生意気」な小作人の背中を鞭で打ち、顔を殴り、骨を折るのにためらいがなかった。[33]

ローゼンベルクによれば、この貴族の圧政の結果、プロイセン臣民の大部分が「絶望的な貧困」や「救いがたい無関心」に陥り、とくに農民は「法的、社会的な地位の低下、政治的無力化、道徳的麻痺、自己決定の機会の消失」といった憂き目にあった。別の著作の表現を借りれば、彼らは「反抗する気も起こらないほど虐げられていた」のである。[34] こうした見解は、ドイツの「特殊な道」論に与する文献に広く共有されている。曰く、ユンカーが支配した農地制度は、恭順と服従の習慣を人々に植えつけることで、プロイセン、ひいてはドイツの政治文化に有害かつ持続的な影響を与えたのであった。ユンカーの圧政を強調する歴史学上のこの黒い伝説は、反ユンカー感情という広く浸透した文化的伝統に馴染みやすかったこともあって、驚くほどしぶとく残存し続けてきた。[35]

しかし近年では、これとは異なる見方が登場している。エルベ川以東農民の相当数は自由な小作人、つまり領主の臣民ではなく被雇用者であった。とくに東プロイセンでは一八世紀末に、自由入植者の子孫である自由農民が農家六万一〇〇〇戸のうち一万三〇〇〇戸を経営していた。また多くの地域では、王領地や貴族領地に移民が定住し、非従属的な農民の集住地が形成された。[36] 中核地帯たるブランデンブルクの伝統的な領主支配地でも、労働の対価を賃金で支払われている者、乳牛など特定の資源を扱う専門の下請け業者として起業する者が相当数いた。換言すれば、ユンカーの所領で実践されていたのは、無償労働に依存し、技術革新へのインセンティブも存在しない、粗雑な穀物モノカルチャーではなかった。それは大規模な経営コストと多額の投資を伴う、複雑なビジネスであった。農場の経営が維持されるにあたっては、領主のレベルでも、所有地の生産性を可能な限り高めるために労働者を頻繁に雇用していた富農のレベルでも、様々な種類の賃労働が重要な役割を果たしていた。

確かに、強制的な賦役制度は広範に存続した。一八世紀のブランデンブルクでは、賦役は一般に週に二日から四日までに制限されていたが、ノイマルクでは、冬は週四日、夏と秋には週六日行われていた。[37] また、領主が同一でも賦役にはばらつきがあり、例えばプリーグニッツのシュターヴェノの所領では、カールシュテット村の住民は「月、水、金の朝六時に馬と一緒に、あるいは馬が不要な時は誰かもう一人連れて、徒歩で領主の農場に来て、帰ってよいと言われるまでは、牛飼いと一緒に畑にいる」よう命じられたのに対して、同じ所領内にある小さな漁村メゼコウの貧農には、「言われた回数だけ手仕事をする」義務があった[38]。

しかしこうした負担は、多くの領民に世襲財産権が大幅に認められていたことで、ある程度まで埋め合わせられた。この点に照らせば、賦役を単なる封建的な賦課としてではなく、地代として説明するほうが妥当であろう。確かに、ほとんどの完全自作農は賦役を忌み嫌って、貨幣地代への変更を切望していたであろう。しかし賦役による負担が、自分の耕作地で相応の生計を立てるのが難しくなるほどのものだったとか、ドイツの他の地域から来た入植農民が、土地への世襲的な権利と引き換えであっても領主の所領に定住するのをためらうほど過酷だったなどとは考えにくい。シュターヴェノに関する研究によれば、ブランデンブルクの平均的な村民は「絶望的な貧困」に追いやられていたどころか、実際には同時期の南欧や西欧の農民よりも豊かだったかもしれない。いずれにせよ、領主によって課される賦役は変更不可能なものではなく、再交渉が可能であり、時には実際に交渉が行われた。例えば、三十年戦争の荒廃で多くの農場が放棄された後の数年間がそうだった。極端な労働力不足に直面した領主たちは、賦役の削減という農民の要求に大抵は屈した。それどころか多くの領主が、農地への定住を希望する入植者を近隣の領主よりも高値で買い漁ることで、労働地代の引き下げに加担していたのである[39]。

さらには、領主の強引なやり口から農民を守るために、国家当局が介入した。一六四八年以降、歴代の君主の発する法律や布告によって、ユンカーが代々受け継いできた領主裁判所は次第に周辺地域に共通する法規範に従属させられていった。一六世紀から一七世紀前半にかけては、領主裁判所での訴訟に弁護士が関与するケースは稀だったが、三十年戦争以降、領主は法的資格を有する司法官を採用するようになっていった。一七一七年、フリードリヒ・ヴィルヘルム一世はすべての裁判所に対して、厳しい罰則で脅しをかけつつ、公布されたばかりの刑事法令《クリミナル・オルドヌング》を取り揃えるよう、そしてあらゆる刑事事件をこの法令に則って扱うよう命じた。さらに領主裁判所は四半期ごとに、自分たちが行った裁判について遺漏なく報告することを義務づけられた。この措置は、フリードリヒ二世の時代にも続けられた。

　一七四七〜四八年には、大学で教育を受けた政府公認の法律家を裁判官として採用することが、すべての領主裁判所に義務づけられた。これにより、司法は私人の手から剝奪され、国家の領域に引き戻され、領主裁判所ごとにばらばらだった手続きや実務が徐々に標準化されていった。[40] こうした流れは、ブランデンブルクの最上級裁判所であり控訴審裁判所であった、ベルリン王室裁判所の活動によって強化された。長きにわたりブランデンブルク各地の村民と領主の紛争を裁いてきた王室裁判所の役割は、未だに包括的に分析されていない。しかし、既にこれまでにも研究者の注目を集めてきた個々の事例のなかには、村人の訴えを支持したり、ユンカーの行き過ぎを抑えようとしたりする裁判所の姿勢を示すものが多数ある。[41] フリードリヒ二世の時代には、法務大臣ザムエル・フォン・コクツェイの改革によって、より迅速かつ安上がりな控訴の方法が創り出され、王室裁判所はさらに身近な存在になった。

　領主と領民の紛争の歴史は、自作農であれ小作農であれ、ともに自分たちの慣習的な権利や尊厳を強く意識していたこと、そして見事なまでに一致団結し得たことを示唆している。同様の状況は、三十年戦争で減少した人口が一七世紀末に回復し始め、農村の領民と領主の交渉力のバランスが領主に有利に傾き出すと、賦役をめぐる紛争がますます一般的になっていったことからも窺える。労働地代の引き上げ要求に直面した農民たちは、賦役には上限があるとする不動の習わしをもち出し、新しい「不法」な賦役の押しつけに断固反対する意志を示した。

例えば、プリーグニッツの農民が納税や賦役を拒否したことを伝える一六五六年の報告によれば、首謀者は、抗議に参加しない者には三ターラーの罰金を科すと脅す書状を各村に回した。[42] 一六八三年に、ベルリンの北東に位置するウッカーマルクのレックニッツ郡の所領で賦役をめぐって起こった争議の場合、一二の農村が領主に対するストライキに加わり、大選帝侯に抗議文を送って、管理人の「悪逆非道の所業《グローセ・ウンフェアアントヴォルトリッヒェ・プロツェドゥーレン》」を誇張混じりに訴えた。[43] この訴えに反論した書状で、管理人は当局に、領主の農民が賦役を拒否し、勝手に所領を離れ、冬は一〇時半にならないと姿を現さず、くたびれた家畜と一番小さい荷車しか領主の農場に持ってこなかったと報告している。書状によれば、領主の家来に仕事をするよう促されると、農民たちは彼らを殴り、首に大鎌を押し当てて、殺っちまうぞと脅しつけた。この争いは解決されず、その後も数年にわたって農民たちは連判状を送り続け、地元の牧師もそれに同調したようであった。当局は抵抗勢力を分断しようと村落ごとにばらばらの条件を提示したが、失敗に終わった。軍隊が出動して首謀者の一部に体罰が加えられたにもかかわらず、農民は自分たちから利益を搾り取ろうとする領主の企てを阻み、抵抗の「運動」は一〇年以上続いた。ここには、「恭順と服従の習慣」が染みついて意思を奪われた、無力な農奴の姿はほとんど見当たらない。この所領では、一六九七年の収穫の際に管理人が鞭で脅しつけると、近くにいた者は大鎌を振りかざし、「旦那、下がってくださせえ。そんなことしても無駄だし、俺らと仲良くもなれませんぜ。

殴れるもんなら殴ってみやがれってんだ」と、すごんでみせた。[44]

こうした例は一度きりではなかった。ベルリンの北西に位置するプリーグニッツでは、やはり労働地代の釣り上げが引き金となって、一七〇〇年に地元農民の抗議運動が発生した。農民たちの結束力には目を見張るものがあった。地元貴族が書いた陳情書には、「どん百姓」が税や賦役から解放されようとして「仕置きを覚悟で団結」し、「[プリーグニッツの]全村で家々からきっちり金を徴収している」と記されている。しかし陳情した貴族たちを悔しがらせたことに、政府は抵抗の首謀者を逮捕して処罰する代わりに、農民の嘆願をベルリン王室裁判所に送って審議させた。その間に、一三〇もの村が請願書を作成して、各々の不満を訴えた。それらの文書では、ユンカー領主が他の義務を軽減もせずに、領内で生産した作物を荷車でベルリンに運搬させるなど、とうに廃止された違法な賦役を復活させようとしたことが槍玉に挙げられている。また、度量衡の変更によって穀物で支払われる地代が知らぬ間に上昇したことや、一部の農民が領内に建てられたばかりの牢獄で手錠をかけられ、虐待を受けていることに対する苦情もみられる。[45]

ほぼ同時期にミッテルマルクやウッカーマルクの一部で起こった大規模な紛争も含め、[46]これらの抗議行動に顕著なのは、農民の抗議行動に特有の連帯意識と、より高次の正義に対する信頼感である。この種の出来事は、脈々と受け継がれてきた抗議の集合的記憶によって秩序づけられており、参加者は言われずとも何をすべきか「知っていた」。数少ない本格的な研究からは、農民が自分たちの狭い社会ミリューの外側にいる人々の支援や指導を容易に得られたという事実も分かる。レックニッツ郡の抗議運動では、村人が領主や控訴審裁判所といった上位者に理解できる言葉で不満を表明するのを、地元の牧師が助けた。プリーグニッツの蜂起では、学のある領地管理人が相当な危険を冒して、反乱勢力のために嘆願書や手紙の作成を手伝ってくれた。(47)

抗議がなかなか実を結ばず、意に反して新たな賦役が課されたとしても、領主を密かに欺く方法はあった。最も簡単なのは、賦役をできる限りいい加減に済ませて、制度を骨抜きにしてしまうという手だった。現地で代官を務めていたフリードリヒ・オットー・フォン・デア・グレーベンは、大選帝侯に宛てた一六七〇年一月の手紙の中で、ツェヒリン御料地管区にあるバビッツ村の農民が冬場に行う賦役がいい加減すぎるとこぼしている。グレーベンによれば、住民はしばしば子供を所領に寄こしてきたり、午前の一〇時か一一時に出勤して二時には帰ってしまうので、週に三日の賦役が丸一日分の働きにすら及ばなかった。(48) 一七一七年に一族が購入したシュターヴェノの所領の農民に関して、アンドレアス・ヨアヒム・フォン・クライスト大佐は一七二八年に以下のような苦情を領主裁判所に申し立てている。「賦役を遂行するにあたって、多くの障害が見受けられます。ある者は仕事に耐えられないような貧弱な馬を連れて来ますし、またある者はいい加減かつ反抗的な働きぶりで、どの作業も終わらないのです」。しかし、領主裁判所でこうした苦情が読み上げられたところで、多くの領民はその場に出頭しておらず、効果はあまりなかった。(49) 残っている史料からすると、エルベ川以東ではこうした状態が日常茶飯事だった。地代契約の正当性が疑問視された所領では不服従の気風が広く浸透しており、公然と行われる抗議運動は氷山の一角でしかなかった。(50)

このような抵抗が経済エリートとしての領主に与えたインパクトを、厳密に評価するのは難しい。しかし、労働地代の一方的な引き上げに抗議し、さぼりや妨害行為によって地代引き上げの長期的な効果を無くしてしまおうとする農民の態度に、領主が手を焼いていたのは明らかであろう。一七五二年にウッカーマルクのベッケンベルクにあった所領の一部を相続した際に、フォン・アルニム家の一員であったある貴族は、畑が茨だらけで「農民の賦役によって惨憺たる状態になっている」ことに気づいた。この貴族は従来のやり方を続けるのを諦め、賃労働者を何世帯も招き、私財を投じて彼らに住まいを提供して、直接に働かせることにした[51]。ここからは、農民の反抗が賦役の価値を低下させ、賃労働の活用を促進し、完全な賃金制への移行を早め、エルベ川以東の所領の「封建的」構造を徐々に空洞化させていったことが明確に見て取れる。

ジェンダー、権威、農場社会

「プロイセン・ユンカー」のイメージの極めて明瞭な、しかしあまり注目されていない特徴は、誇張まじりの男らしさである。一八世紀後半から一九世紀初頭にかけてのプロイセン各地に登場した集団的な貴族イデオロギーの結晶ともいうべきものの一つが、温情に満ちた家父長《ハウスファーター》の権威の下に置かれた、「まったき家《ガンツェス・ハウス》」の観念であった。家父長の権威と監督は核家族に対してだけでなく、小作農や半自作農、奉公人など、所領の様々な住民にまで及んでいた。一七〜一八世紀には、秩序ある自給自足生活を送り、相互依存と相互義務の絆で結ばれ、家父長のリーダーシップに導かれた理想的な農場という観念を称揚するノンフィクション作品が、盛んに発表された[52]。

その残響は、ずっと後になってテオドール・フォンターネが古き貴族への悲哀の情を込めて書いた名作、『シュテヒリン湖』〔一八九九年刊〕にも見出すことができる。この作品では、昔気質の社会エリートの美徳が、無愛想だが愛すべき田舎領主ドゥプスラフ・フォン・シュテヒリンに具現化されている。この老シュテヒリンには家父長の面影をなおも見出せるが、家庭につきものの——夫婦や父母、娘、息子といった——性的要素は背景に消えている。フォンターネは貴族階級全体の苦境や主観を表すために、物語が本格的に動き出す前にシュテヒリンの妻を若死にさせることで、家の主人を具体的な家庭の設定から切り離してみせる。この点でフォンターネは、一八世紀の家父長文学《ハウスフェーター・リテラトゥール》が描いた家父長制の世界とは一風異なる手法で、農場の世界を男性化したのである。ユンカー層をノスタルジックに描き出すフォンターネの筆致は力強く、一九世紀末から二〇世紀初頭のプロイセンの読者層にとって、彼の作品は一種の仮想記憶となった。歴史家のファイト・ヴァレンティンがプロイセンのユンカーを「無口で冷淡な男、権柄尽《けんぺいず》くだが親しみやすく、押し出しが良くて一筋縄ではいかず、自分たちと異質なものを拒み、うぬぼれ屋になるには高潔で、田舎の屋敷を「城」、庭園を「苑」と呼んだ」と表現した時に念頭にあったのは、このフォンターネの世界であった[53]。

ユンカーを男らしさに満ち溢れたタイプとして捉える傾向は、軍務との関連によって強化された。軍務はユンカー階級の視覚的イメージに消え去ることのない痕跡を残し、彼らについてのこんにちの認識をもかたちづくっている。一八九〇~一九〇〇年代の風刺雑誌には、軍服姿の将校を主題に据えた挿絵が盛んに掲載された。ミュンヘンの雑誌『ジンプリツィシムス』では、「ユンカー」はグロテスクなほどぴっちりした軍服のボタンを上まで閉め、親から受け継いだ富を賭博場で浪費するのに熱中する見栄っ張りのぼんくら青年、あるいは「チャールズ・ディケンズ」を競走馬の名前と思いこみ、「大学入学《イマトリクラツィオーン》」をユダヤ教の祝日と勘違いする、薄情な女たらしの無学者として描かれている。ジャン・ルノワール監督の一九三七年の映画『大いなる幻影』でエーリヒ・フォン・シュトロハイムが演じて不朽の名声を得た身体的タイプ、すなわち真っすぐに伸びた痩身、切り揃えられた髪、整えられた口髭、直立不動と無表情、きらりと光る片眼鏡――演劇効果のために時々レンズがずらされる――は、近代ヨーロッパ人の一典型として、未だに万人が認識できるものになっている。(54)

短い余談に筆が逸れたのは、こうした描き方にけちをつけるためではない。これらのユンカー像は確かに、賛否どちらの立場からにせよ、市民層が「ユンカー層」をどのように理解していたのかをよく表しているし、ユンカー自身もこうした自己像をある程度まで我がものとして受け入れていた。むしろ問題とすべきは、ユンカーの男性ばかりが注目されて、女性たちが視界から消えてしまっている点である。ユンカーの女性は、プロイセンの田舎暮らしに欠かせない社交やコミュニケーション・ネットワークを維持しただけでなく、家計や人事管理の面でも活躍しており、彼女たちなしには古典的な商業農園時代の所領は機能しなかった。シュターヴェノのクライスト家の所領に話を戻すと、一七三八年にアンドレアス・ヨアヒム・フォン・クライスト大佐が他界した後の二〇年間、所領全体を取り仕切っていたのは、妻のマリア・エリーザベトであった。フォン・クライスト夫人は、自身の領主裁判所やベルリン王室裁判所への提訴をつうじて熱心に未払い金を取り立て、所領内の領主裁判所を監督し、隣人に五パーセントの利息で大金を貸し付け、薬屋や漁師、お抱えの御者、宿屋の主人など様々な地元民のささやかな貯金を預かり、戦債を購入し、貴族対象の信用機関への利付き預金に投資するなど、所領経営の万事を切り盛りした。(55)

ベルリンから東に七〇キロメートル離れた、オーダー川の氾濫原の外れにあるアルト・フリートラントの領地を一七八八年に相続した、ヘレーネ・シャルロッテ・フォン・レストヴィッツの事例も印象的である。地域や地元住民との一体感を深めようという思いもあったのであろう、この所領を手に入れた彼女は「フォン・フリートトラント」と名乗るようになった。一七九〇年代前半、近隣の村落アルト・クヴィリッツとの間で、中間点にあるキーツァー・ゼーと呼ばれる湖の使用権をめぐって諍いが起こった。アルト・クヴィリッツの村人たちは、飼料が不足し、また家畜のための冬の貯蔵が必要になる晩秋に、湖岸でイグサや草を刈る権利を主張した。彼らはさらに、自分たちの村落側の湖畔に点在する小さな砂浜で、麻や亜麻を染める権利も主張した。こうした言い分に対してフォン・フリートラントは、湖全体のイグサ刈りの権利は自分にあるとやり返し、キッツァー・ゼーの使用権に関する口伝えを確認する目的で領民から聞き取り調査まで行って、懸命に反論した。

一七九三年一月、アルト・クヴィリッツの領主に再三訴えても事態が解決しなかったため、フォ

図16〈ユンカー〉風刺雑誌『ジンプリツィシムス』に掲載されたE・フェルトナーによる挿絵。

ン・フリートラントはベルリン王室裁判所に提訴した。そして領民や農場管理人に対して、棍棒で武装し、イグサを刈るクヴィリッツの村人を捕まえ、不正に入手したイグサを没収するよう命じた。領民たちは熱心に、そして明らかに楽しみながら、この仕事に取り組んだ。ベルリン王室裁判所での審理の結果、双方の面目を保つために、湖の使用権を折半するという和解案が示された。しかし、フォン・フリートラントはこの判決を不服として、直ちに上訴した。彼女は隣人のイグサ刈りの悪質さを問題にするのをやめ、麻染めが湖の魚類に与える悪影響に論点を移した。フォン・フリートラントは麻染めを阻止するために湖岸に見張りを置いたが、数で勝る相手側にあっけなく捕らえられて、連れ去られてしまった。その後、フリートラントの猟師が銃で威嚇して、麻染めをしている一団を追い払ったが、クヴィリッツ側も混乱に乗じて、フリートラントに住むシュマーなる名の漁師から小舟を奪い去るのに成功した。上訴審の最中の二年間、フォン・フリートラントは湖とその資源の利用をめぐって、領民を率いてなお闘い続けていたのである。

この事例を調べてみて驚かされるのは、領民と領主の強烈な連帯意識やエコロジー風の議論の活用もさることながら、精力的で喧嘩早いフォン・フリートラント夫人という、地域社会における傑出した人物の存在感である。彼女はまた、一八世紀後半のブランデンブルクに増えつつあった「改良型領主」の一人でもあった。フォン・フリートラントは、自分が所有していた種牛を臣下に無償で貸与して飼育させ、新種の作物を導入し、枯渇した森林を再生させるなど、先駆的な取り組みを行った。樫、菩提樹、ブナなどの美しい森は、こんにちでもこの地域の格別の魅力となっている。また、所領内の学校教育を改善し、村人が領地管理人や酪農家として活躍できるように訓練したのも、彼女だった。[56]

彼女のような家母長がユンカー層についての記録にどれほどの頻度で登場するのか、また農村での女性の活動条件が時とともにどのように変化したのかを確定するのは難しい。しかし、キーツァー・ゼーの紛争に関する史料からは、当時の人々がフォン・フリートラントを異様な例外的存在だと認識していたことを示唆するものは何も見つからない。むしろ、女性が所領の所有者、領主として熱心に活動していた事例は、様々な文献に散見される。(57) これらの例は、少なくとも、「女ユンカー《ユンケリン》」がやるのは編み物や繕い物、家庭菜園の手入れといった「女の雑用」だという、一八世紀に書かれた「社交書」が流布させたステレオタイプなイメージがすべての家庭に該当するわけではないこと、願望まじりにこしらえられたそのようなイメージは、我々が考えるほど強い規範性をもっていなかったことを示唆している。(58) 確かに、アンシャン・レジーム期の農村貴族の家庭では、一九世紀や二〇世紀のブルジョワ家庭ほどに男女の役割が二極化されていなかったことを窺わせる例は幾つもある。一八世紀の女領主たちが自律的な代表者として活躍できた背景には、女性の財産権が法的にしっかりと保証されていたという事実があるが、この法的権利は次の世紀に縮小されることになる。(59)

貴族の家庭に関するこうした見方は、従属民であれ自由民であれ、領地に住んでいた小作人、村民、奉公人の社会ミリューにもある程度まで適用できる。そこでも、構造的なジェンダー不平等が深刻だったのは間違いないが、女性は思いのほか強い立場にあり、多くの場合、金銭の管理や運用、貯蓄も含めて、男性と共同で家計に携わっていた。結婚に際して多額の持参金をもってきた女性は、家庭の資産の共同所有者になる場合があった。また、居酒屋の女将——鍛冶屋や村の有力者が領主から酒場を借り受け、妻が経営し、それによって村の中で一定のステイタスと社会的地位を獲得することも珍しくなかった――に代表されるように、女性であっても半ば独立した村の企業家として活躍する者もいた。さらに、とくに男手が不足している時には、女性が頻繁に農作業に従事した。男性がギルドを支配しており、女性の職業進出が困難だった都市に比べると、農村では性別役割分業はそれほど厳密ではなかった。[60] 夫の家に嫁いでも、女性が自分の親族ネットワークとの関係を断ち切られることはなく、夫との揉め事から抜け出せなくなった妻は、しばしば自分の血筋の者の助けをあてにできた。こうした絆の重要性は、農民の女性が結婚しても夫の姓を名乗らず、父方の姓を保持し続けたことに象徴されている。[61]

ジェンダーは権力関係を決定する要因の一つとして、農村社会を構成する他の様々な社会的序列と相互に作用し合っていた。多額の持参金を持って完全自作農に嫁いだ妻は、夫が死んだり隠居したりした後に誰かが家の財産を要求してきても、自分の生活を守れるだけの比較的強い立場にあったのに対し、隠居した農民と結婚したあまり裕福ではない女性の地位は、夫の死後に生活費を調達し続ける手段がないため、はるかに弱かった。夫の死後に女性に渡される生活費の問題は極めて微妙で、再婚の際に結ぶ農地占有契約に特別な規定がもうけられることもあった。また、高齢の夫が隠居して相続人に所領の経営を委ねた時点で、妻への支払いが済まされる場合もあった。周囲が善意をもっていれば、寡婦となった年配の女性は地域の慣習に頼って適切な支給額を得られたが、そうでない時はしばしば、領主裁判所をつうじて権利の行使を試みなければならなかった。[62]

非嫡出子をめぐる紛争を扱った研究からも、農村社会において性別に基づく役割分担がどのように規定され実践されていたのかが窺える。それによれば、アルトマルク地方などプロイセンの幾つかの地域では、非嫡出出生の割合が驚くほど高かった。シューレンブルク家の所領であったシュターペン教区を例にとると、一七〇八～一八〇〇年の間に教区内で挙行された婚姻が九一件だったのに対して、非嫡出出生は二八件であった。(63)こうした事例では、裁判所は主に父親が誰なのか確認しようとし、その男性に対して母親が養育費を請求できるかどうかを問題にした。裁判記録には、男女の性欲には大きな相違があるという前提が随所に示されており、女性は性交渉に際して受動的で防御的であり、他方で男性は明確な意志によって性行為に駆り立てられるとする理解を自明視していた。つまり、非嫡出子に関する審理のポイントは、一般に、女性がなぜ男性の性的欲望に応じたのかを立証する点にあった。もし彼が結婚の約束をして彼女を説得したことが証明されれば、彼女の養育費請求権は強化されうるし、逆に乱れた生活をしているといった評判があれば、彼女の立場は弱くなるかもしれないというわけである。それに対して、相手の男性の性遍歴は不問に付されたのであり、審理は男性に有利に進められた。しかし、裁判は思うほど差別的なものではなかった。妊娠の状況をできるだけ正確に把握するのに相当な労力が費やされ、父親が明確に特定された際には、結婚が強制されることは稀だったが、養育費を分担させられるのが一般的であった。(64)

いずれにせよ、ジェンダーは裁判の結果に影響を与えうる幾つかの変数の一つに過ぎなかった。貧しい家の出身者よりも、旧家の女性のほうがはるかに有利だった。そうした女性には村の有力者が助け舟を出す例も多く、それが判決の決め手となる場合があったし、非難を浴びた男性が結婚に応じる可能性も高かった。(65)貧しい家の女性だと、有力者の支援をあてにすることも、男性に結婚を認めさせることもままならなかったが、未婚の母として生きていく道はあった。このような立場の女性は、他家で糸紡ぎや裁縫などの家事労働をして食いつないでいけた。また、いつか結婚にこぎつける場合もあったし、そうでなくても、父親を特定して責任を認めさせれば、非嫡出出生という汚名はあらかた消え去った。体を壊さずにいられればの話だが、貧しい女性が一人で子供を育てたほうが、家に縛られた同じ社会的地位の既婚女性よりも収入を得るのに有利だったことを示唆する証拠さえある。[66]

非嫡出出生をめぐる裁判から浮かび上がってくる最も興味深い知見の一つは、エルベ川以東の所領における農村社会の自己管理能力の高さである。小作人をはじめとする村人たちは、馴染みのない領主裁判のなすがままにされる、無力で萎縮した臣民ではなかった。多くの場合、領主裁判所は村の社会的、道徳的規範の執行機関に過ぎなかった。そのことはとくに、家庭内の諍いによって、老人や弱者が満足な生計手段を失いそうになった時に明確になった。そうした場合、領主裁判所の主たる役割は、村のモラル・エコノミー〔伝統的観念に照らした社会正義の実現を目指した、民衆の抗議活動や行動規範などのこと〕が最も弱い立場の人々に有利に働くよう取り計らうことにあった。[67] 性的な軽犯罪などを扱う訴訟では大抵、村民たち自身が一種の「予審」を行い、これによって審理が始まった。扱うべき事案があるのを裁判所に知らせたのは村のほうだったし、裁判で非嫡出子の父親が確定された際に、養育費の支払いを管理するのも村だった。このように、領主裁判は村の自治機構とある程度まで共生しながら運営されていたのである。[68]

勤勉なるプロイセン

「プロイセンの力は何らかの内在的な富によってではなく、仕事への勤勉《ゲヴェルプリッヒャー・フライス》によってのみ成り立つ」

と、フリードリヒ二世は一七五二年の『政治遺訓』のなかで述べている(69)。大選帝侯の治世以来、産業の発展はホーエンツォレルン国家の主要な目標の一つであった。歴代の君主はその実現のために、国内の労働力を強化しようとして移民の受け入れを推奨し、企業の設立と拡充を督励した。既存の産業の一部は、輸入禁止や高関税といった措置によって保護されていた。また、軍事的に重要な商品を製造していると判断されたり、かなり大きな収益が期待できたりする場合には、政府自身がその産業を独占し、責任者の任命、資金の投入、品質の管理、収益の確保を行った。重商主義の原則に則って、原材料が他国に流出しないようにすることに労力が割かれた。フリードリヒ大王が治世の最初期に行った施策の一つに、「商工業」の監督を司る新たな官庁として、総監理府に第五部局を創設した点が挙げられる。国王は第五部局の初代担当大臣に宛てた指示のなかで、同部局の目的は既存の工場を改善し、新しい製造業を導入し、外国の人材をできるだけ多く製造業に雇い入れることにあると謳いあげた〔一七二三年の総監理府の発足時には第一〜第五部局が置かれ、第五部局は司法行政を司ったが、一七三九年に廃止された〕。

移民の受け入れ口はハンブルク、フランクフルト・アム・マイン、レーゲンスブルク、アムステルダム、ジュネーヴに設置された。国内の羊毛業者が求める労働力を調達するために、隣国のザクセンから羊毛紡績業者が引き抜かれた。リヨンやジュネーヴからは、大抵は定住せずに帰国してしまったものの、絹織物工場で働く熟練工がやって来た。ドイツ諸邦からの移民は、ナイフやハサミを製造する工場を設立した。フランスからの移民――かつてのようにプロテスタントだけでなく、カトリックも含まれるようになった――は、プロイセンの帽子製造業や皮革産業の発展に貢献した。

フリードリヒ大王の「殖産興業《エコノミック・ポリシー》」は、国家にとってとくに重要だと判断された特定の部門への単発的な介入というかたちをとった。とりわけ絹産業には熱い視線が注がれたが、それは、絹は——桑の若木を冬の霜から守る方法さえ見つかれば——理論上はプロイセン国内で自給生産できる製品であり、外国産の贅沢な絹製品を購入すると国富が大量に流出してしまうと考えられたからだが、また他方で、絹が優雅さや文明の高さ、技術や知識の先進性と結びついた、格調高い商品だったことも一因だった。(70)

生産向上のために採用された手法は、奨励策と統制策を取り混ぜた独特なものであった。軍隊が駐屯する都市には、城壁内に桑の木を植えるよう命じられた。一七四二年の王令は、桑園を造ろうとする者に必要な土地を提供すると規定していた。自己資金で一〇〇〇本以上の桑の木を育てる生産者には、事業が利潤を生むようになるまで、職人への賃金支払いのために支援金が給付されるものとなっていた。また、木が十分に成熟すると、イタリア産の蚕の卵が政府から無償で提供された。さらに、そうした農園で生産された絹は、政府が買い取ることになっていた。新興の絹織物部門は、輸出の際の特別補助金や保護関税、免税措置などによって守られていた。一七五六年以降、エルベ川以東のプロイセン領では、外国産の絹の輸入が全面的に禁止された。絹の生産には政府の特別部門から国費が投入され、その規模は総額でおよそ一六〇万ターラーに達したと推計される。こうした特定の産業の重点的な育成が総体的な生産能力の増大に繋がったことは疑い得ないが、介入的な性格の強い手法が製造業全体の生産性向上を促す最善策なのかどうかについては、当時から異論もあった。(71)

絹織物産業の場合、国家が主要な投資家であり、また主要な企業家でもあったが、同様のパターンは、軍事的あるいは財政的に重視された他の様々な産業にも見られる。例えば、シュテッティンには王立の造船所があったし、タバコや木材、コーヒー、塩などに関しては、国の監督下で実業家が経営する専売制がとられていた。また、ベルリンのシュプリットゲルバー&ダウム商会のように半官半民の企業も相当数存在していた。同社は外国製軍需品の購入や販売といった軍事産業に特化した企業で、民間企業として運営されていたが、国によって競争から保護されており、定期的に政府の注文を受けていた。国家主導で起業家精神が発揮された事例として有名なのは、オーバーシュレージエン地方の鉄鉱石産業の振興である。一七五三年、同地のマラパーネ〔ポーランドのオジメク〕に、近代的な高炉が稼働するドイツ初の製鉄所が建設された。政府はさらにシュレージエンのリネン産業の拡充も支援し、移住してきた織工に織機を無料で貸与するなど、様々な奨励策を盛り込んだ特別定住制度をもうけて、新規の労働者や技術者を呼び込んだ。[72] これらの事業はどれも、保護関税と輸入禁止措置によって制度的に保護されていた。

ここまで介入を深めたことで、国家、さらには君主までもが、個々の産業部門の細かな問題に長期的に関与するようになった。そのことは、フリードリヒ大王の治世末期にハレ、シュタスフルト、グロース・ザルツェの製塩業が不振に陥った際の政府の対応から確認できる。これらの都市の製塩所はザクセン選帝侯国という顧客を失い、プロイセン王に何度も嘆願書を送って泣きついた。一七八三年、フリードリヒは重臣のフリードリヒ・アントン・フォン・ハイニッツに、「塩鉱から他の製品、例えば硝石か何かを造り出して、民をある程度まで自活できるようにしてやり、さらにその製品を販売することができないかどうか」、調査するよう命じた。[73] ハイニッツは、岩塩の塊を製造して、シュレージエンの王領地の放牧牛向けに売り込むという手を考えついた。彼はグロース・ザルツェの塩鉱業組合《プフェナーシャフト》に然るべき実験を行うよう勧め、その費用として王室経費から二〇〇〇ターラーの補助金を与えた。最初の実験は、鉱塩を取り出すための窯の品質が悪く、焼成中に崩れてしまったために、不首尾に終わった。より良質の窯を建設するには、大臣裁量経費から大幅な助成を引き出す必要があった。ハイニッツは一七八六年の夏に、シュレージエン担当大臣で国王の寵臣だったカール・ゲオルク・ハインリヒ・フォン・ホイム伯爵に約四〇〇トンの塩塊の購入を要請し、一度は承諾を得たが、グロース・ザルツェの新たな製塩所で作られた製品の品質が悪く、またあまりにも高額だったため、翌年に発注の更新を断られた。ここからは、高い即応性や革新性をもちながら、しかし市場よりも政府の主導による問題解決を優先するあまり、望ましくない結果を招きがちだったことが見て取れる。[74]

その徹底した介入主義と管理主義が示すように、フリードリヒ二世は、英仏などで当時もてはやされていた経済思想の風潮——経済とは独自の自律的法則の下で機能しているのだから、個人の事業や生産活動に対する規制緩和こそが成長の鍵だとする見解——とは無縁の人物であった。とくに七年戦争の後、政府が定める経済的制約の下で実業家が苦慮するようになると、論争が高まった。一七六〇年代、ブランデンブルク＝プロイセンの都市では、民間の商人や製造業者が政府の不自由で不平等なやり方に抗議し、国王の周囲の官僚からも、彼らを支持する声があがった。一七六六年九月、第五部局のエーアハルト・ウルジーヌス枢密財務顧問官は、政府の政策を批判する覚書を提出した。矛先が向けられたのは、品質の劣る素材を外国産よりもはるかに高いコストをかけて生産していたビロード製造業や絹産業への、過剰な支援であった。ウルジーヌスの主張によれば、政府による独占のネット

図 17　工場を視察するフリードリヒ大王。アドルフ・メンツェルによる銅版画、1856 年

ワークは、貿易の繁栄に逆行する環境を創り出していた[75]。ウルジーヌスの直言が報われることはなかった。彼は財界の有力者から賄賂を受け取っていたのが発覚し、シュパンダウの要塞に一年間幽閉される結果となったのである。

歴史的にみて、ウルジーヌスよりも重要な批判者だったのが、プロイセン王国の農業、経済、軍事組織に関する全八巻の書物を発表して広く議論を呼んだ、ミラボー伯オノレ・ガブリエル・ド・リケティである。重農主義的な自由貿易経済思想の熱心な信奉者だったミラボーは、プロイセン政府が国内の生産性を維持するために採用した精巧な経済統制システムを、ほとんど評価しなかった。ミラボーによれば、産業の成長を促す「真に有用な方法」は幾つもあるが、プロイセン王国で一般的に行われている独占、輸入制限、国家補助はそこには含まれない[76]。曰く、農業や貿易で自然に蓄積された資本に基づいて製造業が「自発的に自己形成」するのを許す代わりに、王は無謀な投資計画で資源を無駄にしてしまった。

プロイセン王は先ごろ〔同書が刊行されたのはフリードリヒ大王の死から二年後の一七八八年〕、フリードリヒスヴァルデに時計工場を建設するのに六〇〇〇エキュを下賜した。あんなちっぽけな計画にこれほどの金をかけるのでは割に合わない。継続的にさらなる資金を投入しないことには、あの工場を維持できないのは火を見るよりも明らかだ。あらゆる無用な装身具のなかでも、できの悪い時計ほど役に立たないものはないのだ。(77)

ミラボーは、半世紀近くにわたるフリードリヒの治世が遺したものは、慢性的に供給過多で、起業精神が規制と独占によって抑え込まれた、見るも無残な経済停滞だと結論づけている。(78)

この評価はあまりにも厳し過ぎるが、それは、ミラボーの最終的な目標が議論を喚起することにあったため――ミラボーの真の標的はフランスのアンシャン・レジームであり、彼は一七八九年にこの体制を転覆させた立役者の一人となった――である。フリードリヒの実験を擁護するならば、この時代に着手された国家プロジェクトの多くが、より長期的な成長の基礎を築いた点を指摘できよう。例えば、シュレージエンの鉄工業はフリードリヒの死後も、シュレージエン上級鉱山監督局長のフォン・レーデン伯爵〔ハイニッツの甥〕の監督下で繁栄し続けた。その従業員数と生産力は一七八〇～一八〇〇年に五〇〇パーセント増加し、一九世紀半ばには、シュレージエンは大陸ヨーロッパで最も効率的な冶金産業を有するに至った。これは、国家の梃入れが長期的な成長と発展に繋がった成功例である。[79] 同じことはベルリンの南方、ミッテルマルク地方のルッケンヴァルデ郡で国家の後援を受けて成長した、羊毛産業にも言える。国家は、自由な競争と起業家精神に適した環境をいきなり創りあげることはできなかったかもしれないが、企業家エリートがいない地域において、その代役を務めることはできた。ルッケンヴァルデのように産業が未成熟な土地に職工たちを住まわせようとする発想は、潤沢な資金があって進取の気性に富む商人でも持ち合わせていなかったであろう。国の後押しを受け、地域の資源やノウハウが十分に集約された定住地が成立して初めて、企業家の活動は実を結んだ。つまり、国家主導の開発と起業家精神は相反するものだったわけではなく、前者の上に後者が積み重なるかたちで成長がもたらされたのである。もっとも、一九世紀の社会経済史家の一人であるグスタフ・シュモラーの言葉を借りれば、保護主義と国家主導の経済成長という体制は、「自ら蒔いた種が［一九世紀の］産業自由主義の太陽の下で開花するために崩壊しなければならなかった[80]」。

いずれにせよ、一八世紀半ばのブランデンブルク＝プロイセンは、国家だけが革新者、企業家の役割を担う経済的に不毛の地ではなかったし、大規模な製造業の経営者としての政府の重要性を過大視してはならない[81]。プロイセンの中核地帯において経済成長の中心を担っていた複合的王都、ベルリンとポツダムでは、国営もしくは公営の工場《ファブリーケン》は全体の五〇分の一に過ぎなかった。確かに官営工場のなかには、フリードリヒ・ヴィルヘルム一世が軍服を製造するために設立した王立工廠《ラーガーハウス》や、陶磁器や金銀の製造所など、大規模なものが含まれている。しかし、それらの多くは国家の直営ではなく、裕福な実業家たちに委託されていた。西部地域には、マルク伯領の冶金業やクレーフェルト周辺の製糸業、ビーレフェルト周辺の織物業などの独立した大きな中心地があり、国家の役割はそれほど目立ったものではなかった。これらの地域で経済生活を担っていたのは、自信に満ちた商工業ブルジョワジーであり、彼らの富は国家との契約からではなく地域貿易、とくにオランダとの貿易によって得られていた。その意味で、西部地域は「経済発展に対する国家の影響力の限界を示す好例」であった。[82]

プロイセン複合国家の中核地帯でも、国家主導の産業部門の成長は民間セクターの急激な拡大に追い越されていった。とくに七年戦争後は、民間の出資・経営による従業員数五〇〜九九名の中規模製造業が急成長し、政府主導の産業の重要性が低下していることが明らかとなった。綿織物業の成長はとりわけ目覚ましく、毛織物業や絹織物業とは異なり、政府の援助をほとんど受けなかった。ハンブルクやライプツィヒ、フランクフルト・アム・マインといった外国の都市に匹敵する広域的な生産拠点はベルリン＝ポツダムとマクデブルクだけだったが、王国の中核地帯には小規模な生産拠点が数多くあり、農業を主たる収入源とするかなり小さな町にまで、手仕事を主体とする製造業が集まっていた。例えば、ベルリンの西に位置するアルトマルク地方のシュテンダルは、一〇九人もの親方職工を擁していた。一八世紀後半になると、こうした地域では、分散していた個々の工房が徐々に一つの工場に統合され、相当な構造変化が起こった。小さな手仕事の町でさえ、後年の産業発展の礎となる貴重な「進歩の島」たり得たのである。[83]

国家セクターの外側でのこのような加速度的な成長を支えたのは多様な企業家エリートたちであったが、そうした人々と経済問題を担当する官庁との関係は、重商主義モデルでは説明がつかないほど複雑だった。一七六三年以降の数十年間に、製造業者、金融業者、卸売業者、下請け業者などが急速に結びつきを強め、新たなエリート層が形成された。彼らは古い都市寡頭政と相変わらず密接に結びついていたものの、その経済活動は伝統的な社団的秩序の構造を徐々に解体していった。彼らは、国営企業の食卓からわずかなおこぼれを頂戴することに汲々とする意気地なしの「臣民」ではなく、自分自身の、そして自分の属する集団の利益を強く意識した、独立独歩の企業家であった。彼らはしばしば政府の活動に影響を及ぼそうと試み、一七六〇年代の恐慌の際に政府の貿易制限に集団で抗議したように、時には公然と異議を申し立てた。もちろん、君主への陳情から、中央や地方の上級官僚への手紙の送付、都市税務監督官や工場監督官《ゲヴェルクスアセッソル》といった地元の国家官吏との接触に至るまで、様々なレベルでの個人的交際をつうじた働きかけも頻繁に行われていた。第五部局のウルジーヌス枢密財務顧問官の汚職疑惑に対する捜査では、ヴェゲリー、ランゲ、シュミッツ、シュッツェ、ファン・アステン、エフライム、シックラーといったベルリンの商工業界の大物と公私にわたって交際していた証拠が大量に出てきた。これ以外にも、初代担当大臣マルシャルの亡きあと第五部局を取り仕切ってきた枢密財務顧問官ヨーハン・ルドルフ・フェシュの書簡からも明らかなように、役人と実業家の接触は日常茶飯事だった。またフランクフルト・アン・デア・オーダーでは、地元の官吏と実業家が定期的に会合をもち、政府の貿易振興策について議論していた。そして一七七九年には、デュ・ティトル、エーミッケ、エルメラー、ジーブルク、ヴルフ、ユーターボック、ジーモンといった綿織物業者の一団が第五部局に押しかけて、最近の政府の施策に対して激しい抗議を行った。(84)

プロイセン国家は、フリードリヒ大王の有名な商人蔑視から想像されるよりもずっと、財界からの働きかけに対して寛容であった。国王の最も近しい個人的助言者のなかには、著名な企業家や製造業者が少なくとも一〇名はいた。例えば、繊維業者のヨーハン・エルンスト・ゴツコフスキやマクデブルクの商人クリストフ・ゴスラー、クレーフェルトの有力な絹織物業者フリードリヒ・フォン・デア・ライエンとハインリヒ・フォン・デア・ライエンは国政に関して正式な報告を求められることがあった。とくにフォン・デア・ライエン兄弟は、王への奉仕に対する報いとして、一七五五年に王室商業顧問官《ケーニクリッヒャー・コメルツィエンラート》の称号を与えられている。

君主や中央の官僚が財界の影響を受けやすかったのだから、地方都市の役人はなおさらであった。各地の都市税務監督官は地方における国家の意思の執行者というよりも、辺境から中央へと情報や影響力を伝達するパイプ役としての自覚のほうが強かった。彼らは地元の企業家たちのために、いともたやすく動いた。例えばザーレ川流域のカルベ市で都市税務監督官を務めていたカニッツは一七六八年に、ザクセンとの貿易制限を解除し、ライプツィヒの見本市で地元の毛織物業者が製品を出品できるようにすべきだと政府に訴えている。地方の役人が提出した率直な、時に無礼ですらある報告書には、彼らが、地方の事情に精通した自分たちの進言には、中央官僚の謬見を正すだけの価値があると考えていたことが示されている。(85)

第七章　覇権争い

一七四〇年一二月一六日、プロイセン王フリードリヒ二世は二万七〇〇〇人の兵を率いてブランデンブルクを出発し、防備が手薄な対ハプスブルク国境を越えてシュレージエンに侵入した。冬の寒さが身に染みたが、プロイセン軍はさしたる抵抗にも遭わずにこの地域を制圧した。わずか六週間後の一月末には、中心都市ブレスラウ〔ポーランドのヴロツワフ〕を含むシュレージエンのほぼ全域がフリードリヒの掌中に収まった。この侵攻は、彼の生涯で最も重要な政治的行動となった。王は外交や軍事の長たちの助言を退けて、単独で決断を下した。(1) シュレージエンの獲得は神聖ローマ帝国内の政治バランスを一変させ、プロイセンを大国主義政策という危険な新世界へと押し上げた。フリードリヒは、自身の行為が国際世論に衝撃を与えるであろうことを十分認識していたが、あっけなく成功したこの冬の侵攻がヨーロッパを変貌させることになろうとは、おそらく予想していなかった。

「フリードリヒ唯一王」

たった一人でシュレージエン戦争〔オーストリア継承戦争や七年戦争と並行して繰り広げられた、シュレージエンをめぐる普墺間の三度の戦争の総称〕の火蓋を切り、かの偉大なる大選帝侯と並ぶ四六年間にわたって自領を守りぬいた君主について、今一度考えてみよう。この才能と気概に満ちた人物は同時代人をとりこにし、後世の歴史家をも魅了してきた。しかし王の実像に迫ろうとするのは容易ではない。というのも、フリードリヒはたいへん饒舌だった――死後〔一九世紀半ば〕に出版された彼の著作集は三〇巻に及ぶ――にもかかわらず、自らの内面についてほとんど何も語らなかったからである。彼の著作や発言はいかにも一八世紀らしくエスプリに富み、文体は格調高く、軽妙かつ簡潔、冷めた調子を崩さず、また博学なうえに遊び心もあり、皮肉がきいて冷笑まじりだった。しかし、風刺的な詩に盛り込まれた手の込んだウイットの向こう側にいる、あるいは歴史や政治を扱った冷静で理知的な散文の背後に隠れているフリードリヒその人は、どこまでも捉えどころがない。

彼の知性の高さについては疑う余地がない。フリードリヒは生涯をつうじてフェヌロン、デカルト、モリエール、ベール、ボワロー＝デプレオー、ボシュエ、コルネイユ、ラシーヌ、ヴォルテール、ロック、ヴォルフ、ライプニッツ、キケロ、カエサル、ルキアノス、ホラティウス、グレッセ、ジャン＝バティスト・ルソー、モンテスキュー、タキトゥス、リウィウス、プルタルコス、サルスティウス、ルクレティウス、コルネリウス・ネポスなど、数多くの書物を読み漁った。彼は次々と新しい本に手を出したが、自分にとってとくに重要なテキストを定期的に読み返してもいた。もっとも、ドイツ語の本は眼中になかった。癇癪をおこして書かれた滑稽な文章として一八世紀で屈指のものの一つだが、不機嫌な老人となった六八歳のフリードリヒは、ドイツ語は「半ば野蛮」な言葉であり、天才的な書き手をもってしても、この言語を用いて優れた美的効果を発揮するのは「物理的に不可能」だと、罵倒した。ドイツの文筆家は「散漫な文体を好み、挿入句を山のごとく重ね、頁の終わりに達するまで、文全体の動詞が見つからないこともしばしばだ」と、彼は書いている。(2)

本との出会いやそこから得られる刺激を理屈抜きで求めていたフリードリヒは、戦場に移動式の「野戦図書館」を設置させたほどだった。また彼にとっては書くこと——使用言語は常にフランス語だった——も、自分の考えを他者に伝える手段としてだけでなく、心理的な慰めを得る手段として重要であった。彼はいつも、行動的な人間の大胆さや回復力と、哲学者《フィロゾフ》の批判的な冷静さを併せもちたいと願っていた。この二つの類型は、若き日の「哲人王《ロワ・フィロゾフ》」なる自称において象徴的に結合されているが、彼はどちらの役割にも収まりきらなかった。フリードリヒは王たる哲学者として、しかしまた哲学者たる王として知られるようになった。例えば、武運尽きかけた時に戦地で書かれた手紙はストア派ばりの運命論に彩られ、苦しみからの解放を求めている。しかし他方で、実用的、理論的な事柄に関する文章からは、権力者としての自信と威厳が感じられる。

フリードリヒは優れた音楽家でもあった。彼らしい話だが、フルートを好んだのは、この楽器がフランスの文化的威光を最も体現していたからである。彼の愛器——伝統的な円筒形の六穴フルートを、繊細かつ多彩な音色をもち様々な楽曲に対応できる、円錐形の穴の開いた形状に改良したバロック期のもの——は、フランスの楽器職人が少し前に発明したものだった。また、一八世紀初頭の有名なフルート奏者はフランス人ばかりだった。そしてレパートリーを独占していたのも、フィリドール、デ・ラ・バール、ドルネル、モンテクレールといったフランスの作曲家たちであった。このように、フルートという楽器は、フリードリヒや当時のドイツ人の多くがフランスから感じ取っていた文化的な優越性を強く意識させてくれるものであった。王はこの楽器の演奏に真剣に取り組んだ。フルートの名手で作曲家でもあった家庭教師のクヴァンツには、最上級の文官と同等の二〇〇〇ターラーの年俸が支払われた。対照的に、鍵盤奏者としてフリードリヒに仕えたカール・フィリップ・エマヌエル・バッハ〔大バッハの次男〕は歴史的にははるかに重要な作曲家であるにもかかわらず、クヴァンツの何分の一かの俸給しか支払われなかった。(3) フリードリヒは強迫観念にも似た完璧主義で、倦まず弛まずフルートを練習し続けた。戦争の最中でさえ、夕刻になると野営地から彼の吹く美しい音色が聞こえてきた。フリードリヒは作曲家としての才能にも恵まれており、その作品に非凡さはないが、そつがなく上品である。

フリードリヒの政治的著作と支配者としての実践との関係は、単純明快である。彼の思考の中心にあったのは、国家権力の維持と拡大という課題だった。初期の著作として名高い『反マキァヴェリ論』〔一七四〇年に完成〕には、誤解を招く題名にもかかわらず、先制攻撃や「権利擁護の戦争」についての彼の肯定的立場が極めて明確に示されている。同書によれば、権利を守るための戦争において君主の大義は正当化されるのであり、人民の利益を追求するために武力に訴えることは君主の義務とされる。(4) ここには、一七四〇年のシュレージエン占領と一七五六年のザクセン侵攻の青写真が、これ以上ないほど明確に描き出されている。後継者の私的な教育のために書かれた二冊の『政治遺訓』(一七五二年、一七六八年)には、さらに率直な意見が繰り広げられている。一七六八年の『政治遺訓』で

図18　ヨーハン・ゴットリープ・グルーメ〈七年戦争前のフリードリヒ大王〉

は、ザクセンを併合するだけでなく、ポーランド支配下の王領プロイセン——ブランデンブルクと東ポンメルンを東プロイセンから分かつ地域だった——をも吸収して、国境を「一繋がり」にし、王国の東端部の守りを固めることが、プロイセンにとっていかに「有益」であるかが、驚くべき冷徹《サン・フロワ》さをもって語られている。そこにみられるのは、プロテスタント教徒の解放だとか、いにしえの権利の擁護だとかいった言葉ではなく、ただ国家の拡大についての自由奔放な夢想だけである[5]。後年の歴史家が非難したように、この時、フリードリヒは「外政的ニヒリズム」に最も近づいた[6]。

フリードリヒは、極めて独創的で傑出した歴史家でもあった。『ブランデンブルク家の歴史に関する考察』（一七四八年二月に完成）、『同時代史』（一七四六年に初稿完成）、『七年戦争史』（一七六四年に完成）、そしてフベルトゥスブルク条約〔七年戦争での普墺間の講和条約〕から第一次ポーランド分割までの一〇年間についての回顧録（一七七五年に完成）は、皮相的な判断が多いのが玉に瑕だが、全体として、プロイセン国家の発展に関する最初の包括的な歴史考察だと言える[7]。フリードリヒの歴史に関する書き物や回顧録は極めて魅力的で説得力に富み、自身の治世、そして歴代君主の治世に対するその後の理解を規定してきた。大選帝侯やフリードリヒ・ヴィルヘルム一世のそれぞれの『政治遺訓』から伝わってくる歴史の変化に対する鋭敏な感覚は、フリードリヒ二世においては自意識のレベルにまで高められている。おそらくそれは、フリードリヒの生きる世界には神の摂理が通用しておらず、それゆえに真理や予言といった時間を超越した秩序のなかに自分自身を、そして自らの功績を埋め込むのが不可能だったためであろう。父のフリードリヒ・ヴィルヘルム一世は一七二二年二月付の『政治遺訓』の末尾で、子孫が「イエス・キリストをつうじた神の助け」によって「世界の終末の時」まで栄えることを祈願しているが、それに対してフリードリヒが一七五二年に執筆した『政治遺訓』の導入部には、「余は、死の瞬間が人間とその事業を破壊してしまうこと、そして万物が変化の法則に従うことを知っている」という、あらゆる歴史的業績の偶発性とはかなさを直視する一文が含まれている。(8)

フリードリヒは生涯をつうじて、同時代の宗教的な慣習を無視する態度を露骨にとり続けた。彼の不信心ぶりは徹底していた。一七六八年の『政治遺訓』の記述によれば、キリスト教は「奇跡、矛盾、不条理を詰め込んだ古臭い形而上学的な作り話で、東洋人の熱病じみた想像のなかで生まれ、我々のヨーロッパに広まったもので、一部の狂信者はそれを祀り上げ、一部の陰謀家はそれに納得したふりをし、一部の愚か者は実際にそれを信じ込んだ」。(9) 彼はまた、性道徳の問題に対して異常なほど寛容であった。例えばヴォルテールの回想録に、雌ロバと性交したために死刑を宣告された男の話が出てくるが、この判決は、「我が国では、人は良心と男根の両方の自由を享受している」という理由で、フリードリヒによって取り消されたとされる。(10) 事実かどうかは別として――この手の話題に関しては、必ずしもヴォルテールを信用できるわけではない――、この話はフリードリヒの周囲に広がっていた放埒な雰囲気を実感させてくれる。他にも例を挙げれば、彼の宮廷で一時期もてはやされたジュリアン・オフレ・ド・ラ・メトリーは、人間とは両端に括約筋のある消化管に過ぎないと喝破してみせた唯物論的な『人間機械論』の著者だった。メトリーはベルリン滞在中に、『オーガズムの術』と『大きな一物を持った小さな男』という尾籠な題名の著作を著している。やはりフランスから来た食客のバキュラール・ダルノーは、『交接術』なる論考の著者だった。フリードリヒは自らもオーガズムの快楽について詩を書いたと考えられるが、残念ながらこれは現存していない（一九世紀半ばに刊行されたフリードリヒ大王著作集の第二二巻には、性的快楽に寄せるフリードリヒの叙情詩を同封した、ヴォルテール宛ての一七四〇年七月二九日付の手紙が収められている）。

フリードリヒは同性愛者だったのか。ロンドンで出版された同時代の匿名の回想録『秘録』によると、プロイセン王は廷臣や馬丁、通りすがりの少年たちと一日に何度もセックスを楽しみ、衆道の宮廷を主宰していたという。かつてフリードリヒへの愛をエロティックな言葉で堂々と告白していたヴォルテールは、恩知らずにも後に回想録のなかで、王は御起床《ルヴェ》の後、選りすぐられた小姓や「若い士官候補生」と一五分間の「学徒の戯れ」を楽しむ習慣があったと主張している。さらにヴォルテールは、王が「絶頂に達しなかった」のは、父親から受けた虐待の傷が癒えておらず、「相手をリードしてやれなかった」ことがその理由だと、意地悪く付け加えている。[11] フリードリヒ大王の伝記を書いたドイツ人たちは律儀にも、王太子時代の活発な異性愛を強調して、ヴォルテールに対する反論を試みている。どちらの見解が真実に近いのかは判断しがたいが、ヴォルテールは国王と疎遠になった後、下世話な話題を好むパリの読者層を意識した執筆活動を行っていたし、若い頃のフリードリヒの「情婦」にまつわる話はどれも、宮廷の噂、ゴシップ、伝聞に由来するものだった。しかしフリードリヒは父の重臣だったグルンプコに、自分は女性にほとんど魅力を感じないので、結婚など考えられないと打ち明けている。(12) いずれにせよ王は即位後、あるいはそれ以前から、男女を問わず性交渉を控えていた可能性が高く、彼の性的歴史を再構築することは不可能であり、また不必要でもある。(13) ただし、彼が性的な行為はしなかったとしても、性的な会話をしていたことは否定のしようがない。宮廷の内輪の席では、ホモセクシュアルな冗談が飛び交っていた。小晩餐会《プチ・スペ》で吟じられて好評を博したフリードリヒの風刺詩「パラディオン」(一七四九年)は、「アブノーマルな性」の快楽を考察したもので、宮廷の寵児だったダルジェが淫らなイエズス会士たちに犯されるという、どぎつい場面を描いている。(14)

フリードリヒを取り巻く小規模な社会ミリューは男子更衣室さながらに、男臭さが充満していた。その意味でフリードリヒの宮廷は、彼が忌み嫌っていた父の時代の「タバコ会」の延長線上にあった。一七一三年に父王フリードリヒ・ヴィルヘルム一世が即位してから宮廷を一変させた男性中心主義は、後退するどころか、むしろ強化された面さえあった。宮廷生活に女性の居場所があったのは、王太子としてのフリードリヒがラインスベルク宮殿で過ごしていた時期〔一七三六～四〇年〕だけで、このような状況下では、異性間の結婚が機能する余地はあまりなかった。フリードリヒとその妻、ブラウンシュヴァイク＝ベーヴェルン家のエリーザベト・クリスティーネとの間に夫婦関係が成立していたのかどうかは定かでない。確かなのは、フリードリヒは即位と同時に妻との関係を断ち切り、王妃としての正式な権利や地位は認めるが、ごく少額の予算をつけて質素な屋敷〔ベルリン中心部から北に約七キロメートル離れたシェーンハウゼン宮殿〕に住まわせ、自分との接触は控えさせて、彼女を孤独な境遇に送り込んだということである。

これは異例の措置であった。フリードリヒは王妃と離婚したり、国外に追い出したり、あるいは愛人を作ったりといった、同時代の君主にありがちなことはしなかった。その代わりに、彼はエリーザベトを一種の仮死状態に追い込み、彼女を「国を代表するロボット」同然にした。[15] 一七四五年に造営が始まったサンスーシ宮殿では、エリーザベトは「好ましからざる人物《ペルソナ・ノン・グラータ》」として遇された。日曜日の午餐の際などに、他の女性はこの優雅な夏の離宮に招待されたが、王妃には声がかからなかった。一七四一〜六二年までの二二年間で、フリードリヒが彼女の誕生祝賀会に顔を出したのはたった二回だけである。エリーザベトはベルリンの王宮を取り仕切り続けたが、彼女の生活範囲は次第に郊外のシェーンハウゼン宮殿の周辺に狭まっていった。一七四七年、三〇代初頭の時に書いた手紙の中で、彼女は「無為に暮らす私を神がこの世から連れ去ることを喜ばれるのなら、心穏やかに死を待ちましょう［…］」と語っている。[16] 夫との手紙はほとんどが冷たく形式的で、情愛のかけらも示されていなかった。最もよく知られているのは、一七六三年に戦場から帰還した際、何年も離れていた妻に送った「マダムは肥えましたね」という、忘れがたい言葉である。[17]

こうした事実を繋ぎ合わせたからといって、「本当のフリードリヒ」が見えてくるわけではない。フリードリヒの人格は、既成の美徳を拒否することで培われた。一〇代の頃のフリードリヒは、粗暴な父親の「正直者たれ、ただ正直であれ」という命令に対して、奸知と巧言令色をもって応じ、根性曲がりで不誠実、不道徳なアウトサイダーを気取っていた。一七三四年にかつての家庭教師であったユグノーのデュアン・ド・ジャンダンに宛てた手紙では、彼は自らを、周囲を映すしかなく、「自然が創ったものになる勇気がない」鏡に喩えている。[18] 彼が書いたものには、主体としての自分、個人としての自分を消し去ろうとする姿勢が赤い糸のごとく貫かれている。そうした姿勢は、戦争中の手紙に示されたわざとらしいストイシズムや、親しい人たちをさえ遠ざけた皮肉や戯言に、そして政治的原則の問題を考えるに際して、本来は一人の人間である国王を国家の抽象的な構造のなかに融合させようとする傾向に表れている。フリードリヒは凄まじいほど仕事熱心だったが、それは何もしていないと気持ちが内向きになりかねないのを恐れたからだったと解釈できる。残酷な父の支配に対抗するためにフリードリヒが張り巡らせた防御網は、決して解除されなかった。フリードリヒは人間嫌いを自称し続け、人間の卑劣さを嘆き、現世での幸福に絶望していた。その一方で、彼は驚くべきエネルギーで、自己の文化資本を強化し続けた。フリードリヒはフルートの練習に余念がなく、歯が抜け、楽器が壊れるまでフルートを吹き続けた。また、ローマの古典文学を（フランス語で）何度も読み直し、フランス語の文章力を磨き、最新の哲学書を貪るように読み、会話の相手が死んだり妻を娶ったりしていなくなってしまうと、次の代役を探し求めた。

三度のシュレージエン戦争

フリードリヒはなぜシュレージエンに、そしてなぜ一七四〇年に侵攻したのであろうか。この質問に対する単純な答えは、「可能だったから」というものである。当時、国際情勢はプロイセンに大いに有利だった。ロシアでは一七四〇年一〇月に女帝アンナが死去し、宮廷内で幼い嫡男のイヴァン六世の摂政職をめぐる争いが起こっており、政務が麻痺していた。親オーストリア政策をとっていたイギリスは一七三九年以来スペインと戦争中だったため、介入してくる可能性は低かった。フリードリヒはフランスがおおむね自国に好意的だろうと予想していたが、この計算は正しかった。そして、彼には戦争を遂行するための手段もあった。父は、実戦経験はないが厳しい訓練を受け、兵站や装備を整えた約八万人の軍隊を残してくれた。また、フリードリヒは戦費として八〇〇万ターラー分の金塊を相続しており、これを麻袋に入れて、ベルリンの王宮の地下室に山積みしていた。対照的に、ハプスブルク家はポーランド継承戦争（一七三三〜三八年）と墺土戦争（一七三七〜三九年）で惨敗を重ね、疲弊していた。

新たにハプスブルク家の当主となったマリア・テレジアは女性であった。ハプスブルク家の相続法は女性の継承権を認めていなかったため、彼女の登位はすんなり決まりそうになかった。三人の娘〔うち一人は夭逝〕をもつ皇帝カール六世はこの問題を予見し、「国事詔書《プラグマティッシェ・ザンクツィオン》」という、王朝のルールを曲げる措置を国内外に承認させるのに、多大なる労力と資金を投じた。彼が死去するまでに、プロイセンを含む主要国のほとんどが、国事詔書を受け入れることを表明した。しかし、この約束が本当に守られるかどうかは疑わしかった。とりわけ、ザクセンとバイエルンは一七一九年と一七二二年にそれぞれ長男をカール六世の姪と結婚させていた件をもち出して、ハプスブルク家に男子の相続人がいない場合、自分たちにも世襲領の一部を相続する権利があると主張した。一七二〇年代前半、ザクセンとバイエルンはあれこれと条約を結び、自分たちの怪しげな要求を実現するために協力し合うと約束した。バイエルン選帝侯にいたっては、オーストリア・バイエルン間で一六世紀に結ばれたとされる婚姻協定を捏造までしたが、それによれば、男子の直系継承者がいない場合、オーストリアの世襲領の大部分がバイエルンに与えられることになっていた。このように一七四〇年以前から、カール六世が他界したらトラブルが発生するであろうことは目に見えていた。

プロイセンは、一七三一～三二年にザルツブルクのプロテスタントを自国の東部国境地帯に移住させる交渉を円滑に進めるため、国事詔書を批准していた。しかし、プロイセンとオーストリアの関係は以前から悪化していた。ハプスブルク家は一七〇一年にプロイセンの王国昇格を支援したことを後悔しており、皇帝ヨーゼフ一世が即位した一七〇五年頃から、ホーエンツォレルン家がドイツにおいてさらに勢力を強めるのを防ぐために、一種の封じ込め政策を追求するようになっていた。両国はスペイン継承戦争で一応は同じ陣営で戦ったが、ベルリン駐在イギリス公使の報告書を読むと、各国の称号の承認から合同軍の派遣、分担金の支払いの遅れに至るまでの様々な問題をめぐって、緊張や軋轢が頻発していたことが窺える。[19] 一七一三年に即位したフリードリヒ・ヴィルヘルム一世は帝国の信奉者を装い、皇帝の権威に盾突くような真似はしなかったが、帝国内のプロテスタントの権利に関する摩擦は絶えなかった。また、皇帝がプロイセン国内の諸身分から寄せられた苦情をウィーンの帝国宮内法院《ライヒスホーフラート》で取り上げることを許し、「プロイセンにおける王」をあたかも小豪族――フリードリヒ・ヴィルヘルム自身の表現では「小邦《ツィプフェル》ツェルプストの侯爵」――として扱ったことは、ベルリンの憤激を招いた〔アンハルト＝ツェルプスト侯国はブランデンブルク南西に位置した領邦〕。

懸案となっていたライン地方のベルク公国の継承問題に関して、一七三八年に皇帝がブランデンブルクへの支持を撤回したことが、フリードリヒ・ヴィルヘルム一世の転機となった。ベルク公国の継承はフリードリヒ・ヴィルヘルムにとって外交上の最重要課題であり、皇帝は国事詔書を承認してもらう見返りとして、ベルクの周辺地域の領邦を退け、ブランデンブルクを支持すると約束していた。しかし一七三八年、オーストリアはこの約束を反故にして、他国による継承を支持した。手痛い一打を浴びたフリードリヒ・ヴィルヘルムは息子を指差し、「余の仇をとってくれるのはこの男だ！」と言ったとされる。[20] オーストリアの「裏切り」に対して憤るという点ではフリードリヒも同様であり、そのことが晩年の父と子の間に横たわっていた溝を埋める役割を果たした。フランスがブランデンブルクのベルク公国に対する「所有権」を認めた一七三九年四月の秘密条約は、息子の治世初期を特徴づけるオーストリアからフランスへの方向転換の予兆となった。一七四〇年五月二八日、臨終を迎えつつあった父王は息子への「末期の言葉」のなかで、オーストリアを信用してはならぬ、かの国は常にブランデンブルク＝プロイセンの地位を低下させようとしている、と警告した。曰く、「ウィーンがこの不変の原則を捨て去ることは決してないであろう[21]」。

それにしても、フリードリヒが狙ったのはなぜシュレージエンだったのか。その理由の一端は過去に遡る。ホーエンツォレルン家領であったイェーゲルンドルフ公国が一六二一年にハプスブルク家に奪取されただけでなく、ブランデンブルクが継承権を主張していたリーグニッツ、ブリーク、ヴォーラウの各公国がシュレージエン・ピアスト家の断絶後の一六七五年にハプスブルク家領となるなど、シュレージエンにはホーエンツォレルン家がかねてから領有権を主張する地域が幾つも存在していた。確かに、ホーエンツォレルン家——そして近世ヨーロッパの諸王朝全体——が要求しうる継承権を放棄するケースは滅多になかったことを思えば、こうした見方にも一理ある。しかしフリードリヒはそれらの伝統的な継承権を重視していなかったし、歴史家もおおよそ彼に倣って、シュレージエンに対する領土要求を根拠づけるために作成された法的文書を、露骨な侵略行為を取り繕うための隠れ蓑に過ぎなかったとみなしている。[22] シュレージエンが狙われたより重要な理由は単純に、この地域がハプスブルクとブランデンブルクの唯一の境界地帯だったからである。一七四〇年にたった八〇〇〇名の兵士が駐留していたに過ぎず、モラヴィアでは国境からノイマルクの南縁へと北西に長く突き出たシュレージエンの守りは薄かった。オーバーシュレージエンの山中に源を発するオーダー川は、北西に蛇行してブランデンブルクを二分するように流れ、ポンメルンのシュテッティンで北海に注いでいた〔オーダー川本流の源はモラヴィア北部にあるが、オーバーシュレージエンにも支流の源流が幾つもある〕。そして、シュレージエンはオーストリアの最大の税収源であった。リネン製造を中心に繊維部門が発達したこの地は、近世のドイツ地域で屈指の工業地帯であり、シュレージエンを我がものとすれば、プロイセンに欠けていたもの、すなわち工業力をもたらしてくれるはずだった。

しかし、フリードリヒが経済的な要因を重視したことを示す証拠はほとんどないし、そもそも領土の価値を生産力によって評価するやり方は、当時は一般的ではなかった。それよりも優先されたのは戦略的な思考であり、おそらくとくに大きかったのは、先手を打たなければ、同じくオーストリアに対して領土を要求しているザクセンが、勝手にこの地域、あるいはその一部を奪おうとするのではないかという懸念であった。ザクセンとポーランドはイギリスとハノーファーのように、ザクセン選帝侯フリードリヒ・アウグスト二世がアウグスト三世としてポーランド王を兼ね、同君連合の関係にあった。そのため、ザクセン家の支配領域はシュレージエンを挟み込むかたちで広がっており、同家が何らかの方法で自領の空隙を埋めようとすることは十分に予想できた。案の定、〔一七四〇年一〇月二〇日に〕カール六世が死去するとザクセンはマリア・テレジアに対して、ザクセンとポーランドの間に回廊状に位置するシュレージエンを譲り渡すのであれば、引き換えに支援するともちかけた。この計画が実現していれば、ザクセン家の君主はブランデンブルクを南と東から完全に取り囲む、地続きの広大な領土を支配することになっただろう。そしてザクセンはプロイセンを永久に凌駕することになり、その後世への影響は計り知れないものになっただろう。

フリードリヒのシュレージエン侵攻は、無謀とすら言えるほどの速攻だった。電光石火の早業で進撃を決断したのはカール六世の突然の訃報を受けてから数日中、おそらくその日のうちのことだった。[23]当時のフリードリヒの発言からは若々しい益荒男《ますらお》の息遣い、そして名声への渇望が伝わってくる。彼はシュレージエンに出立するベルリンの連隊将校に向けて、「栄光のためにいざ旅立たん！」と呼びかけた。書簡には、「名声とのランデブー」や「新聞に自分の名前が載る」ことへの願望が頻繁に登場する。[24]また、一七三〇年夏の逃亡未遂が引き起こしたお家騒動にハプスブルク家が介入してきて以来、フリードリヒが心中抱き続けてきた個人的な敵意も無視できない。神聖ローマ帝国における自国の従属的地位を思い知らされた彼は、うわべでは平静を装って苦境を乗り越えたものの、オーストリアの承認でお膳立てされた（ブラウンシュヴァイク＝ベーヴェルン公女エリーザベト・クリスティーネとの）結婚生活に背を向けることで、自らの不遇に対する鬱憤を表現した。感情的な動機を強調するのは、冷徹に国家理性《レゾン・デタ》を追求する根っからの合理主義者として自らを描き出した後年のフリードリヒの歴史叙述に逆行する見方かもしれないが、歴史の変化の背後にある動機の力を重視する、彼のより根本的な信念とはぴったり合致している。フリードリヒは自著『ブランデンブルク家の歴史に関する考察』において、「情念に導かれるのは世の習いである。元々は取るに足りないものだった動機が、最終的には大変動を引き起こしうるのである」と述べている。[25]

侵攻の理由がどのようなものであったにせよ、フリードリヒは新たに獲得した地域をめぐって、長く厳しい闘争に身を投じることになった。一七四一年の春、オーストリア軍は反撃に出たが、四月一〇日にブレスラウ南東のモルヴィッツ〔ポーランドのマウヨヴィツェ〕でプロイセン軍に敗北を喫して勢いを失い、オーストリア継承戦争として知られる全面的な領土争奪戦が始まった。五月末に結ばれたニンフェンブルク同盟条約で、フランスとスペインはバイエルン選帝侯カール・アルブレヒトの帝位継承と、ハプスブルク家の世襲領の大部分に対する彼の怪しげな領土要求を支持すると約束し合った。フランスとスペインには、その見返りにベルギーとロンバルディアが与えられることになっていた。同盟にはフランス、スペイン、バイエルンだけでなく、ザクセン、サルデーニャ、プロイセンも加わった。もしこの同盟による分割計画が実現していたら、マリア・テレジアの手元にはハンガリーと内オーストリア〔おおよそ現在のシュタイアーマルク、ケルンテン、スロヴェニアに相当する地域〕しか残らなかったであろう。ヨーロッパ各国はハイエナのごとく、互いを警戒しつつも、血の臭いに群がってきた。

一七四一年のニンフェンブルク同盟の成立はプロイセンに利をもたらしたが、しかしフリードリヒはこの連合に本腰を入れようとはしなかった。彼はオーストリアの解体を求めてはいなかったし、ザクセンやバイエルンがオーストリアを犠牲にして強大化することも望んでいなかったのである。春の戦いの後、軍資金は急減しており、同床異夢の同盟国に引きずられてさらなる冒険をするつもりはなかった。一七四二年夏、フリードリヒは連合軍を見限り、オーストリアと単独講和を結んだ。ブレスラウでの仮講和とベルリンでの講和条約により、ブランデンブルク＝プロイセンは〔テッシェン、トロッパウ、イェーゲルンドルフの諸公国等を除く〕シュレージエンの領有を正式に認められる代わりに、これ以上の侵攻を控えることに同意した。

その後の二四ヶ月間、フリードリヒは局外に身を置いて戦況を見守り、自軍の改良に努めた。一七四四年八月、オーストリア軍が挽回してシュレージエンへの反攻が予想されるようになると、彼は再び争いの輪に加わり、翌年六月にホーエンフリートベルク〔ポーランドのドブロミエシュ〕、九月にゾール〔チェコのハイニッツェ〕で華々しい戦果をあげた。一七四五年一二月、ケッセルスドルフで再び勝利を収めると、フリードリヒはまたもやニンフェンブルク同盟から抜け出し、オーストリアと単独講和を結んだ。この時に締結されたドレスデン条約で、プロイセンはシュレージエン領有をあらためて承認され、その代わりに再度の戦線離脱に同意した。一七四〇〜四二年と一七四四〜四五年の二度のシュレージエン戦争に勝利したプロイセンは、オーストリア継承戦争の残りの期間、不参加の立場を守った。一七四八年一〇月に英仏をはじめとする諸国間でアーヘン講和条約が結ばれて戦争は正式に終結し、プロイセンのシュレージエン領有は国際的にも承認された。

フリードリヒは途轍もない下剋上を成し遂げた。神聖ローマ帝国内の一小国が初めてハプスブルク家の優位に挑み、対等な地位をまんまと手に入れたのである。その際に主役級の活躍をみせたのは、父王が育てた軍隊だった。二度のシュレージエン戦争での勝利は、何よりもフリードリヒ・ヴィルヘルム仕込みの歩兵の規律と打撃力によるものであった。例えば、一七四一年四月一〇日にシュレージエン中部のモルヴィッツで行われた戦闘では、緒戦で右翼騎兵がオーストリア騎兵の突撃を受け、プロイセン軍は陣形を崩した。騎兵がパニック状態に陥ったため、フリードリヒは練達の指揮官クルト・クリストフ・フォン・シュヴェリーン将軍に説得されて、敗走——この一件は、しばしば敵側で語り継がれ、脚色が施された――を余儀なくされた。しかしその間、両翼の騎兵に挟まれたプロイセン歩兵は王が戦場を離れたのに気づかず、オーストリア軍の観察者によれば「動く壁のごとく」完璧な秩序を保って前進し、一糸乱れぬ動作でオーストリア軍の歩兵隊に砲火を浴びせ、眼前に立ちはだかる一切のものを掃討した。夕方には、多くの死傷者を出しながらも、プロイセン軍が戦場を制していることが明らかになった。

この勝利は毅然としたリーダーシップによるものとは言いがたいが、フリードリヒ・ヴィルヘルム一世が創りあげた軍隊の威力を見せつけることにはなった。ボヘミア東部のコトゥジッツ〔チェコのホトゥシチェ〕で一七四二年五月一七日に行われた合戦でも、同様の事態が起こった。戦いの前夜にフリードリヒが敷いた布陣はかなり不備があり、後に称賛されるようになる戦略的才能はほとんど発揮されなかった。しかし騎兵隊が序盤でオーストリアの騎馬軍団に惨敗したものの、足元の悪い土地で歩兵が正確かつ柔軟に展開し、密集して縦射することで敵軍を打ち破った。第二次シュレージエン戦争の天王山と言えるホーエンフリートベルクの戦いでは、フリードリヒはもっとしっかりと状況を掌握し、戦局に応じて計画を調整する能力を発揮した。ここでも決め手となったのは歩兵だった。歩兵はオーストリア軍とザクセン軍の陣地へと三列に分かれて進み、銃に着剣したまま密集陣形を保ち、規定の速度で一分間に九〇歩、敵との距離が縮まると七〇歩に減速して、容赦なく前進し続けた。[26]

一七四〇年一二月、フリードリヒは正当な理由のない電撃的な侵攻で戦争を開始した。二〇世紀後半の歴史家たちは、この出来事を二度の世界大戦という色眼鏡を通して捉え、しばしばフリードリヒの行為を前例なき犯罪的侵略とみなしてきた。[27] しかし、ベルギーやドイツ西部に対するフランスの長い侵略の歴史、あるいはスペイン継承戦争中の一七〇四年の英蘭軍によるジブラルタル半島の占領、さらに近いところではザクセンとバイエルンによる大胆なオーストリア分割計画などを見れば分かるように、当時の権力政治において、この種の侵攻は何ら例外的ではなかった。むしろフリードリヒの戦争計画で特徴的だったのは、同盟国の口車に乗ったり、強運に任せたりしてより大きな賭けに出ることなく、(この場合はシュレージエンの獲得という) 特定の限定的な目標に集中する能力であった。そのことは、フリードリヒ治世下のプロイセンが戦争に費やした年数がヨーロッパのどの主要国よりも短かったという事実を説明するのに役立つ。(28)

シュレージエンでのフリードリヒの冒険が同時代の人々を驚かせたのは、その迅速さと成果もさることながら、ヨーロッパ国際体制の四回戦ボーイだったプロイセンと、神聖ローマ帝国のチャンピオンで大国クラブの常連メンバーだったオーストリアという組み合わせのミスマッチであった。バイエルンやザクセンが正反対の結果に終わったために、プロイセンの成功はより目立つものになった。バイエルンは連敗し、選帝侯カール・アルブレヒトは国外に避難せざるを得なくなった。ザクセンも五十歩百歩で、ニンフェンブルク同盟から何も得られそうにないと判断すると、一七四三年にオーストリア側に寝返り、ホーエンフリートベルクでプロイセン軍に敗れた。両国のはかばかしくない戦いぶりのおかげで、プロイセンの成功は際立った。一七四〇年当時、プロイセンは神聖ローマ帝国の枠組みを超えるほどの潜在能力をもちつつも、なお領邦国家の一つに過ぎず、富裕な国家でもなかった。しかし一七四八年には、この国は周辺のライバルを凌駕するまでになっていた。

とはいえ、フリードリヒが自らの戦果を守り抜けるかどうかは定かでなかった。シュレージエンの獲得は新たな、そして極めて危険な情勢をもたらした。オーストリアは最も豊かな領地を失ったことに納得しておらず、プロイセンのシュレージエン領有を正式に決定した一七四八年のアーヘン講和条約への調印を、当初は頑として拒否していた。シュレージエンをフリードリヒの手から奪還し、プロイセンをドイツの小領邦の地位に引き戻すための反プロイセン連合を構築することが、ハプスブルク家の政策の基本方針となった。オーストリアはロシアの助太刀をあてにできた。プロイセンの予想外の軍事的成功に危機感を抱いた女帝エリザヴェータと宰相のアレクセイ・P・ベストゥージェフ＝リューミンは、ブランデンブルク＝プロイセンをバルト海東部に影響力を及ぼしうる存在、ロシアの西方進出を妨げかねないライバルとみなすようになっていた。一七四六年、ロシアはオーストリアと同盟を結んだが、その秘密条項の一つはプロイセン王国の分割を予定していた。[29]

シュレージエンに対する執着は、オーストリアの外交政策に一大転換をもたらすほど強かった。一七四九年の春、マリア・テレジアはシュレージエン喪失の影響について協議するために枢密国務会議《ゲハイメ・コンフェレンツ》を招集した。この会議に出席した三八歳の聡明な大臣、ヴェンツェル・アントン・フォン・カウニッツ伯爵は、政策の抜本的な見直しを訴えた。伝統的に、オーストリアの同盟相手はイギリスであり、敵はフランスであった。しかし、イギリスとの同盟の歴史を虚心に紐解けば、ハプスブルク君主国にはほとんど何の益もなかったことが分かると、彼は論じた。昨年のアーヘンでの交渉に際してイギリスは、オーストリアに敗戦を受け入れるよう迫り、またプロイセンのシュレージエン領有を承認するよう急かすという卑劣な役割を果たしたばかりなのだ〔カウニッツはアーヘンでの講和会議でオーストリアの全権代表を務めた〕。問題の根本は、イギリスのような海洋国家とオーストリアのような大陸国家の地政学的利害が、同盟を維持するには客観的にあまりにも乖離していることにある。ゆえに、信頼できないイギリスとの同盟を捨て、その代わりにフランスとの友好を求めることが、オーストリアの利益に適うはずだというのが、カウニッツの主張であった。

伝統的な同盟構造を変えてしまうだけでなく、王朝の権威や伝統よりも地政学的位置や当面の領土保障の必要によって規定される、国家の「必然的な利益」なる新種の論理に立脚したカウニッツの意見は型破りだった。(30) 一七四九年の枢密国務会議でこの立場をとったのはカウニッツ独りであり、他の年長の出席者たちは皆、彼の極端な結論に対して尻込みしてしまった。しかし、マリア・テレジアはカウニッツの提案を採用し、彼を駐仏公使に任命して、フランスとの同盟締結のためにヴェルサイユの宮廷へ送り出した。一七五三年、カウニッツは宰相に任命され、外交の頂点に立った。シュレージエン喪失という衝撃は、ハプスブルク国家の外交政策を従来の前提から解放したのである。

その後の七年戦争（一七五六〜六三年）〔第三次シュレージエン戦争に相当〕は、オーストリアとロシアの思惑が、世界各地で激化するイギリスとフランスの対立と絡み合うことで勃発した。一七五四〜五五年に、ヨーロッパから遠く離れたオハイオ川渓谷の湿地帯で英仏両軍の小競り合いが起こった。再びフランスとの公然たる戦争に突入したイギリス王ジョージ二世は、フランスの同盟国プロイセンが、王家の故郷であるハノーファーに攻め込んでくるのを防ごうと考えた。一六七〇年代前半にフランスが西ポンメルンに侵攻したブランデンブルク軍に対してスウェーデン軍をけしかけたように、イギリスはロシアに対して、資金を提供するので、陸海軍を東プロイセンとの国境に配備するようもちかけた。その詳細は、一七五五年九月に調印されたサンクトペテルブルク協定に盛り込まれたが、同条約が批准されることはなかった。

　フリードリヒ二世はロシアが東プロイセンを狙っているのを知っていたし、ロシアの力を過大評価しがちだったので、この東方の脅威に不安を募らせた。東部辺境に加えられた圧力を軽減するために、彼は一七五六年一月一六日にイギリスと、ウェストミンスター条約という奇妙なほど拘束力の弱い協定を締結した。イギリスはロシアに対する資金提供を取りやめ、フランスがハノーファーを攻撃した場合に備えて、ドイツ地域でプロイセンと共同で防衛行動をとることに合意した。しかし、これはフリードリヒの勇み足、見込み違いだった。フランスの宿敵であるイギリスと予想外の協定を結べば、ヴェルサイユの宮廷を激怒させ、ハプスブルクの側に走らせることになると予想できたはずなのに、彼は同盟国フランスと事前に協議するのを怠ったのである。一七五六年一月のフリードリヒのあせりにかられた誤断は、一人の人間の気分や感覚に依存した意思決定システムの弱点を露呈している。

　プロイセンの立場は急激に悪化していった。ウェストミンスター条約成立の一報はフランス宮廷に激震をもたらし、ルイ十五世はオーストリアの防衛同盟締結の申し入れを受けて、一七五六年五月一日に第一次ヴェルサイユ条約を結んだ。この条約により、いずれかの国が第三国から攻撃された場合、もう一方の国は二万四〇〇〇名の兵力を提供するよう義務づけられた。イギリスからの資金援助の打ち切りはロシアのエリザヴェータも怒らせ、ロシアは一七五六年四月に反プロイセン連合に参加することに同意した。その後の数ヶ月間、開戦へと事態を推し進めたのはロシアであった。マリア・テレジアがあまり目立たぬように準備を進めたのに対し、ロシアは軍備増強を隠そうともしなかった。強敵の連合に三方から包囲されることになったフリードリヒは、一七五七年の春に一斉攻撃を受けるだろうと予測した。マリア・テレジアから、対立陣営に与する気はない、プロイセンと事を構えるつもりもないという言質を取ろうとしたが、彼女の答えは不気味なほど曖昧だった。フリードリヒは先手を打つことに決めた。一七五六年八月二九日、プロイセン軍はザクセン選帝侯国に侵攻した。

プロイセンはまたもや国王の独断で、予想外の衝撃的な挙に出た。この侵攻は多分に、ザクセンに対する誤解に基づいてのものであった。フリードリヒは、ザクセンが敵の陣営に加わったと信じ込んでおり、その証拠を得るために士官たちにザクセンの国書を探し回らせたが、無駄骨に終わった。しかし、彼の行動はより広い戦略的な目的には適っていた。即位から間もなくして出版された『反マキァヴェリ論』においてフリードリヒは、防衛戦争、権利擁護の戦争、そして「予防戦争」という三つのタイプの戦争は倫理的に許容されると述べている。このうちの予防戦争は、敵が軍事行動を準備しているのを感知したら先制攻撃を仕掛け、有利に戦争を開始する機会を逃さないようにすべきだというものであった。[31] 彼の理屈からすると、ザクセンへの侵攻は確かに予防戦争の範疇に含まれた。ザクセンとの国境はベルリンから数十キロメートルしか離れておらず、前線基地として敵に利用されるかもしれないこの要衝を押さえれば、相手方が準備を整える前に戦争を開始できるはずだった。また、ザクセンは経済的にも大きな価値があった。財政や資源の問題がフリードリヒの頭のなかでどれほどの重要性を占めていたのかは確かめようがないが、ザクセンは戦争中に過酷な搾取に晒され、プロイセンの軍事費の三分の一以上を提供させられることとなった。

ザクセンへの侵攻は純粋に戦略的な観点からすれば有効だったかもしれないが、政治的には最悪の事態をもたらした。反プロイセン連合は、正義の鉄槌を振りかざすための口実を得た。フランスはロシアとは違って、当初はこの同盟を攻撃的なものとは解釈しておらず、もしフリードリヒがもっと時間をかけて物事を進め、オーストリアやロシアからのいわれなき攻撃を先に受けていれば、フランスは中立を保ったかもしれない。しかし現実には逆のことが起こった。フランスとオーストリアは明確に攻撃的な性格をもつ第二次ヴェルサイユ条約（一七五七年五月一日）を結び、シュレージエンを奪還するまで、毎年一二万九〇〇〇人の兵力と一二〇〇万リーヴルがフランスから供給されることになった。フランスには見返りとして、オーストリア領ベルギーの支配権が与えられるはずであった。さらにロシアもこの攻撃的な同盟に加わり、八万人の兵力を提供すると約束した。ロシアの狙いは、ポーランドを属国化して同国からクールラント地方〔現在のラトヴィア西部〕を奪うとともに、その代償として東プロイセンをポーランドにあてがうことにあった。神聖ローマ帝国の諸邦は四万人の皇帝軍を派遣し、スウェーデンもポンメルンの一部または全域を取り戻そうとして参戦した。

　つまり、この戦争は単にシュレージエンの争奪だけを問題としていたわけではなかった。これは、プロイセンの命運を決する分割戦争であった。もし同盟国が目的を達成したならば、プロイセン王国は消滅していたはずである。シュレージエン、ポンメルン、東プロイセン、そして神聖ローマ帝国の諸邦が要求する群小領土を奪われたホーエンツォレルン複合国家は原初の状態、すなわち北ドイツ内陸部に位置する一介の選帝侯国に戻っていたであろう。それこそは、オーストリアの政策立案者たちが描いた青写真だった。カウニッツが端的に述べたように、彼らの目的は「ブランデンブルク家を《ラ・レデュクシオン・ド・ラ・メゾン・ド・》純然たる弱小二流国という本来の状態に引き下げること《ブランドブール・ア・ソネタ・プリミティフ・ド・プティト・ピュイサンス・トレ・スゴンデール》」にあった。(32)

　フリードリヒが四面楚歌の状態を抜け出したのは同時代人にとっては奇跡だったし、今なお驚くべきことに思える。この点について、どのような説明が成り立つだろうか。地理的にプロイセン軍が有利だったのは明らかである。フリードリヒはザクセンを占領したおかげで、ヴェストファーレン地方の飛び地や東プロイセンを度外視すれば、一つにまとまった領土を基盤にして作戦を展開できた。シュレージエンの南側の国境はズデーテン山地に守られていた。西側の側面はイギリスが経済的に援助するハノーファーの監視部隊によって防衛されており、フランス軍を一時的に足止めするには十分だった。一七五八〜六一年の四年間、プロイセンはイギリス政府から年間六七万ポンド（約三三五万ターラー）という多額の支援金を受け取っており、これはプロイセンの軍事費の五分の一に相当した〔一七六一年一〇月、イギリスの親プロイセン派のピット南部担当国務大臣が新国王ジョージ三世と対立して更迭され、プロイセンへの支援金の打ち切りが決定された〕。東プロイセンやヴェストファーレンは防衛できないと早くから腹を括っていたフリードリヒにとっては、オーストリア以外の敵が本国から遠く離れて行動していたのに対して、自国内に防衛線を張ることができた点も有利だった。連合国は主要な作戦地域の周辺に分散しており、効果的な動きをとるのが難しかった。

また、連合国側の軍事行動には常に、動機の違いや信頼関係の弱さがつきまとった。マリア・テレジアはプロイセンの「怪物」を退治しようと躍起になっていたが、他の国々はもっと限定的な目的しかもっていなかった。フランスの最大の関心は大西洋での戦闘に向けられており、ロスバッハでのプロイセン軍の大勝（一七五七年一一月五日）の後は、東方での戦いに対する関心を急速に失っていった。再交渉の末一七五九年三月に調印された第三次ヴェルサイユ条約により、フランスは連合国側に対する軍事的、財政的支援を削減した。スウェーデンやドイツ諸邦は濡れ手に粟を狙うばかりで、消耗戦を続ける気はさらさらなかった。連合のなかで最も強力なのはオーストリアとロシアの同盟関係だったが、ここにも問題があった。どちらの国も相手が不相応な利益を得ることを望んでいなかったのである。この不信感は少なくとも一度、ロシアの勝利を確実とするべく兵を割くのにオーストリアが消極的になった時に表面化した。

しかしながら、プロイセンの最終的な勝利は必然ではなかった。第三次シュレージエン戦争が七年も続いたのは、軍事力だけでは問題を解決できなかったからにほかならない。確かに、プロイセン軍は連勝に次ぐ連勝を重ねた。苦闘を繰り返したプロイセン軍にとって、成功とは次なる戦いのために生き残ることだった。とはいえ、勝利は多数の死傷者を出して僅差でもぎ取ったものばかりで、戦局を変えるほどの圧勝はなかった。例えば一七五六年一〇月一日のロボジッツの戦いでは、プロイセン軍は大きな犠牲を払って戦局を有利に運ぶことに成功したものの、オーストリア軍の本隊は無傷だった。一七六〇年八月一五日にシュレージエンで行われたリーグニッツの戦いも同様である。この時、フリードリヒは敵軍の位置を正確に把握し、二つに分かれて陣を敷いていたオーストリア軍の一方を素早く攻撃し、もう一方が効果的に対応できるようになる前に無力化した。この作戦は成功したが、オーストリア軍の損害は小さかった。

野戦指揮官としてのフリードリヒの知力と独創性が見事に発揮された戦いは幾つもあるが、最も印象的なのは、一七五七年一一月五日のロスバッハの戦いでのフランス軍に対する勝利である。この戦闘では、二万人のプロイセン軍は倍の数の敵と対峙することになった。フランスと帝国の連合軍がプロイセンの陣地の周囲を旋回して左側に回り込もうとすると、フリードリヒは驚くべき速さで陣形を変えて、連合軍の先陣を切る騎馬軍団に騎兵をぶつけて一掃し、敵軍を歩兵で挟みこんで激しい突撃と砲撃を浴びせた。損失は連合軍側が合計一万人だったのに対し、プロイセン軍側は五〇〇〇人であった。

フリードリヒの戦術の大きな特徴の一つは、正面攻撃よりも斜めからの攻撃を好んだ点である。フリードリヒは並列した隊列を正面から進攻させるのではなく、なるべく隊列をねじるように組んで、片方の隊列を騎兵で補強し、もう一方の隊列よりも先に敵陣に切り込んでいくようにした。これは、敵を正面から攻撃するのではなく、敵陣に沿って巻き上げるという発想に基づいていた。この作戦を実行するには、とくに地形が起伏に富んでいる場合は、熟練した歩兵の正確な動きが必要であった。歩兵を複雑に配置した側面攻撃は、多くの戦闘で大きな戦果を挙げた。例えば一七五七年五月六日のプラハの戦いでは、プロイセン軍とオーストリア軍の兵力はほぼ同程度だったが、フリードリヒは自軍を敵軍の右翼に回り込ませるのに成功した。フリードリヒの前進に対応しようとしてオーストリア側が慌てて陣形を変えると、プロイセン軍の各部隊の指揮官は新旧の敵陣の間に「蝶番《ちょうつがい》」を見つけ出し、そこに突進してオーストリア軍を完膚なきまでに粉砕した。斜め方向からの突撃の典型例は、一七五七年一二月五日のロイテンの戦いである。この時、プロイセン軍の兵力は敵軍の半分しかなかった。プロイセン軍はフェイントを仕掛けて正面攻撃をするものと思わせたうえで、歩兵の主力を南に回り込ませてオーストリア軍の左翼を掃討した。この驚くべき軍事行動において、「動く壁」のごとく進軍するプロイセン軍の歩兵隊は、ぴったりと随走する砲兵の援護砲撃に側面を守られていた。プロイセン軍の火砲は攻撃線に沿って、次々と砲撃位置を移動させていったのである。

しかしこの戦術も、敵がしっかり準備していたり、こちらの兵力が十分に揃っていなかったり、戦況を誤認していた場合には失敗することがあった。例えば、一七五七年六月一八日のコリンの戦いでは、フリードリヒは例のごとくオーストリア軍の右翼に回り込み、敵を横から巻き上げようとしたが、オーストリア側がこれを予測して進路を塞いだため、守りを固め数的にも優位な敵に対して低所から正面攻撃を行う羽目になり、大損害を被った。この戦闘の損害は、勝利したオーストリア側が八〇〇〇人だったのに対し、敗れたプロイセン側は一万四〇〇〇人に上った。(33)

一七五八年八月二五日に行われたロシア軍とのツォルンドルフの戦いでは、フリードリヒは敵軍の陣容を完全に見誤り、北からロシア軍の左翼を攻撃したつもりが、実際には敵の真正面に回り込んでしまった。激戦の末、甚大な損耗が生じた。プロイセン軍一万三〇〇〇人、ロシア軍一万八〇〇〇人の死傷者を出したこの戦いをプロイセン側の勝利と見るべきか、それとも敗北と見るべきか、あるいは純然たる引き分けだったと考えるべきか、未だに判断がつきかねる。ロシア軍との次なる大戦闘もこれとよく似ている。一七五九年八月一二日のクーネルスドルフの戦いは、プロイセン軍の砲兵と歩兵がロシア軍の右翼に正確な砲撃を加えるという有利な情勢で始まったが、敵軍の強固な局所戦線によって前進を阻まれ、歩兵が狭い窪地に押し込まれて砲弾に晒されたことで、間もなく壊滅状態に陥った。フリードリヒはここでも戦況を把握し損ねた。起伏の激しい地形のために騎兵による偵察が難しく、情報の質が低かったことを、おそらく彼は十分に考慮していなかった。代償はあまりに高くついた。プロイセン側の犠牲者は一万九〇〇〇人、そのうち六〇〇〇人が戦場で命を落とした〔相手側のロシア・オーストリア連合軍も一万五〇〇〇人以上の死傷者を出している〕。

図 19　1759 年 8 月 12 日のクーネルスドルフの戦い。同時代の銅版画。

指揮官としてのフリードリヒは無謬の存在ではなかった。七年戦争中の一六の戦闘のうち、彼が勝ったのは——疑念を抑えてツォルンドルフを勝利とみなしたとしても——八度に過ぎない[34]〔二七の戦闘のうち一一度勝利したとする見方もある〕。しかし、ほとんどの点で彼が敵よりも優位に立っていたのは明白である。孤立していることは、ある意味で強みでもあった。フリードリヒは誰にも相談する必要がなかったのである。ロシア、フランス、オーストリアと比較すると、君主が戦場の総司令官を、そして事実上は外相をも務めていたプロイセン軍の意思決定プロセスは、信じられないほど単純であった。ハプスブルク君主国を鈍重にさせた面倒な話し合いは無用だった。この利点は国王自身の不屈の精神、才能、大胆さ、そして自他の過失の原因を見極める能力によって、さらに強化された。第三次シュレージエン戦争を通観すると、フリードリヒが何度も敵を追い詰め、何度も戦闘の主導権を握ったのには驚くばかりである。その要因の一つは、今なお広く称賛されているプロイセン軍の優れた軍事訓練にある。この教練によって青い軍服の壁が自在に、まるで見えない軸でも存在しているかのように旋回し、当時のヨーロッパの一般的な軍隊の二倍の速さで陣形を変えることができた。[35] こうした財産に加え、フリードリヒにはいざという時の冷静な判断力が備わっていた。この能力は何よりも、一七五八年一〇月一四日のホッホキルヒの戦いでオーストリア軍に大敗した後、乗っていた馬をマスケット銃で撃たれ、その血を全身に浴びつつも、安全な陣地への冷静かつ効果的な撤退を自ら指揮し、さらなる劣勢に追いやられるのを防いだ際に証明されている。

敗北から立ち直り、敵に新たな痛手を与え続けるフリードリヒの能力は、勝利には至らずとも、相手側の同盟が崩壊するまでの間もちこたえるには十分だった。エリザヴェータ女帝の病状が末期的であることが明らかになると、ロシアの戦争継続は難しくなった。一七六二年一月五日に彼女が死去すると、フリードリヒを熱烈に崇拝していたピョートル三世が後を継ぎ、早速フリードリヒとの同盟交渉に入った。もっとも、ピョートルは即位後わずか半年で妻のエカチェリーナ二世によって帝位から追い落とされ、その直後に妻の愛人の一人に殺害された。エカチェリーナ二世は同盟の申し出を取り下げたが、墺露間の提携が復活することはなかった。大国の支援なしにはポンメルンでの目的を達成できそうもないスウェーデンも、間もなく戦線から離脱した。フランスもインドとカナダで立て続けに大敗を喫した後、この戦争の目的を見失い、関心を無くしていった。一七六三年二月一〇日のパリ条約で英仏が和平を結んだために、オーストリアは窮地に追い込まれた。国庫は尽きていた。七年にわたる苦闘、莫大な金銭と人命の犠牲の末、マリア・テレジアは一七六三年二月一五日のフベルトゥスブルク条約で戦争前の原状《スタトゥス・クオ・アンテ・ベルム》の回復を承認した。その見返りに、フリードリヒは次の皇帝選挙で彼女の息子、後のヨーゼフ二世に投票すると約束した。

一八世紀半ばのヨーロッパの戦争を振り返った時、そこには、長方形や曲線矢印で構成された図形、あるいは緑色のゲーム盤の上に密集して置かれた色とりどりのコマの配列として戦場を視覚化する傾向が確認できる。しかし、「動く壁」や「斜め方向からの突撃」、敵の側面の「巻き上げ」といった事柄にばかり気を取られると、実戦が始まるや戦場を支配した恐怖や混乱を見失ってしまう。マスケッ

図20　フリードリヒ大王の肖像（複製品）。ヨーハン・ハインリヒ・クリスティアン・フランケ作。

ト銃の銃弾からキャニスター弾、大砲に至るまでの様々な砲弾が密集隊形の兵士たちをなぎ倒すなか、前線や側面にいる兵士は銃火を浴びつつ、隊列を守り、規律を保たなければならなかった。個人の力強さや大胆さが発揮される場は限られていた。それよりも、逃げたり隠れたりしたくなる本能をうまく自制することが大切だった。とくに狙われやすい場所に立つ将校たちは、部下や僚友の前で揺るぎない冷静さを示すよう求められた。それは単に個人の威勢の良さといった次元の事柄ではなく、新興の軍事貴族階級の集団的な倫理観に関わる問題であった。

エルンスト・フォン・バルゼヴィッシュはアルトマルクの平凡なユンカー領主の息子で、ベルリンの士官学校で教育を受け、後にプロイセン軍将校として七年戦争中の多くの戦闘に従軍した。彼の回想録は戦地での日記を元にしてまとめられたもので、前線の将校たちの間にしばしば、サムライ的な宿命論と学生時代の友情が混在していた様子を捉えている。ホッホキルヒの戦いでは、たまたま王の近くにいたバルゼヴィッシュはオーストリア軍の攻撃を受けた。マスケット銃の弾が雨あられのごとく、兵士の胸や顔めがけて飛んできた。王のすぐ隣にいたフォン・ハウクヴィッツ少佐が腕を撃ち抜かれ、その直後に別の銃弾が王の馬の首筋にめり込んだ。バルゼヴィッシュがいた場所からそう遠くないところで、王のお気に入りだったフォン・カイト元帥が砲弾を受けて落馬し、その場で息絶えた。次に倒れた指揮官は、バルゼヴィッシュが所属する連隊を率いていたフリードリヒ・フランツ・フォン・ブラウンシュヴァイク゠ヴォルフェンビュッテル少将〔フリードリヒ大王の義弟〕で、マスケット銃の弾に貫かれて落馬し、絶命した。彼が乗っていた白馬は怯えるあまり、三〇分近くも戦列の間をギャロップし続けた。バルゼヴィッシュと周囲の若い貴族たちは、緊張をほぐすために軽口を交わし合った。

戦闘開始早々、マスケット銃の弾が私の帽子のてっぺん、頭のすぐ近くを貫通したのは光栄だった。その後間もなく、二発目の弾が大きく反り返った左のつばを撃ち抜き、帽子は頭から落ちてしまった。私は、すぐ近くに立っていたフォン・ヘルツベルク家の兄弟たちに言ってやった、「諸君、皇帝軍がそんなに欲しがるなら、この帽子をかぶり直したほうがいいかな」。彼らは「そうしたまえ」、「その帽子は君の名誉の一品になるぞ」などと返してきた。フォン・ヘルツベルクの長男は嗅ぎタバコの箱を手にして、「諸君、一つまみの勇気を出したまえ！」と呼びかけた。私は彼に歩み寄り、一服してからこう応えた、「そうだ、勇気こそ我らに必要なものだ」。フォン・ウンルーが私に続き、フォン・ヘルツベルクの一番下の弟が最後の一つまみを頂戴した。長男が箱から嗅ぎタバコをつまんで鼻に近づけたちょうどその時、彼の額の上部にマスケット銃の弾が直撃した。私はすぐ横に立っており、彼に目をやった。彼は「主イエスよ」と叫び、振り向きざまに倒れこんだ。(36)

戦列の一角にフォン・ヘルツベルク兄弟が複数いたことに注目したい。ユンカー貴族はこのような若者たちの犠牲のうえに、フリードリヒの国家のなかで特別な地位を占めるようになったのである。

しかし大半は将校、しかも貴族出身者によって書かれた一人称形式の戦記を取り上げることで、もっと下層の人々が戦場において信じられないほどの犠牲を出したという事実が見過ごされてはならない。例えばロボジッツの戦いでは、一人の将校に対して八〇人以上の兵卒が戦死した。アルトマルク地方のオスターブルクに程近いエルクスレーベン出身の騎兵ニコラウス・ビンは、家族に宛てた手紙の中で、兄弟か従兄弟であろうアンドレアス・ガルリップとニコラウス・ガルリップを含め、同郷の兵士一二人が死亡したと伝え、家人を勇気づけるようにこう付け加えている。「死人として名前を挙げなかった奴らはみんな達者だ」[37]。この戦いから五日後の一〇月六日、ヒュルゼン連隊の兵士フランツ・ライスが戦場に到着した時のことを書き記している。それによれば、彼らは隊列を組むやいなや、オーストリア軍の激しい砲火に晒された。

そうして朝六時にいくさが始まって、夕方の四時までドンパチの音が鳴り続いた。俺はやばいとこにずっと立たされて、我が身を［守ってくれる］神様にまともに祈ることもできなかったよ。一発目の大砲をくらって、仲間のクルムフォルツの頭が半分吹き飛んだ。奴のすぐそばにいたから、脳みそや頭蓋骨が俺の顔にかかった。俺も担いでた銃を粉々に吹き飛ばされたが、ケガはなかった。神様に感謝。だけど母ちゃん、何が何だか俺にはちゃんと説明なんかできないよ。敵もこっちも滅茶苦茶に撃ち合って、誰かが何か言ったって聞こえやしなかった。一〇〇〇発どころじゃない、何千発もの弾が飛び交うのを見たり聞いたりした。だけど午後になったら敵さんは逃げ出して、神様が勝利を授けてくだすったんだ。それから戦場を歩いてみたが、あちこちに死体が転がってた。一人ずつじゃなく、三つも四つも折り重なってた。頭がなかったり、両脚がなかったり、両腕がなかったりするのがごろごろしてた。まったく、ひでえありさまと言うしかねえ。坊主よ、これから何が起こるかさっぱり見当つかないのに、しずしず修羅場にしょっぴかれてく父ちゃんたちの気持ちが分かるかね[38]。

戦闘の後も混乱は続いた。戦場で負傷したままでいれば、悲惨な運命が待っていた。ツォルンドルフの戦いやクーネルスドルフの戦いの後、夜の戦場では、ロシア軍のコサック軽歩兵に殺される負傷者たちの悲鳴が響いた。残虐行為の標的にならなかったとしても、生き延びるには覚悟と幸運が必要だった。プロイセン軍には当時の基準からすれば割と大規模でよく組織された軍医制度があったが、戦闘後、とくに敗北後の無秩序状態にあっては、適切な治療が早期に受けられる見込みはほとんどなかった。治療の質は軍医によって大きく異なり、感染創の処置のための設備もかなりお粗末だった。

エルンスト・フォン・バルゼヴィッシュの場合、ロイテンの戦いでマスケット銃の弾が頸部を貫通して肩甲骨の間に突き刺さったが、幸運にも、捕虜のオーストリア兵のなかに、リヨン大学の外科を卒業したベルギー人がいた。残念ながら、ベルギー人は手術用の道具を持っていなかった。プロイセン兵に戦利品として奪われてしまったのだ。しかし、彼は靴屋の「ひどいなまくらナイフ」を「一〇回か一二回入れて」、バルゼヴィッシュの背中から弾丸を摘出した。もっと不運だったのはバルゼヴィッシュの戦友のガンス・エードラー・ツー・プトリッツ男爵で、彼は二晩と丸一日、治療を受けられずに寒さのなかで横たわっている間に、散弾で重傷を負った足が化膿してしまった。捕虜の外科医は膝下を切断するしかないと告げたが、プトリッツは気が動転していたか、あるいは怖じ気づいて、医者の勧めに従わなかった。化膿が次第に広がり、彼は数日後に永眠した。死の間際、プトリッツはバルゼヴィッシュに、自分が一人息子であることを打ち明け、埋葬の場所を両親に知らせてほしいと懇願した。「この死は心に焼きついた。一七歳かそこらの青年が、傷口から死が忍び寄り、刻一刻と広がっていくのをじっと見ていたのだ」と、バルゼヴィッシュは書いている。[39]

七年戦争は前世紀の三十年戦争とは異なり、比較的規律のとれた軍隊が比較的整備された兵站をつうじて自国政府から装備と補給を受けつつ戦う、「官房戦争」であった。したがって、一六三〇年代や一六四〇年代にドイツ諸邦の住民にトラウマを植えつけたような、無政府状態と暴力が蔓延する戦争ではなかった。しかしそうは言っても、占領地や戦闘地域の民間人が勝手気ままな徴発や報復、そして残虐行為に晒されることがなかったわけではない。例えばスウェーデンはポンメルンへの侵攻後、隣接するブランデンブルク北部のウッカーマルクに対して、王が毎年徴収していた軍事分担金の倍に相当する総額二〇万ターラーの支払いを要求した。[40]ヴェストファーレンのプロイセン領は戦争の大半の期間、フランスとオーストリアの占領下にあり、ここでは軍当局があの手この手を使って軍事分担金を取り立てたり、恐喝を行ったりしたが、その際には地元の名士を誘拐して人質にとる手口も稀ではなかった。[41]ロスバッハで敗北した後にテューリンゲンとヘッセンを通過したフランス兵は、数々の乱暴狼藉をはたらいた。「これらの騒動のすべてを語り尽くすことはできない。四〇里にもわたって我が軍の兵士がひしめき合っていた。彼らは略奪し、殺戮し、強姦し、窃盗し、ありとあらゆる悪行に手を染めた……」と、あるフランス軍将官は報告している。[42]

とくに問題だったのが、当時多くの軍隊で使われていた「軽歩兵」である。軽歩兵は自発的に集まってきた兵士たちによって構成されており、正規軍から半ば独立したかたちで活用され、自弁を原則とし、民間人からの強制取り立てや戦利品の獲得だけで自給自足するよう求められていた。そうした部隊としてよく知られるのはロシア軍のコサックや、異国風の服を着たオーストリア軍の「パンデュール」〔クロアチア出身者を中心に構成された軽歩兵部隊〕だが、フランス軍も同様の部隊を利用し続けた。ロシア軍による東プロイセン占領の第一期には、コサックとカルムイク人〔ロシア南部に住むモンゴル系民族〕から成る約一万二〇〇〇名の軽歩兵が、銃や剣をかざして国中を荒らし回った。同時代人の表現を借りれば、彼らは「〔独語版では「悪魔のごとく嬉々として」〕丸腰の人々を殺したり、なぶりものにしたりした。住民を木に吊るし、耳を切り鼻を削ぎ、あるいはこのうえなく残酷でおぞましい方法で切り刻んだ〔独語版では「あるいは両脚を切り落としたり、腹を切り裂いたり、心臓を切り取ったりする者もいた」〕……」[43]。一七六一年、フランス軍の軽歩兵部隊であるフィッシャー猟兵隊は、一七四四年にプロイセン領となったドイツ北西部の東フリースラントに侵入し、一週間にわたって強姦や殺害などの残虐行為をはたらき、住民を恐怖に陥れた。農民たちは、この地方に伝わる集団的抗議の伝統に基づいて、一五二五年のドイツ農民戦争もかくやと思わせる激しい蜂起で抵抗した。東フリースラントにようやく平和が戻ったのは、近隣に駐留していたフランス正規軍部隊が派遣されてのことであった[44]。

これほどに深刻な揉め事が起こるのは異例だったが、戦火に巻き込まれたすべての地域で、主として過密な野戦病院から広がったいわゆる「宿営伝染病」によって死亡率が大幅に上昇した。例えばクレーヴェやマルク伯領では、戦時中の死亡率は人口の一五パーセントに達した。クレーヴェ公国の都市でライン河畔に位置するエメリヒでは、一七五八年だけで住民の一〇パーセントが死亡しているが、北西ドイツから敗走してきたフランス兵によってもちこまれた病気が主な死因であった。シュレージエンで四万五〇〇〇人、ポンメルンで七万人、ノイマルクとクールマルクで一一万四〇〇〇人、東プロイセンで九万人と、プロイセンのほぼ全域で人口が大幅に減少した。この戦争でプロイセンは約四〇万人を失ったと推計されるが、これは人口のおよそ一〇パーセントに相当する。

フベルトゥスブルクの遺産

オーストリアとフランスが積年の反目を乗り越えて手を結んだ一七五六年の転換は、従来の王朝間の提携のパターンから逸脱しているため、「外交革命」として知られている。[45] しかし先に確認したように、この年に起こった出来事の大部分は一七四〇年一二月に始まった変化の帰結に過ぎない。真の革命はむしろ、プロイセンのシュレージエン侵攻であった。この強力な刺激なしには、オーストリアが同盟国イギリスを捨てて宿敵フランスと組むことはなかっただろう。ここから、ヨーロッパ近代史へと長い導火線のように続く、一連のショックと再編成が始まったのである。

フランスでは、オーストリアとの同盟、そしてロスバッハでの惨敗が国内世論に大きな衝撃を与え、ブルボン家の統治能力に疑問符が付けられるようになり、結果的に一七八〇年代の革命危機へと至った。一七五八年の春、後に枢機卿となるフランス外相のド・ベルニスは、「かつてないほど、国民は戦争に憤慨している。敵であるプロイセン王は驚くほどの人気ぶりだ……その一方でウィーンの宮廷は国家の生き血をすする者のごとくみなされ、忌み嫌われている」と述べている。[46] 当時の批判的なフランス人の目には、一七五六年と一七五七年にそれぞれオーストリアと結ばれた条約は「ルイ十五世の汚点」、「原理的には怪しく、実践的にはフランスにとって破滅的なもの」に映った。ド・セギュール伯は、この戦争の敗北は「フランスの国民的な自尊心を傷つけ、また奮い立たせた。国中で、王家に反発するのが名誉なことになった」と回想している〔セギュール伯は七年戦争終結の時点で九歳〕。一七七二年の第一次ポーランド分割によって、プロイセン、オーストリア、ロシアがフランスの伝統的な友好国から領土を奪い、新たな同盟関係がオーストリアに有利に、そしてフランスに不利にはたらくことが明らかとなると、こうした懸念はさらに深まった[47]〔ルイ十五世の妻は元ポーランド王スタニスワフ・レシチンスキの娘であった〕。さらに悪いことに、フランス王家は一七七〇年に後にルイ十六世となる王太子をハプスブルク家の皇女マリー・アントワネットと結婚させ、オーストリアとの同盟を強固にする道を選択した。彼女は後年、ブルボン絶対主義の末期の政治的沈滞を象徴する存在となった[48]。つまるところ、フランス王政の崩壊をもたらした危機の少なくとも一部は、フリードリヒのシュレージエン侵攻の結果にまで遡ることができるのである。

ロシアにとっても、七年戦争の終結は新時代の幕開けとなった。ロシアはエリザヴェータが設定した領土目標を達成できなかったとはいえ、この戦争で大いに名声を高め、存在感を強めた。この国が全ヨーロッパ規模の紛争で持続的な役割を果たしたのは、これが初めてであった。一七七二年、ロシアはオーストリア、プロイセンとともにポーランド=リトアニア共和国の周辺部を併合し、一七七九年にはプロイセンとオーストリアの間で結ばれたテッシェン条約〔バイエルン継承戦争の講和条約〕の保障国となり、ヨーロッパ列強への仲間入りを果たした。ピョートル大帝の時代に始まった、ヨーロッパ列強協調体制への参入に向けた長い旅が、ついに完了したのである[49]。

膨張主義、パワー、難攻不落の堅固さを兼ね備えたロシアは、かつてのスウェーデンやトルコをはるかに上回る脅威となった。これ以降、ロシアはドイツ地域の権力闘争において重大な役割を演じるようになる。一八一二〜一三年、一八四八〜五〇年、一八六六年、一八七〇〜七一年、一九一四〜一七年、一九三九〜四五年、一九四五〜八九年、そして一九九〇年と、ドイツの権力政治を左右したのはロシアの介入であった。この瞬間から、プロイセンの歴史とロシアの歴史が絡み合うこととなった。フリードリヒに千里眼はなかったが、彼はロシアが大国として着実に台頭しているのを感じ取っていた。ツォルンドルフやクーネルスドルフでの死闘の後、ロシアの力を目の当たりにして、彼は恐怖に慄《おのの》かずにはいられなかった。一七六九年、フリードリヒは弟のハインリヒに、エカチェリーナ二世の帝国は「全ヨーロッパを震撼させるであろう、恐るべき力」だと語っている。(50)

先述のとおり、プロイセンとの長引く抗争によって、オーストリアでは対外政策が抜本的に見直されるようになった。一七四八〜五六年の政策転換を先導したカウニッツは、ヨーゼフ二世が一七九〇年に死去すると影響力を落としたものの、一七九二年まで宰相の座にとどまった。プロイセンの挑戦は、オーストリアの国内政治にも大きな変化をもたらした。プロイセンに効果的に反撃するために、一七四九〜五六年に「第一次テレジア改革」として知られる一連の改革が断行され、行政のスリム化が試みられた。中央行政は大幅に再編され、重要官庁の集中化、簡略化が進んだ。また、オーストリアはプロイセンのシュレージエン統治を注意深く見守っており、そこから間接的にヒントを得て、新しい税制を導入した。この改革の立役者となったフリードリヒ・ヴィルヘルム・フォン・ハウクヴィッツ伯爵は、若くしてプロテスタントからカトリックに改宗し、プロイセンの侵攻で故郷のシュレージエンを追われた経験の持ち主であった。しかし誰よりもフリードリヒ二世を手本にしたのは、マリア・テレジアの後を継いだ長男のヨーゼフ二世である。ハプスブルク君主国がヨーロッパの国際競争のなかで試練に打ち勝つには、より一体性の高い国家を目指さなければならないと、ヨーゼフが真剣に考えるようになったのは、フリードリヒ二世の功業に感銘を受けたためでもあった。もっとも、一七八〇年代にこの構想を実現しようと試みたヨーゼフは、ハプスブルク君主国を内部崩壊に近づけることになる。(51)

シュレージエンをめぐる三度の戦争は、プロイセンにも爪痕を残した。国土は広範にわたって荒廃し、フリードリヒの治世末期の二〇年余りはその復興に国内投資の大半が費やされた。さびれた地域の人口を増やし、湿地を排水して新しい耕作地や牧場を造ることは、なおも最優先課題であった。例えば、ポーランド語話者が多い農村地帯のマズーリ地方では、ヴュルテンベルクやプファルツ、ヘッセン＝ナッサウから呼び寄せられた人々がリプニャク(一七七九年)、チャイケン〔ポーランドのチャイキ〕(一七八一年)、ポヴァルツィン〔ポヴァウチン〕(一七八二年)、ヴェッソローヴェン〔ヴェソウォヴォ〕(一七八三年)、イットフケン〔ヴィトゥフコ〕(一七八五年)、ショトマック〔シュドマク〕(一七八六年)といった入植地に定住するようになった。こうした入植事業は、それまで国内で最も孤立し開発が及ばない地域の一つだった、マズーリ地方南部の湿地帯の排水を目的とした大規模な運河網の建設と並行して進められた。余分な水はオムレフ川とヴァルトプシュ川〔ともにナレフ川の支流〕に引き込まれ、かつては通交不可能だった広大な湿地帯に新しい集落が誕生した。(52)

軍務で命の危険を冒した人々に国が報いなければならないという認識をフリードリヒが深めたのも、七年戦争がきっかけだった。「公共の利益のために四肢や健康、体力、命を犠牲にした兵士には、自分がすべてを捧げた相手に対して報いを要求する権利がある」と、一七六八年にフリードリヒは明言した。ベルリンに六〇〇人の傷痍軍人を収容する看護施設が建設されるとともに、郷里で生活に困窮している帰還兵への支援金が軍事予算に組み込まれるようになった。貧苦に陥った兵士には、物品税や関税、タバコの専売制度などに関係する業務など、薄給ながら公職が用意された。[53] 広い意味での社会保障に国家機構を供しようとする王の意欲が最も顕著に表れたのは、食糧不足や価格高騰、飢饉の影響に対処するための、穀物税と穀物貯蔵制度の積極的な活用であろう。例えば一七六六年、フリードリヒは穀物税を停止して、外国産の安価な輸入品の流入を緩和した。穀物税は三年後に小麦のみを対象として再開されたが、パンに課せられた税を負担するのは、白パンを購入する裕福な消費者に限定された。七年戦争後のプロイセンにおける食糧政策が正念場を迎えたのは、一七七一〜七二年の冬である。プロイセン当局は、政府の備蓄穀物を大量に放出することで、ヨーロッパ規模の飢饉に立ち向かった。この時は、穀物貯蔵制度にほんらい課せられていた軍事的な使命よりも民間のニーズが優先されたのであり、こうした大規模な現物支給制度は社会福祉政策の実践だったとみなしうる。[54]

その反面で、戦争は行政の統合のペースを鈍らせた。フリードリヒは治世の初期に、産業政策のための第五部局や軍務行政のための第六部局など、全国を管轄下に置く官庁を創設して、行政の統合を推し進めた。[55] しかし七年戦争が終結した一七六三年以降、統合の勢いは止まってしまった。その主たる理由は、戦争の経験をつうじてフリードリヒが、遠方の領土を他国の攻撃から守るのは無理だと悟ったためだが、このような地政学的思考に基づいて平時の経済の優先順位が決定された点は、いかにもプロイセン的であった。こうして東プロイセンは全国的な穀物貯蔵制度にしっかりと組み込まれず、この地域から中核地帯への穀物輸送は戦後に次第に縮小し、ポーランドからの安価な輸入穀物に道を譲ることとなった。[56] 一七六六年以降、一元的な物品税制の導入計画が放棄され、地方行政に対するべルリンの支配が目に見えて緩んでくると、西部の諸地域を中核地帯の財政構造に組み入れようとする試みまでもが停滞した[57]。プロイセンでは戦争が国家建設の重要な原動力になっていたと思われがちだが、こうした遅延効果があったことは一考に値する。

フリードリヒはシュレージエンの獲得によって自国の国際的地位を大きく向上させたが、そのことで彼が自信や強国意識を抱くようになったと考えるのは見当違いだろう。実際には、その逆だった。フリードリヒは、自分の挙げた成果がいかに危うげなものであるかを痛感していた。一七六八年の『政治遺訓』において彼は、ヨーロッパ大陸の「システム」を形成しているのは「他のすべてに優越する四つの大国」だけだと述べているが、プロイセンはそこに含まれていない[58]〔言及されているのは仏英墺露〕。一七七六年、重病を患うようになった王は、苦労して強化した国家が自らの死後に崩壊するのではないかという不安に苛まれた[59]。フリードリヒは、プロイセンに対する諸外国の評価が国内資源の乏しさにまったく見合っていないことを自覚していた[60]。自己満足のためのごまかしは禁物だった。プロイセンは、権力政治上の弱さを補う方策を切実に必要としていた。かくして一七六三年以降、先述のとおり、国内の再建計画が本格化するところとなった。そして外交面では、フリードリヒは、エカチェリーナ大帝のもとで拡大するロシアの脅威を緩和することを最優先課題とした。君主は常に、自分を攻撃するのに最適な場所にいる勢力と同盟を結ぶべしという持論に則って、フリードリヒはロシアとの間に相互不可侵の関係を実現させるのに心血を注いだ。この外交的努力は一七六四年のプロイセン・ロシア同盟に結実し、これによってロシアの脅威と、オーストリアから復讐を受ける危険とが一挙に取り払われた[61]。

もっとも、この一七六四年の同盟がロシア外相ニキータ・パーニンの失脚によって一七八一年に瓦解したように、同盟は個人の善意に依存した脆弱なものであり、最後に頼れるのはやはり軍事的な抑止力だった〔プロイセン・ロシア同盟は形式的には一七八八年まで存続した〕。プロイセンはフベルトゥスブルク条約の締結後も軍備の増強を続けた。一七八六年には、この国はヨーロッパで人口が第一三位、面積が第一〇位でありながら、軍隊の規模では第三位にあった。人口五八〇万人程度の国家が一九万五〇〇〇人の軍隊を保持しており、住民のほぼ二九人に一人が兵士、全人口に対する兵士の割合は三・三八パーセントだったことになるが、この数字は冷戦時代のソ連陣営に属した、高度に軍事化された国家と比較しても遜色がない――例えば、一九八〇年のドイツ民主共和国は三・九パーセントである〔当時の東ドイツの人口は一六〇〇万人、現役兵は一五万五〇〇〇人、完全動員の場合は二八万一〇〇〇人程度〕。七年戦争でフリードリヒ二世の副官を務めたゲオルク・ハインリヒ・ベレンホルストが「プロイセン君主国は軍隊を有する国ではなく、軍隊が有する国であり、いわば国に軍隊が駐屯しているに過ぎないのだ」という印象的な発言を残したのは、こうした背景を踏まえてのことであった(62)。

しかし、生粋のプロイセン人兵士は八万一〇〇〇人に過ぎなかったのだから、この数字は多少差し引いて考える必要がある。プロイセンの総人口に対する自国出身の兵士の数を割合で表すと、わずか一・四二パーセントとなり、これは二〇世紀後半の西欧諸国と同程度――例えば、一九八〇年のドイツ連邦共和国の数字は一・三パーセント〔人口六〇〇〇万人、兵力五〇万人程度〕――である。したがって、プロイセンは国家としては高度に軍事化されていた――すなわち、軍隊が資源の大部分を消費してしまう国家だった――ものの、必ずしも社会が高度に軍事化されていたわけではない。例えば国民皆兵制はなかったし、平時の訓練は現在の基準からすると短時間かつ形式的で、軍隊の組織構造は未だ弱体だった。各地の軍に兵舎を割り当てたうえで、そこにすべての兵士を住まわせ、何年もかけて訓練させるようになるのは、なおも遠い先の話だったのである。

　本節の最後に、シュレージエン戦争が「ドイツ国民の神聖ローマ帝国」に与えた影響について考えたい。七年戦争の経過を観察したデンマーク外相のユハン・ハルトウィ・ベアンストーフ伯は、この大規模紛争の争点は単にあちこちの土地の所有権にあるのではなく、神聖ローマ帝国の頭部が一つなのか、それとも二つなのかという問題にあるのだと記している。[63] ブランデンブルクとオーストリアの関係が絶えず緊張を伴ってきたことは、既に確認したとおりである。確かに、ブランデンブルクが帝国政治のなかである程度自立して活動するようになると、対立の可能性が高まった。しかし歴代の選帝侯にとって皇帝、ひいてはハプスブルク家の優位は議論の余地のないものだった。状況を一変させたのは、一七四〇年の侵攻である。シュレージエンの併合はプロイセンに金銭や各種の産物、臣民だけでなく、ブランデンブルクの中心地からハプスブルク家領のボヘミアやモラヴィア、そしてオーストリア世襲領の周縁部にまで達する、幅広の回廊をもたらした。プロイセン領シュレージエンは、ハプスブルク君主国の心臓に突きつけられた短剣であり、実際に一八六六年の普墺戦争では、プロイセンが編成していた四個軍のうち二個軍がシュレージエンに集結したのちボヘミアに進撃し、ケーニヒグレーツでオーストリア軍を粉砕した。「オーストリアはシュレージエンの喪失の痛手を決して忘れないだろう。そして、今やドイツにおける権威を我々と共有しなければならないということも肝に銘じるだろう」と、フリードリヒは一七五二年の『政治遺訓』に記している。[64]

帝国政治は、初めて二極間のパワーバランスを軸にして方向づけられるようになった。オーストリアとプロイセンの「二元主義《デュアスムス》」の時代が始まったのである。これ以降、プロイセンの外交政策の最優先課題は、新秩序において自らの地位を守ること、そして自国の都合に合わせてバランスを修正しようとするウィーンの試みを封じ込めることに置かれた。このような権力闘争の典型例は、一七七八年にバイエルンの継承をめぐって勃発した紛争である。一七七七年一二月、バイエルン選帝侯マクシミリアン三世ヨーゼフが近しい相続人を残さず死去した。遠戚のカール・テオドールが〔プファルツ選帝侯を兼ねたまま〕跡を継いだが、彼はバイエルンをオーストリア領ネーデルラント〔現在のベルギー〕と交換するという約束をウィーンと交わし、一七七八年一月中旬、小規模なオーストリア軍の派遣部隊がバイエルンに入った。このオーストリアのバイエルン獲得計画に対して、プロイセンはまずはフランケン地方に位置するアンスバッハ侯国とバイロイト侯国の継承権を要求し、領土補償を求めた〔両侯国はホーエンツォレルン家の分家が支配する領邦だったが、当時嗣子がおらず、断絶がほぼ確定していた〕。しかしカウニッツはそれを拒否し、ベルリンの武力介入の脅しに耳を貸さなかった。

一七七八年夏、六六歳のフリードリヒは行動を起こす決意を固め、兵を率いてボヘミアに侵攻した。カール・テオドールに対抗してバイエルンの継承権を主張していたプファルツ＝ツヴァイブリュッケン公カール・アウグストのために腰を上げた、というのがプロイセン王の主張だった。北ボヘミアで、フリードリヒは大規模で統率のとれたオーストリア軍に行く手を阻まれた。その後何ヶ月もの間、寒さと雨露に悩まされながら、真剣勝負のない小競り合いが続いた。フリードリヒは結局、ズデーテン山地で軍隊を越冬させざるを得なくなった。凍てつく寒さのなか、オーストリアとプロイセンの徴発隊が凍ったジャガイモ畑をめぐって争った。この「ジャガイモ戦争」では大きな交戦はなく、マリア・テレジアは戦争を速やかに終わらせるためなら、譲歩もやむなしと考えていた。ロシアとフランスの仲介で一七七九年五月一三日に締結されたテッシェン条約により、彼女は〔イン地方を除く〕バイエルンの全領土を放棄するだけでなく、プロイセンがアンスバッハとバイロイトの両侯国を将来的に継承する旨に同意した。この一件で、オーストリアには単独でプロイセンに対抗する気がないこと、シュレージエン戦争で受けた傷が深いこと、そしてフリードリヒの軍隊が今や一目置かれる存在となったことが明らかになった。同様に重要だったのは、ドイツ諸邦の反応である。彼らの多くはプロイセンに味方し、フリードリヒのことを、ハプスブルク家の略奪的な権力政策から帝国の一体性を守ってくれる存在とみなすようになった。バイエルンとオーストリア領ネーデルラントとの交換計画をヨーゼフ二世があらためてとりあげようとした一七八五年、フリードリヒは再び、皇帝の策略に対抗する帝国の守護者の役を買って出た。その年の夏、彼はザクセンやハノーファーなど少数の中小諸邦とともに、皇帝の策謀から帝国を守ることを目的とした諸侯同盟《フュルステンブント》に参加した。一八ヶ月後には、神聖ローマ帝国大宰相を務め、伝統的にウィーンに忠実だったカトリックのマインツ大司教も含めて、同盟への参加邦は一八を数えるに至った。(65)

密猟者が狩猟場の番人となった——喩えるならば、フリードリヒが見事に演じた役どころはこのように言える。そのことが最も明確に示されたのは、彼が帝国内の複雑な宗派構造を利用した時である。一八世紀半ばから後半にかけて、帝国内のカトリック陣営とプロテスタント陣営のバランスは常に重要な問題であった。大選帝侯からフリードリヒ・ヴィルヘルム一世にかけての時代に、プロイセンは次第に帝国内のプロテスタントの擁護者として振る舞うようになった。フリードリヒ二世は個人的には宗派間の争いにほとんど関心を抱かなかったが、この伝統を巧みに利用し、例えば、支配者がカトリックに改宗した領地――一六四八～一七六九年に、こうした改宗は三一例あった――のプロテスタント諸身分を支援するのに成功した。ヘッセン＝カッセル（一七四九年）、ヴュルテンベルク（一七五二年）、バーデン＝バーデン（一七六五年）、バーデン＝ドゥルラッハ（一七六五年）では、フリードリヒはカトリックに改宗した君主に対抗してプロテスタント諸身分の権利を守る契約に共同で署名し、保証人になった。そうした場合、彼は帝国議会のプロテスタント議員たちの熱烈な支持を受けて、ヴェストファーレン講和条約に謳われた権利の擁護者、そしてその執行者として行動した。

プロイセンのようなプロテスタント国家にとって、ドイツ諸邦のプロテスタント全体の庇護者を自任することは、帝国の構造を利用して優位を得るためのうってつけの方策だった。このような姿勢は、帝国は普遍的なキリスト教的君主政ではなく、連帯と自助の実践を義務づけられた両宗派間の権力分有体制であるという、プロテスタント側の帝国観の正当性を裏づけるものであった。そして理論上、許容されうる宗派を信奉するすべての帝国臣民の権利を保障する存在とされていた皇帝の地位は揺らぎ、カトリックを奉じるウィーンの皇帝に対して、プロテスタントを奉じるベルリンの君主が一種の対立皇帝として並び立つようになった。(66)

七年戦争では、帝国の宗派対立が大いに高まった。マリア・テレジアはフランスと同盟し、プロテスタントの臣民を差別し続けることで、フリードリヒの大義名分に追い風を与えてしまった。夫のフランツ一世も知らず知らずのうちにプロイセンの思うつぼにはまり、「プロテスタント連盟《リーグ》」に対する統一行動をカトリック諸侯に繰り返し呼びかけて、帝国の宗派分裂に拍車をかけた。両陣営とも、宗教色の濃いプロパガンダ文書を大量に発行した。プロイセンの戦時宣伝は一貫して宗派対立を強調し、ハプスブルク宮廷がカトリックのフランスと手を組んで、帝国内に新たな宗教戦争を引き起こそうとしていると主張した。曰く、脅威が差し迫るなか、プロイセンは一六四八年に確立された国制上の秩序を護持するうえでの唯一の希望であり、プロイセンの利益は「ドイツ」そのものの利益と一体であった。プロイセンのプロパガンダは、ホーエンツォレルン家の宗派政策の伝統的な長所をアピールして、自分たちはより大きな「プロテスタントの利益」を代表しているとする主張を打ち出した。おそらくあまり意識されてはいなかったが、ここで掲げられた利益共同体は祖国ドイツそのものと同一視される傾向があった。プロイセンの主張は幾つかの点で、一九世紀の二元主義的闘争に際して前面に出てきた、プロイセンとプロテスタントが優越する「小ドイツ」という考え方を先取りするものであった。[67] プロイセンの努力が実を結んだことは、七年戦争の終結に際してフランスの外交官が述べた言葉からも明らかである。曰く、フベルトゥスブルク条約によってプロイセンは帝国議会でかつてないほど強い立場にある、なぜならプロイセンは議会においてプロテスタント主体の反皇帝党、つまり反オーストリア党の領袖になることに成功したのであった。[68]

愛国者たち

一七五七年一二月一一日、詩人のカール・ヴィルヘルム・ラムラーは、プロイセン軍がロスバッハで勝ち取ったばかりの勝利を祝うためにベルリン大聖堂で開かれた謝恩礼拝に参列した。帰宅した彼は、同じく詩人のヨーハン・ヴィルヘルム・ルートヴィヒ・グライムに一通の手紙を急いで送った。

親愛なる友よ、[…]つい先ほど、比類なき［宮廷説教師である］ザック師の勝利の説教を聞いて帰ってきたところです。ほとんどの参加者の瞳が愛と感謝の涙で濡れていました。[…]ご所望なら、この勝利の説教をお送りします。プラハでの勝利［一七五七年五月六日のプラハの戦いでの勝利を指す］に関する説教と今日の説教は、間違いなくザック師の説教のなかで最良のものです。若人たちは祝砲を撃つのをやめず、今この手紙を書いている最中にも砲声が響いています。商人たちは二つの勝ち戦を称えて多種多様な絹のリボンをこしらえ、人々のベストや帽子、剣を飾り立てています。(69)

戦争中にプロイセン国内でみられたような愛国意識の高揚は、七年戦争の最も顕著な特徴の一つである。こんにちならば、戦争が愛国的な忠誠心を強化すると考えるのは当たり前だが、プロイセンでは常にそうであったわけではない。壊滅的な紛争となった三十年戦争の場合は、むしろ逆だった。一六三〇年代には、臣民が選帝侯や彼の治める領土に同調することはほとんどなかった。実際、多くの人々はベルリンにいるカルヴァン派の選帝侯よりも、ブランデンブルクの敵であるルター派のスウェーデンに共感を抱いていた。一六三〇年代後半のブランデンブルク軍は敵の占領軍と同じくらい嫌われ、恐れられていた。一六七五年に大選帝侯がフェールベリンでスウェーデン軍に大勝した後でさえ、ブランデンブルクの大義に熱狂したり、君主が繰り広げる闘争に一体感を示したりする公衆の姿はほとんど見られなかった。フェールベリンの出来事の画期性に高揚する感覚は、大抵の場合、宮廷を中心としたごく一部のエリートに限られたものであった。プロイセンのスペイン継承戦争（一七〇一〜一四年）への貢献も、住民の関心をあまり呼ばなかった。彼らにしてみれば、この戦争は遠く離れた場所での、ややこしい政治目的をめぐる合従連衡に絡んだ揉め事だった。

対照的に、七年戦争におけるプロイセン軍の敗北と勝利は、君主の目標や人格に対する連帯感を広めることになった。将校として従軍し続け、後にその経過を叙事詩にしたヨーハン・ヴィルヘルム・アルヒェンホルツは、どん底の時期にプロイセン人同胞に生気を与えた熱波を思い返している。彼によれば、プロイセン人は「王の破滅を我が事のように考え」、「王の偉業の名声に与った」。ポンメルンの諸身分は一丸となって五〇〇〇人の兵士を王に差し出し、ブランデンブルク、マクデブルク、ハルバーシュタットもそれに続いた。「この戦争は、それまでドイツの地で知られていなかった祖国への愛を生み出した」と、アルヒェンホルツは結論づけている。[70]

教会はフリードリヒを神の摂理の道具とみなすよう信者に促し、戦争中の君主の活躍に世間が熱狂するうえで重要な役割を果たした。一七五七年のプラハの戦いでのプロイセン軍の勝利――実際には辛勝だった――の後、宮廷説教師のザックはベルリン大聖堂の説教壇から声高らかに説教した。

王は勝利し、生きておられる！　我らが神を称えよ！［…］もし我らが父を失ったとしたら、勝利と征服に何の価値があろうか。しかし、我らを守る摂理が再び彼を守った。神の遣わし給うた天使が最大の危機の時に、死が放つすべての矢から彼を救ったのだ。[71]

別の説教者は、まさに神がプロイセンをあらゆる国のうちでも際立たせ、プロイセン人を「神の特別な民」として選ばれたのだ、「なればこそ、我々は神に選ばれし民として光のなかを神の前へと歩むことができる」と謳いあげて、勝利を祝った。[72] こうした言辞は、実際の聴衆をはるかに超えて鳴り響いた。とくにザックの説教は様々な印刷物に掲載され、プロイセンの中核地帯で開かれた私的な集会で広く読み返された。[73]

説教壇からの民衆動員の取り組みを補うように、愛国的文筆家たちも扇動活動に参加した。一七四二年にブレスラウ条約でシュレージエンの大部分を獲得した時は、プロイセンを称賛するテキストの出版はわずかだった。それらはラテン語で書かれ、高価な二つ折り判や四つ折り判で出版され、明らかに限られた高学歴の読者を対象としていた。しかし、一七五〇年代になると、宣伝を生業とする物書きや自由業の愛国者たちがドイツ語で、八つ折り判の廉価版テキストを大量に作り出した。[74] 大きな反響を呼んだものの一つが、戦局が最悪の状態にあった一七六一年にフランクフルト・アン・デア・オーダー大学哲学教授のトーマス・アプトが出版した、『祖国のための死について』と題する小冊子である。アプトの精彩に富む明晰な論考は、従来は古代の共和政と結びつけられてきた古典的な愛国心は実は君主政国家においてこそ価値をもつものであり、君主は国家の抽象的権力を体現し、臣下の忠誠と犠牲に目標点を与えてくれる存在なのだと主張している。「しっかりと確立された」君主政においては、臣民の祖国への愛着は君主個人への思慕によって強化される、その思いは恐怖を退け、戦死を神聖なものにするほど強烈なのだと、アプトは語る。

［勇敢なる兵士らが、生けるも死せるも王の周りに集っているのを目にすると、］祖国のために戦って死ぬのは尊いことなのだという思いがこみ上げてくる。今、私が手を伸ばそうとしているこの新しい美は、かつてにもましてはっきりと浮かび上がってくる。それは私に喜びを与えてくれる。私は急いでそれを手に入れ、女々しい平穏のなかに私を連れ戻すものから逃れる。家族の声は聞こえない、ただ祖国の呼び声だけが聞こえる。恐ろしげな武器の音も聞こえない、ただ祖国から贈られてくる感謝の言葉だけが聞こえる。私は無防備な［王の］周りに壁を築く者たちの仲間に加わる。おそらく私は地に倒れるだろう、他の者に私の場所を継ぐ機会を与えたことに満足しながら。私は、全体を維持するためには、必要とあらば一部を失わねばならないという原則に従う。(75)

戦死は、プロイセン将校のエーヴァルト・クリスティアン・フォン・クライストにとっても重要なテーマだった。一七五七年、メランコリックな詩人であり劇作家でもあった彼は、オーバーラウジッツ地方のオストリッツ近郊でオーストリア軍との小競り合いのなかで戦死した友人、フォン・ブルーメンタール少佐の墓に碑詩を寄せた。後世から振り返ると、戦死した少佐に捧げたこの詩には一抹の哀愁が漂っている。二年もたたぬうちに、クライスト自身がクーネルスドルフの戦いで受けた傷のために死ぬことを予言しているかのようだからである。

祖国のための死は、
永遠の崇敬に値する！

そして、我も己の運命に召される時、
この高貴な死を喜んで迎えるだろう。[76]

クライストは戦場に散った愛国詩人の先駆けとなり、彼の詩と死は渾然一体として一つの作品を成すことになった。詩文は死を自発的で意識的な行為に変えて独自の意味を与え、他方で死は詩人の作品と生涯に犠牲の光輪を冠している。

愛国を朗々と謳いあげたもう一人の人物が、ハルバーシュタットの詩人で劇作家のヨーハン・ヴィルヘルム・ルートヴィヒ・グライムである。彼は旧友クライストが送ってきた戦地からの報告を頼りに、プロイセン軍の戦いを熱心に追いかけた。戦前は恋愛や酒、社交の愉しみをテーマにした、玄人受けする擬古調の詩人として知られていたグライムは、一七五六年以降は軍歌作詞者に転身し、戦場の兵士を鼓舞した。劇作家ゴットホルト・エフライム・レッシングによる推薦の辞を付して一七五八年に出版された『一擲弾兵による、一七五六年と一七五七年の戦役におけるプロイセン軍歌集』は、行進歌の語彙や音調を用いて臨場感と感情を表現しようとした、革新的な試みである。グライムは戦闘の動きや混乱を再現した。戦場の擲弾兵を架空の主人公にすることで、視点は回転する。この擲弾兵は指揮官を見て、軍旗を見て、王を見て、戦友を見て、そして敵を見る。その結果、まるで手持ちカメラで撮影したかのように混乱した、臨場感のあるシーンが次々と映し出される。こんにちからすればこの手法は陳腐にも思えるが、当時の人々には斬新で印象的だった。プロイセンの読者は新たな技法によって、戦場へといざなわれたのである。

愛国的な文学作品がもたらす衝撃は予想以上に大きかった。アプトの『祖国のための死について』の初版はすぐに完売し、読者を強力に突き動かした。一七六一〜六三年に志願兵として従軍した若きヨーハン・ゲオルク・シェフナーは、故郷のケーニヒスベルクで友人たちとプロイセン軍の徴兵事務所に出向いた際、アプトの小冊子をポケットに入れていたことを回想している。[77] また、ベルリンの文筆家フリードリヒ・ニコライは戦後一〇年以上経ってから出版した小説の中で、アプトの文章に魅了された主人公の妻が、牧師である夫に愛国的犠牲の福音を説教壇から説くよう求める姿を描いている。[78] グライムの『軍歌集』は版を重ね、その後に幾つもの歌がアンソロジーに採用された。

学問を積んだ知識人層のみならず、市井の職人たちまでもが戦場の様子に関心を寄せるようになったのは、初めてのことだった。ベルリンのパン製造親方、ヨーハン・フリードリヒ・ハイデはその好例である。彼の日記には、パン職人にとって死活問題であるライ麦などの穀物価格に関するメモと並んで、プロイセン軍の動きや重要な戦闘での布陣についての詳細な記述が散りばめられている。遠方の出来事に対するハイデの関心は、愛国心の拡大、そして軍事知識の急速な普及をものがたっているが、そこには私的な動機もあった。多くのプロイセン臣民がそうだったように、彼にも戦地に送り出した息子が何人かいたのである。そして駐屯地と都市の共存関係や、村落に根を下ろしたカントン制度によって、プロイセンの軍事事業への共感はかつてなく広く、深くなっていた。[79]

西部の諸地域でも、プロイセン、あるいは少なくともその王家に対する愛着が表明された。例えばクレーヴェやマルクでは一七五八年に、フリードリヒの弟で王位継承者のアウグスト・ヴィルヘルムの死を悼み、オーストリア占領当局の神経を逆なでするように黒い服を着て示威行動に加わった者たちが大勢いた。一七六一年には、国王の聖名祝日〔当人と同じ名前の聖人の祝日〕に「愛国の夕べ」と称する夜会が開かれたことが新聞で報じられたが、オーストリア当局は開催場所を突き止められなかった。このような王家への連帯の表明は官僚や学者、プロテスタント聖職者といったエリート層に限られた行為だったが、愛国的なイメージやメッセージはより大衆的なメディアをつうじても発信された。その代表例は戦時中にマルク伯領のイーザローンで大衆向けに製造された、有名なタバコ缶であろう。プロイセン側の勝利を描いた絵や、ホーエンツォレルン家の王や将軍たちの美化された肖像画で飾られたこのエナメル容器は、国内のみならず北西ドイツやプロテスタントのオランダ各地で絶大なる人気を博した。また、絹織物の産地であるクレーフェルトでは、愛国的なスローガンや紋章が入った絹の「万歳帯《ヴィーヴァトベンダー》」が製造された(80)。愛国は儲かる商売だった。

プロイセンの愛国心は複雑で多義的な現象であり、単純な祖国愛の表明としてのみ片づけることはできない。そこには、激烈な情動を尊重する当時の風潮が反映されている。この時代は情緒の時代であり、他者に対して共感を示す能力は、優れた人格の証とみなされていた。また、祖国愛が新しいタイプの政治共同体の基礎を形成しうるという思想も、押し寄せる愛国の波と結びついていた。トーマス・アプトが祖国のための死を扱った小冊子で論じたように、愛国心は社会の様々な階層の間の境界を乗り越える力だった。「この観点からすれば、農民、市民、兵士、貴族の間の差は消えてしまう。なんとなれば、すべての市民は兵士であり、すべての兵士は市民であり、すべての貴族は市民であり兵士なのだから……」(81)。その意味で愛国心は、一九世紀の自由主義者の世代が政治的理想とした、「市民から成る普遍的社会」への憧れを先んじて表現したものであった。さらに、愛国者が称賛する絆は強制や義務ではなく、まったく自発的な忠誠に基づいているといった思想も熱狂を呼んだ。ニコライの小説に登場する牧師の妻はアプトの文章を読んで、「君主政の下にある臣民でさえも単なる機械ではなく、一人の人間として固有の価値をもっているのだという、そして国民《ナツィオン》の祖国を愛することが偉大で新しい考え方を授けてくれるのだという主張に歓喜」したのであった(82)。

要するに、愛国心は同時代の様々な関心事を束ね合わせたものだったからこそ、共鳴を得た。しかし、愛国心へと流れ込む要素のすべてが肯定的な性質や、解放的な性格を有していたわけではない。戦時下にプロイセン国家への忠誠心が高まったことの裏返しとして、敵への蔑視や憎悪も強まった。とくにロシア人、さらに言えばコサックは愛国的な物語のなかで、獣のごとく凶悪で残忍、血に飢えた下等な存在として描かれた。このような決めつけは、コサック軽歩兵の実際の振る舞いをある程度まで反映していたが、しかしまた、プロイセンとドイツの文化にその後も二世紀にわたり残り続けた、「アジア的」で「野蛮」なロシアに対する古い固定観念に根ざしたものでもあった。フランス人は臆病者で、大口を叩くが、いざとなれば尻尾を巻いて逃げ出すほら吹きと揶揄された。オーストリアと同盟を結んで戦ったドイツ諸邦も、罵倒の対象となった。ロスバッハの戦いの後にグライムが書いた勝利の讃歌には、指を火傷して戦場で泣き叫ぶプファルツの兵士、逃走中に転んで出血した鼻を戦傷と勘違いするトリーアの兵士、「罠にかかった猫のように」大騒ぎするフランケンの兵士、女性用のボンネットを被って捕虜になるのを逃れようとするブルッフザールの兵士、プロイセン軍を見て恐怖のあまり昇天してしまったパーダーボルンの兵士などなど、嘲罵がとめどなく続いている(83)。

一七五〇年代の愛国の波の最大の特徴は、フリードリヒ二世への固執という点であろう。例えばアプトにとって、愛国者の愛に値するのは何よりも生身の人間たる君主であって、彼が体現する政治的秩序だとか、祖国の在り方などといったものではなかった。[84] 戦時中には、プロイセン王である「偉大なるフリードリヒ」、あるいは当時広く用いられたもう一つの仇名を使えば「フリードリヒ唯一王」の功績を称える詩や版画、伝記、パンフレット、書籍が大量に出版された。プロイセン軍の勝利が一般にフリードリヒの勝利として祝われたのも、もっともなことである。国王誕生祭は以前は割と控え目だったが、今では小銃で祝砲を撃ち、王にちなんだ記念品をあれこれと飾り立てて行う、派手な祝賀の場となった。多くの場合、国王は威風堂々、超然たる存在として表現された。ツォルンドルフでの死闘後に書かれたグライムの「戦争の女神への頌歌」の夢想じみた、映画さながらの一節はその典型である。

人殺しの黒き血の海より
こわごわ歩み出て、屍の山に歩み入る
はるかかなたを見渡せば、仇なす敵はもはや無し
されば勇んで目をこらし
首《こうべ》を伸ばして、探し求む
漆黒の戦煙の中
我が瞳と意志が捉えたるは、
塗油されし者にして

注目すべきは、フリードリヒ二世が「塗油されし者《デア・ゲザルプテ》」と呼ばれている点である。それというのも、確かに祖父のフリードリヒ一世は戴冠式の際に塗油されたが、その後戴冠式は行われておらず、後継者たちが塗油の儀式を受けたことはなかったからである。ここには、初代国王が打ち立てた高貴なる君主政観念のかすかな残滓を確認できる。(85) また、詩文ではフリードリヒ二世が親称の「君《ドゥ》」で呼びかけられることが多々あったが、こうした表現は、君主個人との親密さを空想的に示していると同時に、祈禱文や典礼の言葉遣いを連想させる。詩人として有名なアンナ・ルイーザ・カルシュは、フリードリヒが七年戦争から帰還した際に詠んだ四四行の詩の中で、王への賛辞に祈禱文のもつ内面的な力強さを融合させて、この親称を二五回も用いている。(86) 汗と塵にまみれて苦しみ、自らを犠牲にする哀れむべき人、家臣を思って悲しみ、死者を嘆いて涙に濡れる人、慰めと保護を必要とする苦難の人として、フリードリヒが描かれる場合もあった。例えばアプトの小冊子では、王に対する臣民の愛は権力への恐怖から生じたものではなく、敵の圧倒的な力から王を守りたいという願いから発しているのだとする主張が、主題の一つになっている。

フリードリヒはいつもは世論に敏感で、自分のイメージを——とくに外国の権力者や使節に——うまく植えつける必要をよく理解していたが、皮肉なことに、こうした称賛をひどく不快に感じていたようである。例えば、七年戦争の終結後に王の帰還を記念してベルリン市が開催した祝典に、彼は参加しようとしなかった。一七六三年三月三〇日、富裕市民の代表団が市内のフランクフルト門に集まり、馬に乗った市民から成る儀仗隊と制服を着こんだ松明隊が編成され、首都に戻った王の馬車が宮殿に向かうのに伴走しようとした。この歓迎ぶりに愕然としたフリードリヒは、夕暮れまで到着を遅らせたうえ、待ち受ける市民たちの目を盗んで別ルートで、随員を連れずに宮殿に向かった。[87]

　このような度を逸した内気ぶりが、その後の彼の治世の基調となった。一七四〇年代後半以降、フリードリヒは一年の大半をベルリンの宮廷から離れて過ごしていたが、一七六三年以降はほとんどずっと首都を離れて宮廷都市のポツダムに引きこもり、冬は市内の宮殿で、夏はサンスーシ宮で過ごした。[88]王は、七年戦争後に巨費を投じて建設され、もっぱら公的行事の際に使用された新宮殿《ノイエス・パレー》のような建造物によって国家の威厳を示すことには満足したが、自分自身に称賛を集めようとする試みは嫌がった。[89]例えば、即位後には公式の肖像画が制作されるのを拒否したし、著名な版画家のダニエル・ホドヴィエツキが七年戦争から凱旋する王の精巧な銅版画を描くと、過剰に芝居がかっているとして退けた。

　フリードリヒドール金貨などの硬貨や、勝利の栄冠を戴く王を描いた様々なメダルを除けば、[90]フリードリヒが意図的に宣伝に用いた唯一の自画像は、画家のヨーハン・ハインリヒ・クリスティアン・フランケによる一七六四年の似顔絵だった。この絵のなかの王は唇が垂れ、顔はたるみ、背中が曲がった老人風の姿をしている。王はまるで不意をつかれた様子で、トレードマークの三角帽子を掲げ、背後の石の台座を通り過ぎながら見る者に視線を向けるという、気取りのないポーズで描かれている。フランケの絵が依頼されたものかどうかは定かでないが、いずれにせよ、実物から描かれたものではない。フリードリヒはこの絵に満足し、仲の良い相手には親愛の情の表現として、銅版画の複製を贈った。この絵のどこを彼が気に入ったのかは分からない。控え目なポーズや、写実的な表現が好みだったのかもしれない。あるいは、フランケの描く疲れた年寄りのなかに、想い描く自己像が忠実に反映されていると考えたのかもしれない。[91]

人間フリードリヒへのつきせぬ関心は、プロイセンにおける愛国的潮流から生み出された、最も息の長い遺産となった。一七八六年の他界後、フリードリヒ崇拝はより一層盛り上がった。彫刻が施されたマグカップやタバコ缶、リボン、帯、カレンダーから装飾用の鎖、新聞、書籍に至るまで、死んだ王を記念する品々が大量に生産された。[92] フリードリヒを称える出版物の波が押し寄せた。なかでもよく知られ成功を収めたのは、ベルリン啓蒙主義の担い手として最も重要な出版業者、フリードリヒ・ニコライが編集した二巻本の逸話集である。一七八〇年代後半を経験したプロイセン臣民の例にもれず、彼にとってフリードリヒは常に玉座の上の存在であった。ニコライ自身の言葉では、王の生涯と業績に対する追憶は、「青春時代の幸福な日々と男盛りの時期」の記憶と絡み合っていた。彼は七年戦争の際に臣民を襲った「筆舌に尽くしがたい熱狂」と、一七六三年以降にプロイセンの戦後復興のために国王が注いだ並々ならぬ努力を「目撃」していた。ニコライが四年の歳月をかけて完成させたこの逸話集は、王個人に対する熱狂と愛国的記憶という公的な事業とを結びつけようとする試みであった。ニコライは、国王について考えることは「祖国の真の姿を探求すること」だと明言している。[93]

ニコライの作品は、おそらく最も権威のあるものだったとはいえ、数あるこの手の書物のうちの一つに過ぎない。無数に創られた逸話は、亡き王を思い出に刻み、神話化するための最も重要な手段となった。一見したところばらばらな記憶の断片のなかで、王は落馬したり、無礼な行為に対して寛大にも機転を利かせて応じたり、誰かの名前を忘れたり、度胸だけで逆境を克服したりする。[94]王は時に英雄として描かれるが、むしろ大半の逸話は、生身の肉体をもち、死を免れず、謙虚で、非凡だが平凡を装った王の姿を強調している。王者然として風格を誇示しようとしないからこそ、フリードリヒは敬愛すべき王として読者の眼前に現れるのである。

コンパクトで記憶に残りやすい逸話は、こんにちのジョークと同様、文字文化のみならず口承文化のなかでたちまち流布した。逸話は現代の大衆誌のように、有名人の内面を垣間見たいという読者の欲求に応えるものだった。国王の人間臭さに満ちた逸話は、一読しただけでは政治とは無縁にも思える。しかし、いかにもとりとめのない内容の背後で、消費に供されるイメージには何らかの意図が込められている。逸話は絵画的な形式をとることもあった。最も洗練された視覚的逸話の供給者はベルリンの銅版画家ダニエル・ホドヴィエツキで、彼は幾つかの逸話集の挿絵を担当したが、その絵は個別に販売もされていた。それらの多くは日常のなかの無防備な王の姿を捉えたもので、フリードリヒという一人の人間の凡庸さと、王という地位の特異性との間に生じる緊張感を力強く描き出している。文字で書かれた逸話と同じように、ホドヴィエツキの絵は全体を容易に記憶できるくらい簡潔であり、しかし見る者の心に忘れがたいイメージを焼きつけるほど濃密でもある。こうした逸話の伝統がもつ万華鏡のような質感は、一九世紀半ばにアドルフ・メンツェルによって描かれ、当時のプロイセン人にとってのフリードリヒ像を確立した一連の名高い歴史画、あるいはヴァイマル共和国や第三帝国の映画スタジオが制作した王の伝記的作品に受け継がれることとなる。

愛国の波はすべての人を襲ったわけではない。カトリックが優勢の西部地域では七年戦争中も、国家の大義に対する熱狂はプロテスタント地域よりずっと弱かった[95]。一八世紀後半のイギリスがそうだったように、おそらくプロイセンのパトリオティズムは、東プロイセンを含むプロテスタントの中核地帯に顕著な現象であり[96]、読み書き能力をもった臣民が自分たちは共通の政体の一員であることを「発見」するプロセスだったと言える。プロイセン性は、安定した集団的アイデンティティを維持するのに必要な「臨界質量《クリティカル・マス》」〔商品の生産性や認知度が急激に高まるのに必要な流通量〕に達した[97]。一八世紀後半の数十年間には、「ブランデンブルク＝プロイセン」なる複合語はほとんど聞かれなくなった。フリードリヒは一七七二年の時点でもはや「プロイセンにおける王」ではなく、「プロイセンの王」であった[98]。当時の人々はこの国を「プロイセン諸地方」、あるいは単に「プロイセン」と呼ぶようにな

図21　1750年、フリードリヒ大王は大選帝侯の石棺を開き、こう言った。「諸君、この人はこれだけのことを成し遂げたのだ！」　ダニエル・ホドヴィエツキによる銅版画、1789年。大王の治世下で、プロイセン王権は自らの歴史的遺産を強く意識するようになった。

った――ただし、「プロイセン」がホーエンツォレルン家領の総称として正式に採用されたのは、一八〇七年のことである。

このように、一八世紀後半のプロイセンでは集団的な忠誠心が厚みを増していったと言える。それは近世の信仰的団結、敬虔主義の従順かつ平等主義的な奉仕の倫理、まだ記憶に新しい戦争と侵略のトラウマといった、それまで人々を突き動かしてきた物事が地中で堆積して層を成し、地表に現れたものだった。しかし、プロイセン人の熱っぽい愛国心はどこか頼りなさげであった。イギリスやフランスやアメリカの愛国者が――少なくとも理屈のうえでは――国のために、あるいは国民のために命を投げ出したのに対して、プロイセンの愛国的言説は何よりもフリードリヒ大王という個人を中心に据えたものであった。トーマス・アプトが祖国のための死を語った時、それは実のところ、王のための死を意味していたのではないかという印象がつきまとう。一八世紀後半のイギリスの文学や印刷文化に見られるような、しっかりと定着した国民的自意識のステレオタイプは、プロイセンには存在しなかった。プロイセンの愛国主義は強烈だが、局所的だった。「フリードリヒ唯一王」の死とともに、この国の愛国心は回顧と郷愁の色調を帯びるようになり、それは後々まで決して消えることがなかった。

プロイセン領ポーランド

一八世紀後半、フランスよりも大きな国土を有していたポーランド＝リトアニア共和国がヨーロッパの政治地図から姿を消した。一七七二年の第一次ポーランド分割で、プロイセン、オーストリア、ロシアは共和国の西部、南部、東部を削り取り、ポーランドの相当部分を併合した。一七九三年一月のサンクトペテルブルク条約による第二次ポーランド分割では、プロイセンとロシアがさらなる戦利品を奪い取り、大幅に領土を奪われたポーランドに残されたのは、ガリツィア北部からわずかなバルト海沿岸部にかけての土地だけだった。二年後の第三次分割では、普墺露の三国が結託して、かつて強勢を誇った共和国の残骸を食い尽くしてしまった。

古い歴史を誇る大国の消滅という、この前代未聞の出来事が起こった原因の一端は、共和国の内部情勢の悪化にあった。ポーランドでは選挙王政が敷かれていたため、競合する周辺国が自分の推す候補者を王位に就かせようとして、この国に絶えず干渉するようになったのである。ポーランドの国制面での不安定さは体制全体を麻痺させ、国家を改革し強化しようとする取り組みを阻害した。とくに問題だったのは「自由拒否権《リベルム・ヴェト》」である。これによって、ポーランドの全国議会であるセイムの議員は多数派の意思を妨害することができたし、独自の議会を開くために武装して「連盟《コンフェデラツィア》」を結成し、王権を支持したり反対したりする権利も有していた。とくに一八世紀になると、こうした権限を用いた一種の「合法化された内戦」が常態化し、一七〇四年、一七一五年、一七三三年、一七六七年、一七六八年、一七九二年と、セイムそのものよりも頻繁に大規模な連盟が形成されるようになった。(99)

ポーランド国内の混乱は隣国、とくにロシアとプロイセンの介入でさらに深まった。サンクトペテルブルクの政策立案者たちはポーランドを自国の保護領と見なし、中欧に影響力を行使するための西の砦と捉えていた。そしてプロイセンはかねてから、東プロイセンとブランデンブルクを分かつポーランド領の支配を目論んでいた。どちらの国も、ポーランドが改革を断行して、かつての自立性や影響力を取り戻すのを座視しているつもりはなかった。一七六四年、プロイセンとロシアは結託してポーランドの国王選挙からザクセンのヴェッティン家の候補を排除し、ロシアの息がかかったスタニスワフ・アウグスト・ポニャトフスキ〔エカチェリーナ二世の元愛人〕を王位に就かせた。しかし案に相違してポニャトフスキが愛国的な改革者として振る舞い始めると、両国は彼の思惑を阻むために介入した。ポーランド国内に統一的な関税圏を導入しようとするポニャトフスキの試みは、プロイセンの報復措置を受けた。一方でロシアは武力干渉し、親分風を吹かせて改革反対派を支援した。一七六七年には、共和国は二つの武装陣営に分裂した。

こうしてポーランドの無政府状態が深まったことを背景に、フリードリヒ二世は一七六八年九月に第一次ポーランド分割案を作成した。ポーランド領の獲得はフリードリヒの念願であり、早くも一七五二年の『政治遺訓』でポーランドを「今にも葉っぱごと食べられそうなアーティチョーク」と表現したことが知られるが、彼は晩年になってもこのテーゼを手放さなかった。[100] とくに関心の的となったのは、一四五四年以来ポーランド王冠領に編入されていた「王領プロイセン」と呼ばれる地域である。王領プロイセンは、旧騎士団国家のプロイセン領――一七〇一年以降にブランデンブルクの歴代君主が名乗った王位の名称はここに由来する――の西半分に当たる地域のことで、その一部は、一八世紀初頭に遡る複雑な租借制度によって、既にプロイセンの管理下にあった。[101] しかしフリードリヒをポーランド分割の唯一の担い手、あるいは筆頭格と呼ぶのは言い過ぎだろう。[102] 一七六九〜七〇年に、ポーランドの飛び地として北部ハンガリー〔おおよそ現在のスロヴァキア〕に位置していたスピシュ、そして隣接するノヴィ・タルクとノヴィ・ソンチに侵攻して、ポーランドというパイをささやかながら最初にかじり取ったのは、オーストリアだった。そして、ポーランド問題への介入を強めて、共和国の自律性と平和を最も侵害したのはロシアである。当然のことだが、この介入はロシアの西方拡大に対する不安を呼び起こし、ポーランドの混乱がやがて三つの地域大国を大規模な紛争に引き込むのではないかという懸念が深まることになった。(103)

一七七一年、ポーランドに騒乱が広がると、ロシアとプロイセンは分割に大筋で合意し、翌年にはオーストリアもこれに加わった。一七七二年八月五日に締結された分割条約は、この血も涙もない捕食行為を、滑稽なまでに冷笑的な前文で正当化している。

至聖なる三位一体の御名において！　党争の精神、長年にわたりポーランド王国を揺るがしてきた内戦の禍、そして日を追うごとに色濃くなる無政府状態［…］は、国家の完全な崩壊を憂慮させるに十分な根拠となる……。(104)

ロシアが獲得したのがポーランドの領土の一二・七パーセント、オーストリアは一一・八パーセントだったのに対して、プロイセンの取り分は最も小さく、五パーセントであった。プロイセンは王領プロイセンの他に、西プロイセンの南端を流れるネッツェ川〔ノテチ川〕流域（いわゆるネッツェ地区）と、東のエルムラント司教領〔ヴァルミア司教領〕という二つの隣接領を併合した。この併合地は、それまで東プロイセンとホーエンツォレルン君主国の中核地帯を分断していた領域をカバーしており、その獲得は戦略的に計り知れない重要性をもっていた。また、この地域を支配すれば、ダンツィヒ〔ポーランドのグダンスク〕とトルン——いずれもポーランド領にとどまった——を経由してバルト海に至るポーランドの貿易ルートを掌握することができたため、周辺諸国にとっては経済的にも大きな意味があった。

かつてのシュレージエン侵攻は不法と言われても仕方がない行動だったが、王領プロイセンの場合も、プロイセン国家の安全保障上の利益以外に、併合を正当化できるまともな根拠はおよそ存在しなかった。プロイセンは、併合地の相続権は元々はブランデンブルクのものだったのをドイツ騎士団とポーランドに簒奪されたのであり、自分たちは長らく失われていた遺産を取り戻したに過ぎないとして、夢想じみた主張をあれこれ繰り出した。[105] この主張は様々な公文書のなかで厳かに繰り返されたが、プロイセン政府のなかにこれをまともに信じている者がいたとは思えない。もう一つ注目に値するのが、フリードリヒが王領プロイセンの領有を主張する際に、身内でのやり取りにおいてさえ、民族に絡めた議論を用いなかった点である。併合された領域にドイツ人、すなわちドイツ語を話すプロテスタントが住民の多数を占める土地がかなり含まれていたことを考えると、これは現在からすれば意外な感もある。ドイツ語話者のプロテスタントは王領プロイセンとネッツェ地区の全人口の約五四パーセント、都市人口では約四分の三を占めていた。一九世紀後半から二〇世紀にかけて、ドイツ・ナショナリズムを信奉する歴史家たちは併合を正当化する根拠として、王領プロイセンにおけるドイツ人の民族的な影響力を挙げた。[106] しかし、これは極めて時代錯誤な見方である。ブランデンブルク＝プロイセンにはドイツ人の支配下にドイツ国民を統合するという「ナショナル」な使命があるといった発想は、フランスびいきのフリードリヒ大王にとってはまったく異質なものであった。よく知られるように、彼は同時代のドイツ文化を軽蔑していたし、国民の優位ではなく国家の優位を信じていた。

簒奪者の自己正当化を補強するうえではるかに重要だったのは、自分たちの支配によって、それまでこの地域で知られていたよりも公平で豊かな効率的行政が確立されるのだという、広く流布していた、そしていかにも啓蒙主義的な前提であった。総じて、かつてのポーランド行政に対するプロイセン側の見解はひどく否定的で、こんにちでも一部で通用している「ポーランド的経営《ポルニッシェ・ヴィルトシャフト》」なる決まり文句が、無秩序状態を表現するのに使われていた。ポーランドの貴族層であるシュラフタは浪費家で怠け者、土地の管理もままならない連中とみなされていた。ポーランドの都市は荒れ放題だと非難され、農民は威張り腐ったシュラフタのくびきの下で、この上ない隷従と窮状にあえいでいるとされた。ゆえに、プロイセンの支配は私的隷属の廃止、「ポーランドの奴隷制」からの解放を意味するのであった。[107] 言うまでもないが、こうした主張はどれも偏見に満ちた、おためごかしだった。ずさんな管理状態にある所領は所有権が制限されても仕方がないとか、「改良」という啓蒙主義風のアピールによって簒奪と併合の行為が正当化されるといった考え方は、イギリスやフランスの帝国主義的な政治文化では既に一般的だったが、プロイセンはこの見解を新しいポーランド領において有効活用した。

フリードリヒは併合地を「西プロイセン」と名づけ〔併合地のうち、エルムラント司教領は東プロイセンに編入された〕、治世末期の一四年間、王国のどこよりもこの地域の現地行政に口を挟んだ。伝統的な地方行政機関を一掃し、ベルリンや東プロイセンなどから役人を送り込み、他の地域よりも中央集権的な支配を敷いたのは、彼が土着のポーランド行政を評価していなかったことの表れである。併合後の西プロイセンで任命された郡長のうち、現地の出身者は一人だけで、残りの大半は東プロイセン人であった。この点は、三〇年前のシュレージエンの扱いとは明らかに対照的である。

シュレージエンでも行政の大規模な再編が行われたが、地方エリートのレベルでは可能な限り継続性を保つよう努力が払われ、とくに司法部門は改革後もほぼ全員が地元出身者であった[108]。また、シュレージエン州担当大臣という役職も、プロイセンの疑似連邦主義的な統治体制のなかで、シュレージエンの独自の地位を守った。シュレージエン州担当大臣は広範な権限をもつ総督のような存在であり、国王に直属し、現地の特殊な事情に配慮しつつ重大な利害対立を解決する立場にあった。それに対して西プロイセンには、最低限の自治を確保できるだけの権威ある中心機関はなかった。一七七二年以降、西プロイセン行政の最高位にあったのは軍事・御料地財務庁長官のヨーハン・フリードリヒ・ドムハルトだったが、地域の財政に関する権限は彼に与えられておらず、司法と軍事はベルリンに直属していた[109]。

カトリック教会に対しては、慎重策がとられた。フリードリヒ二世は第一次ポーランド分割の予備交渉の際、王領プロイセンの東側に位置するエルムラント司教領のようなカトリック地域が間もなくプロイセンに併合されるという知らせが届けば、地元の怒りを買うのではないかと考え、憂慮を示した。三〇年前のシュレージエン併合の際と同様に、一七七二年以降も、プロイセンは併合地域のカトリックの制度面での連続性を表向き維持するのに労力を費やした。そのため、司教の所領が公然と収用されるようなことはなかったが、教会領地は東プロイセンと西プロイセンの各軍事・御料地財務庁の管理下に置かれた。その結果、教会領は形式上は教会のもとにとどまり続けたが、重税やその他の負担のせいで、実際にエルムラントの聖職者の財源となったのは教会の総領地収入の約三八パーセントだけだった[110]。西プロイセンの聖職者はとくに不遇だった。おそらく教会領地からあがる収益の五分の一程度しか教会に還元されなかったこの地域では、秘かに世俗化が進行していたとすら言えるかもしれない。他方で一七四〇年以降のシュレージエンでは、聖職者たちに対する措置は寛大であり、こうした点でも対照的であった。

西プロイセンのポーランド貴族の大半は、併合をおおむね受け入れた。ネッツェ地区など一部の地域では、地主たちが新君主への忠誠宣誓の儀式をボイコットしたが、明確な反対行動はほとんどなかった。[111] しかし、これだけで王がポーランド貴族を気に入ることはなく、フリードリヒは多くの政府内文書において彼らを侮蔑的に語っている。ポーランド貴族はプロテスタントのドイツ系貴族よりも高い軍事分担金を課され、郡議会の開催を禁じられ、地域で信用組合を結成するのも許されなかった。[112] 貴族の土地所有を強化するために他の地域で採用された政策は、新しい併合地域では逆のかたちで施行された。フリードリヒはポーランド貴族の土地売却を積極的に奨励し、地元当局には、貴族の家系か否かにかかわらずプロテスタントの買い手を見つけるよう指示した。その結果、西プロイセンでは貴族の土地が富裕な市民の手に渡る割合が他領の平均のほぼ二倍に達した。[113] このような措置の理由として、フリードリヒは、ポーランドの大貴族《マグナート》が西プロイセンの所領から搾り取った収益をワルシャワで消費して、国富を無駄にしているからだと説明した。一七七七年六月には、彼は国境をまたいで土地を所有している地主に対して、プロイセン国内に居住を限定するか、あるいは西プロイセンの領地を放棄するかを選ぶよう求める最後通牒を出した。

こうした政策の影響を正確に把握するのは困難である。フリードリヒの命令は口先だけで終わることもしばしばだった。例えば、一七七七年の最後通牒はほとんど実行されなかったようである。いず

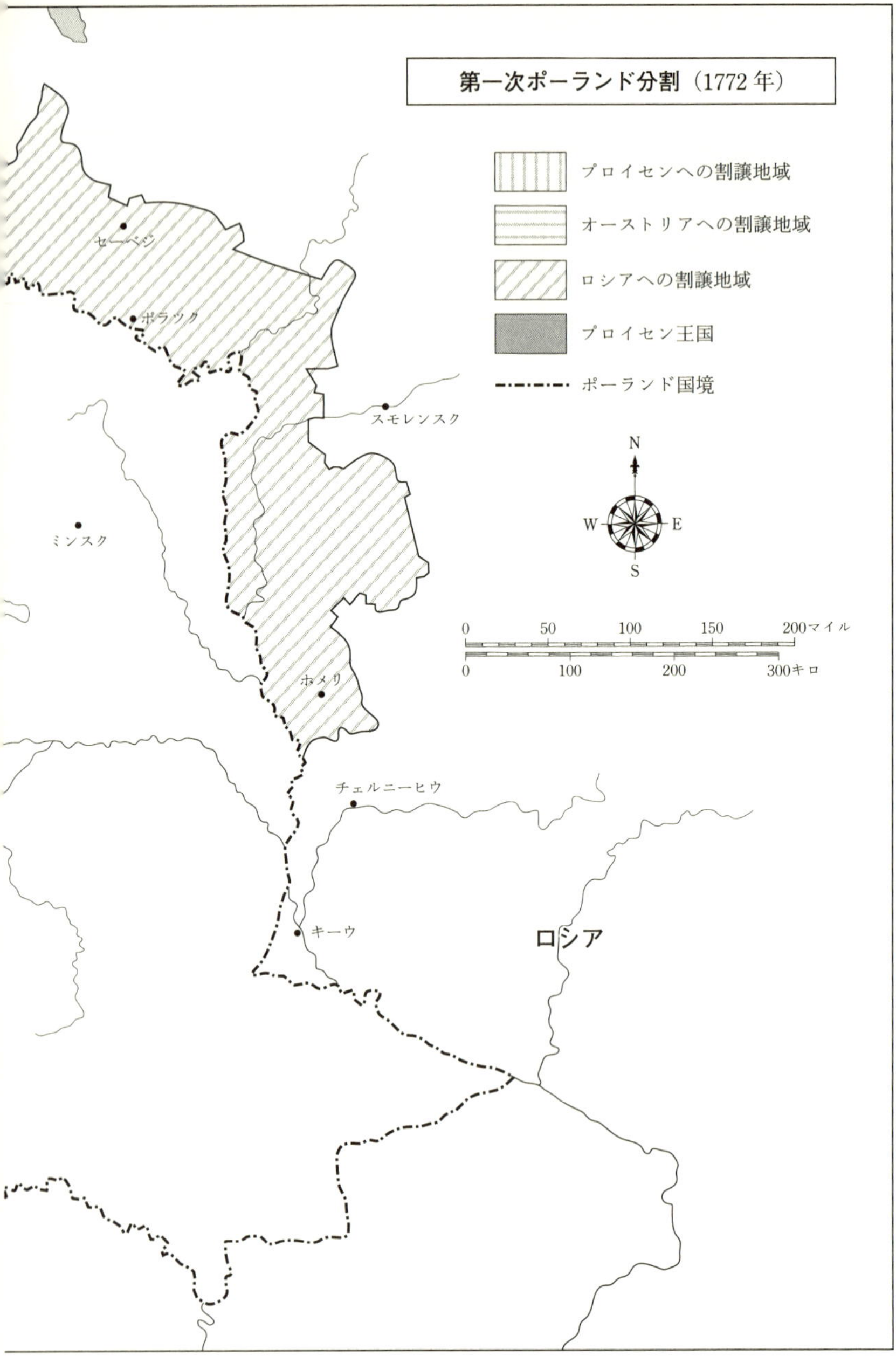

第一次ポーランド分割（1772 年）
プロイセンへの割譲地域
オーストリアへの割譲地域
ロシアへの割譲地域
プロイセン王国
ポーランド国境
セーベジ
ポラック
スモレンスク
ミンスク
ホメリ
チェルニーヒウ
キーウ
ロシア
N
W
E
S
0
50
100
150
200マイル
0
100
200
300キロ

リガ
ダウガヴァ川
バルト海
メーメル
ケーニヒスベルク
ヴィリニュス
ダンツィヒ
東ポンメルン
東プロイセン
ブロンベルク
トルン
ポズナン
ポーランド王国
ヴィスワ川
ワルシャワ
ブク川
ブレスト＝リトフスク
ブレスラウ
シュレージエン
オーダー川
リヴィウ
サンビル
ハプスブルク君主国
スピシュ、ノヴィ・タルク、ノヴィ・ソンチ
(1768-69 年にオーストリアが占領)

れにせよ、国王が標的にしていたのは、ワルシャワの宮廷や社交界に強い結びつきを有しているチャプスキ家やポトツキ家、スコジョフスキ家、プレベンドフ家、ダプスキ家といった一握りの真の大貴族であった。西プロイセンのポーランド小貴族に対するフリードリヒの敵意ははるかに小さく、実際には彼らを保護する措置すらとられた(114)。

行政は西プロイセンに精力的に介入した。都市、とくにブロンベルク〔ポーランドのビドゴシチ〕とクルム〔ヘウムノ〕の改善事業のために資金が投じられた。また、沼地の排水が行われ、森林が切り開かれて耕地や放牧地が造られ、ネッツェ川とブラーエ川〔ブルダ川〕を結ぶ新しい運河が建設されて、オーダー川からヴィスワ川へと船で移動できるようになった。フリードリヒは果樹の植樹、学校の設立、ジャガイモ栽培の導入、堤防の建設、安価な原種〔種子をとるために播く種子〕の実用化など、無数の細事に自ら関わった(115)。新体制が併合地域の住民の大部分を占める農民に与えた影響は、多様だった。王領プロイセンの農民はポーランド時代から既に相当な移動の自由を享受していたため、彼らをかつての「ポーランド的隷属」から「解放」するという話は、ほとんどプロパガンダでしかなかった。一方、地域行政のなかに独立した司法機関が設置されたことで、農民は地主の気まぐれから法的に保護されるようになった(116)。シュレージエンの場合と同様に西プロイセンでも、厳格な財政体制が敷かれると税負担は必然的に重くなったが、税制の透明性は高まり、税負担の配分がより均等になった。一七七〇年代半ばには、併合地域はブランデンブルク＝プロイセンの歳入の一〇パーセントを稼ぎ出すようになったが、この割合は面積や人口の規模にちょうど合致していた。そのため、この地域で行われる大規模な資本投資は外部に頼らずに、ほぼ自前で賄うことができた。

正確な統計がないため、併合が地域経済に与えた影響は評価しがたい。都市部の人口増加はかなり緩やかだったという事実は、重税によって地域投資が抑制されたことを示唆しているのかもしれない。また莫大な軍事費が維持されたために、地域の富の大部分が還元されなかった。ポーランドとの国境に関税が導入されると、伝統的に都市の財源となっていた南北の商業ルートが遮断され、深刻な混乱が生じた。他方で、農業部門は不動産市場の開放とイギリスの旺盛な輸入穀物需要による好景気の恩恵を受け、土地の市場価値は急上昇した。

国家行政が新しい臣民の信頼と忠誠を勝ち取るのに成功したかどうかは、地域によって異なる。都市で大多数を占めるドイツ系プロテスタントは、当初は反発もあったが、すぐに新体制に同化していった。しかし、すべてのカトリック教徒が従来どおりに礼拝する自由を尊重するとフリードリヒが何度も約束したにもかかわらず、カトリックはあまり好意的ではなかった。当然ながら、ポーランド貴族の間には新たな主人への不信が広がっていた。ネッツェ地区の状況を観察したある人物は、一七九三年に、「君主がプロイセン人になった後、ポーランド貴族はもはや以前のような状態ではなくなった。ひがみ根性が彼らの一部になってしまった。ドイツ人に対する不信感は長く続くだろう」と述べている。[117] もっとも、多くの者は自分が地域においてどの社会層に属しているのかということに規定されていた。例えば、クルムに新設された士官学校はポーランドの中小貴族から好評だったし、一九世紀への移行期には、ローゼンベルク＝グルシュチンスキやホイケ＝トルシュチンスキといったように、元のポーランド語の名前に相応するドイツ語の名前を組み合わせた二重姓が多く創られた。[118] 西プロイセン北部の貧しい砂地に居住するカシューブ人の農民や地主が流行のフリードリヒ大王崇拝に参加したことを示す証拠も、ポーランド語の逸話集のなかに間接的なかたちで残っている。

おそらく、新体制が掲げた展望やプロパガンダに最も感化されたのは、プロイセンの行政官自身であった。西プロイセンの行政文書は、現地の制度や経済生活を「プロイセン的基盤」のうえに据える必要について、何度も言及している。[119]「プロイセン的」なる言葉は、隷属、無秩序、怠惰といったポーランド的悪習とみなされたものに対する対義語として用いられた。プロイセン的なるものが何らかの抽象的な美徳を象徴しているという考え方は、神聖ローマ帝国の域外の臣民との長期にわたるやり取りによって、より明確化していった。しばしば指摘されるように、「イギリス的なるもの《ブリティッシュネス》」なる表現が定式化されたのは、インドなどでの植民地支配の経験をつうじてであったが、それが明確に表明されるのはもっぱら、自分たちの道徳的、文化的優越性を誇る言説の一部としてであった。同様に、ポーランド固有の伝統に対する圧倒的に否定的な認識は、啓蒙主義の楽観的な改良論と混ざり合い、「プロイセン式」には独自のメリットがあるという確信を強化していったのである。

王と国家

フリードリヒ二世は後継者にどのような国家を遺したのだろうか。「国家」は、彼の政治的著作の主題の一つであった。先に確認したように、父のフリードリヒ・ヴィルヘルム一世は、自らの「主権」を強固にしなければならないという観点から、政策を正当化する傾向があった。それに対してフリードリヒは、自分自身から完全に切り離された、抽象的な構造物としての国家の優位性を主張した。彼は一七五二年の『政治遺訓』に、「国益のために働くこと、あらゆる領域でそうすることが余の義務であると考えてきた」と書いている[120]。一七七六年二月、彼は弟のハインリヒに、「私は国家に人生を捧げた」と語った。主観的な意味では、国家は王の代わりに不死性を体現する存在であった。王が死ねば彼の意識は消滅し、彼の未来への望みも無意味になってしまうが、国家は存続し続ける。フリードリヒが言うには、「私はただ国家のことだけを考えている。自分が死んでしまえばその瞬間から、たとえ天が崩れ落ちようとも、まるでどうでもよくなると分かっているからだ」[121]。論理的に考えれば、国家の優位は君主の地位の相対化、低下を意味する。そのことは、一七五二年の『政治遺訓』におけるフリードリヒの以下の言葉に、このうえなく明晰に表現されている。「君主は国家第一の下僕である。君主はその職責の尊厳を維持するために高い報酬を得ている。しかしその代償に、国家の福利のために効果的に働くことが求められる」[122]。

こうした考え方は新しいものではない。国家の「第一の下僕《プレミエ・ドメスティク》」としての君主という思想は、フェヌロン、ボシュエ、ベールの著作に見出すことができる[123]。大選帝侯の伝記を著し、ホッブズに私淑したドイツ人として最も影響力のある存在だったザムエル・プーフェンドルフは、君主を、国家の集団利益の保証人という機能的な言葉で定義している。同様の議論は、王太子時代のフリードリヒが感嘆しながら読んだ、ハレの哲学教授クリスティアン・ヴォルフの著作のライトモチーフでもあった。ヴォルフは臣民の健康や教育、労働者保護、安全保障など広範な責任を負う、法と官僚に基づいた抽象的な国家を待望した[124]。しかし、プロイセンの歴代の支配者で、こうした観念を君主の職務の中心に据えようとした者はいなかった。そのことは、フリードリヒが自らに対する個人崇拝から距離を取り、昔ながらの王族の着飾りをやめた理由を、少なくとも部分的に説明している。彼は着古した青い将校服——スペイン産の嗅ぎタバコの汚れが前身頃《まえみごろ》にべったりと残っていた——を手放そうとしなかったが、それは君主が代表する政治・社会秩序に自らも服従していることの表現であった。

フリードリヒが国家という観念を完璧に体現していたため、高官たちも、君主に仕えることと国家に仕えることを同一視するようになった。シュレージエンではグローガウ〔ポーランドのグウォグフ〕に軍事・御料地財務庁が新設されたが、その初代長官を務めたルートヴィヒ・ヴィルヘルム・フォン・ミュンヒョ伯爵は着任演説で、プロイセン行政の最高目標は「一切の私心を廃して王と国に最大限尽くすこと」であり、「王に何らの奉仕もせずに過ごす時間は一日一刻たりともないはずだ」と宣言した[125]。つまり国王は単なる雇用主ではなく、高官たちの内面に価値観や生き方を植えつけるモデルであった。このことが個々の官吏にとっていかなる意味をもったのかについては、総監理府で鉱山・冶金局長を務めたフリードリヒ・アントン・フォン・ハイニッツの勤務日誌から窺い知れる。ハイニッツはプロイセン人ではなくザクセン人で、一七七七年に五二歳でフリードリヒに仕えるようになった。一七八二年六月二日の日誌において彼は、公的な目的のために一生懸命に働くことを神聖な崇敬の行為とみなすべきだと書いている。「王を見習わずして誰を見習おうというのか。粉骨砕身、先憂後楽、精励恪勤〔…〕。あんな君主は他にいない。あれほど節度を守り、首尾一貫して、時間の使い方が巧みな御仁は他にいない……」[126]。

フリードリヒはまた、国家の権威を建造物に投影して可視化した。ベルリン中心部のウンター・デン・リンデンの起点、現在のベーベル広場にあたるフォールム・フリデリツィアヌムを囲んだ公共建築群ほど、この発想が雄弁に語られている場所はないだろう。フリードリヒは即位して間もなく、宮廷建築家のゲオルク・ヴェンツェスラウス・フォン・クノーベルスドルフに命じて、広場の東側にオペラハウスを建てさせたが、これによって二〇〇〇人を収容できるヨーロッパ最大級の劇場が完成した。オペラハウスの南側には、カトリック信者に敬意を表して建てられた聖ヘートヴィヒ大聖堂があり、ルター派の都市の中心部で宗教的寛容を示す、注目すべきモニュメントとなっている。このメッセージをさらに分かりやすくするために、大聖堂の柱廊玄関《ポルチコ》は古代ローマのパンテオンを模している。そして一七七〇年代には、新たに西側に広大な王立図書館が建設された。

確かにこれらの計画には、伝統的な君主政の自己表象の要素も見出せる。しかし、この広場は国家の文化的な目的をつとめて意識的に表現したものであった[127]。新しい建物や広場全体の計画図、あるいは立面図は各方面に配布され、ベルリンの雑誌やサロンで丁々発止の普請談義が交わされることも度々だった。また、オペラハウスと王立図書館は完成後に一般公開された[128]。この計画で最も注目すべきは、王宮が存在していない点であろう。当初、フリードリヒは自身の宮殿も建てるつもりだったが、第二次シュレージエン戦争後にこの構想に興味を失くした。その結果、オペラハウスはアルプス以北で初めて、王宮に接続していない建物となった。王立図書館も当時としては極めて珍しい、単独の建造物であった。つまり、フォールム・フリデリツィアヌムは宮殿《レジデンツ》のないレジデンツ広場であり、この種のヨーロッパの他の広場との対照性は一目瞭然であった[129]。王個人と同様に建築においても、プロイセン国家の表象は王家の表象から切り離されていたのである。

独裁的な君主による絶え間ない干渉から国家が脱却するには、首尾一貫した法体系を備える必要があった。ここでもフリードリヒは自論を実践し、裁判制度を合理化し、王国全体に通用する法典を創りあげる仕事を、当時の主要な法学者たちに与えた。フリードリヒの死後の一七九四年に施行されたプロイセン一般ラント法は、憲法に相当する役割を果たすことになる。[130] 七年戦争後の復興に尽力するに際して、フリードリヒは公益への奉仕という観点を重視した。戦争で荒廃した村々は、後に一般ラント法のなかに盛り込まれた、「社会全体の福祉のために個人の権利や利益を犠牲にせざるを得なかった者たち」に対する国家の「補償」義務という原則に則って、再建された。[131] 同様に、既に確認したように、フリードリヒは国家が戦争孤児や傷病兵に対して義務を負っていることを認め、そうした人々を扶助するための制度を拡充した。

国家の優位という原則は、対外関係に関するフリードリヒの態度をも規定した。まず、条約などの義務は国益に適わなくなればいつでも破棄できるので、軽視してもかまわないことになった。フリードリヒはこの考えを実行に移し、一七四二年と一七四五年にニンフェンブルク同盟を破棄して同盟国を見捨て、オーストリアと単独講和を締結した。また、神聖ローマ帝国の法秩序に風穴を空けたシュレージエン侵攻にも、この発想が見て取れる。父と違って神聖ローマ帝国を軽蔑していたフリードリヒは、帝国の法秩序など気にもとめなかった。一七五二年の『政治遺訓』の中で彼は、神聖ローマ帝国の統治形態は「奇怪で時代遅れ」だと述べている。[132] フリードリヒからすれば、そしてプーフェンドルフや一八世紀ドイツの帝国批判者の多くからしても、法的権限が重複し、様々な主権が入り混じっている神聖ローマ帝国は、国家原理に真っ向から反するものであった。一七一八年と一七二五年、マクデブルク公国の貴族代表団がウィーンの帝国宮内法院にプロイセンの新税について訴え出て勝利した時の怒りの記憶は、まだ残っていたのである。フリードリヒが自国の国制上の自立を強化した重要なステップの一つが、一七四六年の協定である。この協定によって、ハプスブルク皇帝はプロイセンの領土に対する帝国裁判権を正式に放棄し、フリードリヒは父王の代から仕えていた優秀な法学者のザムエル・フォン・コクツェイに対して、「理性と［プロイセン］領内の法慣習のみ」に基づく一般法典を作成するよう命じた。これは、古い帝国制度の終わりの始まりを示す、重要な瞬間であった。こうした点からして、プロイセンとオーストリアの争いは、国内外の他の権威に対する国家の優位性を基礎とする「国家原理」と、中世以来の神聖ローマ帝国の特徴である権威の分散と主権の混合という「帝国原理」との対立を象徴していた。

フリードリヒは国家の抽象的な権威と真剣に向き合ったが、しかしそれでも理論と実践の間には幾つかの重大な齟齬があった。彼は公布された法律や手続き規則の不可侵性を原則的には認めていたが、必要と判断した場合には、王国の司法当局をないがしろにすることも辞さない構えだった。そうした一方的な介入の例として最もよく知られるのが、一七七九〜八〇年の「粉屋アルノルト訴訟事件」である。この事件の発端は、クリスティアン・アルノルトなる粉屋が領主のシュメッタウ伯爵に対して水車の賃料の支払いを拒否したことにある。その理由は、現地郡長のフォン・ゲルスドルフ男爵が養鯉池を掘ったために、粉屋の水車に流れ込む水が遮断され、生計が立てられなくなったからであった。［ノイマルクの］地方裁判所から立ち退きを迫られたアルノルト夫婦は、国王に直訴した。義憤に駆られた国王は官房政令を発して、アルノルトに対する判決の執行を猶予するよう命じたが、キュストリンの司法当局は原判決を支持した。ここに地方の寡頭政治の悪弊を見出して激怒した王は、ベルリン王室裁判所で再審理を行うよう命じた。ベルリン王室裁判所がやはり原判決を支持すると、フリードドリヒは担当の裁判官三名を逮捕し、要塞に一年間勾留するよう命じた。郡長の養鯉池は取り壊され、アルノルトの粉挽き場への水路は復旧され、彼が被った損害や裁判費用は全額弁償されることとなった。この事件は上級官庁を憤慨させるとともに、世間も騒がせた。王国中の新聞や官報に掲載された官房政令で、国王は、「貴賤や貧富を問わずあらゆる者が」、「公平な法」に基づいて「迅速な裁判」を受けるようにするのが目的だったと強弁した。端的に言ってしまえば、法的手続きについての重大な違反が、より高次の倫理的原則の観点から正当化されたのである。[133]

さらに、父王と比べると、フリードリヒの国家観念は領土の一体化をあまり意識しておらず、辺境地域の統合に関心を示さなかった。中核地帯であるブランデンブルクに適用されていた重商主義的な経済規制は、西部地域にはほとんど適用されず、それらの地域の商品は税収の観点から外国商品と同様に扱われた。穀物貯蔵制度によって東プロイセンを王国全体の穀物経済に統合しようとする政府の取り組みは、フリードリヒの治世には緩慢になった。カントン制度は西部地域には拡大されなかった。一七六八年、フリードリヒは、ヴェーゼル市の三個連隊にカントンがないのは、「これらの地域の住民が軍務に適さず、軟弱だからだ。クレーヴェの者は故郷から遠くへ離れると、スイス人のようにホームシックにかかる」と記している。[134] 一七〇七年にフリードリヒ一世が同君連合の形式で獲得したスイスのフランス語圏地域であるノイエンブルク（ヌーシャテル）公国の統合はほとんど試みられなかった。同地では、フリードリヒ大王の長い治世をつうじてプロイセンから総督が派遣されなかったため、ベルリンの影響はほとんど感じられなかった。[135]

フリードリヒは、王国の中核地帯を明確に優先した。一七六八年の『政治遺訓』には、ブランデンブルクブルク、マクデブルク、ハルバーシュタット、シュレージエンだけが「国家の実体を成している」とまで言い切った一節があるが、この発言の裏には軍事的な論理が見え隠れしている。厳然たる事実として、中核地帯は「全ヨーロッパが団結して向かってこない限り、自衛すること」ができた。[136] それに対して東プロイセンや西部の領土は、戦争が始まったらすぐに放棄しなければならなかった。おそらくここに、父によって着手された大規模な東プロイセン復興計画をフリードリヒが中断した理由の一つがあるのだろう。[137] 七年戦争中にロシア軍に占領された際に現地の臣下たちがとった行動も、王に再考を迫ったものと思われる。フリードリヒは、一七五八年に宿敵であるエリザヴェータ女帝に東プロイセン諸身分が忠誠を誓ったことに腹を立てていたのである。倦まず弛まず自国の統治にあたったフリードリヒだったが、一七六三年以降は一度も東プロイセンを訪れることはなく、同地の軍事・御料地財務庁長官に対して、自分のいるポツダムに報告をするか、西プロイセンで毎年行われる大演習の際に本陣に来るよう命じただけであった。[138] こうしたエピソードは、父のフリードリヒ・ヴィルヘルム一世や曾祖父の大選帝侯が盲目的な愛情を捧げてきたこの地域の重要性が、著しく低下したことをものがたっている。

国家に関するフリードリヒの発言を額面どおりに受け止めれば、君主の機能の一部が、無味乾燥とした規則や規定に従って働く非人間的な集団構造としての行政に吸収されていったかのような印象を受けるが、実際はそうではなかった。彼の時代のプロイセンの統治は個人に極めて強く依存しており、政策決定のプロセスは、実際には、ある面では父王の時代よりも王個人に集中していた。父が創った大臣たちの合議体制においては、君主はしばしば、大臣たちの会議という強力な機関の答申に耳を傾ける必要があった。しかしフリードリヒの即位後、この制度は廃れていった。一七六三年以降、国王は直属の官房秘書官を重用するようになり、大臣たちの職分が重複し、彼らの一部は更迭されたために、国王が大臣と個人的に接触する機会はますます減少した。

こうして政策決定のプロセスは、国王への謁見や手紙のやり取りを差配し、国王に最新の情報を提供し、政策上の助言を与える少数の官房秘書官たちに集中するようになった。秘書官たちが君主に付き従って各地を移動したのに対して、大臣たちは通常ベルリンにとどまった。大臣には文相のカール・アブラハム・フォン・ツェードリッツ男爵のように貴族の大物が多かったのに対して、秘書官はほとんどが平民出身であった。プロイセン陸軍の軍曹の息子だったアウグスト・フリードリヒ・アイヒェルは、その典型例である。寡黙だが絶大な影響力をふるった彼は、いつも朝四時に仕事を始めたと言われる。フリードリヒ・ヴィルヘルム一世の時代には、官吏のもつ信頼度や影響力は行政システムにおける当人の職務と結びついていたが、対照的にフリードリヒの時代には、君主との近さがものをいうようになった。

逆説的だが、この国王への権力と責務の集中は、フリードリヒ・ヴィルヘルム一世の中央集権的な改革を後戻りさせるものであった。フリードリヒは各地方に置かれていた軍事・御料地財務庁の役人と直接連絡を取り合うことで、地方の諸官庁を掌握しようとしていた総監理府の権威を失墜させた。また、王が中央の行政府に通知せずに各地の軍事・御料地財務庁に指示を出す場合も多く、その結果、地方行政官の権威が高まった一方で権力は中央から離れ、国家による領域的な支配構造は弱体化した。[139]

フリードリヒは、国王個人への集中化が高度に進んだこのシステムの有効性を毫も疑っていなかった。一七五二年の『政治遺訓』が指摘するように、「このような国家では、君主が自ら政務を執る必要がある。なぜなら、君主が賢明ならば、ただひたすらに国家の利益を追求するが、それに対して大臣たちは常に自己の下心をくすぐる利益に従うからである……」[140]。換言すれば、ただ君主の利益だけが国家の利益と同一化し得たのである。この発想の難点は、「君主が賢明ならば」という条件がつくところにあった。フリードリヒの統治体制は、不屈の精神と先見の明をもつ王が舵を取り、機知と博識、そして勇気と決断力を駆使して、机上に山積する問題に対処することで機能していた。しかし、もし王が天才的な政治家ではなかったらどうだろうか。もし王がジレンマをうまく解消できなかったら、もし王が優柔不断で意気地なしだったら、要するに凡人だったらどうだろうか。舵を握るのがそのような君主だった場合には、このシステムはあちこちから横やりを入れられながら、どのように機能するのだろうか。忘れてならないのは、フリードリヒがホーエンツォレルン家にしばしば登場した異能の君主の最後の一人だったことである。彼のような人物は、この一族のなかに二度と現れなかった。フリードリヒの統治体制は、強力な人物が中央に立って規律を課し、周囲の注意を自らに集められなければ、大臣や官房秘書官が権限をめぐって競い合い、派閥争いに発展する恐れがあったのである。

第八章　敢えて賢こかれ！

対話

プロイセンの啓蒙の本質は、自由で自立した主体どうしの、批判精神と敬意に満ちた絶えざる対話にあった。対話は判断力を研ぎ澄まし、洗練させるうえで重要な行為だった。ケーニヒスベルクの哲学者イマヌエル・カントは、啓蒙の本質に関する有名な論文の中で、次のように明言している。

啓蒙とは、人間が自分の未成年状態から抜けでることである、ところでこの状態は、人間がみずから招いたものであるから、彼自身にその責めがある。未成年とは、他人の指導がなければ、自分自身の悟性を使用し得ない状態である。ところでかかる未成年状態にとどまっているのは彼自身に責めがある、というのは、この状態にある原因は、悟性が欠けているためではなくて、むしろ［…］決意と勇気とを欠くところにあるからである。それだから「敢えて賢こかれ！（Sapere aude）」、「自分自身の悟性を使用する勇気をもて！」――これがすなわち啓蒙の標語である[1]〔「敢えて賢こかれ」は古代ローマの詩人、ホラティウスの作品に由来する格言〕。

この一節だけを切り離して読むと、啓蒙とは、世界を理解しようとする個人の意識内の闘争という、孤独な営為のように思われる。しかしカントは少し後の箇所で、理性による自己解放のプロセスには、果てしない社会的なダイナミズムがあることを指摘している。

ところで――個人でなく――民衆が自分自身を啓蒙するということになると、そのほうが却って可能なのである、それどころか彼等に自由を与えさえすれば、このことは必ず実現すると言ってよい。こういう場合には、大衆の後見人に任ぜられている人達のなかにも、自主的に考える人が何にんかいるからである。この人達は、未成年状態という軛《くびき》から自分で脱出すると、やがて各人に独自の価値と、自分で考えるという各人の使命とを理性に従って正しく評価するところの精神を、諸人に広く宣伝するだろう。[2]

このような批判的で自信に満ちた自立の精神が社会において涵養されていくうえで、対話は欠くことのできない役割を担っていた。一八世紀後半にプロイセン各地に、そしてドイツ諸邦に増殖したクラブや協会組織では、対話が盛んだった。一七四一年にケーニヒスベルクで設立されたのを皮切りに、ドイツ各地に創設された「ドイツ協会」の規約は、会員間で実りある対話が実現するために必要な形式的条件を明確に定義している。それによれば、朗読や講話に続いて行われる討論では、会員は好き勝手な発言や無思慮な言動を控えなければならなかった。また、批評は講話のスタイルや方法、内容にはっきり関係するものでなければならなかった。カントの言葉を借りれば、会員は「理性の慎重な言葉」を使わなければならず、脱線や割り込みは禁物だった。すべての会員は最終的に発言する権利を保障されているが、自分の順番を待ち、コメントはできるだけ簡潔に済ませねばならなかった。また、皮肉めいたもの言いや嘲笑的な発言、あるいは思わせぶりな言葉遊びは許されなかった。(3)

フリーメイソンも同じように節度と礼儀を重んじた。一八世紀末のドイツでは、フリーメイソンは二五〇〜三〇〇のロッジ〔フリーメイソンの基本的な組織単位〕、一万五〇〇〇〜一万八〇〇〇人の会員を抱えるまでに拡大していたが、ここでも不穏当なスピーチ、軽薄で下品なコメント、あるいは信仰問題のように、会員間の対立を引き起こしかねない話題について議論するのはご法度だった。(4) こんにちの感覚からすると息苦しくなるほど厳格に思えるが、こうした約束事には重大な目的があった。これらの規則や規範は、議論において重要なのは個人ではなくテーマであるということや、会員が議論に参加する際には、個人的な人間関係や地域政治に絡んだ私情をもちこんではならないということを確認するために創り出されたものだった。諸個人が公の場で礼節を保ちつつ議論できるようにするためには、前提として踏まえておくべき事柄があったのであり、協会の規約は、新たなコミュニケーションの技術を提示する、見取り図のようなものだった。

節度や礼儀を重んじることは、身分の差によって議論が萎縮するのを避けるうえでも重要であった。既に指摘されているように、フリーメイソンは「新興のドイツ中産階級の組織」ではなかった。(5) 組織を構成していたのは、貴族と、教養や財産をもった平民がほぼ同じ割合で混在するエリート層であった。ドイツのロッジのなかには、設立当初は貴族と市民のどちらか一方にしか門戸を開いていないものもあったが、そうした組織のほとんどは間もなく合併していった。このような混合結社では、身分の違いのせいで議論がはなから成立しないといった事態が起こらぬように、透明性が高く平等な交際規則をもうけ、それを遵守することが不可欠であった。

プロイセンの啓蒙に活力を与えた対話は、印刷物のなかでも行われた。この時代の定期刊行物の特徴の一つは、議論や対論が好まれた点にある。例えば、ドイツ後期啓蒙主義を代表する雑誌『ベルリン月報』〔発行元の「ハウデ・ウント・シュペーナー出版社」を経営していたヨーハン・カール・フィリップ・シュペーナーは、敬虔主義の提唱者の曾孫〕に掲載された記事の多くは、世間の人々から編集者に送られた手紙であった。読者は様々な近刊書についての批評や、時には批評家の書評に対する著者からの長文の反駁を読むことができた。また、特定の問題についての意見が募集される場合もあった。一七八三年一二月に神学者のヨーハン・フリードリヒ・ツェルナーが『ベルリン月報』に投稿した問題提起から始まった、「啓蒙とは何か」というテーマでの有名な議論がその一例である[6]〔カントの論文「啓蒙とは何か」はこの問題提起を受けて執筆され、『ベルリン月報』の一七八四年一二月号に掲載された〕。同誌には常任の記者はおらず、各号の記事の大半は、依頼を受けて書かれたものですらなかった。創刊号の序文で明らかにしたように、編集者のフリードリヒ・ゲディケ〔軍人王の時代に敬虔主義者として軍聖職者のトップを務めたランペルトゥス・ゲディケ（第五章参照）の孫〕とヨーハン・ビースターは、一般読者からの自由な寄稿で雑誌が「充実」することを期待していた[7]。つまり、『ベルリン月報』は印刷物によるフォーラムにほかならず、都市の協会ネットワークと同様の役割を担っていた。同誌は、受け身一方の文化消費者の購買欲を満足させるために創刊されたのではなく、公衆が自分自身について、そして最も関心のある事柄について思考するための手段を提供しようとしていた。

『ベルリン月報』のような雑誌に対する反響は、北ドイツ地域で読書協会が盛んになったことでさらに大きくなった。(8) 読書協会の目的は、公共図書館が未発達な社会において、購読料や図書の購入費を共同で出資するところにあった。読書協会のなかには決まった集会場所をもたず、比較的裕福な会員の家で活動する非公式な集まりもあったし、特定の雑誌の普及だけを目的にした組織もあった。また幾つかの都市では、地元の書籍業者が図書館を運営しており、読者は新刊を購入しなくても試し読みをすることができた。この種の団体は、一八世紀末の数十年間に乱立し、一七八〇年にはドイツ諸邦に約五〇団体だったのが、その後の一〇年で約二〇〇団体に達した。読書協会は次第に、議論や討論に適した建物を借用したり購入したりして、そこに集まって活動するようになった。組織の規約では、全会員が平等な立場で会合に参加し、礼儀作法や相互尊重の原則を守るよう定められ、遊戯や賭博は禁止されていた。ドイツ全体では、読書協会には一万五〇〇〇〜二万人の会員が集まった。

書店もまた、啓蒙的な社交の場として重要だった。一七六四年〔一七六〇年という説もある〕に創業したケーニヒスベルクのヨーハン・ヤーコプ・カンター書店のメインルームは大きく明るい魅力的な空間で、都市の「知の証券取引所」としての役割を担っていた。そこは老若男女、教授や学生が目録に目を通し、新聞を読み、本を買ったり、注文したり、借りたりできる「文学カフェ《カフェ・リテレール》」であった――カントは一八〇四年に他界した時に四五〇冊の蔵書しかなかったので、この町の知識人の例にもれず、カンターから多くの本を借りていたと思われる。ここでも、利用者は互いに敬意を払い、礼儀正しい態度で接するよう求められていた。カンターは本を売るだけでなく、出版物の総合目録——一七七一年には四八八ページに及んだ——や隔週刊の新聞、様々な政治的小冊子も発行していた。そのなかには、ケーニヒスベルクの若き哲学者ヨーハン・ゲオルク・ハーマンによる、フリードリヒ大王を辛辣に批判した著作も含まれていた(9)。

読書協会、フリーメイソンのロッジ、愛国者の団体の他にも、文学や哲学の協会、自然科学や医学、言語を専門とする学識者団体など、多種多様なネットワークが形成された。さらには、もっとインフォーマルな組織も存在しており、例えばベルリン士官学校教員のカール・ヴィルヘルム・ラムラーを中心に結成された作家や詩人の卵たちの親密なグループには、出版業者のフリードリヒ・ニコライ、劇作家のゴットホルト・エフライム・レッシング、愛国的詩人のヨーハン・ヴィルヘルム・ルートヴィヒ・グライム、哲学者のモーゼス・メンデルスゾーン、美学者のヨーハン・ゲオルク・ズルツァーなど、ベルリンの著名な啓蒙主義者が多数参加していた。ラムラーは、ベルリンに幾つもあったメイソンのロッジの少なくとも一つに属しており、それ以外にも幾つかのクラブをかけもちしていた。詩人としては三流だったラムラーが同時代人から高く評価されたのは、何よりもその交友の才能と、陽気だが丁重な社交術であった。一七九八年四月に他界した後に出された記事には、生涯独身だったラムラーは「自らの芸術と友人のためだけに生き、そのことを誇示するのではなく、心から愉しんでいた。彼にはあらゆる階層、とくに学者や実業家の間に多く［の友人］がいた」と記されている(10)。

愛国的な活動家、ヨーハン・ヴィルヘルム・ルートヴィヒ・グライムも、ラムラーとよく似ている。

やはり未婚で、文学への思いを抱いていたグライムは、ハルバーシュタットの聖堂参事会員という経済的に安定した地位を利用して、この町で作家や詩人を志す若者たちのサークルを支援した。ラムラーと同様、グライムも著名な文学者たちと数多くの文通を続けた。プロイセンにおける啓蒙主義の原動力となった社交的な対話は、会の規約や購読料ばかりではなく、ラムラーやグライムのように、広い友人の輪を私心なく育てることをライフワークとする人たちによって、強力で包容力のあるものになった。文筆家や詩人、編集者、クラブや協会やロッジの会員、読者、購読者といった人々は「市民社会の実践者」であり、文学、科学、政治など当時の大きな問題に取り組み、プロイセンに活発で多様な公共圏を創りあげることに貢献した。[11]

こうした新興の公共圏を、無気力で受動的、非政治的な市民の集団と考えるのも、反対運動の担い手や潜在的な反乱分子の一団と考えるのも、的外れであろう。プロイセンの啓蒙主義を支えた社会的ネットワークの最も顕著な点は、国家に近接していたこと、それどころか国家と部分的に重なり合っていたことにある。こうした特徴は、プロイセンの啓蒙主義を育んだ知的伝統に関わっている。プロイセンでは、フリードリヒ三世〔王としては一世〕の時代に大学で確立され、フリードリヒ・ヴィルヘルム一世の時代にさらに発展した国家行政のための学問、「官房学《カメラリスムス》」が長らく影響力を保ち続けた。また、この国をリードした知識人たちの社会的な位置づけも看過できない。同時代のフランスの文芸界では資産家やフリーランスの文筆家が重要な役割を担っていたのに対し、プロイセン啓蒙主義を牽引したのは官僚グループであった。『ベルリン月報』に関する研究によれば、同誌の創刊から廃刊までの一三年間（一七八三〜九六年）の全投稿者のうち、一五パーセントが貴族、二七パーセントが大学教授や学校教師、二〇パーセントが上級官僚、一七パーセントが聖職者、そして三・三パーセントが軍の将校であった。つまり、投稿者の半数以上は国家から給与を支給される者たちだったことになる。[12]

国家と市民社会の融合を顕著に示す事例の一つが、『ベルリン月報』の発行期間とほぼ同じ一七八三〜九七年に定期的に活動していた「啓蒙友の会」——通称、ベルリン水曜会——である〔正式な解散は一七九八年〕。当初は一二人、後に二四人が参加したこのグループには、国務大臣のカール・アウグスト・フォン・シュトルーエンゼーや法曹界のカール・ゴットリープ・スヴァーレツ、エルンスト・フェルディナント・クラインといった高官たちが名を連ねていた。また、書記のヨーハン・ビースターは『ベルリン月報』の編集者だったし、愛国的な活動を行っていたフリードリヒ・ニコライも同会の会員であり、さらにはニコライの旧友で、既に名の知れたユダヤ人哲学者だったモーゼス・メンデルスゾーンが名誉会員になっていた。水曜会の集まりは、会員の家で行われた。世間一般が関心を寄せている科学的な話題が取り上げられることもあったが、大抵の場合、会合のテーマは同時代の政治問題に関連していた。議論はしばしば白熱したが、文明的な議論の形式、すなわち相互尊重や互恵性、公平性が重んじられ、個人的見解や空虚な一般論を排し、事実に基づいた厳密な解釈をしようとする努力が払われた。会合は、まず行政や財政、法律などに関する論説を事前に配布するところから始まり、これが議論の土台となった。コメントは書面で提出することもできた。会合での議論は文章化され、後で『ベルリン月報』に掲載される場合もあった。

啓蒙的な文芸文化が基本的に対話を中心としたものであったことを、これほどまでによく示している事例はないだろう。一部の会員が聖職者だったために、会合は厳重な秘密主義をとらざるを得ず、ゆえに水曜会は「公共圏」を支える組織だったとは言いがたい。しかしこの団体は、フリードリヒ二世の治世末期の数年間に、市民社会と国家との非公式なネットワークのなかで、両者にどのような相乗効果が生まれつつあったのかを示している。

進歩的な学者、文筆家、思想家たちにとって、国家を啓蒙的事業のパートナーとみなすことに、何の無理もなかった。なにしろ、君主自身が啓蒙的価値の擁護者として有名だったのである。「啓蒙の時代」と「フリードリヒの世紀」とは同義であるというイマヌエル・カントの言葉は、美辞麗句ではなかった。[13] 一八世紀ヨーロッパの君主のなかでも、フリードリヒは啓蒙の価値と見地を誰より体現する人物であった。彼は王太子時代の一七三八年にメイソン・ロッジに入会しており、既に見たように信仰の問題に対して懐疑的で、宗教的寛容を提唱する人物だった。〔即位直後の〕一七四〇年六月、フランクフルト・アン・デア・オーダーのカトリック臣民は市民権を享受することが許されるべきかと尋ねられたフリードリヒは、「すべての宗教は、それを実践する人々が誠実である限り、等しく良いものであり、トルコ人や異教徒がやってきてこの国に住もうとしたとしたら、我々は彼らのためにモスクや寺院を建設するだろう」と答えている。[14] 彼は、フランスの啓蒙主義を代表する人物を周囲に集めた。とくに、フリードリヒと——時には口論を交えつつも——長年にわたり対話を交わし続けたヴォルテールは、啓蒙主義の最高の文学的スターであり、プロイセン王との密接な関わりをもって大陸中に知られるようになった。フリードリヒの著作は同時代のフランスの巨匠たちの、煌びやかだが冷徹な文体を模倣して練り上げられたものであった。

フリードリヒは初期の統治のなかで、自らの思想や信条を実践に移す用意があることを明らかにした。彼は即位すると、新聞『ベルリン新報《ベルリニッシェ・ナッハリヒテン》』〔正式には『ベルリン政治教養新報』〕を検閲の対象から外し、また、一七二〇年代に敬虔主義者によってハレ大学から追放された合理主義哲学者のクリスティアン・ヴォルフを直ちに呼び戻すよう命じた。(15) さらに注目すべきは、当時のプロイセンを代表する法学者だったザムエル・フォン・コクツェイの助言に反して、拷問を停止する決定を下したことである。当時のヨーロッパの司法制度ではなお、被疑者から自白を引き出すための拷問が一般的だった。ドイツで広く読まれていたツェドラーの啓蒙主義的な『万有百科大事典』の一七四五年版は、捜査の手段として拷問を実施することを擁護しているし、一七六八年に公布されたオーストリアの刑法典『テレジアナ』にもこの慣習は残っている。(16)

しかし、父の死からわずか三日後の一七四〇年六月三日、フリードリヒは、王や国に対する犯罪や、共犯者不明で厳しい尋問が必要な多重殺人のような極端なケースを除いて、今後は拷問を行わないよう命じた。さらに一七五四年の法令で彼は、拷問は「残酷《グラウザム》」なだけでなく、容疑者がさらなる拷問を免れようとして自白する恐れがつきまとうため、真実を知る手段としては信頼できないとして、全面的に禁じた。(17) この思い切った措置により、多くの裁判官や法律関係者が、口の堅い罪人から自白――アンシャン・レジーム期のあらゆる法制度において、証拠の女王とされていた――を引き出す方法がなくなったと不満を唱えた。証拠は十分だが自白がない場合に対応するために、新しい法理論が即興で考案されねばならなくなった。

フリードリヒはまた、死刑に相当する犯罪の数を減らし、車裂きの刑にもささやかだが重要な変更を加えた。この刑罰は、罪人を荷馬車の車輪の上に縛り付けて体の骨を打ち砕くというおぞましいものだったが、そこには、死後の世界に備えて悪人に厳罰を加えるための疑似宗教的な儀式として公開処刑があるという、近世特有の理解があった。フリードリヒは、今後この種の処刑を行う際には、車輪を使う前に群衆から見えないところで刑吏が罪人の首を絞めるよう命じた。彼の意図は、不必要な苦痛を与えないようにしつつも、刑罰の抑止力を維持することにあった[18]。拷問の場合と同じように、ここでも、実用性に対する合理的な評価と、残酷さに対する啓蒙主義的な嫌悪感——罪人に加えられる苦痛から宗教的側面を取り除いたら、残酷さしか残らないからである——とが結びついていた。こうした功績は軽視されるべきではない。一七六六年当時、フランスではまだ、道端の祠を汚して神を冒瀆したとして有罪になった若者が、火炙りにされる前に右腕を切り落とされ、舌を切り取られていたのである[19]。

さらにフリードリヒは、急進的なスピノザ主義であるヨーハン・クリスティアン・エーデルマンにベルリンへの亡命を認めた。エーデルマンは、一切の偶像崇拝を排除した理神論だけが人類を救済し統合することができるとか、婚姻の制度や礼典は必要ないとか、性的自由は合法であるとか、キリストは他の人と同じ人間であるなどといった内容の様々な著作を執筆したために、ルター派やカルヴァン派の主流派から睨まれて、ドイツに居場所がなくなった人物だった。一七四七年にエーデルマンがベルリンを短期間訪れた際、同地のカルヴァン派とルター派の聖職者たちは、彼を危険で不快な分派主義者だとして攻撃した。また、エーデルマンは絶対王政に断固反対し、プロイセン王の即位を祝うヴォルテールの賛辞を批判する著作を出版したために、フリードリヒから敵視されたこともあった。

しかし、著作がドイツ全土で猛烈な非難を浴びていたにもかかわらず、出版活動をやめるという条件でベルリンに居を構えるのを許されたエーデルマンは、狂信者の報復から身を守るために偽名を使ってこの町で暮らしていた。一七五〇年五月、帝国書籍委員会の主催により、フランクフルト・アム・マインで彼の著作の大規模な焚書が行われた。同市の行政官や市政府関係者が全員出席し、七〇人の衛兵が群衆を制止するなか、一〇〇〇冊近いエーデルマンの著書が、燃えさかる白樺の炎のなかに放り投げられた。ベルリンの風潮や政策はこれとは正反対だった。フリードリヒには、エーデルマンの宗教的懐疑論、理神論、道徳的放埒を指弾する気はなかった。我が国の都には既に多くの痴れ者がいるのだから、もう一人増えたところで気にすることもないと、フリードリヒは得意の皮肉っぽい口調で語っている。[20]

このように、フリードリヒはフランスの君主たちとは異なり、啓蒙主義運動のパートナーとして適役だった。実際、文学界や政界の有力者の多くにしてみれば、君主が啓蒙を個人的に正当化したことで、プロイセンにおける市民社会と国家の関係に独特の意味が付与された。前章で確認したように、七年戦争以降、国王個人への賛美がプロイセンの政治言説に浸透していったが、当時の愛国的な主張によれば、国王への愛が単なる臣民を祖国の公的生活への能動的な参加者に変えてくれるのだった。

イマヌエル・カントは一七八四年に発表した画期的論文〔「啓蒙とは何か」〕のなかで、権威と啓蒙が一人の君主に集約されると、政治的自由と市民的自由の関係が一変すると説いた。なぜなら、君主が啓蒙されている場合、彼の権力は市民社会に帰属する利益にとって脅威とはならず、むしろ強みとなりうるからである。カントによれば、その結果は逆説的である。すなわち、真に啓蒙された君主のもとでは、政治的自由を適度に制限することで、「国民がその権力を最大限に拡充しうる余地を与える」〔「啓蒙とは何か」では「精神的自由に、力を尽くしてみずからを拡充すべき余地を与える」〕ことができるのである。カントがフリードリヒの発言として引用した有名な言葉、「君達はいくらでも、また何ごとについても意のままに論議せよ、ただし服従せよ！」は、専制君主のスローガンとして提示されたものではない。むしろこの言葉は、啓蒙された君主政に秘められた自己変革の可能性を端的に表現したものである。そのような政体においては、公的な議論や批判、つまり市民社会と国家との対話によって、国家そのものの価値と目的が最終的に国民《フォルク》のそれと調和し、服従の義務が臣民にとって重荷でなくなるのだ。

ところで……自由に思考しようとする心的傾向と人間の使命感とを成熟せしめると、こんどはこのものが徐々に国民の意識（これによって国民は、行動の自由を次第に発揮できるようになるのである）に作用を及ぼし、ついには統治の原則にすら影響を与えるのである。(21)

啓蒙された指導者の思想がまず市民社会という生地に浸透し、さらには政府の機関に伝達されるとする、この政治的な好循環のビジョンは、決して机上の空論ではなかった。プロイセンの政治は一般に、こんにち考えられているよりもはるかに合議を重んじていた。主要な立法のほとんどは、地元の利害関係者との十分な交渉や話し合いを経て成立したものであった。そうしたやり取りは、貴族の所領の売却制限をめぐって長く続いた協議のように、身分制議会をつうじて行われることもあれば、現地での様々な交渉を担当する各地方の官吏をつうじて、あるいは法律家や実業家のような専門家の非公式なネットワークをつうじて行われることもあった。この種の合議はとりたてて「啓蒙的」だったわけではない。しかしあまり重視されていないが、合議は統治を実現するための意見や情報を収集する手段の一つとして、欠くべからざるものであった。さらに一八世紀後半になると、自分たちは公益の受託者であると同時に、君主権のパートナーにして批判者でもあると主張する、啓蒙主義的活動家のネットワークが出現し、彼らの主張は政府からも大筋で受け入れられた。(22) 一七八四年、全国を対象とする包括的な法典の成立へと繋がる一大改革に着手したフリードリヒ二世は、新法典の初期の草案に対する判断を世論に委ねることにした。この世論なるものは、当初は著名な法律家や国法学者といった「実務的な知識を有する者たち」に限定された、かなり狭い範囲が念頭に置かれていた。しかし政府がその後、愛国と公益のために自発的に設立された旧世代の協会組織に倣って公募の論文コンクールを実施したことで、「世論」の対象は大きく拡大した。(23) この刮目に値する施策には、知的競争の長所に対する驚くほどの信頼感と、後に高官の一人が語ったように、暗黙のうちに世論を政府の行動を一つ一つ裁く「強大な法廷」とみなしていた王の認識が示されていた。(24)

プロイセンでは、公に意見を表明する一般的な法的権利という意味での表現の自由はなかったかもしれないが、検閲はずいぶん緩やかであり、活字と発言の双方を用いて、活発で骨太な政治談議を行うことが可能だった。一七七五年にベルリンを訪れたスコットランドの旅行作家ジョン・ムーアは、プロイセンの王都の印象を後にこう書き記している。

初めてベルリンを訪れた時、多くの人々が政府の施策や国王の行動に対して自由に発言していることに何より驚かされた。ここでは、政治的な話題や、もっとデリケートに思える話題が、ロンドンのコーヒーハウスのように気軽に語られているのを耳にした。本屋も同じように自由で、あらゆる種類の書物が公然と売られている。最近出版されたポーランド分割に関するパンフレットでは、国王がこっぴどくこきおろされているが、そうした本も難なく手に入れられたし、貴顕の御仁たちを辛辣に風刺した作品もまた然りだった。(25)

ユダヤ人によるプロイセンの啓蒙主義

一七七〇年代、ベルリンのユダヤ人社会は、ドイツ各地の同胞のなかで最も裕福で、文化的に最も同化していた。彼らの中核を成していたのは武器商人や銀行家、商人、製造業者といった有力者たちだった。ベルリンはドイツの宮廷都市として唯一、ユダヤ人がゲットーに閉じ込められていない都市であり、裕福な一族は街の最も瀟洒な場所に居を構えていた。一七六二年、銀行家のダニエル・イッツィヒは、シュプレー川沿いのブルク通り〔王宮の対岸〕にあった小さな屋敷を購入し、両側に翼廊を備えた優雅な邸宅に改築した。彼はここにルーベンスの「ガニメデ」、テル・ボルフやヴァトー、ヨーゼフ・ロース、アントワーヌ・ペーヌの作品、そして「多くの人物が描かれたカナレット作の巨大な風景画」など、素晴らしい美術品コレクションを揃えていた。(26)その近くのポスト通りとミューレンダムの角には、宮廷宝石商で鋳貨請負人頭のファイテル・ハイネ・エフライムが住む三階建ての豪邸があった。建築家のフリードリヒ・ヴィルヘルム・ディーテリヒスが設計して、列柱や付柱、金色の手すり付きの優雅なバルコニーなど、ロココ調の装飾で飾られたエフライム宮は、現在でもベルリンのランドマークの一つになっている。

ユダヤ人金融エリートの大方の例にもれず、イツィヒとエフライムは、幸運にもプロイセン国家と協力関係を結んだことで財を成した人物だった。二人はともに、七年戦争中にフリードリヒ二世から貨幣供給を任された共同経営者の一員であった。一七五六年に戦争が始まると、国王は貨幣の濫造で戦費を賄った。これといった銀山のないプロイセンは貨幣の原料をすべて輸入しなければならなかったが、この事業は伝統的にユダヤ人請負業者の手に委ねられていた。貨幣に占める銀の割合を減らせば、未使用の銀を「鋳貨費」として徴収できた。フリードリヒは歴代君主にもましてユダヤ人の財務管理者を重用し、エフライムやイツィヒといったユダヤ人の銀行家や地金商を仲間に引き込んで、悪貨の鋳造を請け負わせた。この事業がもたらした約二九〇〇万ターラーという収益は、戦費の補塡に大きく貢献した。(27) 戦争終結までに、ユダヤ人の造幣担当者たちは、軍需品の供給を専門とする同族の多くとともに、プロイセンの最富裕層の仲間入りを果たした。

彼らは突出した存在であって、プロイセンのユダヤ人マイノリティの典型例ではなかった。プロイセンにおける標準的なユダヤ人の生活はこれとは対照的であり、少数の者が大きな富と法的特権を享受した反面で、大多数は煩わしい制約に縛られていた。一七三〇年、フリードリヒ・ヴィルヘルム一世は「ユダヤ人一般特権規定」を発布し、ユダヤ人の商売を制限し、ギルドが管理する職人技の習得や都市での行商を禁じ、家屋の購入も禁じた。国家による規制の強化は、フリードリヒ二世の時代にも続いた。一七五〇年に制定された詳細な「改訂一般特権規定」は、プロイセンのユダヤ人を六つの等級に分けている。頂点に位置するのはごく少数の「一般的特権を有する」ユダヤ人であり、彼らはキリスト教徒と同等の立場で家屋や土地を購入し、商業活動を行うことができた。場合によっては、この等級のユダヤ人には世襲の市民権が付与されることさえあった。しかし、次の等級の「正規の保護ユダヤ人」は居住地を選べず、その地位を子供のうちの一人にしか譲れなかった。第三等級の「臨時の保護ユダヤ人」は眼鏡屋や彫物師、塗装工、医師など特定の職業の従事者で、有用な存在とみなされ、条件付きで都市への居住を認められた。第四等級はラビや礼拝先唱者《カントル》、ユダヤ教の教義に従って食肉加工を行う業者といった、ユダヤ共同体に雇用されている者で、この地位を世襲することは許されていなかった。第五等級は、第一等級から第三等級までに属する人々に庇護されている「寛容の対象となるユダヤ人」と、第二、第三等級の家に属するが相続権をもたない子供たちである。最下位の第六等級はユダヤ人の事業主や家庭の使用人が対象で、彼らの居住許可は雇用契約によって左右された。

ユダヤ人に対しては、世に知られた国王の啓蒙主義も単なるご都合主義に成り下がってしまった。フリードリヒは彼らを財布代わりに利用するつもりで、ユダヤ人の臣民のなかでも最も役に立つ者にのみ極めて広範な自由を認めたに過ぎなかった。実際に、王は地金取引や鉄の鋳造、辺境での国境をまたぐ商業活動、各種の製造業など、起業家精神がとくに必要とされる経済部門にユダヤ人をねじ込んだ。さらに彼は、ユダヤ人に特別な税や公課を課したり、王立磁器製陶所の在庫品――一七七〇年代にしぶしぶ引き取られたこれらの磁器像は、しかし後年になって大切な家宝となった――の購入を要求したりした。

このような、いかにも実利優先の国策の水面下には、社会的な緊張や偏見が脈々と流れていた。規制を求めて国家に圧力をかけた人々の一部は、都市を寡頭支配していたキリスト教徒の集団であり、彼らはユダヤ人の商業活動に対する苦情や請願を、中央・地方を問わず様々な行政機関に際限なく送りつけた。[28] 他のドイツ諸邦においてと同様に、プロイセンのユダヤ人も国家と地域社会の狭間で苦境に立たされた。新参者との競争を恐れ、彼らの先導する経済的革新を快く思わない都市のギルド加入者や店主は、国家から新しいユダヤ人住民の居住や事業の保護を求められると、一致団結して抵抗した。他の分野と同様にここでも、当局は民の意見と大局的な国益との間で慎重な対応を迫られた。

ユダヤ人を後援したからといって、国王自身に偏見がなかったわけではない。それどころか、彼らを「イナゴ」に喩えた父親と同じように、フリードリヒはユダヤ人を敵視していた。[29] 一七五二年の『政治遺訓』は、ユダヤ人をあらゆる宗派のなかで最も危険な存在であり、キリスト教徒の交易活動に害を及ぼす輩であると非難し、国家は彼らの奉仕を利用すべきではないと、欺瞞に満ちた主張を展開している。七年戦争中にユダヤ人と緊密で生産的な協力関係を築いたにもかかわらず、こうした見解は一七六八年の『政治遺訓』でも繰り返された。[30] その結果、ユダヤ人に対する規制には露骨な差別的罰則が盛り込まれるようになった。ユダヤ人は家畜に課される「身体税」の対象となり、首都に出入りする際には二つの門のうちのどちらかしか使ってはならないこととされた〔当時のベルリン市にあった一八の市門（通船門も含む）のうち、ユダヤ人が出入りできたのは北端のローゼンタール門と南端のハレ門のみだったが、一七五〇年からは北東のプレンツラウ門も追加された〕。プロイセンの他のマイノリティ集団とは異なり、彼らは連帯責任に基づいて処罰される可能性もあった。一七四七年の官房政令では、ユダヤ人共同体の長老は、構成員が関与した強盗、破産によって生じた損失、盗品の受領や隠匿に対して連帯責任を負うものとされた[31]。

史料に登場するユダヤ人はその多くが裕福な企業家たちだが、プロイセンのユダヤ人の大部分は爪に火をともして暮らしていた。エフライムやイツィヒが担ったような大商いはごく一部のエリートたちの独壇場であり、家々を歩いて回るユダヤ人の行商人《ハウジーラー》のほうが、はるかに身近な存在であった。店舗を構えたり露店で取引したりするための免許を与えられていないユダヤ人にできるのは、古物の巡回販売ぐらいだった。一八世紀初頭から半ばにかけて商業活動に相次いで制約が課せられたせいで、プロイセンではかつて隆盛を誇った商人の多くが零落し、ユダヤ人の小商人の割合は着実に増加した[32]。ポーランドから不法に流入してきた移民によってその数は増え続けたが、彼らの多くは貧しく、しがない巡回販売で生計を立てるのがやっとだった。こうした貧困の移民に対して東部国境を閉鎖しようとする試みもあったが、大きな効果は得られなかった。一七八〇年、一七八五年、一七八八年、一七九一年と、「乞食ユダヤ人」に対する布告が繰り返し発せられたという事実は、ポーランド分割によって深刻化したであろうこの移民の流入が、世紀末になっても抑制されなかったことを示している[33]。一七三〇年代以降、ハレのユダヤ教研究所で活動していた敬虔主義の宣教師たちは、市門税を支払えず城壁前にたむろする「貧しい放浪ユダヤ人」の群れにしょっちゅう出くわし、祈禱書やカレンダーといった小さな携帯品を取引している[34]。

一八世紀半ばまでに、プロイセンのユダヤ人の間では文化的変化のプロセスが進行しており、これが、ついにはユダヤ教を変容させることとなった。ユダヤ教の啓蒙主義であるハスカラ――ヘブライ語の「レ・ハスキル」、すなわち「啓蒙する、知性によって物事を明らかにする」が語源である――は、まずベルリンで定着した。その最初期の、そして最も象徴的な代表者の一人が、一七四三年にベルリンに移り住んでから一七八六年に亡くなるまでこの都市で活動した哲学者、モーゼス・メンデルスゾーンである。メンデルスゾーンは、アンハルト地方の都市デッサウの質素な家庭で育った。彼の父親はシナゴーグの「巡回教師《シュールクロップファー》」として児童にトーラーを教え、朝には信徒の家々を回って祈りを促す仕事をしながら、何とか一家を養っていた。モーゼスは六歳で、タルムードとその註釈書の研究者として知られたラビ、ダーフィト・フレンケルに師事するようになった。一七四三年、主任ラビに就任するためにベルリンに移ったフレンケルは、一四歳の弟子を供にした。この師がベルリンの「保護ユダヤ人」の家に落ち着き先を見つけてくれなければ、無一文のモーゼス少年はローゼンタール門で追い返されるところだったであろう。

これがメンデルスゾーンの輝かしいキャリアの始まりであった。彼は一連の著作をつうじて、プラトンやスピノザ、ロック、ライプニッツ、シャフツベリ、アレクサンダー・ポープ、ヴォルフの思想の解釈者としての名声を確立した。彼は優雅で活力に満ちたドイツ語を操ったが、ヘブライ語の出版物も次々と発表した。一七五五年には初のヘブライ語の定期刊行物、『道徳家』を創刊した。一八世紀前半のイギリスの「道徳週刊誌」をモデルにした同誌は、ユダヤ人の教養ある層に啓蒙の思想を広めることを目的としたものであった。一七八四年、メンデルスゾーンは、『ベルリン月報』誌上で展開されていた「啓蒙」の意味をめぐる論争に参加した。彼はここで、啓蒙とは何らかの状態を意味するのではなく、個人が眼前の問題に自己の「理性」を適用することを徐々に学んでいく、成熟の過程を意味するのだと主張した。

これはまったく新たな、独自の意見だった。このユダヤ人学者は、ユダヤ教の伝統へのこだわりを公言し続けながらも、ユダヤ教徒とキリスト教徒が混在する聴衆に向けて、非教条的で魅力的な言葉を用いて、理性と感情と美を語ったのである。メンデルスゾーンは『道徳家』においてヘブライ語を用いることで、シナゴーグの聖なる言葉を啓蒙的公共圏の自由な空間にもちこんだ。メンデルスゾーンの著作を読んだユダヤ人のなかには、恍惚感や解放感に満たされて、眩暈《めまい》をおぼえる者もいた。彼の家には、国内外からやって来た若いユダヤ人たちが集まり、啓蒙に関する事柄をめぐって活発な議論が繰り広げられた。ここに、ユダヤ人独自の啓蒙主義が形成され始めた。ナフタリ・ヘルツ・ヴェセリ、ヘルツ・ホンベルク、ザーロモン・マイモン、イーザク・オイヒェルなど、初期のベルリン・ハスカラの著名人は皆、この興奮に満ちた環境のなかで育っていった。一七七八年、メンデルスゾーンの弟子でケーニヒスベルクの銀行家の息子だったダーフィト・フリートレンダーは、ダニエル・イツィヒの息子のイーザク・ダニエルとともにベルリンに「ユダヤ人自由学校」を設立し、メンデルスゾーンも同校のカリキュラムの作成に参加した〔フリートレンダーはダニエル・イツィヒの娘婿でもあった〕。一七八〇年代前半までにメンデルスゾーンが創りあげた学術ネットワークは、プロイセン全土にまたがっていた。彼が一七八一〜八三年に訳出したドイツ語版の『モーセ五書』〔旧約聖書の初めの五つの書の総称で、ユダヤ教では「トーラー」とも言う〕の購読者リストには、ブレスラウ、ケーニヒスベルク、ベルリンを中心に王国各地の五一五人の名前が記載されている。[35]

「ドイツのソクラテス」と呼ばれたメンデルスゾーンは現代に蘇ったユダヤの賢者として、キリスト教徒の啓蒙的な読者にとっても魅力的な存在であり、啓蒙の活力と可能性を象徴する人物であった。一八世紀後半のドイツの小説や演劇にはユダヤの賢人が数多く登場するが、そうした賢人の姿を彼ほど体現している人物は他にいなかった。[36] 高名な劇作家のゴットホルト・エフライム・レッシングが著した戯曲『賢者ナータン』(一七七九年)の主人公として不朽の名を残している善良で高潔なユダヤ人は、作者の親友にして協力者であったメンデルスゾーンをモデルとしている。文化的な偶像に祭り上げられたメンデルスゾーンは、不寛容と偏見の闇に対抗する者の心の支えとなり、彼のベルリンの家は、文学を志す者がベルリンに来た際に立ち寄る場所として人気を博した。[37]

同時代に描かれたメンデルスゾーンの肖像画は数多くあるが、最も印象深いのは、ダニエル・ホドヴィエツキのデッサンを元にした銅版画で、一七七一年にポツダムのベルリン門で文書を審査官に提出するメンデルスゾーンを描いたものである。画面の中央に立つ小柄なメンデルスゾーンは猫背で、質素な黒い服を着て、巨漢の衛兵二人に挟まれている。衛兵の一人は脱帽して、敬意を表している。この銅版画は、メンデルスゾーンが国王からの推薦状を見せるよう言われ、その内容について問いただされたという当時のエピソードにちなんでいるが、そこに描き込まれた感情的なトーンを読み取るのは今なお難しい。メンデルスゾーンの痩せこけた顔が上向いているのは、この国で最も有名なユダヤ人とプロイセン軍将校との日常的なやり取りを皮肉まじりに描こうとしてのことかもしれない。

メンデルスゾーンと彼の仲間内から流れ出たハスカラは突然に降って湧いて出たものではなく、その根底には大きな社会的変革の過程があった。ユダヤ人の啓蒙主義者たちが頭角を現すようになった背景には、彼らの親の世代が近代諸語や哲学、科学に関心を抱き始めたことがある。介入主義的なプロイセン国家の圧力は、知らず知らずのうちに伝統的なラビの権威を弱め、知的なカウンターエリートのための空間を創り出した。さらに重要だったのは、ベルリンの富裕なユダヤ人家族を取り巻く文化的環境である。ハスカラの担い手は「マスキリム」と呼ばれ、彼らの多くは遠方出身で各地を転々とする貧しい学者だったが、商業エリートの庇護のもとで家庭教師の職を得て、若い世代を相手に新しい理論を試すことができるようになった。メンデルスゾーンも、裕福な絹織物業者イーザク・ベルンハルト〔「ベルンハルト・イーザク」とする説もある〕の知遇を得られなければ、思想家、著述家としての道を歩むことはなかっただろう。メンデルスゾーンはベルンハルトのもとで最初は家庭教師として、後に簿記係として、そして最終的にはビジネスパートナーとして働いた。裕福な銀行家、とくにダニエル・イツィヒの屋敷は少壮の学者たちが集い交際する場だった。ベルリンに到着したばかりのメン

図 22　ポツダムのベルリン門で審査を受けるモーゼス・メンデルスゾーン。ダニエル・ホドヴィエツキのデッサンを元にした、ヨーハン・ミヒャエル・ジークフリート・レーヴェによる銅版画。『人相学年鑑』（ベルリン、1792年）より。

デルスゾーンが初めて哲学の教えを受けたのも、こうした場所である〔メンデルスゾーンの息子のアブラハムは、ダニエル・イツィヒの孫娘と結婚している。二人の間に生まれたのが、作曲家のフェリックス・メンデルスゾーンである〕。

しかしハスカラは、ドイツ人とユダヤ系ドイツ人の交流史における決定的瞬間の一部でしかない。一七五〇年代半ば、メンデルスゾーンはレッシングに手紙を書き、ベルリンの出版業者フリードリヒ・ニコライとの親交の深まりについて伝えている。

ニコライ氏の庭園によく出向いています――実に愛すべき男です。君に対して抱くのと同じ友情を彼にも抱いているのだから、まさに我が最愛の友だと言えるでしょう! 私たちは詩を詠み、ニコライ氏が自作を披露すると、私は批評役としてベンチに腰かけ、褒め、笑い、認め、欠点を見つけたりしながら、夕刻まで過ごしています。(38)

自然で、とりとめのないメンデルスゾーンとニコライの対話には、しかし象徴的な重みがあった。この時、ユダヤ教徒とキリスト教徒が庭で対等に交流し、互いの友情を喜び合い、時間が経つのも忘れていたのである。このような交友が可能になったのは、いつごろからなのだろうか。一七五〇年代後半、メンデルスゾーンは「教養ある者のコーヒーハウス」という、啓蒙主義の普及を目的とする協会に足しげく通っていた。そこでは、総勢一〇〇名を数える会員たちが話題のテーマに沿った論文を発表し、議論していた。

このような脱宗派的な啓蒙的交際の場は、一八世紀後半になると着実に広がっていった。その頂点が文学サロンであり、一七八〇年代後半から一七九〇年代にかけて、ベルリンの文化エリートはサロンを頻繁に訪れた。そこは、あらゆる社会的地位や宗教的信条の人々が対話や意見交換のために通う、緩やかに組織された集まりであった。男と女、ユダヤ教徒とキリスト教徒、貴族と平民、そして教授や詩人、科学者から商人までが私邸に集い、芸術や政治、文学、科学について議論し、友情を育み、恋愛もした。この新たなミリューが形成されるうえで主役を演じたのは、ユダヤ人女性であった。ユダヤ人女性は社会的に疎外された集団の一員であるがゆえに、ある意味で、主流社会のあらゆる階層から等しく離れていた。また、彼女たちの家は、従来の社会的な垣根を取り払うのに理想的な空間だった。裕福なユダヤ人家庭の女性たちは相当な私財を投じて、腹を空かせたベルリンの知識人たちに飲み食いさせた。サロンを主宰する女性たちのなかには、集会場所を維持するための費用で破産寸前にまで追い込まれる者さえいたほどである。

ベルリンのサロン主宰者としてとくに有名なのは、この都市で開業した最初のユダヤ人医師の娘へンリエッテ・ヘルツ、そして裕福な宝石商を父にもつラーエル・レヴィンである。ともに同化エリートであった二人は、帽子も被らずに平気でひと前に出て、ラーエルにいたっては安息日を破って、土曜日の朝から無蓋の馬車に乗ったことで悪名を轟かせていた。一七九〇年代に大いに賑わったヘンリエッテのサロンは、一時はベルリンの文学と科学文化の中心地となった。客人には著名な神学者のフリードリヒ・シュライエルマッハー、アレクサンダーとヴィルヘルムのフンボルト兄弟、劇作家のハインリヒ・フォン・クライストなどがいた。当初はヘンリエッテのサロンの常連だったラーエル・レヴィンは、後に自前の文芸サークルを開いた。レヴィン家のサロンでは、文学や学問の世界の大物とプロイセンの旧エリートたちが交歓した。ラーエルは、ボヘミアの温泉で知り合った多くの貴族女性たちとも交友関係をもった。シュラブレンドルフ家、フィンケンシュタイン家といった名門ユンカーの子弟、さらには王室関係者が科学者や文筆家、評論家、文学界のホープたちとソファやテーブルで同席した。フリードリヒ・シュレーゲル、ジャン・パウル、ヨーハン・ゴットリープ・フィヒテら、錚々たる知識人たちがレヴィンのサロンに通った。常連客は社会的地位に関係なく、互いに親しみを込めて「君《ドゥ》」で呼び合うよう求められた(39)［ラーエル・レヴィンは夫の姓の「ファルンハーゲン・フォン・エンゼ」でも知られるが、彼女がサロンを開いていたのは一八一四年の結婚以前からである］。

この生き生きとした融和は、いかなる条件のもとで実現したのだろうか。当時の教養あるキリスト教徒たちの間には、文化的な適応は最終的には改宗に帰結するという強い思い込みが未だ残っていた。啓蒙エリートたちと交わり、一七六三〜六四年にメンデルスゾーンの自宅を頻繁に訪れていたチューリヒの神学者ヨーハン・カスパー・ラーヴァーターは、一七六九年にメンデルスゾーンに対して、キリスト教に改宗するか、それともユダヤ人としての信仰を守り続けることの正当性を説明するかを求める公開書簡を出して、かつてのホストを驚かせた。ラーヴァーターの無礼な挑戦とメンデルスゾーンの穏やかな拒絶は、文壇に大きなセンセーションを巻き起こした。このエピソードは、「文芸共和国」においてすら、寛容に限界があることを思い知らせるものであった。

啓蒙主義的な官僚、クリスティアン・ヴィルヘルム・ドームの場合も同様である。ドームはメンデルスゾーンの親友で、ヘンリエッテ・ヘルツの夫マルクスの家によく出入りしていた。彼はまた、ユダヤ人の法的解放を擁護した最初期の人物として知られている。一七八一年、ドームは『ユダヤ人の市民的改善について』と題する画期的な著作を発表して、キリスト教徒の偏見を糾弾し、古くからの法的差別の撤廃を求めた〔一七八三年に第二巻を刊行〕。彼は、ユダヤ人には「より幸福で、より良い人間に、より有用な社会の一員になるための同等の能力が備わっている」と述べた。ドームによれば、「我々の時代に不相応」な抑圧が彼らを堕落させたに過ぎなかった。したがって、「この抑圧を払いのけ、ユダヤ人の置かれた状態を改善することは、人間性、正義、啓蒙的な政策」に合致していた[40]。しかしそのドームでさえも、解放が進めば改宗とまではいかなくとも、ユダヤ人のアイデンティティが広く希薄化するに違いないと考えていた。法的差別の圧迫がなくなれば、ユダヤ人を「ラビの詭弁」から遠ざけ、「氏族的宗教観」から切り離し、その代わりに愛国心や祖国愛で鼓舞することが可能になるというのが、彼の主張であった[41]。

しかし、もしユダヤ人がこの一方的な取引に応じなかったとしたらどうだろうか。主流派であるキリスト教徒の文化形式に表面上は順応したとしても、ある部分ではユダヤ性を保ち続け、異質な存在であり続けたとしたらどうだろうか。こうした懐疑は、ユダヤ人を社会的に同化させようとする試みにつきまとい続けた。一八〇三年、ベルリンの法律家カール・ヴィルヘルム・グラッテナウアーは、サロンに通うユダヤ人を標的にした毒々しいパンフレットを出版した。「ユダヤ人に物申す」と題するこのテキストは、とくに若いユダヤ人女性たちを狙って牙を剝いた。

彼女らは多くの本を読み、多くの言語を話し、多くの楽器を演奏し、様々なスタイルでスケッチし、あらゆる色で絵を描き、あらゆる流儀で踊り、あらゆる模様で刺繡をし、魅力的なものなら何でももちあわせている。それらばらばらのものを美しい女らしさへとまとめあげる術を除いては。[42]

同書は、ユダヤ・エリートとキリスト教エリートとの間にコミュニケーションの経路を開こうと最大限の努力を払ってきた社会ミリューに、筆誅を加えんとする試みだった。『ユダヤ人に物申す』はベルリンやプロイセン各地で広く読まれ、議論された。保守派の政論家であるフリードリヒ・ゲンツは、初めはこの書に不審の念を抱いたものの、実際に読んでみて「実に痛快だった」と回想している。[43]ユダヤ人の文化的順応に対する新手の批判のなかでもとくに辛辣だったのが、ブレスラウの医師カール・ボロメウス・ゼッサによる風刺劇『我らの仲間』である。一八一三年に書かれたこの作品は、ブレスラウではあまり話題にならなかったが、一八一五年九月二日にベルリンの王立歌劇場で上演されるとたちまち好評を博した。観客は、ステレオタイプに基づくグロテスクなユダヤ人の姿に笑いを誘われた。アブラハムは古い世代のシュテットル・ユダヤ人〔シュテットルは、東欧各地の都市や村落の中に作られたユダヤ人のコミュニティ〕を代表する古物商で、滑稽なほど訛ったイディッシュ語のスラングを口にする。息子のヤーコプはそこから抜け出そうとして、ダンスを習い、フランス語を話し、美学を学び、劇評を書いている。しかし、彼はイディッシュ風の話し方をなかなか捨てられないことに気づかされる。「おいらは自分のなかのユダヤを捨てちまいてえんだ、なにしろ啓蒙されてんだからな。おいらのなかのユダヤなんか、消えちまえ」。最も同化しているのは見栄っ張りで訛りのないリュディアだが、彼女は紛れもなく、ヘルツやレヴィンをはじめとするサロンの聡明な女主人たちの戯画であり、ユダヤとしての本質を隠そうと懸命に努力するが、結局は失敗する。(44)このゼッサのパロディに、優しさや愛情は微塵もない。彼の作品は、ユダヤ教徒が文化的に順応すれば、同じプロイセン人であるキリスト教徒との社会的、政治的ギャップを埋められるという考えに対する、公然たる攻撃であった。

一方、ハスカラの運動が進展し、キリスト教社会との接触が深まるにつれ、プロイセンのユダヤ人は文化的に大きな変化を遂げていった。メンデルスゾーンに代表されるように、ヘブライ語で雄弁に語り、ユダヤの伝統に深く根ざした啓蒙主義者の第一世代と、ドイツ語で書き、最終的には伝統的な信仰の型を完全に破ろうとした革命時代の急進的な改革者との間には、はっきりとした断絶が確認できる。ユダヤ教の伝統から離れ、ユダヤ共同体や旧態依然たる世界を去った先には、様々な道が待っていた。ある者は自然宗教の考え方に沿ってユダヤ教を創り直そうとしたし、またある者はメンデルスゾーンの異端的な弟子であったダーフィト・フリートレンダーのように、合理化されたユダヤ教と、三位一体の要素を排除したキリスト教を融合させようとした。そして、メンデルスゾーンの六人の子供たちのうちの四人のように、サロンに通う良家のユダヤ人子女の多くにとって、進むべき道は最も急激な同化、すなわちキリスト教への改宗へと続いていた。(45)

ベルリンのハスカラは、伝統的なユダヤ教の崩壊には繋がらなかったが——西洋のアシュケナジム〔主にヨーロッパの中部から東部にかけて居住していたユダヤ人〕の実用的で柔軟な共同体文化は、ここで崩壊するにはあまりにも弾力性に富んでいた——、長期にわたり持続的な変化をもたらすようになった。ハスカラはまず、世俗的なユダヤ知識人の出現を可能にした。そしてラビやタルムード学者といった旧来のエリートとの共存共栄を図ったことで、自分たちの伝統に自由に関わることのできる、批判的なユダヤ公共圏の基礎が創り出された。宗教は個人の問題となり、シナゴーグの外では扱われなくなった日常生活は宗教的権威の呪縛から徐々にではあるが解放されていった。これは当初、都市のエリートの周辺で起こった現象だったが、ハスカラの生み出す衝撃波は次第に伝統的ユダヤ教へと浸透し、ラビの知的視野を広げ、ドイツの大学で医学などの世俗教育を受けようと志すユダヤ教徒の背中を押した。ハスカラは、シナゴーグの典礼や宗教的な慣習を近代化しようとする一九世紀の改革運動にも影響を与え、さらにはラビ中心の伝統的なユダヤ世界にも様々な変化を促した。メンデルスゾーンや彼の後続たちの大胆な挑戦のおかげで、一九世紀のユダヤ教は改革派、保守派、正統派を問わず、新世代の精神的、知的傾向をつかみ取り、そこに養分を与えるのに成功したのである。

反啓蒙？

一七八六年のフリードリヒ大王の死について、ミラボー伯は「かつてはすべてが偉大なるものに膨れあがっていたが、逆に今ではすべてが卑小なるものに成り下がっている」と書いている。(46) 確かに、フリードリヒ二世と彼の後を継いだ甥のフリードリヒ・ヴィルヘルム二世との間には、ホーエンツォレルン家につきものの対照性が確認できる。(47) 伯父は人間嫌いでよそよそしく、女性にまったく興味がなかったが、甥は温厚で社交的、そして無類の女好きであった。彼は最初、ブラウンシュヴァイク＝ヴォルフェンビュッテル侯国のエリーザベトと結婚したが、［女子一人を得た後で］双方が浮気したために離婚に至った。そしてヘッセン＝ダルムシュタット方伯国のフリーデリケ・ルイーゼとの二度目の結婚では七人の子供を授かったが、ヴィルヘルミーネ・エンケ（後に叙爵してリヒテナウ伯爵夫人）との終生続いた愛人関係、そしてさらに二度の「貴賤結婚」——かつ重婚——をつうじて、八人の非嫡出子をもうけた（成人したのは五人）。伯父は後期啓蒙主義の価値観に忠実で、一七八〇年代にはすでに古臭くなっていた厳格な懐疑的合理主義を信奉していた。甥は流行に敏感で、霊能や千里眼、占星術など、伯父の嫌がりそうなことに興味を示した。伯父は早くも王太子時代にフリーメイソンに入会し、啓蒙主義の理想に愛着を抱いていた。対照的に甥は薔薇十字団に入会していた。フリーメイソンから派生したこの組織は、神秘的でオカルトじみた探求を目的とする、秘密主義的な団体であった。フリードリヒ大王は、国家活動のあらゆる分野で徹底した節約を行い、五一〇〇万ターラーを国庫に残したが、後継者はこの途方もない金額をわずか一一年で浪費してしまった。[48] そして、国家運営のスタイルにも重要な違いがあった。伯父が常に中央行政を統括し、秘書官や大臣を意のままにしたのに対して、甥は衝動的かつ不安定な人物で、助言者にたやすく操られた。

ある意味で、プロイセンはヨーロッパの王朝の標準的な在り方に立ち戻った。フリードリヒ・ヴィルヘルムは特別に愚かな人物ではなかったし、文化に造詣があったのは確かで、芸術や建築のパトロンとして重要な存在だったことも議論の余地はない。[49] しかし彼は、プロイセンの統治機構のなかで強力な司令塔の役割を果たすことができなかった。こうして政策に対する君主の手綱が緩んだ結果、「権力の控えの間」、すなわち王の顧問や大臣、あるいは君主にすり寄ろうとする者が影響力を競い合う空間が再び出現することとなった。フリードリヒ・ヴィルヘルムの助言者として、とくに内政面で比類なき影響力を発揮したヨーハン・クリストフ・ヴェルナーは知的で野心的な平民であり、卑しい出自から牧師になり、後に後援者の娘と結婚して地主となった人物だった。ヴェルナーはベルリンの薔薇十字団で上席に着き、王子時代のフリードリヒ・ヴィルヘルムとの関係を築いた。フリードリヒ大王はこの関係を快く思っておらず、上昇志向の強いヴェルナーを「策略家のいんちき牧師」と評している。しかし、フリードリヒ・ヴィルヘルム二世が即位すると、ヴェルナーの出番が回ってきた。一七八八年、フリードリヒ大王の時代に最も優秀で進歩的な人物だったフォン・ツェードリッツ男爵の後任として、ヴェルナーは宗務大臣〔正確にはルター派宗務庁長官〕に任命された。大臣の席に座った彼は権威主義的な文化政策を追求し、学校や教会、大学の道徳的基盤を蝕むとみなした懐疑論の抑制に努めた。国家生活のイデオロギー的基盤を再び安定させようとするヴェルナーの政策の目玉は、一七八八年七月九日に出された有名な宗教令である。この法律は、合理主義思想がキリスト教の教義を損なうのを食い止め、事態を逆戻りさせることを目的としていた。

ヴェルナーが、とくに宗教に関する思索を統制の対象としたのは偶然ではない。哲学的合理主義の意味内容をめぐる議論が従来の定説を揺るがしたのは、宗教、とくにプロテスタント信仰の分野だったからである。プロイセンの聖職者に対する啓蒙主義の影響は、フリードリヒ二世が聖職者の任命に際して合理主義者を優遇したことで、さらに強まった。宗教令の第七条は、啓蒙は行き過ぎだったと断言しているが、この箇所の「啓蒙」の語だけはわざわざ太字で印刷され、一行分の隔字体で強調されている。宗教令の条文によれば、キリスト教会の完全性と一貫性は危機に瀕しており、信仰が流行という祭壇の上で犠牲にされようとしているのであった。

この法令は新たな検閲の仕組みを導入して、学校や大学で使用されるすべてのテキストに教義上の適合性を強制しようとした。また、プロテスタント二派の監督を司る最高官庁として、ルター派宗務長とカルヴァン派宗務長の懲戒権が強化された。そして、聖職者に任命された者が実際に各宗派の信仰箇条を守っているかどうかを確認するための、監視手続きも導入された。同様の措置はその後も続き、一七八八年一二月には、政府の宗教政策を批判するパンフレットや記事が流布するのを食い止めようとして、検閲令が出された。さらに、教会や学校から合理主義者を一掃するために、国王直属審査委員会が設立された。同委員会の調査対象となった一人に、ギールスドルフ〔ベルリン近郊の村〕で牧師を務めていたヨーハン・ハインリヒ・シュルツがいる。彼は、イエスは他の人々と同じ人間であり、復活はしていない、最後の審判の日に全人類が復活するなどあり得ないし、地獄も存在しないと説いたことで悪名を轟かせていた。[50] もう一人、当局の注意を引いたのが、ほかならぬイマヌエル・カントであった。一七九四年の秋、『たんなる理性の限界内の宗教』の題名で出版した論文集が「聖書の幾つかの主要かつ基本的な教義を歪め、貶める目的で哲学を〔…〕乱用した」として、王令というかたちで厳しい警告を受けた。[51]

ヴェルナーの宗教令はしばしば、プロイセン啓蒙主義に対する反動とみなされてきた。[52] 確かに当時から、そうした見方をする論者はいた。しかし、彼の宗教政策は多くの点でプロイセンの啓蒙主義の伝統に深く根ざしていた。ヴェルナー自身、薔薇十字団に入る前はフリーメイソンだったし、薔薇十字団にしても、フリーメイソン運動の発展型であった。また、彼は合理主義のハレ大学で教育を受け、農業改良や土地改革、農奴制の廃止を説く啓蒙主義的な小冊子を何冊も執筆していた。[53] 当時寄せられた痛烈な批判とは違い、宗教令の目的は新しい宗教的「正統性」を押しつけることにではなく、既存の宗派構造を強化し、それによって一六四八年のヴェストファーレン講和条約で成立した多元主義的な妥協点を護持することにあった。その意味で、宗教令はプロイセンの伝統である多宗派共存に合致していた。ゆえに宗教令は、異端的な合理主義の考えを喧伝することだけでなく、カトリックがルター派やカルヴァン派の信者に改宗を勧めることも禁じていた。さらに宗教令の第二条はユダヤ教やヘルンフート兄弟団〔フス派やルター派の分派〕、メノー派〔再洗礼派の流れをくむ一派〕、ボヘミア兄弟団〔フス派の分派〕など、「我が国でこれまで公的に存在を許されてきた諸派」にも国家の保護権を拡大した。(54)

宗教令は、宗教を本質的に道具として捉えている点でも注目に値する。そうした捉え方の根底には、宗教は公の秩序が守られるうえで重要な役割を果たすという、いかにも啓蒙主義的な信念があった。重要なのは、神学的思索の有無などといったことではなく、「貧しき者たちの群れ」が聖書や聖職者、ひいては君主の権威に対する伝統的な信仰から離れつつあるという事実であった。(55)そして第十章で確認するように、広大な旧ポーランド領を併合したことでカトリック教徒が激増し、国内の宗派バランスが揺らいだプロイセンでは、安定化に向けた施策の必要がこれまで以上に強く認識されるようになっていた。こうした理由から、宗教令は宗教的平和を維持するための政策として、著名な啓蒙的神学者たちの多くから大いに支持された。(56)

したがって、宗教令をめぐって起こった論争を、時計の針を戻そうとする政治的「反動」と「啓蒙」との対立と見るのは的外れである。実際には、宗教令をめぐる闘争の焦点になっていたのは、啓蒙をどのように捉えるかという問題だった。議論の一方の側には、宗教令を擁護する啓蒙主義者たちがいた。彼らは宗教令を、宗教的平和と「自分が選んだ公的な宗派のなかで妨げられることのない」〔宗教令の前文の文言〕個人の自由のために、国家権力を合理的に行使するものだと考えていた。[57]他方で、個人の良心を抑圧しているといった観点から、宗教令を厳しく批判する人々もいた。その一人であるカント派法学者のゴットリープ・フーフェラントは、「個人の信仰の数だけ教会が存在することになる」としても、公的機関は諸個人の合理的な信仰を考慮すべきだとさえ唱えた。[58]つまり、歴史的に形成されてきた宗派アイデンティティは、ある観点からすれば、急進的批判者のアナーキーな個人主義から保護されるべき一群の宗教的自由であったが、別の観点からすれば過去の窮屈な遺産であり、その存続は個人の良心に負担を強いることになった。問題の本質は、合理的な行動がどこにあるかという点だった。かつてプーフェンドルフが提唱したように、それは国家に帰属すべきなのか、それとも、より急進的なカントの弟子たちがおそらく示唆しようとしていたように、個人の理性的探求の展開に属するべきなのか。国家は自然法の原則に基づいた合理的な公共秩序を維持するのに適しているのか、それとも、そうした仕事は勃興しつつある市民社会のなかの、ますます活発化しつつある様々な政治勢力に委ねられるべきなのか。

宗教令やそれに付随する措置によって引き起こされた騒動は、啓蒙主義の批判的議論がプロイセンの公論をいかに政治化しているのかを明らかにした。一七八八年九月には、「出版の自由《プレス・フライハイト》」が「出版の無礼《プレス・フレヒハイト》」に変化していると国王が警鐘を鳴らすほど、メディアの論調は先鋭化していた。[59]宗教令が正しく施行されているか、検閲をつうじて監視するためにヴェルナーが急ごしらえした機関と、リベラルな神学者たちが支配する教会の自治的組織との間には、制度的な摩擦も生じていた。例えば、先述の極めて異端的なシュルツ牧師に対する懲戒処分は、調査を命じられた司法と宗務の幹部が、彼はルター派ではないがキリスト教徒ではあるので職にとどまってさしつかえないという結論に達したために、撤回された。[60] これらの事例からも明らかなように、行政システムの頂点には、ベルリンの啓蒙主義の洗礼を受けた官僚たちのネットワークが形成されており、彼らはヴェルナーやフリードリヒ・ヴィルヘルム二世の権威主義的な措置に対抗して、啓蒙主義的な政治理解を守る覚悟があった。[61]

一七九一年に政府の教会政策を批判した小冊子が発禁処分となる事件があったが、当初この小冊子の出版を許可した宗務官僚のヨーハン・フリードリヒ・ツェルナー〔『ベルリン月報』で「啓蒙とは何か」と問題提起した人物)、小冊子を[匿名で]著したカルヴァン派聖職者のヨーハン・ゲオルク・ゲプハルト、そして王室裁判所での判決を担当した裁判官のエルンスト・フェルディナント・クラインがいずれもベルリンの水曜会に所属していたのは、偶然ではないだろう。

抵抗を受けたヴェルナーは議論を封殺し、行政機関から合理主義を掲げる反対派を排除しようとしたが、大きな成果を挙げられなかった。一七九四年の春、国王直属審査委員会の委員を務めていたヘルマン・ダニエル・ヘルメスとゴットロープ・フリードリヒ・ヒルマーが、ハレの大学とギムナジウムを視察に訪れた。かつて敬虔主義の総本山であったハレ大学は、今では急進的な神学の牙城となっており、大学当局は最近の検閲措置に対して公式に抗議を申し入れていた。五月二九日の夕刻、ヘルメスとヒルマーが町に到着し、宿泊先の「金獅子ホテル」に向かおうとしたところ、覆面をした学生の集団に取り囲まれた。学生たちは朝方まで、宿の窓外で合理主義のスローガンを唱えた。翌日の夜にはさらに大勢の学生が集まって大騒ぎし、そのうちの一人が――ある目撃者が眉をひそめて言うには——「冒瀆的で不信心な言葉遣い」に満ちた演説を行い、ヘルメスたちの部屋の窓にはタイルやレンガ、玉石が投げつけられた。

さらには、大学当局がヴェルナーの方針を受け入れるのを拒否した。宗教令の精神に反発していたことに加え、このような上からの押しつけは学問の自由や大学の自治を侵害するものだと考えたためであった。大学幹部との話し合いが難航するなか、「我々は何と無力なのだ」と、ヘルメスは絶望を顔に浮かべながら叫んだ。「新説を吹聴する説教師をまだ一人も追い出せていない。誰もが我々に反対している」[62]。

国内で最も重要な大学で新たな措置を実施できなかったことで、一七九五年には、ヴェルナーの権威主義的な計画の頓挫が明らかとなった。しかしながら、とくにフランス革命の進展によって、政治的急進主義が旧来の権威にどれほどの脅威をもたらすかが明らかになると、検閲は大幅に強化された。そうした動向を証言する当時の著名人の一人が、愛国的な出版業者フリードリヒ・ニコライである。彼はプロイセンの検閲を避けるため、一七九二年に自身の雑誌『一般ドイツ文庫《アルゲマイネ・ドイチェ・ビブリオテーク》』を、ハンブルクの隣町でデンマークの支配下にあったアルトナに移した。さらに彼は一七九四年、フリードリヒ・ヴィルヘルム二世への書簡の中で近年の措置に抗議し、一七八八年以降の施策の結果、ベルリンにおいて自営で活動する印刷所の数が一八一から六一に減少しており、王国の税収減に繋がっていると警告した[63]。この現象が市場の力とは無関係で、検閲の結果のみによるものだったのかどうかは疑問の余地がある。しかし、プロイセンの知識人の間で政府の検閲に対する苛立ちが深まっていたことは明らかだった。それは規制が実行されたせいだけでなく、知的、政治的な興奮が高まった一七八〇年た。

代に、彼らが期待を大きく膨らませてしまったためでもあった。一七九〇年代半ばのプロイセンでは、「言論の自由」がそれまでの一〇年よりもはるかに過激な意味をもつようになり、国家機構の歯車を照らしていた「フリードリヒ唯一王」のカリスマの暖かな光も、一七八六年以降は徐々に色あせていた。

このように世の中のムードが冷え込んでいったとはいえ、フリードリヒ亡き後の政権の抑圧的性格を過大視してはならない。フランス革命期におけるベルリンの出版物に関する近年の研究は、一七八九〜九二年の自由主義的な革命期だけでなくジャコバン派の恐怖政治期以降も、プロイセンの臣民がフランスに関して極めて詳細かつ信頼に足る情報を得ていたことを明らかにしている。ベルリンの出版物には洗練された政治的論評も含まれており、それらは決して革命派に敵対するものばかりではなかった。とくに『ハウデ・ウント・シュペーナー新聞』〔『ベルリン新報』の通称。一七四〇年の創刊時の発行者と、一七四八年以降の発行者（敬虔主義の提唱者の孫）の名による〕は、ロベスピエールやジャコバン派も含めて、様々な党派の立場や政策に対する共感を表明しており、注目に値する。プロイセン政府は一七九二〜九三年のルイ十六世の裁判と処刑の時でさえ、フランスの出来事に関する情報が流布するのをまともに阻止しようとしておらず、国王殺しに加担した一味に敵意の目が向けられるよう仕向けることもなかった。また、ギムナジウムだけでなく各地の初等学校でも、教育目的でこうした同時代のルポルタージュが広く使われるのをとめなかった。ハンブルクを除けば、プロイセンほど上質で率直な出版活動が行われていた場所は、当時のドイツのどこにも見当たらないだろう。革命への恐怖が蔓延していたにもかかわらず、そしてあれこれと煩わしい検閲があったにもかかわらず、アクセル・シューマンによる研究では次のように述べられている。

> 首都であり宮廷都市であるベルリンでは、一七八九〜一八〇六年にプロイセンの検閲下で四つの雑誌が出版されていたが、そこではフランス革命は歴史的必然として、また貴族の横暴と君主の失策に対する理性の勝利として祝われていた。(64)

双頭の国家

一七九六年の夏、シュヴァーベンの有名な奇術師、ヨーハン・カール・エンスレン一座の最新の舞台を見ようと、大勢のベルリン市民が詰めかけた。このショーは、フルートを吹くスペイン人、ガラス製のオルガンを演奏する女性、そしてしゃべるトランペット奏者という、美しく着飾った三人組のからくり人形で幕を開けた。続いて、ガスで満たされた動物が浮遊する「空中狩猟」、首の関節がきしむ音さえなければ人間と見間違うほどリアルな動きをする器械仕掛けの体操選手などが登場した。公演が終盤に差しかかると照明が消され、轟く雷鳴を合図に幽鬼の群れが出現し、見事なだまし絵《トロンプ・ルイユ》が展開されて、ショーは最高潮に達した。

> すると、はるか彼方に明るい星が現れた。その星は大きくなり、そこから見慣れた出で立ちの、フリードリヒ二世そっくりの人物の像が現れた[…]。像はどんどん大きくなり、どんどん近づいてきて、フロア席やボックス席といった特等席では、眼前に実物大の像が立っているかのように見えた。拍手

と歓声が鳴り止まなかった。フリードリヒが自分の星に引き返そうとすると、多くの人が「ああ、行かないでください!」と呼びかけた。彼はいったん自分の星に帰ったが、熱烈なアンコールの後、舞台に二度戻らなければならなかった。(65)

劇場は近代的な造りで、幻影のインパクトを強めるために最新の技術を駆使して暗闇が使われ、客の懐具合に応じて様々な値段の席が用意されていた。観客には男女を問わず、小吏も職人も事務員もいたし、貴族や王族もいた。やんごとなき貴人とて、金を払った客の一人という扱いだった。そして、大枚をはたいて娯楽に興じようとする観衆を満足させるために、フリードリヒ二世が舞台上に召喚された。この驚くべき出し物を観た王族たちは、民衆から歓迎されながらも彼らの言いなりになる死せる先王の姿に、一抹の不安を覚えたのではなかろうか。ノスタルジーの両義性や現代性をこれほどまでに表している場面はそうそうない。

一八〇〇年頃、ベルリンはドイツ語圏において最も知的、社会的に活気のある都市であった。人口は二〇万人に迫っていた〔正確には約一七万人〕。クラブや協会組織のネットワークも充実しており、名称が確認できるだけでも三八のクラブと、一六のフリーメイソン・ロッジが存在していた。(66) 名の通った組織ばかりでなく、中下層民を対象とした、今ではほとんど忘れ去られているクラブも数多くあり、ベルリンの協会文化は質量ともに充実していた。「月曜会」や「水曜会」、「木曜会」は、知識人や啓蒙的な上流ブルジョワのニーズに見合った、小規模な身内の集まりだった。例えば「自然科学研究者友の会」や、毎月第一月曜日に郊外のヴェルダーの集会所で活動していた「教育協会」、当時は希少で高価だった木材の消費を抑える方法を議論する「暖房協会」など、特定の関心事に焦点を絞った協会も多種多様だった。また、ユダヤ人のカント哲学者であるラツァルス・ベンダーフィトや彫刻家のヨーハン・ゴットフリート・シャードー、政府高官のエルンスト・フェルディナント・クラインなど、科学に興味をもつ人たちを対象とした三五名の会員から成る「哲学者協会」もあれば、後の専門家組織の先駆けとなった「医学クラブ」や、会員用の薬草園と小さな図書館を備えた「製薬協会」もあった。軍制改革の必要を訴え、約二〇〇人の会員を擁する「軍事協会」は、一八〇六年以降に盛り上がる改革熱の初期の拠りどころであった。政治、科学、文化の最新動向を知りたい人には、様々な読書協会や貸本屋などの商業的施設もあったし、コーヒーハウスでは新聞や雑誌を読むことができ、クラブのたまり場にはかなりの蔵書が揃っていた。

数が増えるにつれて、クラブの機能はますます専門化し、細分化していった。ベルリンで組織化された社会活動の新しいかたちとして人気があったのは、アマチュアの演劇協会である。演劇協会は一七八〇年代から一七九〇年代にかけて、社会階層ごとに急増していった。例えば、一七九二年に創立された「ウラニア」が啓蒙的な社会エリートを対象としていたのに対して、一八〇〇年創立の「ポリヒュムニア」にはブリキ職人や楽器製造業者、靴職人、ブラシ製造職人などが加入していた。演劇協会には男女を問わず入会できたが、大抵の場合、演目の選定は男性だけに任されていた。時を経ずして、会員と客人たちのためのプライベートな空間と、様々な余暇活動や娯楽とを組み合わせたクラブが誕生した。「レスルセ」と呼ばれる組織は施設を借りて、食事からビリヤード、読書室、コンサート、舞踏会、演劇、さらには花火までいろいろなサービスを提供した。これらのクラブは二〇〇人以上の会員を抱える大がかりなもので、会員層や雰囲気には王都の社会的多様性が反映されていた。

このように自発的な協会組織が乱立し、刻々と姿を変えていく様子からは、一八世紀末のプロイセン社会における勢力関係がある程度まで窺い知れる。ベルリンは王家と政府の権威の中心地であるだけでなく、市民が自律的に社会活動を行う劇場でもあった。彼らは天下国家を論じ合い、科学などの難解な知識を習得し、私的でもないが完全に公的でもない人付き合いを楽しみ、文化を消費し、心地よい環境のなかで娯楽を享受した。こうした風潮は反乱や革命とは無縁だったが、しかし社会的なパワーバランスの一大変化を反映したものであった。キリスト教徒とユダヤ教徒、男と女、貴族と市民と手工業者が、この社交的で都会的なミリューのなかで交流していた。そこは都市住民の才能、活力あるコミュニケーション、そしてカネが集まって出来上がった世界だった。宮廷《コート》風の上品《コートリ》さよりも親密《コーティアス》さを基調としたこの世界を統制し、検閲し、監視することは、ベルリンの小規模な警察や検閲機関の力量を超えていた。こうした世界が存在していること自体が、旧弊へのささやかな挑戦を意味していた。

行政の内部においても、パラダイム・シフトの兆しが見られた。新世代の官吏たちが、プロイセンの行政実務を新たな目標へと導き始めつつあったのである。一七八〇年、ラーン川沿いの都市ナッサウ出身の若い貴族がプロイセンの官界に足を踏み入れた。帝国男爵《ライヒスフライヘル》のカール・フォム・ウント・ツム・シュタインは、古くからの帝国貴族〔皇帝から直接爵位を与えられた貴族〕の家に生まれ、同世代人の大方の例にもれず、フリードリヒ二世の信奉者であった。シュタインは軍事・御料地財務庁の役人として、ヴェストファーレンの鉱山部門の効率と生産性を向上させる職務に就いていた。当時、マルク伯領にある実入りの良い鉱山の多くは、地元の労働市場を取り仕切る労働組合に似た団体、ゲヴェルケの支配下に置かれていた。シュタインの指揮下でゲヴェルケの権限は削減され、新たに統一的な賃金制度が導入され、国の検査体制が拡充された。しかし同時に、効率性を妨げない限りで団体組織を容認していたシュタインは、選挙による幹部の選出など、ゲヴェルケにこれまで以上に大きな自治権を認めることで手を打った[67]。

シュタインの独創性と才能はすぐに認められ、一七八八年までに、彼はクレーヴェとマルク伯領の軍事・御料地財務庁の二つの上級職を兼任するようになった。シュタインは時代遅れな規制や特権を財政システムから一掃し、農村の製造業を刺激し、密輸を排除するために、地域におけるギルド支配を停止した。私的な個人や団体が徴収していた内国通行料は一掃され、国家が管理する適切な額の国境関税に代えられた[68]。一七九六年からミンデン＝ラーヴェンスベルクの軍事・御料地財務庁長官となったシュタインは、地域経済の活力を削ぐ昔ながらの課徴金や特権を再び標的にした。成功こそしなかったが、彼はヴェストファーレン地方の農民の隷属的地位の問題――とくにミンデン＝ラーヴェンスベルクでは、未だに身分上の農奴制が残存していた――にまで手を出そうとし

図23　カール・フォム・ウント・ツム・シュタイン男爵

た。名門の帝国貴族の一員であるシュタインには地方の伝統を踏みにじる気はなく、地元の諸身分との交渉を選んだ。領主権を縮小する代わりに、地主層が納得するような補償制度を導入することが彼の狙いだった。この構想は貴族の激しい抵抗を受けて失敗に終わったが、プロイセン行政に大胆な新手法が到来したことを予感させた。[69]

改革思想を抱く新進の官僚として、一七九〇年にプロイセンの行政に参加したもう一人の人物が、カール・アウグスト・フォン・ハルデンベルクである。シュタインと同じく、ハルデンベルクもフリードリヒ二世を深く信奉する「外国人」だった。進歩的なハノーファーの名家の出身であるハルデンベルクは、一七五〇年に母方の祖父が所有するエッセンローデに生まれた。[70] 母国ハノーファーで官職に就いた若き日のハルデンベルクは、率直な改革者として知られるようになった。例えば一七八〇年に彼が作成した覚書は、隷農制の廃止、経済の規制緩和、業務別の省庁編成と明確な指揮命令系統の確立に基づく合理的な行政機関の設立などを提唱している。[71] その後プロイセンに移ったハルデンベルクは、一七九二年一月、獲得して間もないフランケンのアンスバッハとバイロイトの行政統合を任された。[72] 飛び地が交錯し、主権が重複するこの地域を統治するのは、至難の業だった。

ハルデンベルクは断固たる決意と冷徹さをもって、任務にあたった。彼は帝国法を公然と無視し、帝国貴族から過剰な特権と国制上の権利を剝奪した。また飛び地を解消し、均質なプロイセンの政治主権を画する境界線として、永続的な国境線を画定するために、所有地の交換や管轄に関する協定を結んだ。さらに帝国裁判所への上訴権も廃止し、地方の貴族集団が皇帝に不満を申し述べることができないようにした。そして刃向かう者がいれば、直ちに軍隊を送り込み、力ずくで抑え込んだ。こうしたやり方を支えていたのが、彼の革新的な世論操作の術であった。ハルデンベルクは重要な地元メディアとの関係を保ち、提灯記事を書いてくれる友好的な文筆家を秘かに育てあげた[73]。

ハルデンベルクはフランケンで勤務するにあたって、国王への直接上奏権を認めてもらうことを条件にしていた。そのため、彼は現地において総督のような地位に立ち、首都の同僚たちには認められていない権限を手に入れた。ハルデンベルクは嫉妬深い上司に妨害される心配もなく、壮大な改革を推進することができた。彼が創りあげた新たなフランケン行政府は、ベルリンの中央政府とは異なり、業務別に法務、内務、陸軍、財務の四省庁を備えた近代的なものであった。ハルデンベルクの主導の下、フランケン地方はプロイセン本国における行政改革の揺籃の地となった。中央からアンスバッハやバイロイトに移った官僚には、シュックマン〔後に内相〕、コッホ〔ハルデンベルクの秘書〕、キルヒアイゼン〔後に法相〕、アレクサンダー・フォン・フンボルト、ハンス・フォン・ビューロ〔後に財相〕な

図 24　カール・アウグスト・フォン・ハルデンベルク侯爵。クリスティアン・ラウホによる大理石の胸像、1816 年

ど、後にプロイセン国家の頂点に立つ人士が名を連ねた。ハルデンベルクの周囲には地元出身の野心的な若手官僚が集まり、熱気に満ちていた。「フランケン閥」の面々はプロイセンだけでなく、ナポレオン戦争の結果この地方を支配することになったバイエルンでも、上級行政職を占めるようになる。[74]

旧来の穀物管理制度も変化を迫られることになった。一七八六年から一七九七年まで続いたフリードリヒ・ヴィルヘルム二世の治世の最初の四年間は、穀物貿易の自由化が劇的に進行した。もっとも、この試みは短命に終わり、一七八八年以降は徐々に統制が再び強化され、政府内の自由主義者たちを大いに落胆させた。[75] しかし一八〇〇～〇五年に発生した一連の食糧暴動によって、一部の高官は、国家が管理をやめ、穀物市場が国家の干渉を受けずに機能するようになれば生産力が向上し、流通はより効率的になると考えるようになった。こうした見解を支持した有力者の一人が、東西プロイセン担当大臣にして総監理府副長官の東プロイセン貴族、フリードリヒ・レーオポルト・フォン・シュレッター男爵である。シュレッターは大学でイマヌエル・カントに学び、家族ぐるみの付き合いもしていた人物で、一八世紀末から一九世紀初頭にかけて東プロイセンのエリートたちの間で流行していた農業自由主義の信奉者だった。一八〇五年七月一一日、彼は国王に覚書を送り、自らの意見を開陳した。シュレッターは、平時に国家システムの欠陥や非効率性が原因で食糧暴動が起こるのだから、戦争が勃発して穀物輸送用の船舶が軍隊に徴用されたら、いかなる事態になるだろうかと問うた。彼の意見では、従来の規制をやめて、穀物経済に対する徹底的な規制緩和を実行したほうがよかった。誰も自分の意思に反して、政府の課す価格で穀物を売るよう義務づけられてはならない。国家は穀物供給を商人から保護するのではなく、商人を保護し、彼らが自分の財産を自由に処分する権利を認めるべきだというのが、彼の提案であった。一八〇五年八月、総監理府はシュレッターの提案を否決した。しかし、これは一時的な挫折に過ぎず、遠からずシュレッターの自由主義が総監理府の保護主義に勝利することとなった[76]。

以上を踏まえると、プロイセンでは、周縁部のあちこちから内側に向かって変化が進行していたことが確認できる[77]。ヨーロッパにおける革命の一〇年である一七九〇年代、プロイセンはあたかも二つの世界の狭間に位置していた。世紀末の三〇年ほどの間に起こった批判的なメディアの増大を、政権は抑制することもできなければ、完全に容認することもできなかった。君主政に根ざした愛国主義が開花したことで、新興の都市知識人は国政への関与を夢見るようになったが、この国の統治機構には未だそのための受け皿がなかった。行政府の内外で、農村社会の権力構造から軍隊の組織や戦術、国家による経済の運営に至るまで、政治システムのほぼ全領域に関して議論や批判が繰り広げられた。

一八世紀末のプロイセンの過渡的な状況を、一七九四年に公布された〔正確には一七九一年に公布され、一七九四年に修正版が再公布された〕プロイセン一般ラント法ほどよく記録しているテキストはない。プロイセンのありとあらゆるやり取りについて窺い知ることができる約二万条〔正確には一万九一八七条〕から成るこの法典は、戦争を別とすれば、フリードリヒ時代の啓蒙主義の最大の業績であった。優れた法学者たちが長期にわたる公開討論と協議の末に作成したプロイセン一般ラント法は前例のないものであり、フランスやオーストリアが同様の、しかし包括性で劣る法典を作り上げたのは、それぞれ一八〇四年と一八一一年のことだった。プロイセン一般ラント法はその華麗かつ明瞭な文章表現の点でも他の範となるものであり、重要な公理を明快かつ正確に表現しているために、こんにちのドイツ

の民法にもその修辞の断片が数多く残っている。(78)

一般ラント法の魅力は、著しく二面的な一八世紀末のプロイセン社会の肖像を提供してくれるところにある。この法典の条文をとおしてプロイセンを見てみると、左右のレンズで倍率が異なる双眼鏡を使っているような気分になる。一方では、そこには平等主義的な社会・法秩序が垣間見える。法典の序章第一条は、「一般ラント法には、国家の住民の権利と義務を定めるうえでの基準となる規定が含まれている」と明言している。(79) ここでは、伝統的な「臣民《ウンタ－タ－ネン》」の代わりに、平等主義を感じさせる「住民《アインヴォーナー》」なる言葉が用いられていることが目を引くが、その印象は、「国家の法律は、身分や地位、あるいは性別に関係なく、すべての構成員を拘束する」と定める序章第二二条によって強められる。(80) ここでは「臣民」の代わりに国家の「構成員」という概念が用いられることで、平等主義的な意図がより明確に示されている。しかし反面で、序章第八八条では、「個人の権利」は他のあらゆる条件が同じ場合、「出自［および］身分」によって規定されると述べられている〔実際の条文は「個人の権利を規定するのは、出自であり、身分であり、法律が一定の効力を定める行為や出来事である」〕。そしてその後の「貴族層の義務と権利」を扱った章が明言するところでは、「貴族は国家における第一身分であり」、国家の防衛が最大の使命にして任務であるという〔第二編第九章第一条〕。さらに同じ章の他の条項では、貴族身分の成員を裁くのは当該地域の最上級裁判所だけであること〔第三四条〕、貴族は一定の資格を備えていれば、「国家の名誉ある場所」に特権的に足を踏み入れられること〔第三五条〕、「貴族のみが貴族の土地を所有する権利を有する」こと〔第三七条〕が定められている。(81)

こうした矛盾は当時の人々にとっては、こんにちから見るほど不思議なことではなかったようである。この法典の編纂という一大事業を始めるよう命じたフリードリヒ二世にとって、貴族の優位は社会秩序の公理であり、彼は法学者に、「公共善」だけでなく諸身分の独自の権利も考慮するよう命じた。そしてフリードリヒの死後、身分的特権に対する配慮はさらに強化された。[82] その結果として生じた二面性は、貴族の所領に住む農民の権利と義務について規定した章〔第二編第七章〕によく示されている。驚くべきことに、一般ラント法はそうした人々を「国家の自由市民《フライエ・ビュルガー・デス・シュターテス》」と呼んでおり、農民はこの区分に属することを認められた唯一の集団とされた〔第一四七条。実際の条文は「臣民は、自らの属する所領に関する事柄を除き、種々のやり取りや交渉に際して国家の自由市民とみなされる」〕。しかしこのトピックに関する章の大部分は、農民は結婚する前に領主の許可を得なければならず——ただし、領主は正当な法的理由がない限り拒否できなかった——、その子供は家業を手伝わねばならず、軽犯罪を犯した場合にはそれなりの罰を受けなければならず、法が定める賦役を行わなければならない等々、農村における身分集団的な支配と不平等という既存の枠組みを補強している。[83] プロイセン社会の社団構造は社会秩序の根幹を成すものであり、ゆえに法によって定義されるものというよりも、法を構成するものと考えられていたのである。[84]

一般ラント法の真に興味深い点は、こうした異なる見解が混在していることにではなく、どちらももう一方に還元できそうにないことにある。この法典は既に過ぎ去った世界、すなわち諸々の秩序が国家との関係において規定されている中世に根ざしたかのごとき世界——実際には、この「世界」はフリードリヒ大王によって発明されたものであり、法典の編纂事業が終了した時には既に消え去ろうとしていた——への回帰を志向していた。しかし法典はまた、すべての市民が「自由」であり、主権は国家にあり、法が君主や政府までを拘束する世界を予期してもいた。実際、プロイセン一般ラント法を、法の支配を保証する憲法の原型のようなものとみなす歴史家もいた。(85) 一九世紀の歴史家ハインリヒ・トライチュケは、法典にはフリードリヒの国家が「ヤヌスの頭」を有していたことが明確に表れていると捉え、この内なる緊張に光を当てた。(86) 彼は、「プロイセンのイメージは、ヤヌスのように二つの顔を持っていた。一つは軍人、もう一つは哲学者である」と記したスタール夫人からこの着想を得た。(87) ローマ神話に登場する、二つの顔をもった門の守護神の喩えはプロイセン史研究に広く浸透し、一九七〇年代あるいは一九八〇年代までは、ヤヌスに言及することなしにプロイセンについて語ることは不可能にすら思われた。二面神の分裂した視線は、プロイセンが経験した根本的な何か、すなわちホーエンツォレルン国家の歴史的軌跡を規定した伝統と革新の両極性を捉えているかのようである。

第九章　ヒュブリスとネメシス――一七八九〜一八〇六年

一七八九年のフランス革命勃発から一八〇六年の対ナポレオン戦争における敗北までの十数年間は、プロイセン君主政の歴史上最も波乱に満ちた、しかし最も感動の起こらない時代である。この時代のプロイセンの外交政策は、あまりにも多くの脅威とチャンスに直面し、病的なまでに激しく揺れ動いた。オーストリアとの伝統的な二元主義的対立、北ドイツでの優位の確立、あるいはポーランドの広大な領土を併合するという蠱惑的な計画――こうしたことに、ベルリンの政策決定者たちはいちいち心を奪われた。狡猾な二重外交、恐れからくる動揺、衝動的な強欲が入れ代わり立ち代わり訪れた。そしてナポレオン・ボナパルトの台頭によって、国家存亡の危機が新たにもたらされた。大陸での覇権拡大に邁進するナポレオンは、国際的な条約や協定をまるで無視して、プロイセンの為政者たちを窮地に追い込んだ。一八〇六年、プロイセンは数々の挑発行為を受けた末に、大国の後ろ盾無しにナポレオンに戦いを挑むという、重大な過ちを犯した。その結果もたらされたのは、伝統的な君主政秩序の正統性を揺るがす破局であった。

革命期のプロイセン外交

プロイセン政府は一七八九年のパリでの出来事を好意的に捉えていた。一七八九〜九〇年の秋と冬、パリのプロイセン公使は叛乱者たちを否定するどころか、革命を起こした各派と友好的に接していた。革命は服従と反抗、「神の摂理」と「人間の意志」との根本的な選択に関わる問題だとする、後世で一般化した考え方は、当時のベルリンの状況判断に何の影響も及ぼさなかった。

フランスの動乱が好意的に受けとめられた理由は、大きく二つある。第一は単純に、ベルリンにとって革命は脅威ではなく、チャンスだったからである。プロイセンの最大の関心は、ドイツにおけるオーストリアの権力と影響力の低下にあった。一七八〇年代、ドイツに並び立つ二国間の緊張は着実に高まりつつあった。一七八五年、フリードリヒ二世はバイエルンの併合を狙うハプスブルク皇帝ヨーゼフ二世に対抗して、多くのドイツ諸侯を糾合した。一七八八年、皇帝がトルコとの戦争を始めると、バルカン半島で広大な領土を獲得したオーストリアの後塵を拝することになるではないかという懸念がプロイセンに広がった。しかし、一七八九年の夏から秋にかけてオーストリア軍がスルタン・セリム三世の軍を押し返すと、ハプスブルク家の周辺領土であるベルギー、ティロール、ガリツィア、ロンバルディア、ハンガリーで連鎖的に反乱が発生した。うぬぼれが強く衝動的なフリードリヒ・ヴィルヘルム二世は、輝かしい伯父の名声を意識して、オーストリアの苦境を利用しようと手を尽くした。ベルギーはハプスブルク支配からの離脱を勧められ、ハンガリーの反体制派はウィーンに対する蜂起を促され、プロイセンの王族を君主に担いで独立する話までもちあがった。[1]

こうした背景から、フランスでの革命は歓迎すべきニュースだった。「革命的」なフランス新政府がオーストリアとの同盟を廃棄するだろう、と思えるだけの、根拠は十分にあった。プロイセンもよく承知していたように、この同盟は、両王朝を象徴する存在である王妃マリー・アントワネットとともに、反オーストリア的な革命的愛国者たちから忌み嫌われていた。そこでベルリンは、パリに反ハプスブルクの「党派」を作ろうと目論み、様々な革命グループを口説いた。その狙いは、一七五六年の外交的再編成を覆してオーストリアを孤立させ、ヨーゼフ二世の拡張主義的な企てを終わらせることであった。〔一七八九年八月に〕ベルギーの中央部に細長く広がるリエージュ司教領で本格的な革命が起こると、プロイセンは隣接するオーストリア領ネーデルラントへの波及を当て込んで、ここでも反乱軍を支援した。

こうした打算的な側面に加えて、この革命的動乱への一時的な支援には思想的な側面もあった。一七八九年、プロイセンの主要な政策決定者のなかには、外務大臣のヘルツベルク伯をはじめ、革命派の願望に個人的に共感を抱く人々が少なくなかった。フランス・ブルボン家の無能な専制政治を憂うる啓蒙主義者であったヘルツベルクは、リエージュの反乱を支援することはプロイセンの「自由主義的原則」に完全に合致すると考えていた。また、リエージュに派遣された公使のクリスティアン・ヴィルヘルム・フォン・ドームは学識ある啓蒙的官僚であり、第八章で述べたとおり、ユダヤ人解放を支持する有名な著作を発表していた。彼はリエージュ司教による支配体制を批判し、司教と第三身分の反乱者たちとの間の争いが憲法によって進歩的に解決されることを望んでいた。[2]

ヨーゼフ二世の後を継いだレーオポルト二世がプロイセンとの和解を求めたのは、何よりも、プロイセンの支援を受けたハンガリーで革命が起こるのを恐れたからであった。(3) レーオポルトは賢明かつ温厚な人物で、自分の継承した領土が背後で崩壊しつつある時に、オスマン支配下のバルカン半島においてさらなる征服活動を行うことの愚かさをすぐに理解した。一七九〇年三月、彼はベルリンに友好的な書簡を送り、一七九〇年七月二七日のライヘンバッハ協定に結実する交渉の扉を開けた。緊迫した話し合いの末、このドイツの二大国は戦争の危機を脱し、互いの相違を過去のものとすることに合意した。オーストリアは出費のかさむ対トルコ戦争を穏当な条件、すなわち無併合で終わらせると請け合い、プロイセンはハプスブルク領内で反乱を煽ることをやめると約束した。

この協定は一見したところあたりさわりのないものに見えるが、実は重要な内容を含んでいた。(4) 一七四〇年のシュレージエン侵攻以来、神聖ローマ帝国の政治を構成してきた、プロイセンとオーストリアの激しい対立の時代が少なくとも一時的に終了し、両国は互いに犠牲を強いるのではなく、協調して利益を追求できるようになったのである。フリードリヒ・ヴィルヘルム二世は大選帝侯時代の振り子政策を彷彿とさせる方向転換に踏み切り、パリとの同盟関係の構築を狙った裏工作をやめて、革命フランスに対する戦争政策に切り替えた。外相のヘルツベルクは自由主義的な見解ゆえに煙たがれ、ついには解任された。反革命戦争を提唱して新外交をリードしたのは、王の信頼厚い相談役であり親友のハンス・ルドルフ・フォン・ビショッフヴェルダーであった。彼が一七九一年二月と六〜七月にウィーンに派遣された結果、一七九一年七月二五日にウィーン協定が結ばれ、オーストリアとプロイセンの間に同盟の基礎が築かれた。

両国の和解がもたらした最初の成果は、政治的ジェスチャーの最たるものであった。一七九一年八月二七日にオーストリアとプロイセンの両君主が共同で発表した「ピルニッツ宣言」は、具体的な行動計画といったものではなく、革命に対する原則的な反対を表明したものに過ぎなかった。宣言は冒頭で、普墺両国の君主は「兄弟」たるフランス王の運命を「ヨーロッパの全君主の共通の関心事」と見なすとしたうえで、フランス王ができるだけ早く「何事にも拘束されずに、君主政政府の基礎を固められるよう」求め、「所定の共通目標」を達成するために、「必要な戦力」をもって「速やかに行動する」ことを約束して、締め括られていた[5]〔フランス王を「兄弟」と見なすという文言は宣言本文に無い〕。曖昧さが残るものの、ここには、君主たちの反革命的連帯が明確に表明されている。しかし、宣言に付された追加の秘密条項には、従来どおりのどす黒い覇権闘争の伏流が見出せる。秘密条項の第二条には、当事国は常に相互に協議を行ったうえで「現在および将来の獲得物の幾つかを互いの利益のために交換する」権限を留保するとあり、第六条には、皇帝が「[プロイセンが]トルン市とダンツィヒ市を獲得できるよう、ペテルブルクとポーランドの両宮廷に対して進んで善処する……」と約束されていた[6]。

この宣言はフランス議会の過激派を激昂させ、国状を回復し革命を推進する手段として戦争を標榜するブリッソー派が勢いを得た。一七九一年後半から一七九二年初めにかけて、パリでは戦争を叫ぶ声が高まっていった[7]。一方、プロイセンとオーストリアは自分たちの目的を明確化させて、合意に達した。一七九二年二月七日に締結された同盟条約に基づいて、神聖ローマ帝国の西側周辺部における強制的な領土移譲が計画された。それによれば、普墺両国はまずアルザスを征服してその一部をオーストリアが、もう一部をプファルツ選帝侯が獲得し、その代りに同選帝侯はユーリヒとベルクをプロイセンに割譲することになっていた〔正確には、一七七七年に家系相続の関係でプファルツ選帝侯位はバイエルン選帝侯位に吸収され、消滅している〕。

普墺両国がフランスへの侵攻をいつから本気で考えていたのかは不明だが、一七九二年四月二〇日にフランス政府がオーストリアに対して正式に宣戦布告したことで、軍事衝突は不可避となった。プロイセンとオーストリアは侵略の準備を進めるなかで、反革命イデオロギーの権化となった。七月二五日、プロイセン軍の司令官で連合軍の総司令官でもあったブラウンシュヴァイク公カール・ヴィルヘルム・フェルディナント〔フリードリヒ大王の甥〕は、後に「ブラウンシュヴァイク＝リューネブルク宣言」として知られるようになる宣言を発した。この扇動的な文書は、復讐に燃えるフランス人亡命者《エミグレ》が作成した草案に基づいたもので、普墺両国には「征服によって私利を満たすつもりはない」と――やや事実に反するが――主張し、フランス王の権威に服従する者はすべて保護されると約束する一方、革命派の兵士を捕らえた場合には情け容赦なく懲罰を加えると脅しつけた。この宣言は、パリをさらに刺激するような威嚇的な文言で締め括られている。

両陛下は、皇帝および国王としての名誉にかけて、以下のように宣言された。もしテュイルリー宮殿〔捕らえられた国王一家の居所〕が武力をもって侵入または攻撃されるならば、もし国王、王妃および王族にいささかでも危害が加えられようものならば、もし彼らの身の安全と自由が直ちに保証されないならば、パリ市に対する軍事的措置を実行して街を完全に破壊し、上記の暴挙を犯した反逆者に相応の罰を与え〔独語版では「上記の罪人を当然ながら死刑に処し」〕、永遠に忘れられない復讐を行うことに

なる、と。(8)

一七九二年の晩夏にフランスに侵攻した普墺軍には、ルイ十六世の弟のアルトワ伯爵〔後の国王シャルル十世〕に率いられた、亡命者から成る小規模な部隊が付き従っていた。しかしこの付け足しは無益であり、問題をさらに大きくすることになった。フランスの人々から嫌われており、また戦力としても役立たずの彼らは、侵略者の反革命的性格を印象づけただけだった。食糧や家畜を徴発された農民や市民は、ルイ十六世の名で約束手形を受け取り、戦争が終われば復位した王が「弁済してくださる」とする、横暴な保証を押しつけられた。

実際、連合軍の軍事行動は惨憺たる失敗に終わった。神聖ローマ帝国の西側周縁部でのプロイセン軍とオーストリア軍の調整は、決して容易ではなかった。一七九二年の戦役も例外ではなく、侵攻の計画段階から混乱続きで、段取りも悪かったため、九月二〇日のヴァルミーの戦いで連合軍の進撃は止まった。この戦いで連合軍は、高台に弧を描くように配置された難攻不落の敵と対峙した。大砲の撃ち合いとなったが、フランス軍が優勢に立ち、連合軍の隊列に次々と命中させた。連合軍は敵陣にまったく前進できず、一二〇〇人もの兵士が砲弾に倒れた〔一般にヴァルミーの戦いでの普墺側の死者数は最大でも約二〇〇人とされる〕。革命軍が敵の進軍を阻んだのはこれが初めてだった。敵軍の予想もしていなかった不屈の姿勢に出鼻をくじかれた連合軍は前線から撤退し、フランス軍が戦場を制することになった。

プロイセンはヴァルミーの戦い以後も正式には連合軍にとどまり、アルザスとザールでフランス軍と戦って一定の戦果を得た。しかしこれらの戦役に投入した国力はごく一部だった。彼らの関心は別のところにあったからである。ベルリンの注意を奪ったのは、ポーランド情勢の急展開だった。国内の混乱と国外からの干渉や妨害という、一七七二年の第一次ポーランド分割の前提となったパターンは、一七八〇年代も依然として続いていた。一七八八〜九一年、ロシアがオスマン帝国との戦争に没頭して国力を消耗している間、ポーランド王スタニスワフ・アウグストと改革派は政治体制を刷新する機会を得た。一七九一年五月三日に制定されたポーランド憲法では、初めて世襲王政が導入され、中央政府の役割に関する枠組みが定められた。この憲法を採択した国会の議長声明によると、「我が国は救われた。我々の自由は保証された。我々は自由で独立した国民となった。隷属と無秩序という桎梏も取り払われた(9)」。

プロイセンにとってもロシアにとっても、このような動向は歓迎できるものではなかった。ポーランドが国家としての自立性を強めることは、一世紀近くにわたるロシアの外交政策の流れに逆行していた。フリードリヒ・ヴィルヘルム二世は表向きはポーランドの憲法制定を祝ったが、その裏ではポーランドの再興を危惧する声があがっていた。「遅かれ早かれ、ポーランドは西プロイセンを奪うだろう……。どうすれば、強力で統治が行き届いた国に対抗して自国を守れるだろうか」と、ヘルツベルクはプロイセンの上級外交官に語っている(10)。一七九二年五月一八日、エカチェリーナ二世は一〇万人のロシア軍をポーランドに派兵した。プロイセンは、ロシアによる併合を阻止または制限するためにポーランドを支援することも考えたが、結局はサンクトペテルブルクが申し入れてきたポーランド分割案に便乗することにした。一七九三年一月二三日のサンクトペテルブルク条約により、プロイセンは商業的に重要な価値をもつダンツィヒとトルンに加え、シュレージエンと東プロイセンに挟まれた三角形のまとまった領土を獲得し、ポーランドのなかでも指折りの豊かな地域を手に入れた。ロシアは、ポーランドの残りの領土の半分にあたる広大な土地を獲得した。ロシアがプロイセンの四倍の領土を得たこの協定は明らかに不平等だったが、プロイセンは元々望んでいた以上のものを得たし、オーストリアに対して何らかの補償を行う必要もなかった(11)。

一七九四年三月、ポーランドの愛国者タデウシュ・コシチューシコが自国を分割した三大国に対して起こした蜂起は、最後の分割の直接のきっかけになってしまった。この蜂起は主としてロシアに対するものであったが、最初にこれを利用しようとしたのはプロイセンだった。プロイセンは蜂起を鎮圧することでロシアと対等な立場につき、ポーランドの領土をさらに獲得できないかと目論んだのである。しかし、まだ西方にかなりの兵力を展開していたプロイセンは、既にひどく疲弊していた。最初は蜂起をある程度抑え込んだものの、撤退を余儀なくされたプロイセンはロシアの助太刀を求めた。そして、これを好機と捉えたオーストリア軍も介入した。大勢の兵士を動員して必死に戦ったコシチューシコは、ロシア、プロイセン、オーストリアの軍隊を七ヶ月近くにわたって阻止したが、一七九四年一〇月一〇日、ワルシャワ南東のマチェヨヴィツェでロシア軍が勝利し、蜂起は終息した。こうして三度目の、そして最後のポーランド分割への道が開かれた。勝利した三国の間で激しい議論が繰り広げられた後、一七九五年一〇月二四日に分割についての合意が得られ、プロイセンは、首都のワルシャワを含むポーランド中部の約五万五〇〇〇平方キロメートルの領土と約一〇〇万人の住民を獲得した。かくして、ポーランドは消滅した。

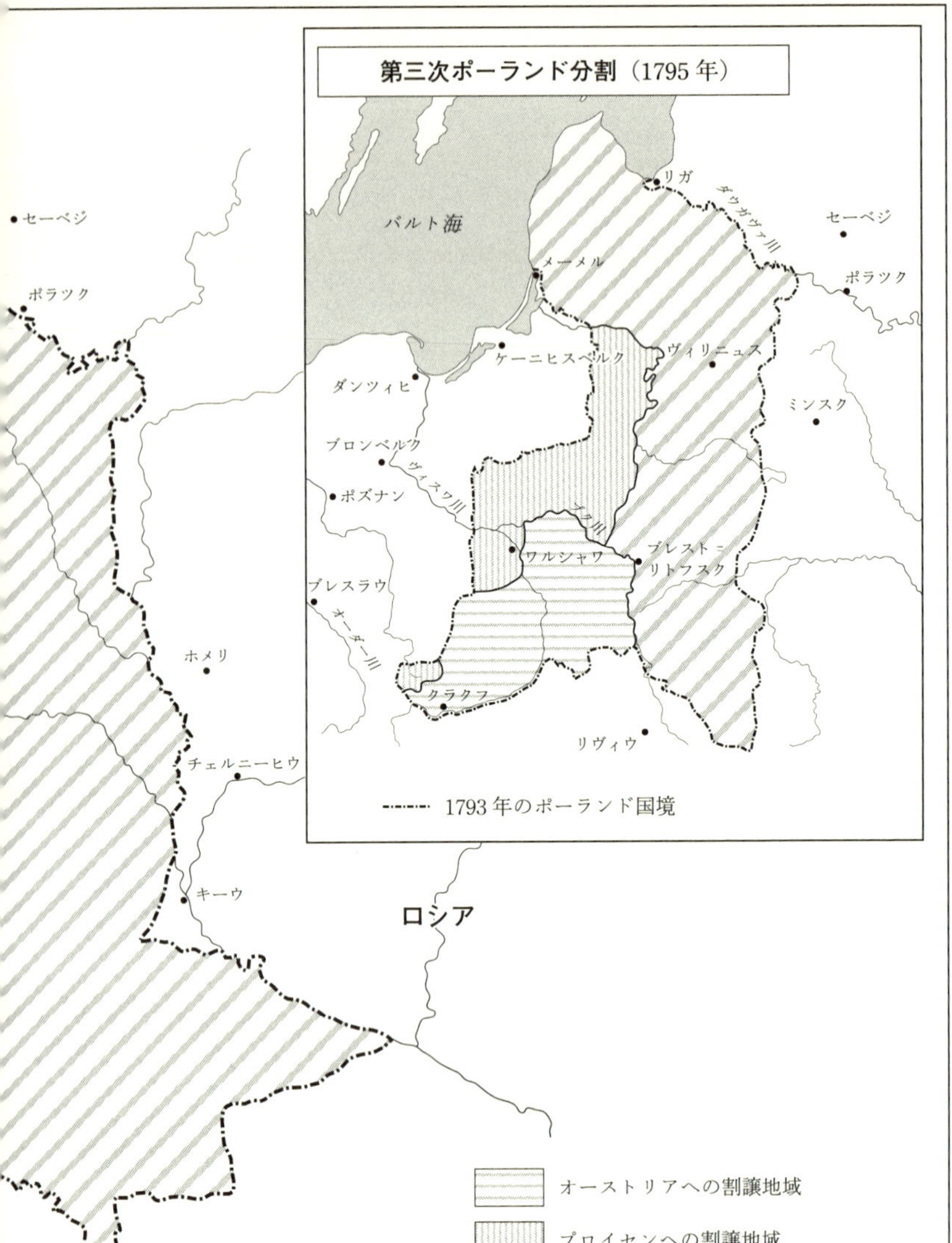
第三次ポーランド分割（1795年）
バルト海
リガ
ダウガヴァ川
セーベジ
メーメル
ポラツク
ケーニヒスベルク
ヴィリニュス
ダンツィヒ
ミンスク
ブロンベルク
ヴィスワ川
ポズナン
ブグ川
ワルシャワ
ブレスト＝リトフスク
ブレスラウ
オーダー川
クラクフ
リヴィウ
1793年のポーランド国境
セーベジ
ポラツク
ホメリ
チェルニーヒウ
キーウ
ロシア
オーストリアへの割譲地域
プロイセンへの割譲地域
ロシアへの割譲地域
プロイセン王国
1772年のポーランド国境

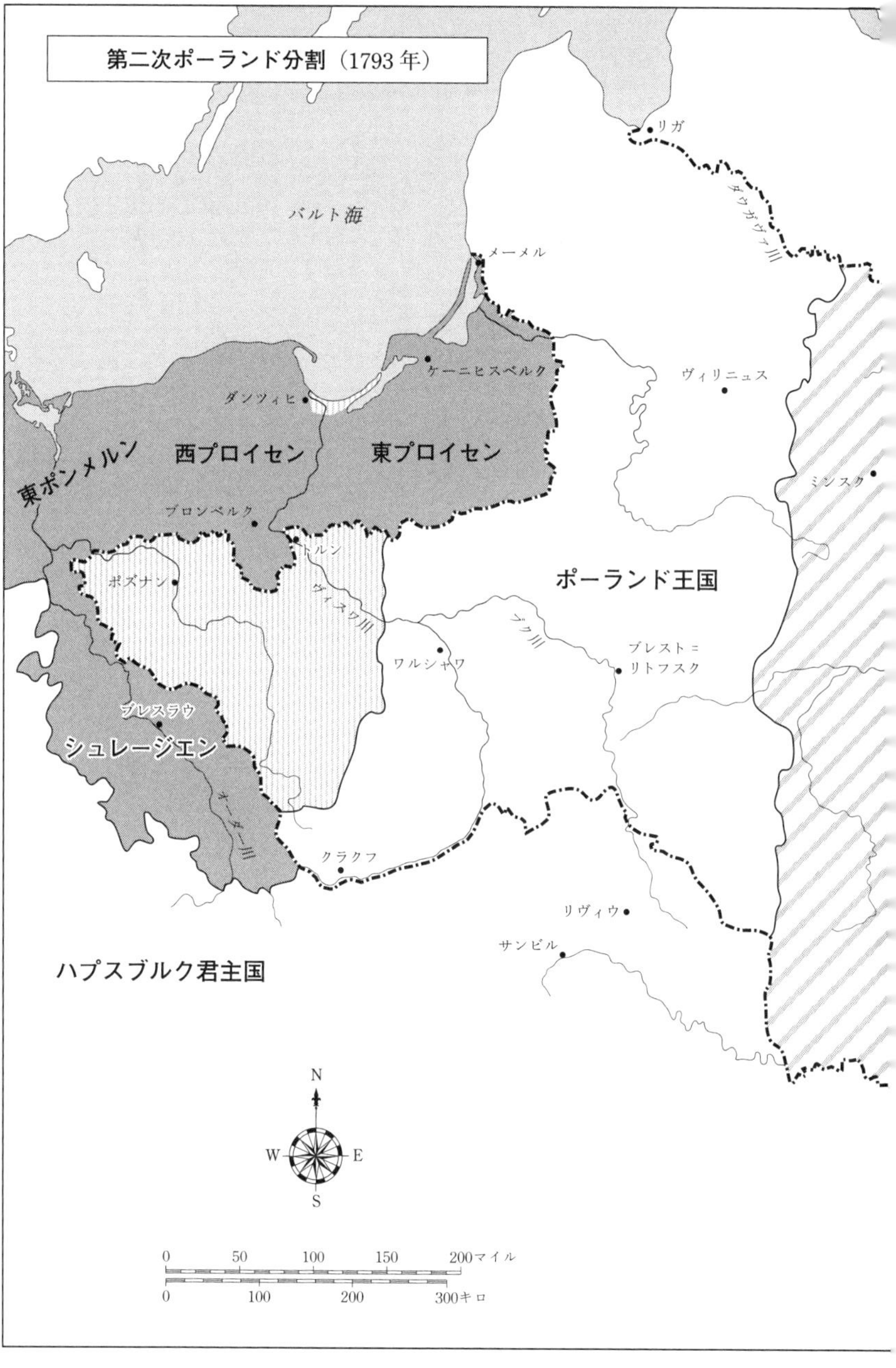
第二次ポーランド分割（1793年）
リガ
ダウガヴァ川
バルト海
メーメル
ケーニヒスベルク
ヴィリニュス
ダンツィヒ
東ポンメルン
西プロイセン
東プロイセン
ミンスク
ブロンベルク
トルン
ポズナン
ヴィスワ川
ポーランド王国
ブク川
ワルシャワ
ブレスト＝
リトフスク
ブレスラウ
シュレージエン
オーダー川
クラクフ
リヴィウ
サンビル
ハプスブルク君主国
N
W
E
S
0
50
100
150
200マイル
0
100
200
300キロ

中立の危うさ

途轍もないことが起こった。過去一世紀半の間にプロイセンの玉座に就いた人物のなかで、おそらく最も印象の薄い存在であるフリードリヒ・ヴィルヘルム二世が、第二次、第三次のポーランド分割をつうじて、プロイセン史上最大の領土を獲得したのである。プロイセンの面積は約三分の二倍増えて三〇万平方キロメートルとなり、人口は五五〇万人から八七〇万人に膨れあがった。東方での目標を十二分に達成したプロイセンは、西方では対仏大同盟から離脱し、一七九五年四月五日にバーゼルでフランスと単独講和を締結した。

プロイセンはまたしても同盟国を見捨てた。オーストリアのために宣伝活動をしていた物書きたちは当然ながら、対仏大同盟からのプロイセンの離脱を不名誉な行為として糾弾した。歴史家もしばしば同様の見解を示し、単独講和とその後の中立を「卑劣」、「臆病」、「自殺行為」、「有害」と非難してきた。[12] こうした評価の問題は、一八世紀末のプロイセンにはドイツの「ナショナル」な使命があったのに、一七九五年にはそれを果たすことができなかったという、時代錯誤な推定に立脚している点である。しかしプロイセン国家とその利益にしっかりと目を向けるならば、単独講和はおそらく最良の選択肢だった。プロイセンは財政的に疲弊し、国内行政はポーランドに得た広大な新領土の統合に苦慮しており、西方で軍事行動を続ける余裕はまったくなかった。ベルリンの宮廷には、経済的利害を強く訴えて、対仏大同盟からの離脱を主張する「和平派」が出現した。[13]

いずれにせよ、バーゼル和約の条件は少なくとも文面の上では、プロイセンに大いに有利なものであった。同条約では、北ドイツを両国間の中立地帯とすることも合意された。その結果、プロイセンは、この中立地帯を構成している中小諸邦へと影響力を拡大する機会を得た。外相のハウクヴィッツはこの機に乗じて、ハノーファーをはじめとする北ドイツ諸邦を説得し、次々とプロイセン主導の中立体制に参加させ、神聖ローマ帝国防衛の義務から撤退させた。(14) 中立地帯のおかげで、いよいよプロイセンは気兼ねなく東方で活動できるようになり、またフランスの攻撃の矛先がオーストリアに限定されることになったが、これは従来の二元主義的政策に沿ったものであった。つまり中立には、単にフランスとの戦争を回避するという以上の意味があったのである。和平を結び、北ドイツの「分界線」の後ろで安全を確保できたプロイセン王は、ほくそ笑みつつ成り行きを眺められるようになった。

しかし、この成果は思った以上に不確かなものだった。プロイセンは孤立してしまったのである。この六年間、プロイセンは手当たり次第に同盟を結んでは放棄してきた。秘密外交を好み、支離滅裂な二重取引も辞さないプロイセン王は、外交の場で仲間を失い、不信を招いた。大国の援助にすがってドイツの分界線を守らない限り、中立地帯の防御は不可能であり、したがってその存在意義もほとんどないことは、経験に照らして明らかだった。しかしより長期的な問題は、ポーランドがヨーロッパの地図から消えてしまったことにあった。分割に加わった国々がポーランドに対して行った暴挙の不道徳さはさておき、独立したポーランドが東方の三大国の緩衝役、仲介役として重要な役割を担っていたことは、動かしがたい事実だった。(15) そのポーランドが存在しなくなった今、プロイセンは歴史上初めて、防御しづらい長い国境をロシアと共有するようになってしまったのである。(16) これ以降、プロイセンの運命は、広大でますます強大化する東の隣国に左右されるようになった。

さらに、フランスとの話し合いによって創り出された北ドイツの中立地帯に逃げ込むことで、ベルリンは神聖ローマ帝国の行く末に何の関心も抱いていないというサインを発した。この分界線によってドイツは南北に二分され、南側はフランスとオーストリアの慈悲に委ねられることになった。さらに一七九五年のバーゼル和約に添付された密約には、もしフランスがラインラントのプロイセン領を占領し、ついには併合する場合、プロイセンはライン川以東の地で領土補償を受ける旨が明記されていたが、この一文は、以後一〇年間にドイツを襲う併合ラッシュの不吉な前触れであった。オーストリアも、帝国への依存度が比較的高い中小諸邦を考慮するような素振りは微塵も示さなかった。対仏戦争に従事したオーストリア軍は、南ドイツ諸邦の友軍としてよりも占領軍のごとく振る舞ったし、一七九三年三月にオーストリアの外相となった狡猾なフランツ・フォン・トゥーグート男爵は、領土交換によるバイエルン併合計画の焼き直しを対ドイツ政策の中心に据えた。一七九七年一〇月、ウィーンはナポレオンと条約〔カンポ・フォルミオ条約〕を結び、オーストリア領ネーデルラントをフランスに与える代わりにヴェネツィアを獲得し、神聖ローマ帝国有数の聖界領邦であるザルツブルクの領有権を認められた。[17] あたかも、ポーランドを襲ったのと同じ運命が神聖ローマ帝国に訪れようとしているかのようだった。一七九七年、ナッサウ伯国〔正確にはナッサウ＝ヴァイルブルク侯国〕という小邦の宰相であったハンス・クリストフ・フォン・ガーゲルン〔一八四八年革命時にフランクフルト国民議会議長を務めるハインリヒ・フォン・ガーゲルンの父〕は、「ドイツ諸侯は目下、フランスについて考える時は普墺間の和解を望み、ポーランドについて考える時にはそれを恐れるという、二重の不幸に陥っている」と述べて、状況を説明している。[18]

この時期のフランスの対ドイツ政策の最重要課題は、「自然国境」を「回復」することだった。この自然国境論は、ルイ十四世に倣って革命期の議会が考案した、勝手きわまる発想であり、ライン川左岸のドイツ諸邦を全面的に併合しようというのがその本心であった。この地域には、プロイセンと同君連合の関係にある領邦や、ケルン、トリーア、マインツの三聖界選帝侯国、プファルツ選帝侯国、プファルツ゠ツヴァイブリュッケン公国、複数の帝国都市など、多くの小邦が密集していた。そのため、ここが単一のフランス国家に吸収されれば、帝国にとって大打撃となるのは必定だった。しかしドイツ諸邦は、西方におけるフランスの拡大に対抗できる状態にはなかった。バーデンやヴュルテンベルク、バイエルンといった比較的大きな国は既に戦争から脱落しており、フランスとの和睦を望んでいた。一七九七年一〇月に北イタリアでナポレオンに敗北した後に調印されたカンポ・フォルミオ条約で、ウィーンはフランスのラインラント併合を正式に承認した。また、この併合が神聖ローマ帝国全体に及ぼす影響については、両国の代表者どうしの直接交渉をつうじて決定されることも合意された。こうして、ドイツ地域の再分割の頂点を成す、長い交渉の舞台が整った。交渉は一七九七年一一月にバーデンの風光明媚な都市ラシュタットで始まり、中断と再開を繰り返しつつ、一八〇三年二月二五日にレーゲンスブルクで採択された帝国代表者会議主要決議《ライヒスデプタツィオーンスハウプトシュルス》なる仰々しい名称の決議で終了した。

この決議は、地政学的な革命を告げるものであった。帝国都市は六つ〔ブレーメン、ハンブルク、リューベック、アウクスブルク、ニュルンベルク、フランクフルト・アム・マイン〕を除いてすべて消滅した。ケルンとトリーアの両大司教領からコルヴァイ、エルヴァンゲン、グーテンツェルなどの帝国修道院領に至るまでの様々な聖界諸邦のうち、地図上に残ったのはたったの三つ〔選帝侯位を保持したままレーゲンスブルク大司教に配置換えされたマインツ大司教、騎士修道会であるドイツ騎士団とマルタ騎士団〕だけとなった。主たる勝者は中規模以上の諸邦だった。昔からドイツのなかに衛星国を創ろうとしてきたフランスは、自国とオーストリアの間に位置し、有益な同盟国になり得るバーデン、ヴュルテンベルク、バイエルンに対してとくに寛大だった。バーデンはフランスに四四〇平方キロメートルの土地を譲ったが、その代償として、シュパイヤー、ストラスブール〔シュトラスブルク〕、コンスタンツ、バーゼルの各司教領から三二三七平方キロメートルを奪い、最大の分け前にあずかった。やはり勝ち組にまわったプロイセンは、ヒルデスハイム司教領とパーダーボルン司教領をはじめ、ミュンスター司教領とエアフルトとアイヒスフェルトの大部分、エッセンとヴェルデンとクヴェトリンブルク〔およびエルテンとヘルフォルト〕の各修道院領、そしてノルトハウゼンとミュールハウゼンとゴスラーの各帝国都市を獲得した。プロイセンは一二万七〇〇〇人が住む約二六四二平方キロメートルのライン川周辺地域を失ったが、五〇万人の人口を擁する約一万三〇〇〇平方キロメートルの領土を手に入れたのである。

　神聖ローマ帝国の命運は、風前の灯だった。聖界諸邦が幾つも消滅し、帝国議会の宗派構成も様変わりしたために、帝国のカトリック的性格は過去のものとなった。中欧に古くから続く政治的、国制的な多様性を保護してきた、帝国の存在理由《レーゾン・デートル》は尽き果てた。帝位とハプスブルク家の古来の結びつきは、今やほとんど意味を失った。レーオポルト二世の後を継いだフランツ二世は、神聖ローマ帝国と関係のないかたちで皇帝の称号を保持するために、一八〇四年以降は世襲のオーストリア皇帝を自称するようになった。一八〇六年八月六日、ウィーンでは通常の儀式と同様にトランペットが鳴り響くなかで、皇帝の勅使が帝国の終焉を正式に告げたが、これは形式的なものに過ぎず、世間の反応はほとんどなかった。

その後も、ナポレオン戦争が終わるまで領土の再編成は続いたが、一九世紀のドイツの基本的輪郭は既におおよそ見えていた。プロイセンは新たな領土の獲得によって、北ドイツでの支配権を確固たるものにした。南ドイツにおけるバーデン、ヴュルテンベルク、バイエルンの強大化は、ナポレオン退場後の普墺両国の覇権主義的野心に対抗して、中規模諸邦が一致団結する際の拠りどころとなった。聖界諸邦の多くが消滅したために、何百万人ものドイツ人カトリック教徒がプロテスタント国家のなかで少数派集団として生きざるを得なくなったが、この事実は近代ドイツの政治生活と宗教生活に大きな影響を及ぼすこととなる。帝国という過去の廃墟のなかで、ドイツの未来がかたちづくられつつあった。

中立から敗戦へ

一八〇六年一〇月一四日、二六歳のヨーハン・フォン・ボルケ中尉は、エルンスト・ヴィルヘルム・フリードリヒ・フォン・リュヒェル将軍が率いる二万二〇〇〇人の軍団の一員として、イェーナ市の西方に駐留していた。ナポレオン軍がプロイセン軍の本陣と市街地近くの台地で交戦中との知らせが届いたのは、まだ夜も明けぬ時刻だった。既に東側から大砲の音が聞こえ始めていた。湿った土地に身を寄せて明かす一夜は、身も凍る寒さだった。しかし朝日が霧を払い、肩や手足を暖め始めると、兵士たちの士気も高まった。「苦難も飢えも忘れた。シラーの『騎兵の歌』が千の喉から鳴り響いた」と、ボルケは回想している。一〇時頃、彼らはいよいよイェーナに向かって進軍を始めた。街道を東に進むと、戦場から逃げ帰ってくる多くの負傷兵がいた。「部隊はばらばらになり、兵士が勝手に逃亡しそうな気配だった」。しかし正午頃、イェーナ郊外で戦っている本陣の司令官ホーエンローエ侯のメモを手にした伝令が馬を飛ばして現れ、「急がれたし、リュヒェル将軍。つかみかけた勝ち戦に加わりたまえ。全地点でフランス軍に勝利」と伝えた。このメッセージが届けられると、あちこちの隊列から大きな歓声があがった。

戦場への道中、カペレンドルフという小さな村を通過した。通りを埋め尽くす大砲や馬車、負傷者、馬の死骸をよけるのに一苦労しながら何とか村から出たボルケたちは、低い丘が連なる場所で初めて戦場を目にした。ホーエンローエ軍の「弱小部隊と残兵」がなおもフランス軍の攻撃に抵抗している光景に、兵は怯えた。攻撃態勢を整えて前進したボルケの部下たちは、フランス軍の狙撃兵が雨あられと放つ銃弾に晒された。敵の巧みな布陣とカモフラージュのせいで、どこから弾が飛んでくるのか見当がつかなかった。ボルケは後に、「敵の姿が見えないこんな状態で狙撃されたために、兵士たちは怖じ気づいた。こうした戦い方に慣れていなかった彼らは、自分の武器を信じられなくなり、あっという間に敵の優勢を感じ取ってしまった」と振り返っている。

指揮官も部隊も猛烈な狙撃に慌てふためき、決着をつけようと躍起になった。フィアツェーンハイリゲン村の近くに陣取る敵軍への攻撃が開始された。しかし前進するにつれ、フランス軍の砲撃や銃撃は激しさを増した。それに対して、プロイセン軍には数門の連隊砲しかなく、これさえもすぐに故障して使い物にならなくなった。「左肩、前!」と号令が発せられ、前進するプロイセン軍の隊列は右に曲がり、攻撃角度を変えた。そうこうしているうちに左側の大隊が隊伍を崩し、次々と撃ち込まれるフランス軍の大砲が進軍する隊列に穴を開けていった。ボルケたち将校は崩れた戦列を立て直そうと、駆けずり回った。しかし指揮官のフォン・パンヴィッツ少佐が負傷して馬に乗れなくなり、副官のフォン・ヤーゴ中尉も戦死してしまったため、左翼の混乱はほとんど収まらなかった。次に連隊長のフォン・ヴァルター大佐が倒れ、リュヒェル将軍自身と数人の幕僚も負傷した。

ボルケの部隊は命令を待たず、フランス軍に向かって勝手に銃撃を始めた。弾薬を使い果たし、銃剣を突き立てて敵陣に突っ走る者もいたが、弾幕射撃や「同士討ち」で命を落とした。さらにフランス軍の騎兵隊が到着し、押し寄せる敵軍の群れに突進して、片っ端からサーベルで切りつけたために、プロイセン軍は恐怖と混乱に包まれた。気づいた時にはボルケは、ヴァイマルへ向かう道に沿って戦場から西へと逃げ惑う群衆に、否応なく巻き込まれていた。「何も救えなかった」と、ボルケは書いている。「自分の無価値な命の他には。私の精神の苦痛は限界に達し、肉体は極限まで疲労困憊し、何千もの人々のなかに引きずり込まれ、奈落の底に沈んでいった……」(19)。

イェーナの戦いは終わった。プロイセン軍はほぼ同規模――プロイセン軍の兵員数五万三〇〇〇人に対して、フランス軍は五万四〇〇〇人だった――の、しかしもっと統率のとれた敵軍に敗れた。そして同じ日に、約二〇キロメートル北のアウエルシュテットからも、ブラウンシュヴァイク公率いる約五万人のプロイセン軍がダヴー元帥率いる半数のフランス軍に敗退したという悲報が届いた。その後の二週間、フランス軍はハレ付近で小規模なプロイセン軍を撃破し、ハルバーシュタットとベルリンを占拠し、さらに連戦連勝を重ねた。プロイセン軍は単に敗北したのではない。壊滅したのである。アウエルシュテットで重傷を負った将校〔後に陸軍大臣となるヘルマン・フォン・ボイエン〕の言葉を借りれば、「精魂込めて組み立てられた、揺るがぬはずの軍事的構造物が、突如として土台から崩れ去った」[20]。一七九五年のバーゼル和約が回避しようとしていた惨事が、現実のものとなってしまったのである。なぜこのようなことが起こったのだろうか。なぜプロイセンはバーゼル和約で手に入れた比較的安全な中立を捨て、絶頂期のフランス皇帝に対して戦争を仕掛けてしまったのだろうか。

優柔不断で慎重居士のフリードリヒ・ヴィルヘルム三世が即位した一七九七年以降、先王が便宜的に採用した中立は常態化していた。一七九九年に第二次対仏連合が準備された時のように、どちらかの陣営から強い圧力がかかった場合でも、プロイセンは中立に固執するようになった。この変化は、ある程度まで君主の嗜好を反映したものだった。父王と異なり、フリードリヒ・ヴィルヘルム三世は名声には興味がなかった。一七九八年一〇月、彼は叔父に、「私が戦争を嫌悪していること、そして人類の幸福に適した唯一の制度として、平和と静謐の維持に勝るものはこの世にないと思っていることは、周知のとおりです……」と語っている[21]。しかし中立政策が優勢だったのは、それを支持するだけの理由が十分にあったからでもある。国王自身の詭弁気味の言い分によれば、中立を保つのは戦争の可能性を後々まで取っておくことでもあり、そう考えれば、最も柔軟な選択肢だった。メクレンブルク＝シュトレーリッツ家から嫁いできた王妃ルイーゼは重臣たちにも睨みの利く実力者だったが、彼女は、対仏連合側で参戦すればロシアに依存することになると警告した。この主張は、自分たちは依然として大国のなかで群を抜いて弱小であるという、過《あやま》たざる認識に基づいていた。ルイーゼの言うとおり、プロイセンは戦争当事国のどこと提携しても、自国の利益を守れそうになかったのである。また、国庫は相変わらず大幅な赤字状態にあり、中立によって身を守らないことには、将来の紛争に備えて財政を立て直すのは無理だった。さらに、北ドイツでの領土拡大の可能性を秘めている点でも、中立には魅力があった。北ドイツでの強大化という願望は、一八〇二年五月二三日に普仏間で結ばれた秘密協定によって一部実現した。この協定は、翌年に採択された帝国代表者会議主要決議に先んじて、帝国都市や聖界諸邦をプロイセンに気前よく分け与えることを約束していたのである。国王への政策助言を任された大臣や官房秘書官から見ても中立のメリットは大きく、一八〇五年以前には中立に対する強硬な反論はほとんど出なかった。(22)

この時代のプロイセンにとって根本的な問題だったのは、フランスとロシアの間に位置している地理的条件ゆえに、中立地帯とそのなかでの自国の優位が無意味なものになる恐れがあったという事実である。この地政学的問題は今に始まったものではなく、大選帝侯の時代からホーエンツォレルン家を悩ませ続けてきた難題であった。(23)しかしフランスがドイツに勢力を伸ばし、またプロイセンとロシアを隔てるポーランドという緩衝地帯がなくなった今、その脅威はさらに顕著になった。(24)一八〇一年の三月から一〇月にかけて、プロイセン軍がハノーファーを短期間占領したのは、そのことを示す一例である。イギリスと同君連合の関係にあったハノーファーは、中立地帯のなかで二番目に大きな領土を有しており、イギリスに外交的圧力をかけようとする国家にしてみれば、真っ先に標的となる国だった。一八〇〇～〇一年の冬から春にかけて、ロシア皇帝パーヴェル一世は、バルト海と北海におけるイギリスの海洋覇権を弱めるためにフランスと和解しようと考え、ベルリンに圧力をかけてハノーファー選帝侯国を占領させ、イギリスから譲歩を引き出そうと企てた。プロイセン王は躊躇したが、自分たちが動かずともフランス軍がハノーファーを占領することが明らかになると、ロシアの提案を受け入れた。そのような行為は、中立地帯の保証人としてのプロイセンに対するなけなしの信用を失わせるものに他ならなかった。プロイセン軍は早々に撤退したが、このエピソードは、バーゼル和約で創り出した中立地帯においてさえ、プロイセンには自主的に行動する余地がなかったことをものがたっている。また、ロンドンでは「［イギリス］王の選帝侯国を奪取すること」こそがプロイセンの究極の目的だとする見方が強かったため、対英関係も悪化した。(25)

中立地帯で覇権を求めるベルリンの主張の空虚さは、フランスに領土を奪われたドイツの中小諸邦への補償によって、さらに浮き彫りになった。これらの国々はベルリンに期待するよりも、むしろプロイセンを通さずにパリと直接交渉した。(26) 一八〇三年七月、ナポレオンはプロイセンの思惑を完全に無視して、ハノーファーを占領した。一八〇四年の秋にはフランス軍がハンブルクに侵入して、イギリス公使のジョージ・ランボールド卿を市中で拘束し、プロイセンの威信をさらに傷つけた。この拉致事件はベルリンに憤激を巻き起こした。ランボールドはプロイセン王の宮廷への参内を認められ、いわばプロイセン王の庇護下で職務を遂行していたのだし、フランスの行為は中立規定と国際法に明らかに違反していたためである。フリードリヒ・ヴィルヘルム三世がナポレオンに猛抗議し、意想外にもナポレオンがランボールドを釈放したことで、フランスとの危機は回避された。(27)

一八〇五年一〇月、フランス軍がアウステルリッツ［チェコのスラフコフ・ウ・ブルナ］での墺露軍との対決に向け、ホーエンツォレルン家の飛び地であるアンスバッハとバイロイトを通過して南進したために、またもや条約違反が発生した。このような挑発行為に直面して、中立を固持しようとする主張はますます根拠が薄弱になった。フリードリヒ・ヴィルヘルム三世が、大選帝侯の中立に関する苦い経験に思いを馳せたのか、あるいは北方戦争の最中にライプニッツが述べた「中立とは、むしろ家の真ん中に住んでいて、下からは煙でいぶされ、上からは小便をかけられるようなものだ」という言葉を思い出したのかは、定かでない。[28]

問題は、中立に代わる最良の方策は何かということだった。意見は分かれた。フランスと同盟すべきか、それともロシアをはじめとする対仏連合諸国と同盟すべきか、大臣や官房秘書官のみならず有象無象の助言者たちが君主への影響力を競い合い、宮廷では論争が絶えなかった。特定の利害関係者の言いなりになるのを望まなかった王はそうした争いを容認しており、重要な案件については国務大臣、官房大臣、官房秘書官、王妃、あるいは様々な友人に助言を求め続けた。この外交論争で主導権の奪い合いを演じたのは、一八〇四年に健康上の理由から外務大臣を辞任したばかりのクリスティアン・フォン・ハウクヴィッツ伯爵と、その後任となったアンスバッハ＝バイロイトの元行政官、カール・アウグスト・フォン・ハルデンベルクであった。

ランボールド事件が起こると、ハルデンベルクはロシアと同盟しフランスと断交すべきだと主張したが、これには、ハウクヴィッツの中立政策の失敗を踏み台にして己の出世を図ろうという目論見もあった。君主への助言役として隠居暮らしから呼び戻されたハウクヴィッツのほうも、慎重に行動するよう王に進言すると同時に、ハルデンベルクを追い払って外交政策の主導権を取り戻そうと策略をめぐらせた。ハルデンベルクは、全権を握っている君主の機嫌を伺いながら、いつもどおり精力的かつ冷徹に自分の立場を貫いた。[29] この闘争が示すように、意見の相違は政治エリート内のいがみ合いによって増幅された。こうした事態が起こったのは、一八〇五〜〇六年のプロイセンの安全保障問題が容易に解決しがたいものだったからである。フランスとの同盟にも対仏連合諸国との同盟にも、それぞれ一長一短があったのである。

プロイセンの政策は国際情勢に応じて二転三転した。一八〇五年の一〇月にはフランスがアンスバッハとバイロイトで中立を侵犯したことを受けて、ロシアとの同盟への関心が高まり、翌月後半、フランスに厳しい最後通牒を伝えるためにハウクヴィッツが派遣された。しかし彼が出発するやいなや、状況はフランスに傾いた。ナポレオンのいる大本営に到着したハウクヴィッツは、一八〇五年一二月二日にオーストリアとロシアの連合軍がアウステルリッツでフランス軍に壊滅的な敗北を喫したことを知った。プロイセンの使者は、最後通牒を申し渡すタイミングを失したことを察し、その代わりにナポレオンに同盟を申し入れた。一八〇五年一二月一五日に締結されたシェーンブルン条約、そしてその後にフランスから突きつけられた様々な協定によって、プロイセンはナポレオンとの包括的な同盟締結だけでなく、イギリス船舶に対する北ドイツの港の閉鎖を約束し、その代償としてハノーファーの領有を認められた。これがイギリスとの戦争を意味することはフリードリヒ・ヴィルヘルムも承知していたが、フランスに蹂躙されるよりはまだましだった。勝負を制したのはどう見てもハウクヴィッツのほうで、一八〇六年三月、ハルデンベルクは辞職を余儀なくされた。同年の夏、ハウクヴィッツはパリ駐在プロイセン公使のルケシーニに宛ててこう書いている。「フランスは全能、ナポレオンは当代きっての傑物です。彼と手を結べば、何を恐れることがあるでしょうか[30]」。

しかし、選択肢を広げておこうと考えたフリードリヒ・ヴィルヘルムは、ロシアとの和解工作を秘密裏に続けた。これはハルデンベルクにとって、千載一遇のチャンスとなった。三月に立腹しつつ公の場から姿を消したハルデンベルクがロシアとの秘密交渉を担当し、その結果、ハウクヴィッツが進める表向きの親仏政策は意味を失った。[31] 東西勢力の板挟みという難題に、ベルリンがこれほどまでに右往左往したことはかつてなかった。

いよいよ、高官たちの間に強固な反対勢力が出現したが、そのなかの最有力者だったのが、気性の激しいフォム・シュタイン男爵である。既に大臣の地位に上りつめていたシュタインは、帝国を信奉するライン地方の貴族だけあって、一七九五年以降の中立を決して認めておらず、ドイツを放棄するような中立は非難に値すると考えていた。ハウクヴィッツ伯爵がプロイセンをナポレオンとの同盟、ハノーファーの併合、イギリスとの戦争に駆り立てた一八〇五〜〇六年の冬、親英的なシュタインは政府の方針に従うのをやめた。彼は、より効果的な外交政策を打ち出すためには、最高執政機関の抜本的な改造を断行するしかないと確信するようになった。シュタインは越権行為に及び、一八〇六年四月二七日付で「官房《カビネット》制度の問題点、ならびに閣僚会議を開催する必要について」なる、タイトルだけで内容を端的に言い表している覚書を作成した。この文書は語気荒く、国王官房の面々の「傲慢、教条主義、無知、肉体的かつ道徳的な惰弱、浅慮、甚だしい好色、不誠実な裏切り、恥知らずの嘘、狭量、有害なゴシップ好き」をあげつらっている。[32] シュタインは、眼前の窮状を打開するには、こうした不届き者を排除するだけでなく、責任の所在を明確にすべきだと主張した。現行の体制では、国王の個人的な助言者が「一切の権力を握っているのに、実際には大臣たちに一切の責任が負わされています」。したがって、王の側近や寵臣による恣意的な支配を、大臣責任制に置き換えることが必要であった。

陛下がこの改善案に同意されないとしたら、組織として不完全で人選にも問題のある官房の影響下で統治をお続けになるとしたら、国家は解体するか独立を失い、臣民からの愛と尊敬もすっかり失われてしまうものと思われます。［…］清廉な官吏は無念の恥辱にまみれ、その結果起こる悪事に手を貸すことも参加することもできずに、国家〔独語版では「職」〕を放棄するしかなくなるでしょう。(33)

行政の上層部で反抗的な気運が高まっていた事実を、これほど印象的に示す文書は他にないだろう。おそらくシュタインにとって幸いだったのは、歯に衣着せぬこの一文が国王の眼にふれなかったことである。シュタインはこの覚書を、まもなくイェーナで敗軍の将となるリュヒェル将軍に委ね、君主に届けるよう頼んだが、老将軍は難色を示した。五月、シュタインは覚書をルイーゼ王妃に渡したが、王妃は内容に賛意を示したものの、夫に読ませるにはあまりにも「乱暴で激情的」だと考えた。しかし、この覚書はそれなりの役割を果たした。シュタインの覚書は政権内で反対派を構成していた大御所たちの間で回覧され、彼らの運動の焦点を明確化するのに貢献した。一八〇六年一〇月には、シュタインは反対派に属する指導的官僚の一人として頭角を現すようになった。

一方、プロイセンが抱える外交上のジレンマは相変わらず未解決のままだった。一八〇六年六月の覚書でハルデンベルクは、「陛下はロシアとフランスの両方と同時に手を結ぶという、特異な立場に置かれていますが［…］。この状況は長くは続きません」と警告している。(34) 七月から八月にかけては、北ドイツ諸邦と何らかの領邦間連合を結成するために探りが入れられ、その最大の成果としてザクセンとの同盟が実現した。しかし、アウステルリッツでの惨敗が未だ記憶に生々しかったため、また数ヶ月にわたる秘密外交によって起こった混乱を解消するのに時間がかかったため、ロシアとの交渉は円滑には進まなかった。こうして、フランスからさらなる挑発を受けたことがベルリンに知らされた時には、確固たる連合の構築には程遠い状態であった。一八〇六年八月、ナポレオンがイギリスと同盟交渉をしており、相手の歓心を買うために、勝手にハノーファーの返還を申し出ていたという情報が傍受された。これはあまりにも理不尽なやり口だった。ナポレオンが北ドイツの中立地帯とそこでのプロイセンの立場を軽視しているのは、誰の目にも明らかだった。

この時点で、フリードリヒ・ヴィルヘルム三世は側近たちから、フランスとの戦争を決断するよう強く迫られていた。九月二日、それまでの政策を批判し、戦争を求める覚書が国王に上奏された。署名者には、フリードリヒ大王の甥で軍司令官として人気のあったルイ・フェルディナント、王弟のハインリヒとヴィルヘルム、従弟のオラニエ公〔後の初代オランダ総督ウィレム一世〕が名を連ねていた。宮廷歴史家のヨハネス・フォン・ミュラーが彼らのために作成したこの覚書は、手厳しい内容であった。覚書は、国王は神聖ローマ帝国をないがしろにし、親仏派の大臣たちが追い求める不正な私利私欲のために臣民を、そして自らの誓言の信用を犠牲にしたと、そして今、王は意志表明を拒否して、王国と王家の名誉をさらなる危険に晒そうとしていると非難した。王はこの文書を、自らの権威を脅かすために周到に準備された挑戦だと考えて、怒りと不安に駆られた。玉座をめぐって骨肉の争いが繰り広げられた旧時代さながらに、男子王族は首都を離れ、各自の所属連隊に戻るよう命じられた。このエピソードが明らかにするように、外交政策をめぐる派閥争いは手に負えないところまで進行しつつあった。国王一族をも巻き込んで、ハルデンベルクとシュタインという二人の大臣を中心とする強硬な「戦争党」が出現したのである。この一派の目的は、中立政策の欺瞞と妥協に終止符を打つことであった。しかもそのための手段として、彼らは、より広範な基盤に立脚した意思決定プロセスを創りあげ、国王を何らかの合議的な審議メカニズムのなかに取り込もうと構想していた。[35]

国王は九月二日の覚書の「無礼さ」に腹を立てたが、自らの踏ん切りの悪さを告発されたことに深く動揺し、普段の慎重さをかなぐり捨てた。こうしてベルリンの意志決定者たちは、ロシアやオーストリアとの連合に向けた準備がほとんど具体化していなかったにもかかわらず、早急な行動に駆り立てられてしまった。九月二六日、フリードリヒ・ヴィルヘルム三世はフランス皇帝に対して書簡を送り、あれこれと非難の言葉を並べるとともに、中立規定の遵守を要求し、ライン川下流地域のプロイセン領の返還を求めた。書簡は次のような言葉で締め括られていた。「神意によって、貴公の名声が少しも損なわれることなく、しかしまた他国民の名誉が保たれる余地も残すような相互理解に達することができますよう。そして、先の見えない恐怖と予断の熱病を終わらせるような「相互理解に」達しますよう[36]」。一〇月一二日にゲーラ〔テューリンゲン地方東部の都市〕の大本営で書かれたナポレオンの返書は、傲慢さ、攻撃性、皮肉、慇懃無礼が見事に混ざり合っている。

一〇月七日にようやく陛下のお手紙を拝受いたしました。陛下がかくのごとき戯言にご署名なさったのは、遺憾の極みに存じます。私はただ、この読み物に書かれている侮辱を決して陛下ご自身のお言葉だとは思っていないことをはっきりさせるためだけに、筆を取ります。なんとなれば、このような侮辱の弁は陛下のお人柄にそぐわないものであり、我々二人の名誉を傷つけるものでしかないからです。私はかような代物をひねり出した人間を軽蔑し、しかし同情もしています。お手紙を受け取った直後に、陛下の大臣からランデブーへのお誘いを手渡されました。果せるかな、私は紳士ゆえ、この約束を守り、今はザクセンのど真ん中に伺ったところです。私の力をゆめゆめお疑いにならぬよう。陛下ほどのお方であっても、私の勝利をいつまでも否定し続けることなど無理でしょう。かくも多くの血を流す必要がどこにありましょうか？　何のために？　陛下に申し上げたいのは、アウステルリッツの戦いの前にロシア皇帝アレクサンドルに伝えたのと同じ台詞です［…］。陛下は一敗地に塗《まみ》れるのです！　いささかの弁明すら許されず、老後の平穏も、臣民の命も放り出してしまうことになるのです！　今ならば、陛下の名声に傷をつけずに、陛下の地位にふさわしいやり方で私と交渉することができますが、一ヶ月も経たないうちに、陛下の置かれた状況は変わってしまうでしょう！[37]

一八〇六年の秋、「当代きっての傑物」にして「馬上の世界精神」〔ヘーゲルによる評価〕と呼ばれた人物は、プロイセン王にこう語りかけた。こうして、イェーナとアウエルシュテットへと至る決戦の火蓋が切って落とされた。

プロイセンにとって、最悪のタイミングだった。アレクサンドル一世からの援軍はまだ到着しておらず、ロシアとの連合は絵に描いた餅のままだった。同盟国であるザクセン軍〔およびザクセン＝ヴァイマル公国軍〕を除けば、プロイセンは単独でフランス軍の脅威に立ち向かう羽目になった。しかし皮肉にも、戦争党が批判していた国王の腰の重さが、この時はプロイセンを救うことになった。プロイセン軍とザクセン軍の指揮官は、テューリンガーヴァルトの西のほうで戦闘になるだろうと見込んでいたが、ナポレオンは彼らの予想をはるかに上回る速さで進軍してきた。一八〇六年一〇月一〇日、プロイセン軍の前衛部隊がザールフェルトでフランス軍に敗退した。その後、フランス軍はプロイセン軍の側面を突破して、ベルリンとオーダー川を背に陣取り、敵軍の補給線と撤退路を絶った。これが一因となって、プロイセン軍はその後の戦場で総崩れとなった。

七年戦争が終わった後、プロイセン軍の実力は相対的に低下していた。その理由の一端は、行進訓練が重視されて、精緻化されていったことにある。この傾向は、見栄えを誇示しようといった動機によるものではなく、各兵士を一つの意志に従う戦闘マシーンとして統合し、極限状態にあっても凝集力を維持できるようにするという、純然たる軍事的合理性を根拠としたものであった。こうした取り組みには確かに長所——とりわけ、毎年ベルリンで開催される軍事演習を見学した外国の客人に強い印象を植えつけ、プロイセンとの戦争を思いとどまらせる抑止効果——もあったが、とくにナポレオン指揮下のフランス軍のような柔軟で機動力の高い軍隊に対しては、効力を発揮できなかった。さらに、大量の外国人部隊に依存していたこと——フリードリヒ大王が死去した一七八六年には、プロイセン軍の兵士一九万五〇〇〇人のうち一一万人が外国人であった——も悩みの種だった。外国人兵士は使い捨てにしやすかったし、自国民を徴兵した場合に生じる国内経済の混乱も軽減されるので利点も大きかったが、規律や士気が低く、脱走が起きやすかったため、過度に依存するのは危険だった。

確かに、一七七八～七九年のバイエルン継承戦争から一八〇六年の戦役までの数十年間にも、機動軽装部隊と狙撃兵《イェーガー》部隊が拡充されたり、戦地での徴発制度が簡略化され整備されたりするなどといった、重要な改善が見られた。(38) しかしそれとて、プロイセン軍と革命以降のフランス軍との間に急激に生じた差を埋めるには十分ではなかった。ある面で、これは単なる数の問題だった。共和政を採用したフランスが国民皆兵《ルヴェ・アン・マス》の原則のもとに労働者階級から大量の新兵を集め出すと、あっという間に追いつけないほどの兵力の差がついてしまった。したがって、同盟国の支援なしにフランスと戦うのを何としても回避することが、プロイセンの政策の要点となった。

しかもフランスは革命戦争が始まると、歩兵、騎兵、砲兵を常設の師団のなかで統合し、師団を独立した後方支援部隊によって支えて、自律的な混合作戦を維持できるようにした。そして革命軍はナポレオンの下で、比類なき柔軟性と攻撃力をもった軍団へと編成された。それに対してプロイセン軍は、イェーナやアウエルシュテットでフランス軍と対峙した時点では、まだ諸兵科の連合による師団形成の可能性を探り始めたばかりの段階だった。狙撃兵の活用に関しても、プロイセン軍はフランス軍に大きく遅れをとっていた。先述のとおり、プロイセン軍は狙撃兵部隊を拡充しようと努力していたが、しかしその数はまだ少なく、兵器も高水準にあるとは言えず、また狙撃兵の配置と大規模な部隊配置とをどのように調整するかについての検討も不十分だった。ヨーハン・ボルケ中尉と彼の戦友の歩兵たちは戦術的な柔軟性を欠き、攻撃力も不足していたために、イェーナの戦場で躓き、大きな代償を払うことになったのである。

フリードリヒ・ヴィルヘルム三世は当初、イェーナとアウエルシュテットで戦った後にナポレオンと和平交渉を始めるつもりだったが、申し出はすげなく拒否された。一〇月二四日にベルリンが占領され、その三日後にナポレオンが入城した。ポツダム滞在中にフリードリヒ大王の墓を訪れ、棺の前で深く考え込んだというエピソードがよく知られているが、一説ではナポレオンは周囲の将軍たちに向かって、「諸君、もしこの男がまだ生きていたら、私はここにいなかっただろう」と語ったと言われる。これはある程度までは受け狙いだったが、本気の賛辞も込められていた。フランス人、とくに自国の外交の沈滞を嘆き、一七五六年のオーストリアとの同盟をアンシャン・レジーム期の最大の過ちと見なしてきた愛国者ネットワークのなかで、フリードリヒは並外れた称賛を得ていた。ナポレオンはかねてからこのプロイセン王を崇拝しており、彼の戦記を熟読し、小像を自分のキャビネットに飾っていた。さらにアルフレッド・ド・ヴィニー〔一七九七年生まれのフランスの詩人〕が少年時代の回想として面白半分に述べるところによれば、ナポレオンはフリードリヒのポーズを真似てみたり、もったいぶって嗅ぎタバコをたしなんだり、帽子で格好をつけたり、「あれこれと同様の仕草」をしていたという――このエピソードは、フリードリヒ崇拝が生き続けていたことを雄弁にものがたっている。こうしてフランス皇帝が死せるフリードリヒに敬意を表していた間に、生けるプロイセン王は王国の最東端へと落ち延びていった。一六三〇年代や一六四〇年代の暗い記憶が脳裏をよぎった。王家の財宝も間一髪で救い出され、東方へ移送された。(39)

この時点で、ナポレオンには和平条件を提示する用意があった。当初、彼はプロイセンに対して、エルベ川以西の領土をすべて放棄するよう要求した。フリードリヒ・ヴィルヘルム三世はしばらく悩んだ末に、一〇月三〇日、シャルロッテンブルク宮殿で協定に署名して要求を呑んだが、ナポレオンは考えを変え、プロイセンが対ロシア攻撃の作戦基地になることを承諾しない限り、休戦に応じないと言い出した。プロイセンの大臣の大多数はこの提案に賛同したが、フリードリヒ・ヴィルヘルムはロシアと組んで戦争を続けるべきだと説く少数派に与した。すべては、フランス軍の進撃を止めるに足るだけの兵力をロシア軍が投入してくれるかどうかにかかっていた。

一八〇六年一〇月末から一八〇七年一月にかけて、フランス軍はプロイセン領内を着実に進軍し、重要な要塞を陥落させたり、降伏させたりした。しかし一八〇七年二月七～八日、ロシア軍と少数のプロイセン軍がプロイシッシュ・アイラウ〔ロシアのバグラチオノフスク〕でフランス軍を撃退した〔アイラウの戦いでは双方ともに一～二万人もの死傷者が出ており、明確な勝敗がついたとは言いがたい〕。この経験で冷や水を浴びせられたナポレオンは一八〇六年一〇月の休戦協定案に立ち返り、プロイセンにエルベ川以西の領土を放棄させることにした。今度はフリードリヒ・ヴィルヘルムがフランスの申し出を拒否し、ロシア軍の再攻撃で有利な立場が得られるのではないかと期待する番だった。しかし、その願いは叶わなかった。ロシア軍はプロイシッシュ・アイラウで得た優位を生かすことができず、フランス軍は一月から二月にかけてシュレージエンのプロイセン軍要塞を次々と落としていった。一方、一八〇六年の政争を勝ち抜いた親露派のハルデンベルクは、一八〇七年四月二六日にサンクトペテルブルクと同盟を結んだ。しかしこの同盟関係は短命に終わった。一八〇七年六月一四日、フランス軍がフリートラント〔ロシアのプラヴジンスク〕でロシア軍に勝利すると、アレクサンドル一世はナポレオンに休戦を申し入れた。

一八〇七年六月二五日、ナポレオンとアレクサンドルの両皇帝は和平交渉を始めるために会見した。その舞台は一風変わっていた。ナポレオンの命令で立派な筏《いかだ》が作られ、東プロイセンの町ティルジット〔ロシアのソヴィエツク〕に近いピクトゥペネンを流れるネマン川〔メーメル川〕の中洲に繋がれた。ネマン川は正式な停戦境界線であり、ロシア軍とフランス軍は川の対岸に陣取っていたため、この筏は、両皇帝が対等に会談するために必要な中立の場所として、妙案だった。プロイセン王フリードリヒ・ヴィルヘルムはその場に招待されず、ロシア軍の外套にくるまって、ツァーリの将校に囲まれ、数時間も川辺に立つという惨めな扱いを受けた。ロシア軍の外套にくるまって……これは、敗者であるプロイセン王の劣位を世界に喧伝するために、ナポレオンが用いた数ある手法のうちの一つに過ぎない。ネマン川の筏は、「A」と「N」の文字が入った花輪やリースで飾られていた。儀式はすべてプロイセン領内で行われていたにもかかわらず、FWの文字はどこにも見当たらなかった〔Aはロシア皇帝アレクサンドル一世、Nはフランス皇帝ナポレオン、FWはプロイセン王フリードリヒ・ヴィルヘルム三世を指す〕。フランスとロシアの国旗はあちこちでそよ風に吹かれてはためいていたのに、プロイセンの国旗はなかった。翌日、ナポレオンがフリードリヒ・ヴィルヘルムを筏の上に招いた時も、君主同士の会談というよりは、むしろ謁見のようなおもむきだった。ナポレオンが期限切れの書類を処理する間、フリードリヒ・ヴィルヘルムは控えの間で待たされた。ナポレオンはプロイセンをどうするつもりか教えようとせず、むしろ戦争中にフリードリヒ・ヴィルヘルムが犯した軍事や行政についての誤りをあれこれと指摘して、王をいびった。

ロシア皇帝が食い下がったため、ナポレオンはプロイセンが国家として存続することは認めた。しかし、一八〇七年七月九日〔仏露間で結ばれたのは七月七日〕のティルジット条約によって、プロイセンはブランデンブルク、スウェーデン領を除くポンメルン、シュレージエン、東プロイセン、そしてフリードリヒ大王が第一次ポーランド分割で獲得した回廊状の領土を残して、大幅に縮小された。第二次、第三次分割で獲得した地域も取り上げられ、東部にフランスの衛星国家の基礎を築くために利用

図 25　ティルジットのネマン川で筏に乗って会談するナポレオンとアレクサンドル一世。ノデの原画に基づく、ル・ボーによる同時代のエッチング。

された。一七世紀初頭にまで遡る西方の領土もすべて失われ、フランスに併合されるか、ナポレオンの衛星国家群に編入されることになった。フリードリヒ・ヴィルヘルムは妻ルイーゼを使いに出して、フランス皇帝に寛大な解決を懇願した。これは図らずも、一六三〇年代に窮地に陥った選帝侯ゲオルク・ヴィルヘルムがベルリンから女たちを送り込み、軍を率いて迫り来るグスタヴ・アードルフと交渉したのとよく似ている。しかし、ナポレオンはプロイセン王妃の決意と気品に感銘を受けたものの、譲歩はしなかった。

一時は中立地帯によって支えられていた、北ドイツの庇護者として振る舞うという夢は、露と消えたかに思われた。東方の大国として、ロシアやオーストリアと対等に渡り合うという構想も潰えた。多額の賠償金が課され、正式な額は追って通達されることとなった。そして賠償が完了するまで、プロイセンはフランス軍の占領下に置かれた。

小さくも忌々しい出来事がさらに起こった。一八〇六年一二月にポーゼン〔ポーランドのポズナン〕で和睦を結んで、フランスの衛星国家群であるライン同盟に加盟したザクセン選帝侯が、ナポレオンの手で戴冠されて、ザクセン王フリードリヒ・アウグスト一世となったのである。翌年、ザクセン家はプロイセンの領土であったコトブスを手に入れた。王国に昇格したザクセンが勢力を盛り返し、北ドイツの覇権をめぐって再びベルリンと競い合うことになるかとさえ思われた。ナポレオンはこうした野望を後押しした。イェーナでの戦いの翌日、敗北したザクセン軍の将校に向けてイェーナ城で行った演説で、ナポレオンは自らは解放者であると宣言し、プロイセンに戦争を仕掛けたのは、ひとえにザクセンの独立を維持するためであるとまで強弁した。(40) こうして、プロイセンとザクセンの長い対立の歴史は新たな展開を迎えた。両国のライバル関係は、一八〇六年の同盟によって束の間中断されたに過ぎなかったのである。

すべての体制は敗北によって汚される。これは、歴史のなかに見出しうる数少ない法則の一つである。一八〇六〜〇七年のプロイセンの敗北よりひどい敗北はあまたあるが、武を尊ぶ気風の国にとって、イェーナとアウエルシュテットでの敗戦とそれに続く降伏は決定的だった。この経験は、国家システムの根幹に欠陥が潜んでいることを明らかにした。フリードリヒ・ヴィルヘルム三世自らが——とくに優秀というわけではなかったが——幼少の頃から連隊に所属し、前進する兵士たちに自らの軍服姿と乗馬姿を見せることを任務とする指揮官だったように、この国の王家の男子はみな長じて誉れ高き指揮官となった。そしてこの国の将校団は、軍服を着た農村支配階級であった。ついにこの、古きプロイセンの政治秩序に疑問符が突きつけられたのである。

第十章　役人が創った国

新たな君主政

一八〇六年一二月、フランス軍の追撃を逃れて東へと落ちのびるフリードリヒ・ヴィルヘルム三世とルイーゼ王妃は、東プロイセンの小都市オルテルスブルク〔ポーランドのシュチトノ〕で一夜を明かした。口にするものもなければ、まともに飲める水もなかった。同行したイギリスの外交官ジョージ・ジャクソンによれば、国王夫妻は「家屋とは名ばかりのみすぼらしい納屋」で一つの寝床を分かち合うしかなかった(1)。ここでフリードリヒ・ヴィルヘルムは、敗北の意味についてよくよく考えた。思えば、イェーナとアウエルシュテットでの大敗後、自軍の要塞の多くは、もちこたえるだけの余力があったにもかかわらず陥落した。例えば約五〇〇〇名の守備隊を擁し、十分な兵糧を備えていたシュテッティンは、たった八〇〇人の軽騎兵連隊に降参してしまった。大選帝侯やフリードリヒ大王が若き日々を過ごしたキュストリンの要塞は、王が立ち去ってから数日で敵の手に落ちた。プロイセンが崩壊したのは、技術面での遅れもさることながら、政治的な意思や動機が大きな理由と思われた。

相次ぐ降伏に対する王の怒りは、一八〇六年一二月一日にしたためた「オルテルスブルクの布告」に表れている。我が軍の「ほぼ完全なる解体」は誰のせいなのか、原因はどこにあるのか。結論を出すのはまだ早いが、幾つもの要塞の落城はプロイセン軍史上、「前代未聞の」不祥事であった。今後は「単に砲撃に怯えて」、あるいは「その他とるに足りぬ理由で」自分の要塞を降伏させた司令官や指揮官は「問答無用で容赦なく銃殺」されることになるし、「恐怖のあまり武器を捨てた」兵士も同様の刑に処される、と彼は記した。さらに、敵に加担し、武器を所持しているのを発見された臣民も「容赦なく銃殺」されることが明記された。(2) この文書の大部分は怒りの感情で埋め尽くされているが、しかし最後のほうに、革命的変化を告げる一節が忍び込んでいる。すなわち、優秀な成績を修めた兵士は今後、兵卒であろうと准士官であろうと、はたまた王族であろうと、士官に昇進させるべしと書かれているのである。(3) 敗北と逃走の混沌の只中で、変革と自己再生のプロセスが始まりつつあった。

一八〇六～〇七年の敗戦と屈辱の爪痕が消えぬなか、大臣や官僚から成る新たな指導部は政府令を一斉に発布して、政治執行機関の構造改革、経済の規制緩和、農村社会の基本原則の変更、国家と市民社会との関係の再構築に着手した。改革への扉が開かれたのは、敗北の規模が大きかったからこそだった。古臭い仕組みや手続きが信頼を失ったことで、体制を内側から改良しようと以前から努力してきた人々に機会が与えられ、反対勢力は沈黙した。また、戦争によって強いられた財政負担は、従来のやり方で解決できるものではなかった。賠償金は一億二〇〇〇万フラン〔約三二四〇万ターラー〕にのぼり、一八〇七年八月から一八〇八年一二月まで続いたフランス軍による占領の実質的な費用は、同時代人の試算では約二億一六九〇万ターラーに達したが、一八一六年の政府の総収入が三一〇〇万ターラー強だったことを考えると、これは大変な額だった。[4] その結果生じた緊迫感は、強力で一貫した行動計画をもち、そしてそれを説得的に伝える力を備えた人々には追い風となった。こうして、ナポレオンの勝利という外からの衝撃によって、プロイセン国内で既に動き始めていた力が一点に集中し、増幅されていった。[5]

過小な評価が下されがちだが、一八〇七年に始まった改革のプロセスの中心にいたのは、プロイセン王フリードリヒ・ヴィルヘルム三世であった。改革を進める官僚たちの存在は重要だったが、君主の支持なくしては、彼らも計画を実行できなかった。一八〇七年一〇月、王はカール・フォム・シュタインを最高助言者に任命したが、フランスに対して陰謀を企てているという嫌疑を受けたシュタインは、ナポレオンの圧力で〔一八〇八年一一月に〕辞任に追い込まれた。その後、アレクサンダー・ドーナ伯〔内相〕、および古参の「フランケン閥」の一人であるカール・フォン・アルテンシュタイン〔財相〕の両大臣が主導する期間を挟んで、一八一〇年六月にハルデンベルクは「宰相《シュターツカンツラー》」という新設の職位に任命され、事実上プロイセンの初代首相となった。

とはいえ、フリードリヒ・ヴィルヘルム三世は依然として影が薄い。一九世紀に三巻本のシュタイン伝を執筆したジョン・ロバート・シーリー〔イギリスの歴史家〕は、この王を、「プロイセンに君臨した最も尊敬すべき、最も普通の男」と評している。[6] プロイセンの文化的、政治的生活がシュライエルマッハーやヘーゲル、シュタイン、ハルデンベルク、フンボルト兄弟といった優れた個性に支配されていた時代にあって、この君主は頭でっかちで狭量な、冴えない人物だった。彼は会話もたどたどしく、無愛想だった。ティルジットでの夏の日々に度々食事を共にしたナポレオンは、彼に「軍帽、ボタン、革製のかばん」以外の話をさせるのは困難だったと回想している。[7] 敗戦前の危機的状況において、プロイセンのハイ・ポリティクスの中心から離れることはほとんどなかったものの、目立たぬように陰に隠れ、決断を避け、近しい者たちの助言にすがる王の姿は、無能の人そのものだった。王太子時代のフリードリヒ・ヴィルヘルムは、政務を内部から学ぶ機会を与えられなかった。対照的に、彼は自分の息子、後のフリードリヒ・ヴィルヘルム四世に内政上の要職をあてがったが、これもまた、歴代君主の性格が交互に入れ替わるというホーエンツォレルン家の特徴を示すものである。王は鋭い知性を備えていたが、寡黙で、生涯をつうじて自分の能力に少しも自信をもてなかった。フリードリヒ・ヴィルヘルムは王位を継承したことを喜ぶどころか「重荷」に感じ、自分より適任者がいくらでもいると思っていた。

一七九七年のフリードリヒ・ヴィルヘルムの即位により、父と子の対称性というホーエンツォレルン家の恒例が繰り返されることとなった。父親があらゆる機会をとらえて領土を拡大しようとしたのに対し、息子は栄光や名声を求めたがらぬ平和主義者だった。父の治世は、バロック的な君主政が最後の輝きを見せた時代であり、浪費的な豪華さや愛妾の数が誇示された。しかし、フリードリヒ・ヴィルヘルム三世はベルリンの王宮の派手さを避け、王太子時代に住んでいた小さな邸宅を好んで使用した。お気に入りだったのは、ポツダム近郊のパレッツに購入した素朴な屋敷だった。ここでなら静かな家庭生活を営み、一介の田舎紳士のように振る舞うことができた。フリードリヒ・ヴィルヘルムは先代とは異なり、公私をはっきり区別していた。彼はひどく内気で、手の込んだ宮廷行事を嫌った。

図26　シャルロッテンブルク宮殿の庭園で家族と過ごすフリードリヒ・ヴィルヘルム三世とルイーゼ王妃、1805年頃。ハインリヒ・アントン・デーリングの原画に基づく、フリードリヒ・マイアーによる銅版画。

一八一三年、留守中に子供たちが自分のことを「パパ」ではなく「王様」と呼んでいる事実を知り、フリードリヒ・ヴィルヘルムはショックを受けたという。彼は劇場で軽い喜劇を観るのが好きだったが、それは周囲の目を気にせずに仲間と一緒にいられるのがうれしかったからでもある。

こうした観察を些末なこととして切り捨てられないのは、当時の人々にとっては、王の一挙手一投足が重要だったからである。治世の初期、フリードリヒ・ヴィルヘルムの控え目でブルジョワ風の立ち居振る舞いは幾度となく世人の注目を集めた。一七九八年、即位から間もなく、ベルリンの演劇詩人カール・アレクサンダー・ヘルクロッツは、作品のなかで王をこう称えた。

黄金の王冠には興味なし
紫のローブにも興味なし

王位に就いた一市民
一人の人間であること、それこそが彼の誇り(8)

平凡な中流層の家庭人としての王というテーマは、フリードリヒ・ヴィルヘルム三世の治世初期について書かれたものの多くに共通している。即位したての国王夫妻に捧げられた次の詩は、その好例である。

王よ、神であるなかれ
王妃よ、女神であるなかれ
そう、ありのままにあれ
人の子として立派であれ
我らの最も高貴な模範であれ
くつろいだ家の暮らしと天下国家
小事と大事はかくも調和する(9)

一七九七年以降のプロイセンの君主談議において最も顕著なのは、王妃が注目され、公衆の共感を集めるようになったことであろう。他方で王は、ホーエンツォレルン家の歴史上かつてなかったことだが、単に君主としてではなく夫としても認識され、祝福されるようになった。父の時代に描かれたバロック風の武人然とした肖像画は、きらびやかな鎧や白テンの襟巻に彩られていたが、フリードリヒ・ヴィルヘルム三世を描いた絵画は、妻や子供たちとくつろぐ、落ち着いた家族の光景に変わった。王妃個人が著名な公人として認識されるようになったのは、これが初めてのことだった。一七九三年、メクレンブルク家出身のルイーゼが婚約を交わしてベルリンにやって来ると、大騒ぎが起こった。目抜き通りのウンター・デン・リンデンで詩を詠じる少女に迎えられた彼女は、式次第を破ってその子を抱きかかえ、キスをした。「万人が彼女のとりこになった。彼女の優雅さと甘美さを感じずにはいられなかった」と、詩人のド・ラ・モット＝フケーは記している。(10)

ルイーゼは慈善活動に積極的だっただけでなく、容貌の美しさでも知られていた――一七九五〜九七年にヨーハン・ゴットフリート・シャードが制作した見事な全身像は、透けたサマードレスを着た一〇代のルイーゼと妹のフリーデリケ〔姉の婚姻と同時に、フリードリヒ・ヴィルヘルム三世の弟のルートヴィヒと結婚した〕が腕を組んで立っているというもので、あまりにもあからさまにエロティックだとされて、長い間一般公開を禁じられたほどであった。ルイーゼは、ホーエンツォレルン家にこれまでいなかったタイプの人物だった。彼女は美徳や謙虚さ、王妃としての気品に加えて、優しさや色気を兼ね備えた女性として、人々の心を捉えた。一八一〇年に三四歳で早世したことで、彼女は若さを保ったまま、後世の記憶に残り続けた。(11)

王妃としてひときわ目立つ存在だったルイーゼは、王国の日常のなかで、一八世紀の先達たちよりもずっと大きな存在感を放っていた。彼女が伝統に縛られず、即位直後に行われた国王の巡幸に同行して、国内各所の諸身分から忠誠宣誓を受けたのは、とくに注目に値する。各地の有力者たちとのいつ終わるとも知れぬ会談の間、若い王妃はその温かみや魅力で皆を感激させたという。ルイーゼはいわゆるファッションリーダーにもなった。風邪をひかないようにと身に着けていたネッカチーフは、やがて国内外で多くの女性に真似されるようになった。また、彼女は国王の大切なパートナーとして、公務の場でも活躍した。夫の治世の初期から、彼女は定期的に国政に関する相談を受け、主要な大臣と親交を結び、宮廷の政治的動向を知ることを自らの仕事とした。注目すべきことに、シュタインが一八〇六年の危機に際して急進的な改革案をもちかけた相手は王妃だった。また、極度の緊張状態にある夫を困らせるだけだという理由で、彼女がこの文書を夫に渡さなかったことも、特筆すべきである。ルイーゼは、優柔不断な王を心理面で支えた。「あなたに必要なのは、もっと自信をもつことです」と、彼女は一八〇六年一〇月〔イェーナ・アウエルシュテットの戦いの前日の一〇月一三日付〕に王に宛てて書いている。「そうすれば、もっと早く決断を下せるようになるはずです」[12]。

女性が君主政の表舞台の片隅に追いやられていた約一世紀を経て実現した王妃の台頭は、ある意味で、プロイセン王室における女性の復権を示唆している。しかしこの、王国の公的生活への女性の再統合が進行したのは、両性とその社会的役割に対する理解がますます二極化しつつある最中のことであった。ルイーゼが担った公的役割は、独自の宮廷や権限、外交方針をもつ女性君主のではなく、妻や助力者のそれであった。彼女の類まれなる才覚は、夫に仕えるために捧げられた。この従属者という演出は国王夫妻の公的イメージにとって極めて重要であり、だからこそルイーゼに対する崇拝は彼女の女性的な属性、例えば可愛らしさや甘美さ、母親としての優しさや妻としての美徳にこそ向けられたのであった。ルイーゼは、次第に世間から見えにくくなりつつあった王家の「私的領域」を、勃

図 27　プロイセン王子妃ルイーゼとフリーデリケ。ヨーハン・ゴットフリート・シャード〈王子妃たち〉1795–97 年

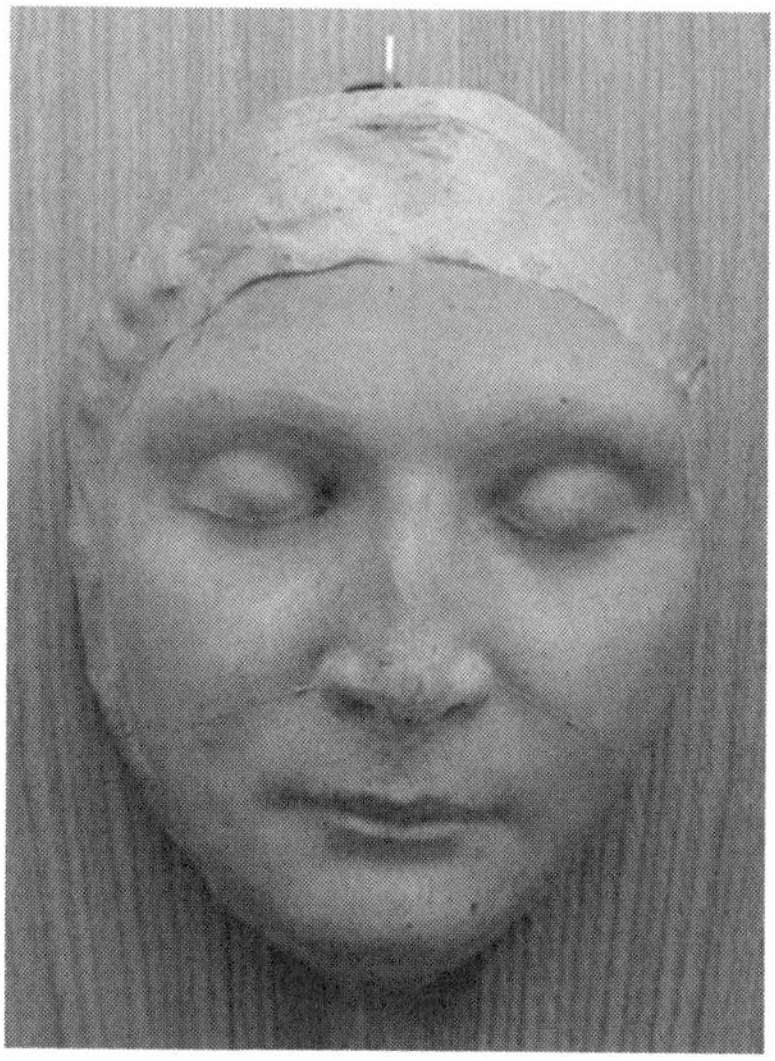

図 28　ルイーゼ王妃のデスマスク、1810 年

興する中産階級の公衆に理解しやすいものにした。彼女の名声は情緒的な一体化の経路を新たに開くことで、王室と公衆との間の感情的な隔たりを埋めていった[13]。

ルイーゼが一八〇六年に政府の施策や手続きに異議を唱える反対派を支持し、ティルジット条約後に彼らを呼び戻すよう王に迫ったことは、既に述べたとおりである。ティルジットの知らせが届くと、彼女はこう尋ねた。「フォム・シュタイン男爵はどこにいるのですか。彼こそ最後の望みです。偉大な精神と広い心をもつ彼ならば、私たちには思いもよらない解決策を示してくれるかもしれません。彼が来てくれさえすれば！[14]」。シュタインは一八〇七年初頭に傲慢と反抗的態度を理由に王から解任されたばかりだったので、そうした人物を同年の夏に再任するにあたっては、ルイーゼに夫を説得してもらう必要があった。ルイーゼはまた、カール・アウグスト・フォン・ハルデンベルクを敬愛し、支持していた。実際、ある記録によると、一八一〇年に臨終の床にある彼女が取り乱した夫に対して発した末期の言葉の一つは、ハルデンベルクの名前だったという[15]。

フリードリヒ・ヴィルヘルムも、敗戦によって非常事態が生じ、抜本的な見直しが求められていることを認めていた。そもそも彼は、一八〇六年よりもずっと前から改革に関心を示していた。例えば、彼は一七九八年には王立財政改革委員会を設置し、全国の関税規則や通行料・物品税の歳入管理の改善案を示すよう命じている。ただしこの時は、委員会の足並みが揃わず、物品税・関税・工場担当大臣のカール・アウグスト・フォン・シュトルーエンゼーは、討議の結果をまとめて提出することができなかった。翌年、フリードリヒ・ヴィルヘルムは刑務所制度の改革案を作成するよう命じた。大法官のフォン・ゴルトベックはこれを受けて、段階的な報酬と罰を与えて囚人の自己改善と更生を促すという、詳細でいかにも啓蒙主義的な制度案を提出した。ゴルトベックの提言は、一八〇四～〇五年に出された監獄の改革に関する総合計画に盛り込まれた[16]。

官僚も含めて多くの人々が改革に抵抗しなければ、国王は間違いなくもっと多くのことを達成できたであろう。一七九八年一〇月の官房政令で、国王は財政改革委員会に対して、貴族に課される土地税を引き上げられないかどうか、調査するよう指示した。しかし、委員会が開かれて提案が検討される前に、高官がこの政令をハンブルクの『ノイエ・ツァイトゥング』にリークし、各地の諸身分の抗議を招いてしまった。

農業改革の分野でも、君主の主導で大きな成果が挙がった。農民から寄せられた「信じられないほど多くの苦情」に心を痛めたフリードリヒ・ヴィルヘルム三世は、王領地内の世襲隷農制を廃止することを決意し、一七九九年にその旨を通達した。しかし、王の取り組みは総監理府の内部から強い抵抗を受けた。王領地内の農民の地位に手を加えれば、貴族領地の農民も同じような願望を抱くようになり、「国民のなかで最多数を成す層の反乱」を誘発するだろうというのが、総監理府の言い分だった[17]。フリードリヒ・ヴィルヘルムがこうした懸念を退け、各地方の軍事・御料地財務庁長官に王領地に残る農民賦役の段階的廃止を指示したのは、ようやく一八〇三年になってからのことである[18]。

官僚と将校

一八〇六年以降のプロイセン行政において最も大きな影響力を及ぼした二人の改革者、シュタインとハルデンベルクは、ドイツの二つの異なる進歩的伝統を代表する存在であった。シュタインはその出自から、社団的な代表制に対する深い尊敬の念を刷り込まれていた。ゲッティンゲン大学でホイッグ的なイギリス貴族の美風を身につけた彼は、政府の責務を地方機関に委ねるのを好んだ。プロイセンの官僚としてヴェストファーレンの炭鉱業を管轄した経験から、シュタインは、効果的な行政の鍵は地方エリートとの対話や協力にあると確信していた。[19] 対照的に、ハルデンベルクはドイツ啓蒙主義の信奉者であり、フリーメイソンの急進的な分派であるイルミナティに所属していたこともあった。ハルデンベルクは社会秩序における貴族の歴史的役割を尊重していたが、シュタインとは違い、自らの属するこの階層をそれほど重視していなかった。ハルデンベルクの改革構想は何よりも、国家に権力と正統な権威を集中させることに焦点を絞っていた。また、二人は気質の点でも大きく異なっていた。シュタインは不器用で衝動的、そして横柄な性格だった。それに対してハルデンベルクは抜け目がなく、機敏で計算高く、駆け引きに長けていた。

しかしこの二人には、実りある共同作業を可能にできるだけの共通点があった。まず、両者はともに世論の力と重要性をよく知っており、その意味でヨーロッパの啓蒙主義を体現していた。また、二人は最高執政府の構造改革が必要であることを確信しており、この問題については一八〇六年の激しい派閥抗争の際に、互いの立場を調整し合った。そして、彼らは孤立した存在ではなかった。二〇年以上をかけてプロイセンの行政畑で立身出世を遂げる間に、彼らの周りには相当な数の若手官僚のネットワークが形成されていた。そのなかには弟子や友人もいれば、フランケンやヴェストファーレンで官僚として鍛えられた者もいたし、国家の危機に際して改革派に引き寄せられてきた同志もいた。

改革派が直面した最初の、そしてある意味で最も緊急の課題は、プロイセンをヨーロッパという舞台で自立的に機能する国として再び立て直すことであった。この課題を克服するために、彼らは中央の意思決定機関と軍隊という二つの分野に狙いを定めた。既に見てきたように、大臣の制度をもっと合理的なものにする必要があるという意見は、高官たちの共通認識になっていた。とくに疑問視されたのは、いわゆる「国王官房制」であった。この制度においては、一人または複数の「外務大臣」が、君主と近しい距離にある官房秘書官や、権勢をふるう寵臣たちと政策決定プロセスに対する影響力を競い合わざるを得なかった〔そもそも「国王官房」は、総監理府から独立して外交政策を扱う機関として一七二八年に創設された〕。改革派の主張では、これこそがプロイセンを一八〇六年に苦境に陥れた沈滞の原因であった。そこで、一八〇七年一〇月に大臣に再任されたシュタインは国王を何とか説き伏せて、まずは私的な取り巻きから成る国王官房を解散させ、次いで一八〇八年一一月に、権能別に定められた五つの省〔内務、財務、外務、陸軍、法務〕で構成される中央執政機関を設立し、それぞれの省に、国王に直接に上奏することができ、国王に対して責任をもつ大臣を配置した。これらの措置を組み合わせれば、官房秘書官と大臣との間の諮問機能の重複や、複数の「外務大臣」の並立を阻止できるようになった。また、理屈のうえでは、国王は公式の諮問を一人の責任ある官吏をつうじて行わねばならなくなり、ライバル関係にある大臣や顧問官が競い合うこともなくなった。

シュタインやハルデンベルク、そして彼らの協力者たちは、プロイセンが一八〇七年の審判を覆せるまでに回復するには、これらの措置が必要不可欠であると確信していた。彼らは、一八〇六〜〇七年の惨事の元凶は執政府内部の緊張関係にあり、君主を然るべき決断に導くことができるようなもっと優れた意思決定機構があれば、悲劇は回避できたはずだという確信に基づいて、こうした主張を展開したのである。このような議論の根底には、後にカール・シュミットが「決断主義」と呼んだもの、すなわち、状況の変化に応じて迅速かつ合理的に、しかも十分な情報に基づいて決断を下せるような、柔軟で透明性のあるシステムを考案できるかどうかに、すべてがかかっているとする発想があった。ティルジット後のプロイセンを包み込んだ切迫感のなかで、こうした議論に反駁するのは難しかった。

しかし、改革者たちの「決断主義」の主張は、思ったほどの説得力をもち得なかった。結局のところ、一八〇四～〇六年のプロイセン外交の問題は、国王が様々な意見に振り回されたことよりも、この国がそもそも厄介な状況に直面していたことにあった。あらためて強調すべきだが、ナポレオンは不世出の存在だった。大選帝侯の時代にルイ十四世が神聖ローマ帝国の周縁部で始めた「再統合」〔一六八三―八四年の再統合戦争を指す〕の試みでさえ、ナポレオンの帝国建設事業の規模と野心に比べれば見劣りがする。これほどの人物が相手では対処のしようがなかったし、次にいかなる手を打ってくるか、前例をもとに予測することもできなかった。中立政策が立ち行かなくなり、ましてや国家間のパワーバランスが絶えず流動し、同盟を結べそうな国から発せられる信号も目まぐるしく変化するなかで、どの方向に跳躍すべきかを判断するのは至難の業だった。大選帝侯は北方戦争や、ルイ十四世と繰り広げた数々の戦争の間、様々な選択肢の間で苦悩し続けた。それは、彼が優柔不断だったからでも臆病だったからでもなければ、十分に合理的な行政機関がなかったからでもなく、眼前の苦境を乗り越えるには慎重な検討が必要だったからであり、これといった解決策もなかったためであった。フリードリヒ・ヴィルヘルム三世に求められたのは、さらに多くの変数を含み、さらに大きなリスクを伴う問題を、より繊細に判断することだった。改革派が提唱した制度が例えば一八〇四年に実施されていれば、彼らが激しく非難した国王官房制よりもましな結果になっていただろうとするのは、根拠薄弱である。なにしろ当時は、古い制度に反対する人たちまでもが、開戦という王の致命的な決断を支持していたのである。[20]

それでも改革派が外交の分野で行政の合理化を推し進めた理由の一端は、行政を集中化すれば間違いなく、最高位の官僚たちの権力が強化されたからである。新制度は、一八〇六年まで宮廷内で行われていた権力闘争を終わらせ、五人の大臣に政策決定の場で安定した地位を約束するものであった。旧体制下においては、国王の耳があちこちを向く度に、個々の助言者の影響力は増大したり減少したりして、先行きが見通せなかった。また、一日がかりの慎重な議論と説得が、次の日には帳消しにされることもあり得た。しかし新体制下では、大臣どうしが協力しあって王を管理できるはずだった。一八〇五〜〇八年に行政の合理化を要求した高官たちのほぼ全員が、いずれかの重職にありつけるだろうと想定していたという興味深い事実は、驚くにはあたらない。[21]

改革者たちは賢明にも、自分たちの目的は、より優れた意思決定手段を君主に提供して、王権を拡充することにあると常に強調していた。しかし彼らは実際には、君主を一体性のある助言者集団で囲い込むことによって、王権を制限しようとしていた。彼らは君主政を官僚化し、責任の体系というより広い構造のなかに組み込もうとしていた。[22]王はそのことをよく理解していたため、シュタインから、今後は国王の発布する法令は五人の大臣の副署がある場合にのみ有効になるという案を示されると、難色を示した。[23]

イェーナとアウエルシュテットでの敗戦の後、軍に強い関心が向けられるようになったのは当然のことだが、軍制改革は既に以前から議論の対象となっていた。フリードリヒ二世の没後数年のうちに、大王の体制を批判的に再検討すべきだとする声が文官と武官の双方からあがった。この議論は一八〇〇年以降も続き、より柔軟な感性をもつ専門家たちが、革命戦争や初期の対ナポレオン戦争の教訓に学んでいった。侍従武官で軍事理論家のクリスティアン・フォン・マッセンバッハ大佐は、一七八二年に二四歳でプロイセン軍に入隊したヴュルテンベルク人で、フリードリヒ・ヴィルヘルム三世とも近しい関係にあった。マッセンバッハは、ナポレオンの戦役に示される新たな「大戦争」を遂行するには、軍事計画の立案者や指導部を専門化する必要があると主張した。彼の考えでは、プロイセンの命運は、君主自身が才能ある戦略家であるかどうかに左右されるべきではなかった。また、戦役の前後に手に入るあらゆる情報を照合し勘案できるような、持続的な仕組みを設けるべきであった。そして、指揮機能を単一の意思決定機関に集中させるべきであった。[24] 近代的な参謀本部制度に関するこの初期の素案と、行政改革に関する同時期の議論との間には明らかな類似性がある。マッセンバッハもまた、合理化の提唱者であった。[25]

軍制改革に関する議論の最も重要な場は、一八〇二年に設立された軍事協会で、そこでは将校たちが互いに口頭で報告を行い、眼前のヨーロッパの軍事情勢がプロイセンに及ぼす影響について語り合った。この協会の中心人物だったゲルハルト・ヨーハン・ダーフィト・フォン・シャルンホルストは農民の家系の出身で、故郷のハノーファーで栄達を遂げた後、四六歳となる一八〇一年にプロイセン軍に入隊した〔シャルンホルストの父は貧農出身で、ハノーファー軍の将校になった。また、シャルンホルストはプロイセン軍に入隊した翌年に貴族に叙せられて「フォン」を名乗るようになった〕。シャルンホルストは、プロイセン軍にナポレオン式の師団制度を導入し、各地の民兵から成る予備役軍を組織するよう提唱した。また、プロイセン出身のカール・フリードリヒ・フォン・デム・クネーゼベックのように、真に「国民的」なプロイセン軍の創設を予見させる、野心的な構想を描き出した者もいた。[26]これらの試みが示すように、プロイセン軍は一七八〇年代や一七九〇年代において既に、国家と市民社会の関係を改変し始めた批判や自己点検の過程と無関係ではなかったのである。

しかし一八〇六年までは、こうした考えが実行に移されることはほとんどなかった。大がかりな改革はどれも既得権益を脅かすものであり、一八〇三年に参謀本部の前身となる組織の設置が一時的に試みられた時も、古色蒼然たる軍内部の将官たちの露骨な敵意に直面することになった。古株の上級

図29 ゲルハルト・ヨーハン・フォン・シャルンホルスト、1813年以前。フリードリヒ・ビュリー作

将校たちも改革に対して強く反発したが、その一人が、七年戦争での功績で名声を得たメレンドルフ元帥である。八二歳の時にイェーナ〔アウエルシュテットと思われる〕でフランス軍の砲火のなかを悠然と歩いてみせたメレンドルフは、極めて頭の固い人物で、改革派の提案には常にこう応えたと伝えられる。「こいつはさっぱり理解できんことだて」。当時のプロイセン軍では、このような人物が絶大なる尊敬を集めており、有名な伯父フリードリヒ大王の威光を背負ったフリードリヒ・ヴィルヘルム二世でさえ、この手の軍人に立ち向かうのは気が咎めた。一八一〇年に行った会話のなかで明らかにしたところによれば、フリードリヒ・ヴィルヘルムは一八〇六〜〇七年の戦争よりもずっと前から、軍隊の抜本的な改革を望んでいた。

……しかし余は若く経験も浅かったので、敢えて我をとおすよりも、栄冠の下に白髪を蓄え、おそらくは余よりも万事に通じているこの二人の老将〔メレンドルフとブラウンシュヴァイク公〕を信頼することにした［…］。もし余が改革者として彼らの意見に反対しようとして、失態を演じたら、皆から「あの若造は未熟者！」と言われていただろう。(27)

イェーナとアウエルシュテットの敗北はこうした状況を一変させ、間もなく君主が主導権を握るようになった。一八〇七年七月、ティルジットの衝撃が冷めやらぬ頃、王は軍隊再編委員会を設立し、然るべき一切の改革の立案を委ねた。これは、戦前の軍事協会を政府機関として生まれ変わらせたようなものであった。主宰者はシャルンホルストで、アウグスト・ヴィルヘルム・ナイトハルト・フォン・グナイゼナウ、ヘルマン・フォン・ボイエン、カール・ヴィルヘルム・ゲオルク・フォン・グロールマン、カール・フォン・クラウゼヴィッツという四人の才能ある弟子たちがシャルンホルストを支えた。グナイゼナウはザクセンの平民出身の砲兵将校の息子で、一七八六年に総合養局（参謀本部の前身）の一員としてプロイセン軍に入隊した〔グナイゼナウの本来の姓は「ナイトハルト」だったが、祖先が所有していたとされる領地の名を加えて一七八二年頃から「ナイトハルト・フォン・グナイゼナウ」と称するようになった〕。一八〇六年一〇月の戦いで少佐に昇進したグナイゼナウは、ポンメルンのバルト海沿岸にあるコルベルク要塞の司令官となり、愛国的な市民の助けも得て、〔休戦成立の知らせが届いた〕一八〇七年七月二日までフランス軍を相手にもちこたえることに成功した。

ボイエンは東プロイセン出身の将校の息子で、ケーニヒスベルク大学でカントの講義を受け、一八〇三年から軍事協会に参加していた。イェーナ・アウエルシュテットの戦いの後にホーエンローエ侯の副官を務めていたグロールマンは〔ホーエンローエ軍がベルリン北方のプレンツラウで降伏してからも〕、東プロイセンに退いてレストック将軍率いるプロイセン軍部隊の参謀となり、プロイシッシュ・アイラウでロシア軍と協力してフランス軍と戦った。グナイゼナウと同様にグロールマンも、一八〇六年の秋の敗北を体験しただけではなく、一八〇七年のプロイセン軍の継続的な抵抗に関わるという幸運に恵まれた。一八〇六年の時点で二六歳と、四人の中で最も若かったクラウゼヴィッツは、一二歳の時に士官候補生として軍に入隊し、一八〇一年にはベルリンの士官研修所への入学を認められた。この機関は、シャルンホルストが所長に着任したばかりのエリート養成施設であった。

彼らは、荒廃したプロイセン軍の巨体から、新たな軍事組織を切り出そうとした。組織面と技術面で重要な改善が行われた。軍の執行機関は、シュタインの提案に沿って強化された。注目すべきは陸軍省の創設であり、そこでは参謀本部の組織的な基礎が形成されつつあった。とくに重視されたのは、散開隊形で行動する柔軟な狙撃兵部隊の配備であった。シャルンホルストの監督下で、教練、戦術、兵器が大幅に改良された。また、人事は実力主義に基づいて行われることとなった。グロールマンが作成した一八〇八年八月六日の通達の表現によれば、「今後、従来のような社会的な選り好みは軍の関係機関では全廃され、誰もが経歴に関係なく、同じ義務と同じ権利をもつ」こととなったのである。(28)こうした改革の心理的インパクトは、同時期に軍指導部において行われた異例の規模の粛清人事によって、さらに強まった。軍隊再編委員会が行った敗戦に関する法科学的な分析に基づいて、合わせて二〇八名の将校が役職を解かれ、一四二名の将官のうち一七名が退役処分を受け、さらに八六名が名誉除隊となった。この粛清人事を生き延びたのは、プロイセンの全将校の四分の一あまりに過ぎない。

一八〇八年八月六日の通達の第一の目的は、これまでよりも優秀な指揮官を確保することにあった。しかし改革者たちには、もっと大きな目標もあった。彼らは、将校団の社会階層的な排他性を克服しようとしていた。軍隊は高潔な愛国心で満たされ、一八〇六年に明らかに欠落していた情熱や当事者意識が注入されるべきだった。シャルンホルストの言葉を借りれば、「軍隊の精神を高め、鼓舞し、軍隊と国民の関係をより親密なものにすること」が課題であった。(29)軍隊とプロイセン「国民」とのこの新たな関係を完成させるために、改革派は国民皆兵制の導入を主張し、軍隊に直接招集されない者は各地の民兵団に所属する義務があるものとした。とくに都市部において、社会のかなりの部分を軍隊から遠ざけていた兵役免除措置は、いよいよ撤廃されねばならなかった。また、ブルジョワの新兵の尊厳に抵触すると考えられたため、規律違反に対する過酷な体罰、なかでも悪名高い「棒打ち刑」の段階的な廃止も指示された。将校の任務は、部下を殴ったり侮辱したりするのではなく、「教育」することであった。この措置は、フリードリヒ・ヴィルヘルム二世の時代から長い時間をかけて断続的に行われてきた、軍の懲罰の見直しの集大成であった[30]。

こうした価値観の大転換を表現したものとして最も影響力をもったのが、クラウゼヴィッツの『戦争論』である。軍事紛争を包括的かつ理論的に論じたこの書物は、クラウゼヴィッツが一八三一年にコレラで他界した時になお未完だった〔一八三二〜三四年に夫人により編集・刊行〕。クラウゼヴィッツによる軍事行動の類型論においては、兵士は戦場で飼い馴らされる家畜ではなく、雰囲気や士気、飢えや寒さ、疲労や恐怖といった変化に左右される人間である。そして、軍隊は機械としてではなく、独自の集団的な「特性」を備え、自らの意志をもつ組織体として観念されるべきである。したがって軍事理論は、主観的な要素を変数とするソフトサイエンス〔自然科学だけでなく人文科学や社会科学などの知見も取り入れた科学技術の手法〕なのであった。とくに重要なのは、下級指揮官の柔軟性と自立性であった。こうした洞察とともに、軍事に対する政治の優位も主張された。クラウゼヴィッツは、ナポレオンが絶え間なく戦争を引き起こしたことを暗に批判して、軍事行為は決してそれ自体が目的になってはならず、常に明確に定義された政治的な目的に仕えなければならないと主張した。このように、『戦争論』はナポレオンの「大戦争」によって解き放たれた予測不可能な新たな諸力を認め、理論化しようとした最初の試みであり、また同時に、そうした力を本質的に文民的な目的に奉仕させようとしていた[31]。

土地改革

ティルジット条約締結の直後、「隷農制の廃止は、治世の当初から一貫して余の目標であった」と、フリードリヒ・ヴィルヘルム三世はある高官〔大臣のフリードリヒ・フォン・シュレッター〕に語っている。「余はそれを少しずつ実現しようと望んでいたが、我が国の不幸な状況によって、今ではもっと迅速な行動が正当化され、実際に要求されている」[32]。ここでもやはり、ナポレオンの衝撃は改革の原因というよりも、改革を促進する要素であった。「封建的」な土地所有制度は、はるか以前から揺らぎつつあった。重農主義思想やアダム・スミス的な自由主義思想が行政に浸透してきたことによるイデオロギー上の変化も、古い制度が疑問視されるようになった一因だった。しかし旧来のシステムは、経済的にみても存在意義を失いつつあった。人口増加の時代に豊富で安価な賃労働者が活用されるようになると、多くの農場は隷属農の賦役に依存しなくてもよくなった[33]。さらに、一八世紀後半の穀物価格の高騰は、このシステムに新たな不均衡をもたらした。才覚のある農民は余剰穀物を市場にもちこんでブームに乗り、賃労働者に金を払って「封建的」な賦役を肩代わりさせた。こうした状況においては、賦役労働によって重い地代を支払う隷属農の大規模な存在は、経済的に非生産的であると認識されるようになった。かつてはユンカーによる所領経営の特長として高く評価されていた賦役は、今や、収入を増やしつつも「保護された小作人」であり続けている農民に有利な制度として、固定貸料のごとく機能するようになっていた[34]。

農地制度改革を概括する法案の作成を委ねられたのは、シュタインの同志であるテオドール・フォン・シェーンとフリードリヒ・フォン・シュレッターであった。彼らが一八〇七年一〇月九日に作成したいわゆる十月勅令は、プロイセン改革期の記念碑的な立法のなかでも最初にして最も有名なものとなった。多くの改革令と同様、この勅令は法律というよりは意思表明に近い。勅令はプロイセン農村の社会構造の根本的な改変を謳いあげているが、そのあちこちに誇張やあやふやさがある。基本的に、この勅令は二つの目標を達成するために作成された。その一つ目は、潜在的な経済エネルギーを解放することだった。勅令の前文では、諸個人は自由に、「各自の能力が許す限り、豊かさ」を得るべきだと明言されている。勅令の二つ目の目標は、すべてのプロイセン人が法の下に平等な「国家市民」である社会を創ることだった。これらの目的は、三つの具体的な方策によって達成されるはずであった。第一に、貴族領地の購入に関する制限が全廃された。国家はついに、貴族による特権的な土地の独占を維持しようと無駄にあがくのをやめ、初めて自由な土地市場に近いものを創り出したのである。第二に、今後はあらゆる職業があらゆる階層に開放されることとなった。ギルドのような社団による職業制限に拘束されない、自由な労働市場がいよいよ出現したのである。この施策にも長い前史があり、ギルド支配の廃止は一七九〇年代初頭から、総監理府とベルリンの工場局との間で繰り返し議論されてきた問題であった[35]。第三に、すべての世襲隷農制が廃止された。この勅令は極めて思わせぶりな、しかしもどかしいほど曖昧な表現で、プロイセン王国では「一八一〇年の聖マルティヌス祭［一一月一一日］」から、自由な人間だけが存在するようになる」と告げた。

勅令の末尾に記されたこの一文は、農村共同体にとって青天の霹靂であり、また多くの疑問をもたらした。農民が正式に「自由」になるというのは、賦役の義務がなくなるということなのだろうか。その答えは思った以上に玉虫色だった。なぜなら、ほとんどの賦役は人格的な隷属ゆえに生じるものではなく、土地所有のために支払うべき地代の一形態だったからである。とはいえ、勅令が周知された多くの地域の地主たちは、農民に賦役を続けさせるのが事実上不可能になったことを悟った。たとえばシュレージエンでは、地元当局はこの知らせが村々に伝わるのを防ごうとしたがうまくいかず、一八〇八年の夏には、自分たちは不法に服従させられていると考えた農民たちによって、暴動が起こった。[36]

さらに厄介だったのは、農民の土地の所有権が最終的に誰のものになるのかという問題であった。プロイセンの農業政策に伝統的に盛り込まれてきた農民保護の原則についての言及がなかったため、一部の地主貴族は、この勅令を農民耕作地の接収のための、あるいは彼らの理解では開墾のための白紙委任状とみなし、その結果、非合法な収用行為が続出した。一八〇八年二月一四日に制定された法令により、土地の所有権は従来の所有関係によって決まると定められたことで、問題がある程度まで解消された。しっかりとした所有権をもつ農民は、一方的な収用を免れた。しかし、一時的な借地権しかもたない農民は、当局の許可があれば土地を収用されるようになった。法解釈の細かな点についてはさらに議論の余地があり、土地の所有権や、地主が失った賦役や土地に対する補償の問題が解決されたのは、ようやく一八一六年のことである。

一八一一年の調整令と一八一六年の調整令布告に示された最終的な見解は、農民による旧来の土地所有形態を様々な階層に等級づけ、それに応じて異なる権利を割り当てるとするものであった。大まかに言えば、土地を分割して、世襲農民は伝統的に働いてきた土地の三分の二——非世襲農民の場合は二分の一——の使用権を保持するか、あるいは農民が土地を買い取り、世襲部分については払い下げを受けるという、二つの選択肢があった。農民が土地を得たり賦役や現物地代から解放されたりするには領主に償却金を支払う必要があったが、償却金の支払いは多くの場合、半世紀以上にわたって続いた。最下層の農民たちは、自分が耕している土地を自分の所有地とする資格を与えられず、収用の対象にされやすかった。(37) これらの措置は、労働義務をはじめとする面倒な「封建的」義務から農民を解放すれば生産性が高まるという、当時流行していた後期啓蒙主義の重農主義的な学説に合致したものであった。また、シュレッターやシェーンといったプロイセンの若手官僚に高く評価されていたアダム・スミスの著作は、最下層の零細農民に独立した農業経営は無理なのだから、土地など手放してしまえばよいという見方を暗に示唆していた。(38)

一部の貴族は、プロイセンの古い農村構造に手が加えられることに激しい反感を抱いた。ベルリンのゲルラッハ兄弟を中心とする保守的な新敬虔主義者たちは、この改革の時代に、君主政国家もまた革命さながらに、伝統的な生活に脅威をもたらしうることを認識した。レーオポルト・フォン・ゲルラッハは、増長する一方の中央官僚たちが、「害虫のごとくすべてを食い荒らす、新手の行政独裁主義」によって、君主の個人的権力を蝕んでいると確信した。(39) こうした見解を最も痛烈かつ印象的に訴えたのは、オーダー川の氾濫原の縁に位置するキュストリン近郊のフリーダースドルフの地主、フリードリヒ・アウグスト・ルートヴィヒ・フォン・デア・マルヴィッツであった。彼は、改革は農村地帯における古き家父長制的構造に対する攻撃であると非難した。マルヴィッツによれば、代々受け継がれてきた臣従関係は奴隷制の残滓などではなく、農民と貴族を結ぶ家族的な絆の表れであり、この絆を断ち切れば、社会全体の結束が弱まることになるはずだった。マルヴィッツはノスタルジーにどっぷりと浸かったメランコリックな性格の持ち主で、優れた知性と修辞術で反動的な見解を明確にした。しかしほとんどの貴族は新しい制度の利点を理解しており、マルヴィッツの仲間は少なかった。新制度は大半の農民には比較的利得が少なく、地主は複雑な世襲的権利に拘束されない土地で、安価な賃金労働力を使って農業生産プロセスを強化することができたのである。(40)

市民

十月勅令は、貴族の領地から「封建制」の法的残滓を拭い落とすことで、より政治的に凝集性のある社会をプロイセンに実現しようとしていた。「臣民」は「国家市民」に作り替えられるはずであった。しかし改革者たちは、愛国的な活動を引き出すためには、より積極的な働きかけが必要であることを見抜いていた。一八〇七年、カール・フォン・アルテンシュタインはハルデンベルクに宛てて、「教育制度が我々に敵対し、中途半端な官吏を国家に送り込み、無気力な市民を生み出すならば、あらゆる努力が水の泡になります」と書いている。(41) 行政や法律の改革はそれだけでは不十分であり、解放された市民を将来の課題に向けて奮い立たせるための幅広い教育プログラムによって、改革が継続されねばならなかった。

王国の教育制度の刷新を託されたのは、ヴィルヘルム・フォン・フンボルトであった。フンボルトはポンメルン地方の軍人の家系に生まれ、一七七〇年代から一七八〇年代にかけての啓蒙期のベルリンで成長した。ユダヤ人解放論者のクリスティアン・ヴィルヘルム・フォン・ドームや、進歩的な法学者のエルンスト・フェルディナント・クラインらが、彼の家庭教師だった。一八〇九年二月二〇日、

図 30　ヴィルヘルム・フォン・フンボルト。ルイーゼ・アンリ作、1826 年

フンボルトはシュタインの推挙で内務省宗務・公教育局の初代局長に任命された〔一八一〇年六月まで在任。宗務・公教育局は一八一七年に文部省に昇格〕。フンボルトは改革派の高官のなかでも異色の存在だった。彼は元々は政治家ではなく、コスモポリタン気質の学者で、成人してからは外国暮らしが長かった。一八〇六年、フンボルトは家族とともにローマに滞在し、アイスキュロスの『アガメムノン』の翻訳に励んでいた。プロイセン軍が壊滅し、ベルリン北辺のテーゲルにあった自邸がフランス軍に略奪されてようやく、彼は苦難にある祖国に戻る決意を固めた。新政府への宮仕えを承諾したのは、嫌々ながらのことだった[42]〔フンボルトは一八〇一〜〇八年、ローマ教皇庁駐在のプロイセン公使館に勤務していた〕。

しかし、フンボルトはいったん新たな地位に就くと、プロイセンの教育を一変させる極めてリベラルな改革を断行した。彼によってこの国に初めて、ヨーロッパの進歩的な教育学の最新の動向に対応した、単一の標準化された公教育制度が導入されたのである。フンボルトは、教育とは技術訓練や職業訓練といった考えとは別物であり、その目的は靴職人の徒弟を靴職人にすることではなく、「子供を人間にする」ことにあると喝破した。改革された学校は、生徒に特定の教科を教授するだけでなく、自分で考え、学ぶ能力を身につけさせるためのものであった。フンボルトは、「生徒が成熟したと言えるのは、自分で学ぶことができるようになるまで、他人から十分に学んだ時である」と書いている。[43] この方法論を確実に浸透させるために、フンボルトは教員養成学校を新設して、混乱した王国において小学校の教師となるべき人材を育成しようとした。また、国家試験と監察という一律の体制を課し、カリキュラムや教科書、副教材の作成を監督する特別部門を内務省内に設置した。

フンボルトの改革の中心を担い、不滅のモニュメントとなったのが、一八一〇年にベルリンのウンター・デン・リンデンに創設されたフリードリヒ・ヴィルヘルム大学である。同校のキャンパスには、かつてフリードリヒ大王の弟ハインリヒが所有していた宮殿が充てられた。ここでもフンボルトは、自立した合理的な個人による自己解放のプロセスとしての教育という、カント的なビジョンを実現しようと努めた。

初等教育が教師を必要とするのとまさに同じことで、中等教育では教師は無用の存在となる。ましてや、大学の教師はもはや教師ではなく、学生はもはや生徒ではなくなる。むしろ学生は自ら研究を行い、教授はその研究を監督し支援する。なぜなら大学レベルの学習は、学生を学問的探求の統一性を

理解できる状態にし、それによって学生の創造的な力が発揮されるからである。(44)

かくして学術研究とは、あらかじめ定められた終点や、純粋に功利主義的な言葉で定義できるような目的をもたない活動となる。フンボルトにとって研究は、内的な原動力によって展開されるプロセスであり、事実の蓄積という意味での知識よりも、考察や理性的な議論に関わるものであった。こうした理念は、カントが人間の理性を批判した際に示した多元的な懐疑論に倣ったものであり、プロイセンの啓蒙主義を活気づけた、あらゆるものを包含する対話というビジョンへの回帰でもあった。この事業を実現させるために欠かせないのは、政治的な干渉を受けないことであった。国家は大学の知的生活に手出しするのを控えるべきであり、教授たちが多数派を形成し、仲間内で学問の多様性を抑圧する恐れがある場合にのみ、「自由の保証人」として介入するべきであった。(45)

フリードリヒ・ヴィルヘルム大学――一九四九年にフンボルト大学に改称〔通称はベルリン大学〕――はすぐに、ドイツのプロテスタント系の大学のなかで優位を確立した。国王フリードリヒ一世の時代に創設されたハレ大学のように、この新しい大学はプロイセン国家の文化的権威を誇示する役割を担った。実際、フリードリヒ・ヴィルヘルム大学の開学には、ナポレオンによる領土分割によって奪われたハレ大学の穴埋めをするという動機もあった。その意味でこの新しい大学は、フリードリヒ・ヴィルヘルム三世の言葉を借りれば、「国家が物質的に失ったものを知的手段で埋め合わせる」ことに貢献した。しかしこの大学はまた、高等教育の目的をめぐる新たな理解を制度として表現したものでもあり、そこにこそ真の意義があった。

フンボルトによる教育体制の様々なレベルから誕生した、解放された市民は、プロイセン国家の政治生活へと能動的に参加することを期待された。シュタインは、公共の事柄への能動的な参加を促すために、選挙で選ばれた自治機関を都市に設置して、この課題に応えようとした。シュタインが辞任する直前の一八〇八年一一月、政府は都市条例《シュテッテオルドヌング》を制定した。「市民《ビュルガー》」というカテゴリーは、かつてはギルドなどの社団組織の構成員に限られていたが、独身女性も含め、市域内に家屋を所有する人、あるいは「市政に関係する生業」を営むすべての人にその範囲が拡大された。また、一定の財産資格を満たす男性市民は全員、都市の選挙権や市政に携わる権利を得た。ここで主張された所有《タイルハーベ》と参加《タイルナーメ》の等価性は、一九世紀の自由主義を貫徹する歴史的テーマとなる。

このように、市民を公共の問題に積極的に参加させるというプロジェクトは、ハルデンベルクの在任期間中に王国全体に拡大された。一八〇六年以前の啓蒙主義的な改革者たちの多くが思い描いていた構想を上回る、この注目すべき民衆参加の実験が行われた背景には、危機的な財政状況があった。一八一〇年、ナポレオンから再び戦争賠償金の支払いを要求されて、ドーナ内相とアルテンシュタイン財相が主導する内閣は賠償金を支払うか、あるいはシュレージエンの一部を譲り渡すかの選択を迫られた。大臣たちが後者の方向で検討を始めると、フリードリヒ・ヴィルヘルム三世は彼らを解任し、ハルデンベルクを宰相に任命した。ハルデンベルクは抜本的な財政改革を行うことでフランスの賠償要求に応じると約束したが、国家債務は一八〇六年の三五〇〇万ターラーから一八一〇年の六六〇〇万ターラーへと急増しており、貨幣価値の切り下げや新紙幣の発行、高金利の借款がインフレ・スパイラルに拍車をかけていた。

状況のさらなる悪化を防ぐため、ハルデンベルクは次々と王令を発し、財政と経済の大改革に乗り出した。こうして、「領域的消費税」の導入による税負担の公平化、十月勅令や都市条例で謳われた営業の自由化の全国規模での展開、教会の所領や国有地の売却、関税や通行料の抜本的な見直しと合理化などが目指された。ハルデンベルクはこうした提案に対する議論を調整するための制度として、一八一一年二月、様々な地域エリートから指名された六四名から成る名士会を招集し、自らが「全国民の代表」であるという意識をもって、自由で平等なプロイセン社会を確立するために協力するよう通達した。[46] 一八〇九年三月の覚書でハルデンベルクが述べたように、その目的は「政府と民との間の愛と信頼の絆」を損なわずに、必要な資金を引き出す方法を見つけ出すことにあった。いわば自ら進んで新たな租税を定めることで、名士会は「悲痛な犠牲を要求する苦痛を君主に与えず、国家市民の悪感情を弱め、市民に細かな実務をある程度まで管理させ、彼らの愛国心を証明し、共通善との然るべき関わりを活性化させる」のであった。[47]

結局のところ、似たような目的のために招集された歴史上の多くの集会と同様に、名士会は所期の目標を達せずに終わった。ハルデンベルクは、名士会に参じた公徳心あふれる人々が、必要な措置を実行に移したり、改革事業をさらに推進したりするための方法について建設的な提言を行い、その後、政府の宣伝担当者として地元に戻っていくことを期待していた。しかし、出席者たちはハルデンベルクの計画に声高に反対し、名士会は反改革派の意見表明の場となった。名士会はすぐに解散させられた。同じ問題は、一八一二年と一八一四年に地方自治体の議会から選出されてハルデンベルクによって招集された、「臨時国民代表議会」なる控え目な名称の会議に関しても起こった。こんにちからすれば、こうした疑似民主主義的な議会を成功させるのは困難だったように思われる。ハルデンベルクはこれらの議会を本格的な議会としてではなく、あくまでも諮問機関として機能させ、政府と国民を繋ぐパイプ役にするつもりだった。ここに確かに存在していたのは、国家と市民社会との間の理性的な「対話」という啓蒙主義の夢であった。

しかし、名士会と二回にわたる臨時国民代表議会が明らかにしたように、対立と危機が激化する時代にあって、こうした融和的なビジョンは、相反する社会的、経済的利害を公的に調停するための適切なメカニズムを提供してくれるものではなかった。ハルデンベルクによる国民代表制の試みは改革プロジェクトの根幹にある問題、すなわち、政府の行動が論議を呼ぶような場合には、かたちばかりの政治参加は合意形成に繋がるよりも、むしろ反対意見を目立たせ強化する傾向があることを明らかにした。同様の問題は都市でも見られ、シュタインが創設した市議会は、しばしば反改革派としての本性を露わにした(48)。

より自由で平等な、政治的に一貫性のある市民社会を創出しようとする取り組みから利益を得たのは、ユダヤ人であった。フリードリヒ・ヴィルヘルム二世の時代に最特権層に対する統制がある程度まで緩和された一方、プロイセンのユダヤ人は依然として様々な独自の制限を受けており、特殊な司法管轄の下に置かれていた。より包括的な改革の可能性が初めて示されたのは一八〇八年のことで、この年に出された都市条例は、「財産を有する保護ユダヤ人」に市議会への選挙権と被選挙権を認めた。メンデルスゾーンの弟子であったダーフィト・フリートレンダーは、この自由化措置のおかげで、ユダヤ人として初めてベルリン市議会の議員に就任した。しかし、包括的な解放という考え方をめぐっては、行政内部で議論が続いた(49)。一八〇九年、ユダヤ人の将来の地位に関する法案の作成がフリードリヒ・フォン・シュレッターに託された。シュレッターは、部分的な制限の撤廃から始まり完全な市民権の付与へと至る、漸進的なアプローチを提案した。彼の案は政府各省庁に回覧され、吟味された。

各省庁の反応はまちまちだった。財務省を支配する保守派は、解放の条件として一切の儀式や慣習の放棄、そしてユダヤ人の商業活動の停止を主張した。他方で、ヴィルヘルム・フォン・フンボルトの回答はこれよりもはるかに自由主義的であった。彼は教会と国家の明確な分離を訴えた。フンボルトの意見では、世俗的に創りあげられた国家では個々の市民の宗教は純粋に私的なものであり、市民権の行使に影響を及ぼすものではなかった。しかしフンボルトでさえも、解放は最終的にはユダヤ教の自発的な解消に繋がるという見解に同意していた。彼は、「より高い信仰を求める人間の生来の欲求に駆られて、ユダヤ人は自らの自由意志でキリスト教［信仰］に改宗する」だろうと主張した(50)。三〇年近く前のドームと同様に、ユダヤ人を解放するには、彼らがそれまでの信仰と習慣よりも高い社会的、宗教的秩序へと向かうための「教育」が必要だと考えていた点では、保守派もフンボルトも大差ない。しかし、フンボルトがこのプロセスを解放によっておのずから導き出される帰結としてイメージしていたのに対して、財務省の官僚たちはこれを国家が課した前提条件として思い描いていた。

一八一〇年七月六日に宰相に就任したハルデンベルクが取り上げなければ、ユダヤ人解放案はナポレオン戦争後まで書庫の片隅で埃をかぶっていたかもしれない［ハルデンベルクの宰相就任は一八一〇年六月四日、もしくは同年七月七日とされる場合も多い］。ハルデンベルクは全般的な解放に原則として賛同していたが、その背景には個人的な動機もあった。彼は一七九〇年代から一八〇〇年代初頭にかけてユダヤ人サロンに頻繁に足を運び、友人や仲間に多くのユダヤ人がいたのである。ハルデンベルクが最初の妻との離婚で借金を抱えた時、低い利子で金を貸してくれたのは、ユダヤ人の宗教改革と解放を熱心に唱えるヴェストファーレンの宮廷銀行家、イスラエル・ヤーコプソンであった。ハルデンベルクと交流があったダーフィト・フリートレンダーは、ユダヤ共同体が解放をどのように考えているのか覚書にまとめるよう依頼されたが、プロイセンの国務に関してユダヤ人が公式に諮問を受けたのは、これが初めてであった。ハルデンベルクの調査と審議の結果、一八一二年三月一一日に「プロイセン国家におけるユダヤ教徒の市民的状態に関する勅令」〔「ユダヤ教徒解放令」の通称で知られる〕が出された。この勅令では、プロイセンに居住し、一般特権や帰化証明書、保護状、特権状を有するすべてのユダヤ人は、今後はプロイセン国家の「住民《アインレンダー》」にして「国家市民《シュターツビュルガー》」とみなされると明記されている。さらに勅令は、ユダヤ人の商業活動や職業活動に対する従来の制限をすべて解除し、特別税や賦課も全廃して、ユダヤ人が好きな土地に住み、好きな相手と結婚する自由——ただし、ユダヤ人とキリスト教徒の混合婚は依然として許されなかった——を保障した。

これらの規定は確かに大きな改善であり、啓蒙的なユダヤ人を読者とするベルリンの雑誌が「幸福な新時代」の幕開けを祝ったのも当然の成り行きだったし、[51] ベルリンのユダヤ人の長老たちはハルデンベルクの善行に感激し、「計り知れない慈善の行い」に対する「深い感謝」を表明した。[52] しかし、勅令による解放には幾つかの大きな制約があった。最も重要なのは、政府機関の職をユダヤ人にも開放すべきかどうかという問題の判断を先送りしたことである。したがって一八一二年の勅令は、政治的権利も含めた公民権をユダヤ人すべてに認めた一七九一年のフランスでのユダヤ人解放〔一七九〇年一月と一七九一年九月のデクレによる〕には、決定的に及ばなかった。フランスの先例とは対照的に、プロイセンの勅令の文言は、「住民および国家市民として与えられた地位の継続」は、特定の義務をあらかじめ遂行するかどうか次第で決まると警告しており、この勅令が権利の承認よりも地位の付与に関わるものであったことを露呈させている。[53] この点で勅令は、ユダヤ人の「市民的改善」に関するドームの有名な小冊子の両義性を反映していた。改革者の大半は、差別の悪影響が消え、ユダヤ人が国民の公的生活に対等に参加できるようになるまでには時間がかかるという、ドームの見解を共有していた。ある政府高官は、「抑圧がユダヤ人を卑劣にした」のであり、「急に自由を付与」したところで、「彼らのなかの自然な人間的高貴さが一挙に蘇る」とは限らないと述べている。[54] 一八一二年の勅令は旧来の差別的な法律の多くを除去したが、政治的解放の事業は完了しておらず、その達成には少なくともさらに一世代を費やすだろうと思われた。

言葉

プロイセン改革の時代は一九世紀の間に神話化され、シュタインやハルデンベルク、シャルンホルストたちは、偉大な上からの革命の実行者と目されるようになった。しかし、実際に何が達成されたのかをより詳細に検討してみると、改革者たちの功績は慎ましげなものに見えてくる。各種の法令から冗長さや興奮を差し引くと、プロイセン改革は一七九〇年代から一八四〇年代まで続いた長い行政改革のなかの精力的な、しかし一つのエピソードに過ぎないのかもしれない。[55]

改革は合意によって得られた単一の目的に向かって進められたわけではなく、とくに重要な提案の多くは改革者どうしの激しい意見対立によってトーンダウンしたり、保留されたり、あるいは完全に阻止されたりした[56]。例えば、領主農場での領主裁判所の廃止計画を取り上げてみよう。シュタインをはじめとする大臣たちは最初から、これらの権限は「国民の文化的状況にそぐわない」ものであり、そして「我らが住まう国家」に対する民の愛着が損なわれるとして、廃止を決意していた[57]。対照的に、ハルデンベルクや彼の同志のアルテンシュタインは、政府は地主の利益を考慮しなければならないと考えていた。一八〇八年にナポレオンの圧力によりシュタインが辞任したことで、この問題の緊急性は薄れたが、しかし論争は続いた。とくに身分集団のアイデンティティが根強く残る東プロイセンでは、貴族の頑固な反対によって改革のペースはさらに下がり、また農民が不安に駆られたことで、農村に柔軟で権威ある司法機関を設置する必要が痛感されるようになった[58]。さらに、一八一〇年の財政危機が追い打ちをかけた。絶望的に資金が不足していたため、費用のかさむ農村の司法制度の「全面修正」はいっそう敬遠されるようになったのである。このケースは、戦争や占領の重荷がいかに改革を後押ししたり、あるいは逆に妨げたりしたのかを示す好例である[59]。これらの要因が重なり、領主裁判所の廃止は政府の課題から外れることになった。

一八一二年七月三〇日に出された憲兵隊《ジャンダルメリー》令も同じ運命を辿った。この勅令は、フランスに範をとった地方官僚制を導入し、すべての地方に準軍隊的な国家警察を設置しようとするもので、初めに計画がもちあがったのは、シュタインの在任中のことであった。ベルリンの警視総監の求めに応じたハルデンベルクは、フランケン時代の愛弟子であるクリスティアン・フリードリヒ・シャルンヴェーバーに法案の起草を任せた。シャルンヴェーバーによって、プロイセン行政の全面的な変革のなかに、新しい国家警察の創設が盛り込まれた。この勅令では、七つの大都市を除いて全国を均等な大きさの郡《クライス》に分割し、地方代表制の要素を取り入れた統一的な行政を敷くという案が示された(60)。憲兵隊令は、ハルデンベルク時代に改革者たちが打ち出した意見表明のなかでもとりわけ断固たるものであり、もしこれが実現していれば、王国の農村統治に残存する旧体制を一掃できたかもしれない。

しかし実際には、この勅令はとくに東プロイセンの農村貴族や保守派の行政官から猛反発を受け、市民的不服従〔納税拒否などの非暴力手段で政府に抵抗すること〕の動きが広がる事態となった。一八一二年にベルリンで開催された貴族主導の臨時国民代表議会では、憲兵隊令は地主貴族から伝統的な権利を奪おうとする新手の企みとみなされ、さらには領主裁判権の停止を拒否する動議が可決された。これは、国民の政治参加と改革とが必ずしも両立しないことを示す一例となってしまった(61)。二年後、政府内でのさらなる議論の末に憲兵隊令は停止された。ハルデンベルク政権の末期、農村の地方行政を中央の国家権力に従属させようとする試みはことごとく失敗し、ヴァイマル共和国が成立するまで、プロイセンの農村行政はドイツのどこよりも古臭い代物にとどまった(62)。

改革者たちはまた、貴族からの政治的反発を恐れて、より抜本的な税制の見直しには手をつけなかった。ハルデンベルクは土地税の均等化と、農村貴族に有利な様々な減免措置の廃止を約束した。彼はさらに、所得税の恒久的な導入も口にしていた。しかしこれらの計画は、貴族集団の抗議に直面して断念された。その代わりに導入された数々の消費税は、貧困層に最大の負担を強いるようになった。政府は一八一七年と一八二〇年に再び土地税改正の問題に立ち戻ったが、改革の約束が実現することはなかった(63)。

おそらく最も失望を招いたのは、全国レベルの代表機関を設立できなかったことであろう。一八一〇年一〇月二七日にハルデンベルクが出した財政令は、国王は「地方と〔王国の〕全域の双方において適切に構成された代表機関を設立するつもりであり、この件に関する助言を喜んで活用する」と公言していた(64)。大臣たちに促されて、国王は一八一五年五月二二日に発表した「将来の国民代表制に関する布告」でこの約束を繰り返した。この布告は、政府が「州議会《プロヴィンツィアール・シュテンデ》」を設置し、そのなかから、ベルリンで開催される「全国代表議会《ランデス・レプレゼンタツィオーン》」が選出されるという案をあらためて確認した。しかし、全国レベルの議会は設立されなかった。プロイセン人はその代わりに、一八二三年六月五日に公布された全国法に基づき、ハルデンベルクの死後に設立された州議会で我慢しなければならなかった。これは、改革派のなかでも最も急進的な人々が望んだような、強固な近代的代表機関ではなかった。この議会は身分集団ごとに選出、組織され、権限も極めて制限されていた。

ナポレオン時代のドイツ諸邦における改革派の活動という、より広い文脈のなかに位置づけてみると、プロイセンの発展の特殊性はさらに鮮明になる。バーデンやヴュルテンベルク、バイエルンではこの時期に行政機構の改革が推し進められ、国制改革が実質的に大きく進展した。その結果、これら三つの邦はいずれも〔一八二〇年までには〕憲法、全国レベルの選挙、立法に関して権限を有する議会を保持するに至ったが、それと比べると、一八二三年以降にプロイセンで設立された州議会は社団制度の焼き直しのようで、明らかに見劣りがする。一方、経済の近代化については、プロイセンのほうがはるかに急進的で一貫していた。バイエルンやヴュルテンベルクの改革者たちが旧体制の重商主義的で保護主義的なメカニズムに固執していたのに対し、プロイセンの改革者たちは商業、製造業、労働市場、国内交易の規制緩和を目指した。これは、プロイセンが工業化の過程にあるイギリスの市場に比較的近接しており、文化的にも経済的にもその影響を被っていたことを雄弁にものがたっている。バーデンとヴュルテンベルクは一八六二年、バイエルンは一八六八年にようやく同程度の改革を開始した。プロイセンの経済改革の勢いは一八一五年以降も長く続き、対ナポレオン戦争後に実現した大規模な関税同盟へと引き継がれた。こうしてプロイセンは、国制の面では南方の三国に遅れをとったが、しかし「近代的」な経済政策によってナポレオン支配の時代から脱却していった[65]。

改革者たちの功績をどう評価するかは、何が達成されたのかを重視するかによって、あるいは、何が未だ克服されざる過去の遺産として残ったと見るのかによって決まる。例えば、ハルデンベルクがシュタインの農民解放令をあれこれと修正して、各種の補償規定を追加したことで、領主たちがどのような利益を得たかを強調することもできる。あるいは、所有地の分割から生まれた中小農民の規模や繁栄を指摘することもできる[66]。また、フンボルトの自由主義的な教育方法は一八一九年以降は小学校で徐々に顧みられなくなっていったが、プロイセンの学校制度が人文主義の理念や教育の質の高さによって国際的に称賛された点も看過できない。ベルリン大学は、研究の自由に対する強力な組織的取り組みによってヨーロッパ中で評価され、これを広く模倣したアメリカでは、フンボルトの処方箋によって近代アカデミーの理念が確立されるようになった[67]。一八一二年のユダヤ教徒解放令が提示したものの限界を強調するのは至極妥当なことだが、この勅令が一九世紀ドイツにおけるユダヤ人解放の歴史のなかで中心的な位置を占めたことを認識するのも重要である[68]。さらには、改革者たちが農村における領主裁判権の廃止に失敗したのを嘆く見方もあるが、一八一五年以降の一〇年間に領主裁判所を国家による法治の手段に変えた、社会的な力に注目することもできる。(69)

改革者たちはそれ以外の点でも、一八一五年以降に抗いがたい時代の流れとなった変化の機運を支持し、強化した。一八一七年に設立された国務参議会《シュターツラート》は、シュタインがかつて想定していたような全面的な権力を手に入れることはなかったかもしれないが、法律の制定に際して重要な役割を果たした。その結果、閣僚が政府を主導するようになり、理論的にはともかく、実際には君主の独立性に制約を加え、自分たちの権力を強化する方向に進んだ。(70) 一八一五年以降、大臣たちは一七八〇年代や一七九〇年代よりもはるかに権威ある存在となった。そして州議会も限界を抱えつつも、最終的には政治的な異議申し立てのための重要なプラットフォームとなった。

ハルデンベルクの晩年の、そして最も重要な立法上の成果の一つである一八二〇年一月一七日の国債法ほど、改革の長期的な影響をよく表している法令はないだろう。この法律は、当時のプロイセンの国家債務の総額を一億八〇〇〇万ターラー強と算出し、これを「永久の上限［の額］」であると定めることから始めて、新規の国債を発行する必要が生じた場合には、「将来の国民的議会の関与と共同保証」が不可欠であると定めた。この法律により、ハルデンベルクはプロイセン国家に国制上の時限爆弾を仕掛けた。この爆弾は、鉄道時代の幕開けによって一八四七年に思いのほか資金が必要になり、政府がベルリンに連合州議会を招集して革命への扉を開いてしまうまで、静かに時を刻むことになる。

この改革は、何よりもコミュニケーション行為であった。各法令の宣伝調の雄弁ぶりはこれまでにないものであり、とくに十月勅令の民意に訴えかけるようなレトリックは注目に値する。プロイセン政府がこのような調子で公衆に語りかけたことは、かつてなかった。この領域で最も革新的だったのはハルデンベルクで、彼は政府の構想が実現するための要素として、プラグマティックにではあるが世論を尊重する態度をとった。アンスバッハとバイロイトで行政官を務めていた時期、彼は「考える自由、公の場で意見を述べる自由」の擁護と安寧秩序の維持とを両立させることに全力を尽くした。一八〇七年に彼が作成した有名な「リガ覚書」は、国家と世論の対立関係ではなく協力関係の価値を強調し、政府は「優れた書き手」を用いて「世論を味方につける」ことに尻込みすべきではないと論じている。また一八一〇〜一一年に、新しい法律を定期的に注釈付きで公表するというやり方を開始し、従来の政府の秘密主義的な慣行から脱却したほうが行政への信頼が高まるのだと主張したのも、宰相のハルデンベルクであった。とりわけ、フリーランスの文筆家や編集者を御用達の宣伝家として起用したのは革新的だった。(71)

　あまり知られていないが、ハルデンベルクが関与した極めて象徴的な取り組みとして、公的なやり取りに際しての官公庁の旧態依然たる文体を改革したことがある。この問題は一八〇〇年三月に初めて表面化し、「余フリードリヒ・ヴィルヘルム三世」なる言葉で始まり、君主がもつ称号すべてを格式の高い順に並べた長大な「尊号《ノミネ・レギス》」を、政府文書の冒頭から省いてはどうかという提案がなされた。四月七日にこの問題が大臣会議で取り上げられると、ほぼすべての大臣が、君主の正式な称号を削除すれば政府から発せられる文言の権威が失われるといった理由で反対した。しかし翌日、ハルデンベルクはさらなる意見書を提出して、公的、正式なやり取りでの言い回しを抜本的に改善すべきだと主張した。官公庁で現在使われている文体は「過ぎ去った時代」のものだが、時代が変わったのに「[文体は]そのままだ」と彼は書いている。ハルデンベルクにしてみれば、国家がなおも「無教養な時代の野暮な文体」を維持しなければならない理由はなかった。一八〇〇年当時にあっては、このような積極的な改変案は反響を得られなかったが、一〇年後の一八一〇年一〇月二七日、ハルデンベルクと国王の署名入りの法律によって、尊号を記す慣例は廃止された。(72)

この改革は一見したところ些細だが、しかしハルデンベルクの改革プロジェクトの核心に迫るものである。彼が何よりも重視したのは透明性とコミュニケーションであり、これは彼の先達の多くにも共通している。その意味で、ハルデンベルクは自由主義者というよりも啓蒙主義者の一員であった。彼は世論を、国家をチェックしたり国家に対抗したりする役割を担う「自律的」な力とは認めていなかった。またシュタインと同様に、「リベラルな公共圏」を批判的言説の領域として確立しようとも考えていなかった。(73)ハルデンベルクは相互理解のチャンネルを開き、公共善についての調和のとれた対話に教養ある公衆を受け入れることによって、国家への反発を不要なもの、思いも及ばないものにしようとしたのである。こうした論理が、名士会や臨時国民代表議会の、そして高尚で魅惑的な法令の文言や、とめどもなく出版された政府刊行物の背景を貫いていた。必要とあらば検閲を行うことさえ厭わなかった彼の姿勢からも、それは明らかである。(74)

しかしハルデンベルクは、言葉にはそれ自身の生命が宿っている点を見落としていた。「代表」という言葉を口にした時、彼は地方と大都市の間で情報や思想を伝達する、従順で高潔な人士たちの団体を念頭に置いていたが、ある者は社団的な利益や議会のことを、また別の者は立憲君主政のことを考えていた。「参加」という言葉を彼は協力や協議といった意味で用いたが、他の人々は共同決定だとか政府をチェックする力とかいった意味で用いた。「国民」について語った時、彼は高い政治意識をもったプロイセン人を思い描いたが、他の人々は、プロイセンと必ずしも同じ利害と運命を共有しているわけではない、より広いドイツ国民のことをイメージしていた。これこそが、改革の時代が、一見したところ明るい期待に満ちていたのに、実際にはそれほどの成果を挙げられなかった理由の一つである。この点でハルデンベルクは、やはり苦難の歴史のなかの人物であったミハイル・ゴルバチョフと似ている。ゴルバチョフは改革と情報公開《グラスノスチ》の人であり、革命的な変革の人ではない。ハルデンベルクと同様、彼の目的は、国家体制を時代のニーズに合わせることだった。とはいっても、その後の変化について彼ら二人の功績を認めないのは、酷というものだろう。

クリストファー・クラーク
鋼の王国 プロイセン
興隆と衰亡1600-1947
上
小原淳 訳

2024年11月28日 第1刷発行

発行所 株式会社 みすず書房
〒113-0033 東京都文京区本郷2丁目20-7
電話 03-3814-0131(営業) 03-3815-9181(編集)
www.msz.co.jp

本文組版 キャップス
本文印刷所 中央精版印刷
扉・表紙・カバー印刷所 リヒトプランニング
製本所 松岳社
装丁 細野綾子

ISBN 978-4-622-09746-4
[はがねのおうこくプロイセン]

著者略歴

(Christopher Clark)

1960年オーストラリア生まれ．ケンブリッジ大学教授．著書に『夢遊病者たち』（全2巻，小原淳訳，みすず書房，2017），『時間と権力』（小原淳・齋藤敬之・前川陽祐訳，みすず書房，2021），*Revolutionary Spring: Fighting for a New World 1848-1849*, London: Penguin 2023 などがある．

訳者略歴

小原淳〈おばら・じゅん〉 1975年生まれ．ドイツ近現代史専攻．早稲田大学大学院文学研究科博士後期課程史学専攻．早稲田大学文学学術院教授．著書に『フォルクと帝国創設』（彩流社，2011），訳書にCh・クラーク『夢遊病者たち』（みすず書房，2017），『時間と権力』（共訳，みすず書房，2021），R・ゲルヴァルト『敗北者たち』（みすず書房，2019），『史上最大の革命』（共訳，みすず書房，2020），R・エヴァンズ『力の追求』（共訳，白水社，2018），J・スパーバー『マルクス』（白水社，2015），J・スタインバーグ『ビスマルク』（白水社，2013）などがある．

図版一覧

挿絵

1　ルーカス・クラーナハ〈選帝侯ヨアヒム二世〉1551年頃
2　リヒャルト・ブレンダムール〈選帝侯ゲオルク・ヴィルヘルム〉
3　フィリップ・ヴィンセント『ドイツの嘆き』の挿絵、1638年
4　アルベルト・ファン・デル・エークホウト〈スキピオに扮した大選帝侯フリードリヒ・ヴィルヘルム〉1660年頃
5　ケーニヒスベルクの風景、1690年頃
6　ザムエル・テオドール・ゲリッケ〈プロイセンにおける王フリードリヒ一世〉1701年以降。
7　作者不詳〈ヤーコプ・パウル・フォン・グントリング〉、1729年
8　ゲオルク・リジエフスキ〈タバコ会〉1737年頃
9　ヨーハン・クリストフ・メルク〈擲弾兵ジェームズ・カークランド〉1714年頃
10　アブラハム・ヴォルフガング・キュフナー〈独房の窓越しにカッテに言葉をかける王太子フリードリヒ〉
11　作者不詳〈ハレの孤児院群〉
12　作者不詳〈ザルツブルク大司教領から逃れてきたプロテスタントの亡命者を出迎えるプロイセン王フリードリヒ・ヴィルヘルム一世〉1732年
13　トーマス・マティーアス市長の墓碑銘の彫刻、ブランデンブルク市の聖ゴットハルト教会、1549/76年
14　ハーフェルベルク大聖堂
15　ダニエル・ホドヴィエツキ〈物乞いをする兵士の妻〉1764年
16　E・フェルトナー〈ユンカー〉1906年
17　アドルフ・メンツェル〈工場を視察するフリードリヒ大王〉1856年
18　ヨーハン・ゴットリープ・グルーメ〈七年戦争前のフリードリヒ大王〉
19　1759年8月12日のクーネルスドルフの戦い
20　ヨーハン・ハインリヒ・クリスティアン・フランケ〈フリードリヒ大王の肖像画〉原画は1764年
21　ダニエル・ホドヴィエツキ〈大選帝侯の石棺を開くフリードリヒ大王〉1789年
22　ダニエル・ホドヴィエツキのデッサンを元にした、ヨーハン・ミヒャエル・ジークフリート・レーヴェの銅版画〈ポツダムのベルリン門で審査を受けるモーゼス・メンデルスゾーン〉1792年
23　作者不詳〈カール・フォム・ウント・ツム・シュタイン男爵〉
24　クリスティアン・ラウホ〈カール・アウグスト・フォン・ハルデンベルク侯爵〉1816年

25　ノデの原画に基づく、ル・ボーによる同時代のエッチング〈ティルジットで会談するナポレオンとアレクサンドル一世〉
26　ハインリヒ・アントン・デーリングの原画に基づく、フリードリヒ・マイアーの銅版画〈シャルロッテンブルク宮殿の庭園の国王一家〉1805年頃
27　ヨーハン・ゴットフリート・シャード〈プロイセン王子妃ルイーゼとフリーデリケ〉1795–97年
28　ルイーゼ王妃のデスマスク、1810年
29　フリードリヒ・ビュリー〈ゲルハルト・ヨーハン・フォン・シャルンホルスト〉1813年以前
30　ルイーゼ・アンリ〈ヴィルヘルム・フォン・フンボルト〉1826年

地図

ブランデンブルク＝プロイセンの歴史的変遷、6枚
ブランデンブルク（1600年）
ユーリヒ＝クレーヴェの継承
プロイセン公国
第一次ポーランド分割（1772年）
第二次ポーランド分割（1793年）と第三次ポーランド分割（1795年）

原註

序論

(1) 1947年2月25日の連合国管理理事会法令第46号。*Official Gazette of the Control Council for Germany*, No. 14, Berlin, 31 March 1947.

(2) 1943年9月21日の議会演説。Winston S. Churchill, *The Second World War*, vol.5, *Closing the Ring* (6 vols., London, 1952), p.491.

(3) Ludwig Dehio, *Gleichgewicht oder Hegemonie. Betrachtungen über ein Grundproblem der Neueren Staatengeschichte* (Krefeld, 1948), p. 223; id., 'Der Zusammenhang der preussisch-deutschen Geschichte, 1640–1945', in Karl Forster (ed.), *Gibt es ein deutsches Geschichtsbild?* (Würzburg, 1961), pp. 65–90, here p.83. デヒーオについて、およびプロイセンとドイツの間に連続性を認めることができるかどうかという議論については以下を参照。Thomas Beckers, *Abkehr von Preussen. Ludwig Dehio und die deutsche Geschichtswissenschaft nach 1945* (Aichach, 2001), esp. pp.51–9; Stefan Berger, *The Search for Normality. National Identity and Historical Consciousness in Germany since 1800* (Providence, RI and Oxford, 1997), pp.56–71; Jürgen Mirow, *Das alte Preussen im deutschen Geschichtsbild seit der Reichsgründung* (Berlin, 1981), pp.255–60.

(4) 批判派全般については以下を参照。Berger, *Search for Normality*, pp.65–71.「ドイツの特殊な道」については、Jürgen Kocka, 'German History before Hitler: The Debate about the German *Sonderweg*', *Journal of Contemporary History*, 23 (1988), pp.3–16.「ドイツの特殊な道」に対する批判的な見解については、David Blackbourn and Geoff Eley, *The Peculiarities of German History. Bourgeois Society and Politics in Nineteenth-century Germany* (Oxford, 1984). プロイセンの特殊性に関する近年の議論については以下を参照。Hartwin Spenkuch, 'Vergleichsweise besonders? Politisches System und Strukturen Preussens als Kern des "deutschen Sonderwegs"', *Geschichte und Gesellschaft*, 29 (2003), pp.262–93.

(5) そうした文献の例としては以下を参照。Hans-Joachim Schoeps, *Preussen. Geschichte eines Staates* (Frankfurt/Berlin, 1966; repr. 1981); Sebastian Haffner, *Preussen ohne Legende* (Hamburg, 1978); Gerd Heinrich, *Geschichte Preussens. Staat und Dynastie* (Frankfurt, 1981). このような傾向を論評したものとして、Ingrid Mittenzwei, 'Die zwei Gesichter Preussens' in *Forum* 19 (1978); repr. in *Deutschland-Archiv*, 16 (1983), pp.214–18; Hans-Ulrich Wehler, *Preussen ist wieder chic. Politik und Polemik in zwanzig Essays* (Frankfurt/Main, 1983), esp. ch. 1; Otto Büsch (ed.), *Das Preussenbild in der Geschichte. Protokoll eines Symposions* (Berlin, 1981).

(6) とくに以下を参考文献一覧とともに参照。Manfred Schlenke, 'Von der Schwierigkeit, Preussen auszustellen. Rückschau auf die Preussen-Ausstellung, Berlin 1981', in id. (ed.), *Preussen. Politik, Kultur, Gesellschaft* (2 vols., Hamburg, 1986), vol.1, pp.12–34. この展覧会が引き起こした議論については以下を参照。Barbara Vogel, 'Bemerkungen zur Aktualität der preussischen Geschichte', *Archiv für Sozialgeschichte*, 25 (1985), pp. 467–507; T. C. W. Blanning, 'The Death and Transfiguration of Prussia', *Historical Journal*, 29 (1986), pp. 433–59.

(7) こんにちの保守的なプロイセン賛美者たちの牙城は、「プロイセン協会」である。この組

織は機関誌『国家ならびに学術問題に関するプロイセン報』を発行しており、公称では１万人の購読者がいる。同協会のホームページは以下。*http://www.preussen.org/page/frame.html.* 同協会の会員は、権威主義的な新自由主義者から、プロイセン邦再興論者、超保守的な君主主義者、極右まで、右寄りの幅広い層から成っている。

(8) フリードリヒ大王の遺骨は、迫り来るソ連軍の手に渡るのを防ぐため、第二次世界大戦末期にホーエンツォレルン＝ヘヒンゲンに移送されていた〔正確には、ポツダムの衛成教会に安置されていた遺骨は、大戦中期に同市近郊の防空壕へ移された後、大戦末期にテューリンゲン地方の塩坑へ移送され、大戦後に同地方がソ連軍占領地となると、西部のマールブルクへ移され、1952年に西南部のホーエンツォレルン＝ヘヒンゲン地方のホーエンツォレルン城に改葬された〕。1991年、サンスーシ宮殿のテラスに愛犬のグレイハウンドたちとともに埋葬するよう定めた王の遺言に従い、遺骨はポツダムに戻された。改装の式典に当時のヘルムート・コール首相が出席したことは、とくに議論の的となった。ベルリン王宮の再建計画については以下を参照。'Wir brauchen zentrale Akteure', *Süddeutsche Zeitung*, 10 January 2002, p. 17; Peter Conradi, 'Das Neue darf nicht verboten werden', *Süddeutsche Zeitung*, 8 March 2002, p. 13; Joseph Paul Kleihues, 'Respekt vor dem Kollegen Schlüter', *Die Welt*, 30 January 2002, p. 20. 王宮再建をめぐる動きの詳細については以下を参照。*http://www.berliner-stadtschloss.de/index1.htm*; *http://www.stadtschloss-berlin.del.*

(9) Hans-Ulrich Wehler, 'Preussen vergiftet uns. Ein Glück, dass es vorbei ist!", *Frankfurter Allgemeine Zeitung*, 23 February 2002, p. 41; cf. Tilman Mayer, "Ja zur Renaissance'. Was Preussen aus sich machen kann', *Frankfurter Allgemeine Zeitung*, 27 February 2002, p. 49. 以下も参照。Florian Giese, 'Preussens Sendung und Gysis Mission' in *Die Zeit*, September 2002. 以下にアクセス、*http://www.zeit.de/archiv/2002/09/200209 preussen.xml.*

(10) 例えば以下を参照。Linda Colley, *Britons. Forging the Nation* (New Haven, CT, 1992). より一般的には、James C. Scott, *Seeing Like a State. How Certain Schemes to Improve the Human Condition Have Failed* (New Haven, CT, 1998), esp. pp. 11, 76–83, 183. ナショナリズムの「構築された」性格をめぐる議論については、以下を参照。Oliver Zimmer and Len Scales (eds.), *Power and the Nation in European History* (Cambridge, 2005).

(11) シェーヌ＝ブールのヴォルテールからニコラ・クロード・ティエリオ宛ての［1757年］10月26日付の書簡。以下に所収。Theodor Bestermann (ed.), *Voltaire's Correspondence,* trans. Julius R. Ruff (51 vols., Geneva, 1958), vol.32, p. 135.

第一章　ブランデンブルクのホーエンツォレルン家

(1) 'Regio est plana, nemorosa tamen, & ut plurimus paludosa...', Nicolaus Leuthinger, *Topographia prior Marchiae regionumque vicinarum...* (Frankfurt/Oder, 1598), reprinted in J. G. Kraus (ed.), *Scriptorum de rebus marchiae brandenburgensis maxime celebrium...* (Frankfurt, 1729), p. 117. 別の例については以下を参照。Zacharias Garcaeus, *Successiones familiarum et Res gestae illustrissimum praesidium Marchiae Brandenburgensis ab anno DCCCCXXVII ad annum MDLXXXII*, reprinted in ibid., pp. 6–7.

(2) William Howitt, *The Rural and Domestic Life of Germany* (London, 1842), p. 429.

(3) Tom Scott, *Society and Economy in Germany, 1300–1600* (London, 2002), pp. 24, 119.

(4) Dirk Redies, 'Zur Geschichte des Eisenhüttenwerkes Peitz', in Museumsverband des Landes

Brandenburg (ed.), *Ortstermine. Stationen Brandenburg-Preussens auf dem Weg in die moderne Welt* (Berlin, 2001), Part 2, pp. 4–16.

(5) F. W. A. Bratring, *Statistisch-Topographische Beschreibung der gesamten Mark Brandenburg* (Berlin, 1804), repr. edn by Otto Büsch and Gerd Heinrich (2 vols., Berlin, 1968), vol. 1, pp. 28, 30, vol. 2, p. 1108. ブラートリングが挙げている数字は、マルクの多くの地域で土地改良が施された後世のもので、いずれにせよ正確さに疑問がある。

(6) William W. Hagen, *Ordinary Prussians. Brandenburg Junkers and Villagers, 1500–1840* (Cambridge, 2002), p. 44.

(7) 「帝国」の「神聖」さについては以下を参照。Hans Hattenhauer, 'Über die Heiligkeit des Heiligen Römischen Reiches', in Wilhelm Brauneder (ed.), *Heiliges Römisches Reich und modern Staatlichkeit* (Frankfurt/Main, 1993), pp. 125–46. この語の多義性については以下を参照。Georg Schmidt, *Geschichte des alten Reiches, Staat und Nation in der frühen Neuzeit 1495–1806* (Munich, 1999), p. 10.

(8) 1742 ～ 45 年のみ、例外的にバイエルンのヴィッテルスバッハ家に帝位が継承された。

(9) 所領の分割については以下を参照。Paula Sutter Fichtner, *Protestantism and Primogeniture in Early Modern Germany* (New Haven, CT, 1989), esp. pp. 4–21; Geoffrey Parker, *The Thirty Years' War* (London, 1984), p. 15.

(10) エリーザベトの逃亡劇は、宗教的迫害を恐れたためというよりも、不倫問題が理由だった。不倫については、ルターが一連の公開書簡の中でヨアヒム一世を非難していた。Manfred Rudersdorf and Anton Schindling, 'Kurbrandenburg', in Anton Schindling and Walter Ziegler (eds.), *Die Territorien des Reiches im Zeitalter der Reformation und Konfessionalisierung. Land und Konfession 1500–1650* (6 vols., Münster, 1990), vol. 2, *Der Nordosten*, pp. 34–67, here p. 40.

(11) Axel Gotthard, 'Zwischen Luthertum und Calvinismus (1598–1640)', in Frank-Lothar Kroll (ed.), *Preussens Herrscher. Von den ersten Hohenzollern bis Wilhelm II* (Munich, 2000), pp. 74–94, here p. 75; Otto Hintze, *Die Hohenzollern und ihr Werk. Fünfhundert Jahre Vaterländischer Geschichte* (7th edn, Berlin, 1916), p. 153.

(12) Walter Mehring, *Die Geschichte Preussens* (Berlin, 1981), p. 37.

(13) この請求の根拠となった継承法をめぐる議論については以下を参照。Heinz Ollmann-Kösling, *Der Erbfolgestreit um Jülich-Kleve (1609–1614). Ein Vorspiel zum Dreissigjährigen Krieg* (Regensburg, 1996), pp. 52–4.

(14) 参考文献一覧を伴う概観として、Rudolf Endres, *Adel in der frühen Neuzeit* (Munich, 1993), esp. pp. 23–30, 83–92.

(15) Peter-Michael Hahn, 'Landesstaat und Ständetum im Kurfürstentum Brandenburg während des 16. und 17. Jahrhunderts', in Peter Baumgart (ed.), *Ständetum und Staatsbildung in Brandenburg-Preussen. Ergebnisse einer international Fachtagung* (Berlin, 1983), pp. 41–79, here p. 42.

(16) ここでの記述は 1604 年 12 月 13 日に出された枢密参議会令に基づく。以下からの引用。Siegfried Isaacsohn, *Geschichte des preussischen Beamtenthums vom Anfang des 15. Jahrhunderts bis auf die Gegenwart* (3 vols., Berlin, 1874–84), vol. 2, pp. 24–8.

(17) Ibid., p. 28; Johannes Schultze, *Die Mark Brandenburg* (4 vols., Berlin, 1961–69), vol. 4, p. 188; Hintze, *Die Hohenzollern*, pp. 154–5.

(18) Gotthard, 'Zwischen Luthertum und Calvinismus', in Kroll (ed.), *Preussens Herrscher*, pp. 85–7; Schultze, *Die Mark Brandenburg*, vol. 4, pp. 176–9.

(19) Hintze, *Die Hohenzollern*, p. 162; Alison D. Anderson, *On the Verge of War. International Relations and the Jülich-Kleve Succession Crisis (1609–1614)* (Boston, 1999), pp. 18–40.

(20) Parker, *Thirty Years' War*, pp. 28–37; Schultze, *Die Mark Brandenburg*, vol. 4, p. 185.

(21) Gotthard, 'Zwischen Luthertum und Calvinismus', p. 84.

(22) Friedrich Schiller, *The History of the Thirty Years War in Germany*, trans. Capt. Blacquiere (2 vols., London, 1799), vol. 1, p. 93.

(23) 以下からの引用。Gotthard, 'Zwischen Luthertum und Calvinismus', p. 84.

第二章　荒廃

(1) 三十年戦争の原因と経過については、膨大な英語文献がある。今なおスタンダードな通史としては、Geoffrey Parker, *The Thirty Years' War* (London, 1988) ; この問題についての近年の有益な概説書としては、Ronald G. Asch, *The Thirty Years War: The Holy Roman Empire and Europe, 1618–1648* (London, 1997). 現在、ピーター・H・ウィルソンが三十年戦争に関する包括的な歴史書を執筆中である〔以下として刊行。Peter H. Wilson, *The Thirty Years War: Europe's Tragedy* (Cambridge Mass. 2009)〕。以下のもっと古い研究は、ドイツ内部におけるよりもヨーロッパ規模での信仰問題が上位にあったことを強調している。Sigfrid Henry Steinberg, *The 'Thirty Years War' and the Conflict for European Hegemony, 1600–1660* (London, 1966); Georges Pagès, *The Thirty Years War, 1618–1648*, trans. David Maland and John Hooper (London, 1970).

(2) Frederick II, *Mémoires pour servir à l'Histoire de la Maison de Brandebourg* (2 vols., London, 1767), vol. 1, p. 51.

(3) アダム・フォン・シュヴァルツェンベルク伯が起草し、選帝侯のために筆頭顧問官のブルックマンがまとめた覚書の一節。以下からの引用。J. W. C. Cosmar, *Beiträge zur Untersuchung der gegen den Kurbrandenburgischen Geheimen Rath Grafen Adam zu Schwarzenberg erhobenen Beschuldigungen. Zur Berichtigung der Geschichte unserer Kurfürsten Georg Wilhelm und Friedrich Wilhelm* (Berlin, 1828), p. 48.

(4) シュヴァルツェンベルク伯から筆頭顧問官のブルックマンに宛てられた、選帝侯の発言を伝える1626年7月22日付の書簡。以下からの引用。Johann Gustav Droysen, *Geschichte der preussischen Politik* (14 vols., Berlin, 1855–6), vol. 3, part I, *Der Staat des Grossen Kurfürsten*, p. 41; Cosmar, *Beiträge*, p. 50.

(5) カトリック側の所領は、1552年に締結されたパッサウ条約〔皇帝カール五世とプロテスタント諸侯との間で結ばれた講和条約。アウクスブルクの和議の前提となった〕が締結された当時の状況に基づいて計算された。復旧勅令の英語訳については以下を参照。E. Reich (ed.), *Select Documents* (London, 1905), pp. 234–5.

(6) 三十年戦争におけるスウェーデンの目論見と役割については以下を参照。Michael Roberts, *Gustavus Adolphus: A History of Sweden 1611–1632* (2 vols., London, 1953–8), vol. 1, pp. 220–28, vol. 2, pp. 619–73.

(7) 以下からの引用。L. Hüttl, *Friedrich Wilhelm von Brandenburg, der Grosse Kurfürst* (Munich, 1981), p. 39.

(8) Frederick II, *Mémoires*, p. 73.

(9) W. Lahne, *Magdeburgs Zerstörung in der zeitgenössischen Publizistik* (Magdeburg, 1931), esp. pp. 7–24; 110–47.

(10) Roberts, *Gustavus Adolphus*, vol. 2, pp. 508–13.

(11) Hintze, *Die Hohenzollern*, p. 176.

(12) Frederick II, *Mémoires*, p. 51; J. A. R. Marriott and C. Grant Robertson, *The Evolution of Prussia. The Making of an Empire* (Oxford, 1917), p. 74; Gotthard, 'Zwischen Luthertum und Calvinismus', pp. 87–94.

(13) Droysen, *Der Staat des Grossen Kurfürsten*, p. 38.

(14) Roberts, *Gustavus Adolphus*, vol. 1, pp. 174–81.

(15) Droysen, *Der Staat des Grossen Kurfürsten*, p. 39.

(16) Christoph Fürbringer, *Necessitas und Libertas. Staatsbildung und Landstände im 17. Jahrhundert in Brandenburg* (Frankfurt/Main, 1985), p. 34.

(17) Hahn, 'Landesstaat und Ständetum', p. 59.

(18) Droysen, *Der Staat des Grossen Kurfürsten*, p. 118.

(19) Fürbringer, *Necessitas und Libertas*, p. 54.

(20) Ibid., pp. 54–7.

(21) Otto Meinardus (ed.), *Protokolle und Relationen des Brandenburgischen Geheimen Rates aus der Zeit des Kurfürsten Friedrich Wilhelm* (4 vols., Leipzig, 1889–1919), vol. 1. 以下のシリーズの第 41 巻、*Publicationen aus den K. Preussischen Staatsarchiven*), p. xxxiv.

(22) Ibid., p. xxxv; August von Haeften (ed.), *Ständische Verhandlungen*, vol. 1: Kleve-Mark (Berlin, 1869)（以下のシリーズの第 5 巻。*Urkunden und Acktenstücke zur Geschichte des Kurfürsten Friedrich Wilhelm von Brandenburg*.（以下は UuA と略記）, pp. 58–82.

(23) Fritz Schröer, *Das Havelland im dreissigjährigen Krieg. Ein Beitrag zur Geschichte der Mark Brandenburg* (Cologne, 1966), p. 32.

(24) Ibid., p. 37.

(25) Geoff Mortimer, *Eyewitness Accounts of the Thirty Years' War 1618–1648* (Houndmills, 2002), p. 12.

(26) 供出金については以下を参照。Ibid., pp. 47–50, 89–92; Parker, *Thirty Years' War*, pp. 197, 204.

(27) Schröer, *Havelland*, p. 48.

(28) Ibid., p. 34.

(29) B. Seiffert (ed.), 'Zum dreissigjährigen Krieg: Eigenhändige Aufzeichnungen von Stadtschreibern und Ratsherren der Stadt Strausberg', *Jahresbericht des Königlichen Wilhelm-Gymnasiums zu Krotoschin*, 48 (1902), Supplement, pp. 1–47. 以下からの引用。Mortimer, *Eyewitness Accounts*, p. 91.

(30) Herman von Petersdorff, 'Beiträge zur Wirtschafts- Steuer- und Heeresgeschichte der Mark im dreissig-Jährigen Kriege', *Forschungen zur Brandenburgischen und Preussischen Geschichte*（以下は *FBPG* と略記）, 2 (1889), pp. 1–73, here pp. 70–73.

(31) Robert Ergang, *The Myth of the All-Destructive Fury of the Thirty Years' War* (Pocono Pines, Pa, 1956); Steinberg, *The Thirty Years' War*, pp. 2–3, 91. 通説の修正を試みる分析として、Ronald G. Asch, '"Wo der Soldat hinkömbt, da ist alles sein": Military Violence and Atrocities in the Thirty Years War Re-examined', *German History*, 18 (2000), pp. 291–309.

(32) Philip Vincent, *The Lamentations of Germany* (London, 1638).

(33) 三十年戦争におけるナラティブと、記憶されたトラウマの関係については以下を参照。Bernd Roeck, 'Der dreissigjährige Krieg und die Menschen im Reich. Überlegungen zu den Formen psychischer Krisenbewältigung in der ersten Hälfte des siebzehnten Jahrhunderts', in Bernhard R. Kroener and Ralf Pröve (eds.), *Krieg und Frieden. Militär und Gesellschaft in der frühen Neuzeit*

(Paderborn, 1996), pp. 265–79; Geoffrey Mortimer, 'Individual Experience and Perception of the Thirty Years War in Eyewitness Personal Accounts', *German History*, 20 (2002), pp. 141–60.

(34) プラウエ近郊の住民による1639年1月12日の報告。以下からの引用。Schröer, *Havelland*, p. 94.

(35) B. Elsler (ed.), *Peter Thiele's Aufzeichnung von den Schicksalen der Stadt Beelitz im Dreissigjährigen Kriege* (Beelitz, 1931), p. 12.

(36) Ibid., p. 13.

(37) Ibid., pp. 12, 15.

(38) Georg Grüneberg, *Die Prignitz und ihre städtische Bevölkerung im 17. Jahrhundert* (Lenzen, 1999), pp. 75–6.

(39) Meinardus (ed.), *Protokolle und Relationen*, vol. 1, p. 13.

(40) 1639年2月22日と3月1日のケルンでの、ブランデンブルクの各連隊長たちに対するシュヴァルツェンベルクの戒告。以下からの引用。Otto Meinardus, 'Schwarzenberg und die brandenburgische Kriegführung in den Jahren 1638–1640', *FBPG*, 12/2 (1899), pp. 87–139, here pp. 127–8.

(41) Meinardus (ed.), *Protokolle und Relationen*, vol. 1, p. 181, doc. no. 203, 12 March 1641.

(42) Mortimer, *Eyewitness Accounts*, pp. 45–58, 174–8.

(43) M. S. Anderson, *War and Society in Europe of the Old Regime 1618–1789* (Phoenix Mill, 1998), pp. 64–6.

(44) Werner Vogel (ed.), *Prignitz-Kataster 1686–1687* (Cologne, Vienna, 1985), p. 1. 被害者数についてのスタンダードな研究は今なお、Günther Franz, *Der dreissigjährige Krieg und das deutsche Volk* (3rd edn, Stuttgart, 1961), pp. 17–21. フランツは、ナチ体制への信奉を公言したために、歴史学研究のなかで複雑な評価を受けている。戦後に出版された彼の著作には、とくに目にあまる箇所を注意深く編集したにもかかわらず、ナチへの関与の痕跡が残っている。1960年代、フランツの数量的分析は、ジークフリート・シュタインベルクによって激しく批判された。彼は、フランツの推計は、税金逃れのために死亡者数や行方不明者数を誇張した報告に基づいていると主張した。シュタインベルクは、「1648年のドイツの状態は1609年よりも良くも悪くもなかった」という挑発的な——そして奇妙な——結論に達した。Steinberg, *The Thirty Years War*, p. 3. この見解は、下記で取り上げられている。以下の第1巻54頁を参照。Hans-Ulrich Wehler, *Deutsche Gesellschaftsgeschichte* (5 vols., Munich, 1987–2003). しかし、近年の研究はフランツの見解を支持する傾向にある。とくにブランデンブルクに関する情報は充実しており、信頼できる。J. C. Thiebault, 'The Demography of the Thirty Years War Revisited: Günther Franz and his Critics', *German History*, 15 (1997), pp. 1–21.

(45) Lieselott Enders, *Die Uckermark. Geschichte einer kurmärkischen Landschaft vom 12. bis zum 18. Jahrhundert* (Weimar, 1992), p. 527.

(46) 例えば以下を参照。A. Kuhn, 'Über das Verhältniss Märkischer Sagen und Gebräuche zur altdeutschen Mythologie', *Märkische Forschungen*, 1 (1841), pp. 115–46.

(47) Samuel Pufendorf, *Elements of Universal Jurisprudence in Two Books* (1660), Book 2, Observation 5, in Craig L. Carr (ed.), *The Political Writings of Samuel Pufendorf*, trans. Michael J. Seidler (New York, 1994), p. 87.

(48) Samuel Pufendorf, *On the Law of Nature and Nations in Eight Books* (1672), Book 7, ch. 4, in ibid., p. 220.

(49) Ibid., p. 221.

(50) Samuel Pufendorf, *De rebus gestis Friderici Wilhelmi Magni Electoris Brandenburgici commentatiorum*, book XIX (Berlin, 1695).

(51) Johann Gustav Droysen, 'Zur Kritik Pufendorfs', in id., *Abhandlungen zur neueren Geschichte* (Leipzig, 1876), pp. 309–86, here p. 314.

第三章　ドイツのなかの異常光

(1) Ferdinand Hirsch, 'Die Armee des Grossen Kürfürsten und ihre Unterhaltung während der Jahre 1660–1666', *Historische Zeitschrift*, 17 (1885), pp. 229–75.

(2) Helmut Börsch-Supan, 'Zeitgenössische Bildnisse des Grossen Kurfürsten', in Gerd Heinrich (ed.), *Ein Sonderbares Licht in Teutschland. Beiträge zur Geschichte des Grossen Kurfürsten von Brandenburg (1640–1688)* (Berlin, 1990), pp. 151–66.

(3) Otto Meinardus, 'Beiträge zur Geschichte des Grossen Kurfürsten', *FBPG*, 16/2 (1903), pp. 173–99, here p. 176.

(4) 新ストア主義が、フリードリヒ・ヴィルヘルムをはじめとする初期近世の君主たちの政治的な思想や行動に与えた影響について、より一般的に述べたものとしては、とくに以下を参照。Gerhard Oestreich, *Neostoicism and the Early Modern State*, ed. B. Oestreich and H. G. Koenigsberger, trans. D. McLintock (Cambridge, 1982).

(5) Derek McKay, *The Great Elector, Frederick William of Brandenburg-Prussia* (Harlow, 2001), pp. 170–71.

(6) 1686 年の勅令。以下からの引用。Martin Philippson, *Der Grosse Kurfürst Friedrich Wilhelm von Brandenburg* (3 vols., Berlin, 1897–1903), vol. 3, p. 91.

(7) 大選帝侯の海軍計画や植民地計画については、以下を参照。Ernst Opgenoorth, *Friedrich Wilhelm der Grosse Kurfürst von Brandenburg* (2 vols., Göttingen, 1971–8), vol. 2, pp. 305–11; E. Schmitt, 'The Brandenburg Overseas Trading Companies in the 17th Century', in Leonard Blussé and Femme Gaastra (eds.), *Companies and Trade. Essays on European Trading Companies During the Ancien Regime* (Leiden, 1981), pp. 159–76; Hüttl, *Friedrich Wilhelm*, pp. 445–6; Heinz Duchhardt, 'Afrika und die deutschen Kolonialprojekte der 2. Hälfte des 17. Jahrhunderts', *Archiv für Kulturgeschichte*, 68 (1986), pp. 119–33; 有用な史学史的議論として、Klaus-Jürgen Matz, 'Das Kolonialexperiment des Grossen Kurfürsten in der Geschichtsschreibung des 19. und 20. Jahrhunderts', in Heinrich (ed.), *Ein Sonderbares Licht*, pp. 191–202.

(8) Albert Waddington, *Le Grand Électeur Frédéric Guillaume de Brandenbourg: sa politique extérieure, 1640–1688* (2 vols., Paris, 1905–8), vol. 1, p. 43; シュテティンのゲッツェとロイヒトマーの 1643 年 4 月 23 日付の発言。以下に所収。Bernhard Erdmannsdörffer (ed.), *Politische Verhandlungen*, (4 vols., Berlin, 1864–84), vol. 1 (= UuA, vol. 1), pp. 596–7.

(9) ベルリンのリゾラからヴァルデローデ宛ての 1663 年 11 月 30 日付の書簡。以下に所収。Alfred Pribram (ed.), *Urkunden und Aktenstücke zur Geschichte des Kurfürsten Friedrich Wilhelm von Brandenburg*, vol. 14 (Berlin, 1890), pp. 171–2.

(10) Hermann von Petersdorff, *Der Grosse Kurfürst* (Gotha, 1926), p. 40.

(11) McKay, *Great Elector*, p. 21; Philippson, *Der Grosse Kurfürst*, vol. 1, pp. 41–2.

(12) ケルンの辺境伯エルンストからフリードリヒ・ヴィルヘルム宛ての 1641 年 5 月 18 日付

の書簡。以下に所収。Erdmannsdörffer (ed.), *Politische Verhandlungen*, vol. 1, pp. 451–2.

(13) 枢密顧問官たちからフリードリヒ・ヴィルヘルム宛ての1642年9月6日付の書簡と、医師ヨハネス・マギルスによる、辺境伯の死についての1642年9月26日付の報告。以下に所収。Erdmannsdörffer (ed.), *Politische Verhandlungen*, vol. 1, pp. 499–502, 503–5.

(14) Alexandra Richie, *Faust's Metropolis. A History of Berlin* (London, 1998), pp. 44–5.

(15) Philippson, *Der Grosse Kurfürst*, vol. 1, pp. 56–8.

(16) Hirsch, 'Die Armee des grossen Kurfürsten', pp. 229–75; Waddington, *Grand Électeur*, vol. 1, p. 89; McKay, *Great Elector*, pp. 173–5.

(17) Curt Jany, 'Lehndienst und Landfolge unter dem Grossen Kurfürsten', *FBPG*, 8 (1895), pp. 419–67.

(18) この戦いに関する（図表付きの）分析については、以下を参照。Robert I. Frost, *The Northern Wars 1558–1721* (Harlow, 2000), pp. 173–6.

(19) シュヴァインフルトのフリードリヒ・ヴィルヘルムからオットー・フォン・シュヴェリーン宛ての1675年2月10日付の書簡。以下に所収。Ferdinand Hirsch (ed.), *Politische Verhandlungen* (Berlin 1864–1930) vol. 11 (= UuA, vol. 18), pp. 824–5; Jany, 'Lehndienst und Landfolge unter dem Grossen Kurfürsten' (Fortsetzung), in FBPG, 10 (1898), pp. 1–30, here p. 7, note 3.

(20) Droysen, *Der Staat des Grossen Kurfürsten*, p. 351.

(21) *Diarium Europeaeum XXXII*. 以下からの引用。Jany, 'Lehndienst und Landfolge' (Fortsetzung), p.7.

(22) Pufendorf, *Rebus gestis*, Book VI, § 36–9; Leopold von Orlich, *Friedrich Wilhelm der Grosse Kurfürst. Nach bisher noch unbekannten Original-Handschriften* (Berlin, 1836), pp. 79–81. 大選帝侯による報告書は付録に採録。pp. 139–42.

(23) 以下からの引用。Peter Burke, *The Fabrication of Louis XIV* (New Haven, CT, 1992), p. 152.

(24) フリードリヒ・ヴィルヘルムの政治遺訓（1667年）。以下に所収。Richard Dietrich (ed.), *Die politischen Testamente der Hohenzollern* (Cologne, 1986), pp. 179–204, here pp. 191–2.

(25) Heinz Duchhardt and Bogdan Wachowiak, *Um die Souveränität des Herzogtums Preussen: Der Vertrag von Wehlau, 1657* (Hanover, 1998). この条約に対する当時のポーランド側の見解については、以下を参照。Barbara Szymczak, *Stosunki Rzeczypospolitej z Brandenburugią, i Prusami Książęcymi w latach 1648–1658 w opinii i działaniach szlachty koronnej* (Warsaw, 2002), esp. pp. 229–58.

(26) ルイ十四世に対するパリ駐在オーストリア公使の発言。以下からの引用。Orlich, *Friedrich Wilhelm*, p. 158.

(27) 以下からの引用。Count Raimondo Montecuccoli's *Treatise on War* (1680), in Johannes Kunisch, 'Kurfürst Friedrich Wilhelm und die Grossen Mächte' in Heinrich (ed.), *Ein Sonderbares Licht*, pp. 9–32, here pp. 30–31.

(28) ヴァルデック伯の回想。以下に所収。Bernhard Erdmannsdörffer, *Graf Georg Friedrich von Waldeck. Ein preussischer Staatsmann im siebzehnten Jahrhundert* (Berlin, 1869), pp. ,354–5, 361–2.

(29) W. Troost, 'William III, Brandenburg, and the construction of the anti-French coalition, 1672–88', in Jonathan I. Israel, *The Anglo-Dutch Moment: Essay on the Glorious Revolution and Its World Impact* (Cambridge, 1991), pp. 299–334, here p. 322.

(30) Philippson, *Der Grosse Kurfürst*, vol. 3, pp. 252–3.

(31) Peter Baumgart, 'Der Grosse Kurfürst. Staatsdenken und Staatsarbeit eines europäischen

Dynasten', in Heinrich (ed.), *Ein Sonderbares Licht*, pp. 33–57, here p. 45.

(32) Dietrich (ed.), *Die politischen Testamente*, p. 191.

(33) 忠誠宣誓の式典に関する叙述は以下に依拠した。Bruno Gloger, *Friedrich Wilhelm, Kurfürst von Brandenburg. Biografie* (Berlin, 1985), pp. 152–4.

(34) André Holenstein, *Die Huldigung der Untertanen. Rechtskultur und Herrschaftsordnung (800–1800)*, (Stuttgart and New York, 1991), pp. 512–3.

(35) 頭上に掲げた右手の指についてのこうした解釈は、15 世紀初頭以降のドイツ諸邦に多くの記録が残っているが、その慣習自体はもっと古い時期に遡る。以下を参照。Ibid. pp. 57–8. 以下に掲載された挿絵では、代表者たちは伝統的な敬礼のスタイルで挙手している。Gloger, *Friedrich Wilhelm*, p.153. ブランデンブルクのプリーグニッツ地方の地元領民による宣誓文、以下から引用。Hagen, *Ordinary Prussians*, p. 79.

(36) F. L. Carsten, *The Origins of the Junkers* (Aldershot, 1989), p. 17.

(37) 17 世紀の統治の危機全般については以下を参照。Trevor Aston (ed.), *Crisis in Europe, 1560–1660* (New York, 1966); Geoffrey Parker and Lesley M. Smith, *The General Crisis of the Seventeenth Century* (London, 1978); Theodor K. Rabb, *The Struggle for Stability in Early Modern Europe* (New York, 1975).

(38) クレーヴェのフリードリヒ・ヴィルヘルムからプロイセン公国の上級参事会宛ての 1648 年 9 月 18 日付の書簡。以下に所収。Erdmannsdörffer (ed.), *Politische Verhandlungen*, vol. 1, pp. 281–2.

(39) Fürbringer, *Necessitas und Libertas*, p. 59. このような論法の例として、プロイセン公国の上級参事会からフリードリヒ・ヴィルヘルムに宛てられたケーニヒスベルク発の 1648 年 9 月 12 日付の書簡。以下に所収。Ibid., pp. 292–3.

(40) エメリヒでマルク伯領の諸身分が出した 1641 年 3 月 22 日付の決議。以下に所収。Haeften (ed.), *Ständische Verhandlungen*, vol. 1; pp. 140–45, here p. 142.

(41) 例えば以下を参照。フリードリヒ・ヴィルヘルムからヴェーゼル、カルカー、デュッセルドルフ、クサンテン、レースの各都市に宛てられたキュストリン発の 1643 年 5 月 15 日付の書簡、およびクレーヴェの諸身分からオランダ議会に宛てられたクレーヴェ発の 1647 年 4 月 2 日付の書簡。以下に所収。Ibid., pp. 205, 331–4.

(42) Helmuth Croon, *Stände und Steuern in Jülich-Berg im 17. und vornehmlich im 18. Jahrhundert* (Bonn, 1929), p. 250. 例えば、マルク伯領の諸身分から異議申し立て中のクレーヴェの諸身分に宛てられたウンナ発の 1641 年 8 月 10 日付の書簡。マルク伯領の諸身分からクレーヴェの諸身分に宛てられたウンナ発の 1650 年 12 月 10 月付の書簡。以下に所収。Haeften (ed.), *Ständische Verhandlungen*, vol. 1, pp. 182, 450.

(43) プロイセン公国の総督を務めていたボグスワフ・ラジヴィウ侯の論評。以下からの引用。McKay, *Great Elector*, p. 135.

(44) ケーニヒスベルクの諸身分の 1655 年 4 月 24 日付の申し立て。以下に所収。Kurt Breysig (ed.), *Ständische Verhandlungen* (Berlin, 1894–9), vol. 3: *Preussen*, Part 1 (= UuA, vol. 15), p. 354. プロイセン公国におけるこの問題については、以下を参照。Stefan Hartmann, 'Gefährdetes Erbe. Landesdefension und Landesverwaltung in Ostpreussen zur Zeit des Grossen Kurfürsten Friedrich Wilhelm von Brandenburg (1640–1688)', in Heinrich (ed.), *Ein Sonderbares Licht*, pp. 113–36; Hugo Rachel, *Der Grosse Kurfürst und die Ostpreussischen Stände (1640–1688)* (Leipzig, 1905), pp. 299–304.

(45) E. Arnold Miller, 'Some Arguments Used by English Pamphleteers, 1697–1700, Concerning a Standing Army', *Journal of Modern History*（以下は*JMH*と略記）(1946), pp. 306–13, here pp. 309–10; Lois G. Schwoerer, 'The Role of King William III in the Standing Army Controversy – 1697–1699', *Journal of British Studies* (1966), pp. 74–94.

(46) David Hayton, 'Moral Reform and Country Politics in the Late Seventeenth-century House of Commons', *Past & Present*, 128 (1990), pp. 48–91, here p. 48.

(47) 「やんごとなき方からの手紙」と題した、1675年の匿名のパンフレット。以下からの引用。J. G. A. Pocock, 'Machiavelli, Harrington and English Political Ideologies in the Eighteenth Century', *William and Mary Quarterly*, 22/4 (1965), pp. 549–84, here p. 560.

(48) Fürbringer, *Necessitas und Libertas*, p. 60.

(49) F. L. Carsten, *Die Entstehung Preussens* (Cologne, 1968), pp. 209–12; Kunisch, 'Kurfürst Friedrich Wilhelm', in Heinrich (ed.), *Ein Sonderbares Licht*, pp. 9–32, here pp. 21–2.

(50) ケルン（ベルリン）の枢密顧問官による1650年12月2日の選帝侯の代弁。以下に所収。Siegfried Isaacsohn (ed.), *Ständische Verhandlungen*, vol. 2 (= UuA, vol. 10) (Berlin, 1880), pp. 193–4.

(51) クレーヴェ、ユーリヒ、ベルク、マルク伯領の各諸身分によるヴェーゼル発の1651年7月14日付の異議申し立て、およびクレーヴェとマルク伯領の各諸身分によるヴェーゼル発の同盟宣言。以下に所収。Haeften (ed.), *Ständische Verhandlungen*, vol. 1, pp. 509, 525–6. F. L. Carsten, 'The Resistance of Cleves and Mark to the Despotic Policy of the Great Elector', *English Historical Review*, 66 (1951), pp. 219–41, here p. 224; McKay, *Great Elector*, p. 34; Waddington, *Grand Électeur*, vol. 1, pp. 68–9.

(52) Karl Spannagel, *Konrad von Burgsdorff. Ein brandenburgischer Kriegs- und Staatsmann aus der Zeit der Kurfürsten Georg Wilhelm und Friedrich Wilhelm* (Berlin, 1903), pp. 265–7.

(53) クレーヴェの税額については以下を参照。Sidney B. Fay, 'The Beginnings of the Standing Army in Prussia', *American Historical Review*, 22 (1916/17), pp. 763–77, here p. 772; McKay, *Great Elector*, p. 132. ヨーハン・モーリッツ〔クレーヴェ総督〕からの報告については、Carsten, 'Resistance of Cleves and Mark', p. 235. 北方戦争がクレーヴェの状況に及ぼした影響については、以下を参照。Haeften (ed.), *Ständische Verhandlungen*, vol. 1, pp. 773–93. 反対派の逮捕については、フリードリヒ・ヴィルヘルムからヤーコプ・フォン・シュペーンに宛てられたケルン・アン・デア・シュプレー発の1654年7月3日付の書簡を参照。以下に所収。Ibid., pp. 733–4; Carsten, 'Resistance of Cleves and Mark', p. 231.

(54) McKay, *Great Elector*, p. 62; Volker Press, 'Vom Ständestaat zum Absolutismus: 50 Thesen zur Entwicklung des Ständewesens in Deutschland', in Baumgart (ed.), *Ständetum und Staatsbildung*, pp. 280–336, here p. 324.

(55) Fay, 'Standing Army', p. 772.

(56) McKay, *Great Elector*, pp. 136–7; Philippson, *Der Grosse Kurfürst*, vol. 2, p. 165; Otto Nugel, 'Der Schoppenmeister Hieronymus Roth', *FBPG*, 14/2 (1901), pp. 19–105, here p. 32.

(57) この会談で何が行われたのかについて、ロートとシュヴェリーンはひどく異なった説明をしている。バルテンシュタインのオットー・フォン・シュヴェリーンからプロイセン総督およびプロイセン最高参事会宛の1661年10月21日付の書簡と、参事会のリーダーであるロートの私的回覧文書（1661年11月前半）を参照。以下に所収。Kurt Breysig (ed.), *Ständische Verhandlungen*, *Preussen*, pp. 595, 611, 614–19. 経緯を詳細に説明したものとして以下を参照。Nugel, 'Hieronymus Roth', pp. 40–44; Andrzej Kamieński, *Polska a Brandenburgia-Prusy w drugiej*

połowie XVII wieku. Dzieje polityczne (Poznań, 2002), esp. pp. 61–4. ロートにあまり同情的ではない説明として、以下を参照。Droysen, *Der Staat des Grossen Kurfürsten*, vol. 2, pp. 402–3.

(58) 以下からの引用。Nugel, 'Hieronymus Roth', p. 100.

(59) 処刑されたのは、ポーランド軍に勤務し、大選帝侯の暗殺を企てた容疑で1668年に所領へと追放されたクリスティアン・ルートヴィヒ・フォン・カルクシュタインである。カルクシュタイン事件については以下を参照。Josef Paczkowski, 'Der Grosse Kurfürst und Christian Ludwig von Kalckstein', *FBPG*, 2 (1889), pp. 407–513 and 3 (1890), pp. 419–63; Petersdorff, *Der Grosse Kurfürst* (Gotha, 1926), pp. 113–16; Droysen, *Der Staat des Grossen Kurfürsten*, vol. 3, pp. 191–212; Opgenoorth, *Friedrich Wilhelm*, vol. 2, pp. 115–18; Kamieński, *Polska a Brandenburgia-Prusy*, pp. 65–71, 177–9.

(60) ある地方官吏の嘆き。以下からの引用。McKay, *Great Elector*, p. 144.

(61) Dietrich (ed.), *Die politischen Testamente*, p. 185; Erdmannsdörffer, *Waldeck*, p. 45; Rachel, *Der Grosse Kurfürst*, pp. 59–62; Peter Bahl, *Der Hof des Grossen Kirfürsten. Studien zur höheren Amtsträgerschaft Brandenburg-Preussens* (Cologne, 2001), pp. 196–217.

(62) McKay, *Great Elector*, p. 114. 貴族の経済力と影響力の後退については、以下を参照。Frank Göse, *Ritterschaft – Garnison – Residenz. Studien zur Sozialstruktur und politischen Wirksamkeit des brandenburgischen Adels 1648–1763* (Berlin, 2005), pp. 133, 414, 421, 424.

(63) この区別をドイツのまったく別の地域に適用したものとして、以下を参照。Michaela Hohkamp, *Herrschaft in Herrschaft. Die vorderösterreichische Obervogtei Triberg von 1737 bis 1780* (Göttingen, 1988), esp. p. 15.

(64) 例えば、デュッセルドルフのコンラート・フォン・ブルクスドルフから枢密顧問官のエラスムス・ザイデル宛ての1647年2月20日付の書簡を参照。以下に所収。Erdmannsdörffer (ed.), *Politische Verhandlungen*, vol. 1, p. 300. クレーヴェ政庁からフリードリヒ・ヴィルヘルム宛ての1650年11月23日付の書簡。以下に所収。Haeften (ed.), *Ständische Verhandlungen*, vol. 1, pp. 440–41; Spannagel, *Burgsdorff*, pp. 257–60.

(65) 例えば、バルテンシュタインのオットー・フォン・シュヴェリーンからフリードリヒ・ヴィルヘルム宛ての1661年11月30日付の書簡を参照。この書簡でシュヴェリーンは、諸身分の抵抗に直面した場合には物品税を取り下げるよう、大選帝侯に進言している。以下に所収。Breysig (ed.), *Ständische Verhandlungen, Preussen*, pp. 667–9.

(66) 枢密参議会の議事録。以下に所収。Meinardus (ed.), *Protokolle und Relationen*. 諸身分からの苦情に関するやり取りについては、以下を参照。Hahn, 'Landesstaat und Ständetum', p. 52.

(67) Peter-Michael Hahn, 'Aristokratisierung und Professionalisierung. Der Aufstieg der Obristen zu einer militärischen und höfischen Elite in Brandenburg-Preussen von 1650–1725', in *FBPG*, 1 (1991), pp. 161–208.

(68) 以下からの引用。Otto Hötzsch, *Stände und Verwaltung von Kleve und Mark in der Zeit von 1666 bis 1697 (=Urkunden und Aktenstücke zur inneren Politik des Kurfürsten Friedrich Wilhelm von Brandenburg*, Part 2) (Leipzig, 1908), p. 740.

(69) 以下を参照。Peter Baumgart, 'Wie absolut war der preussische Absolutismus?', in Manfred Schlenke (ed.), *Preussen. Beiträge zu einer politischen Kultur* (Reinbek, 1981), pp. 103–19.

(70) Otto Hötzsch, 'Fürst Moritz von Nassau-Siegen als brandenburgischer Staatsmann (1647 bis 1679)', *FBPG*, 19 (1906), pp. 89–114, here pp. 95–6, 101–2. 以下も参照。Ernst Opgenoorth, 'Johan Maurits as the Stadtholder of Cleves under the Elector of Brandenburg' in E. van den Boogaart (ed.),

Johan Maurits van Nassau-Siegen, 1604–1679: A Humanist Prince in Europe and Brazil. Essays on the Tercentenary of his Death (The Hague, 1979), pp. 39–53, here p. 53. ゾーストについては以下を参照。Ralf Günther, 'Städtische Autonomie und fürstliche Herrschaft. Politik und Verfassung im frühneuzeitlichen Soest', in Ellen Widder (ed.), *Soest. Geschichte der Stadt. Zwischen Bürgerstolz und Fürstenstaat. Soest in der frühen Neuzeit* (Soest, 1995), pp. 17–123, here pp. 66–71.

(71) 国王フリードリヒ・ヴィルヘルム一世はこの取り決めを覆そうとしたが、地元による郡長の選任はフリードリヒ二世のもとで復活した。以下を参照。Baumgart, 'Wie absolutwar der preussische Absolutismus?', p. 112.

(72) McKay, *Great Elector*, p. 261.

(73) ベルリン駐在イギリス公使ステップニーからヴァーノン北部担当国務大臣宛ての1698年7月19日（グレゴリウス暦7月29日）付の報告。PRO SP 90/1, fo. 32.

(74) Dietrich (ed.), *Die politischen Testamente*, p. 189.

(75) Ibid., p. 190.

(76) Ibid., pp. 190, 191.

(77) Ibid., p. 187.

(78) Ibid., p. 188.

(79) 以下からの引用。McKay, *The Great Elector*, p. 210.「無力さ」については以下を参照。Droysen, *Der Staat des grossen Kurfürsten*, vol. 2, p. 370; Philippson, *Der Grosse Kurfürst*, vol. 2, p. 238; Waddington, *Histoire de Prusse* (2 vols., Paris, 1922), vol. 1, p. 484.

第四章　王位の威厳

(1) 戴冠式に関する記述と分析として、以下を参照。Peter Baumgart, 'Die preussische Königskrönung von 1701, das Reich und die europäische Politik', in Oswald Hauser (ed.), *Preussen, Europa und das Reich* (Cologne and Vienna, 1987), pp. 65–86; Heinz Duchhardt, 'Das preussische Königtum von 1701 und der Kaiser', in Heinz Duchhardt and Manfred Schlenke (eds.), *Festschrift für Eberhard Kessel* (Munich, 1982), pp. 89–101; Heinz Duchhardt, 'Die preussische Königskrönung von 1701. Ein europäisches Modell?' in id. (ed.), *Herrscherweihe und Königskrönung im Frühneuzeitlichen Europa* (Wiesbaden, 1983), pp. 82–95; Iselin Gundermann, 'Die Salbung König Friedrichs I. in Königsberg', *Jahrbuch für Berlin-Brandenburgische Kirchengeschichte*, 63 (2001), pp. 72–88.

(2) Johann Christian Lünig, *Theatrum ceremoniale historico-politicum oder historisch- und politischer Schau-Platz aller Ceremonien* etc. (2 vols., Leipzig, 1719–20), vol. 2, pp. 96.

(3) ジョージ・ステップニーからジェームズ・ヴァーノン宛ての1698年7月19日（グレゴリウス暦7月29日）付の報告。PRO SP 90/1, fo. 32.

(4) Burke, *Fabrication of Louis XIV*, pp. 23, 25, 29, 76, 153, 175, 181, 185, 189.

(5) ベルリンのレイビー卿からチャールズ・ヘッジズ宛ての1703年7月14日付の書簡。PRO SP 90/2, fo. 39.

(6) 同、1703年6月30日付の書簡。PRO SP 90/2, fo. 21.

(7) レイビー卿からハーリー北部担当国務大臣宛ての1705年2月10日付の書簡。PRO SP 90/3, fo. 195.

(8) 17世紀後半には、この種の組織が次々と新設されたが、そのなかでもフリードリヒ三世／一世にとって重要な模範となったのは、パリの科学アカデミー（1666年）、ロンドンの王

立協会（1660年）であった。ライプニッツは科学アカデミーと王立協会の会員だった。以下を参照。R. J. W. Evans, 'Learned Societies in Germany in the Seventeenth Century', *European Studies Review*, 7 (1977), pp. 129–51.

(9) プロイセン王立科学アカデミーとその歴史についての古典として、以下の記念碑的な研究がある。Adolf Harnack, *Geschichte der Königlich Preussischen Akademie der Wissenschaften zu Berlin* (3 vols., Berlin, 1900).

(10) Frederick II, 'Mémoires pour servir à l'histoire de la maison de Brandebourg', in J. D. E. Preuss (ed.), *Oeuvres de Frédéric II, Roi de Prusse* (33 vols., Berlin, 1846–57), vol. 1, pp. 1–202, here pp. 122–3.

(11) Christian Wolff, *Vernünfftige Gedancken von dem Gesellschafftlichen Leben der Menschen und insonderheit dem gemeinen Wesen zur Beförderung der Glückseligkeit des menschlichen Geschlechts* (Frankfurt, 1721 repr. Frankfurt/Main 1971), p. 500. この時代に君主政が正統性を獲得するにあたって、見た目や「評判」が有していた重要性については、以下を参照。Jörg Jochen Berns, 'Der nackte Monarch und die nackte Wahrheit', in A. Buck, G. Kauffmann, B. L. Spahr et al. (eds.), *Europäische Hofkultur im 16. und 17. Jahrhundert* (Hamburg, 1981); Andreas Gestrich, 'Höfisches Zeremoniell und sinnliches Volk: Die Rechtfertigung des Hofzeremoniells im 17. und frühen 18. Jahrhundert', in Jörg Jochen Berns and Thomas Rahn (eds.), *Zeremoniell als höfische Ästhetik in Spätmittelalter und früher Neuzeit* (Tübingen, 1995), pp. 57–73; Andreas Gestrich, *Absolutismus und Öffentlichkeit: Politische Kommunikation in Deutschland zu Beginn des 18. Jahrhunderts* (Göttingen, 1994).

(12) Linda and Marsha Frey, *Frederick I: The Man and His Times* (Boulder, CO, 1984), p. 225. イギリス公使によると、1705年6月の王妃の葬儀には、2万人以上が弔問客が外国から参列した。レイビー卿からハーリー北部担当国務大臣宛ての書簡。PRO SP 90/3, fo. 333.

(13) 以下を参照。A. Winterling, *Der Hof der Kurfürsten von Köln 1688–1794: Eine Fallstudie zur Bedeutung 'absolutistischer' Hofhaltung* (Bonn, 1986), pp. 153–5.

(14) David E. Barclay, *Frederick William IV and the Prussian Monarchy 1840–1861* (Oxford, 1995), pp. 73–4, 287–8.

(15) Schultze, *Die Mark Brandenburg*, vol. 4, *Von der Reformation bis zum Westfälischen Frieden (1535–1648)*, pp. 206–7; Gotthard, 'Zwischen Luthertum und Calvinismus', p. 93. その後に王族の女性たちが蚊帳の外に追いやられていったことについては、以下を参照。Thomas Biskup, 'The Hidden Queen: Elisabeth Christine of Prussia and Hohenzollern Queenship in the Eighteenth Century', in Clarissa Campbell-Orr (ed.), *Queenship in Europe 1660–1815. The Role of the Consort* (Cambridge, 2004), pp. 300–332.

(16) Frey and Frey, *Frederick I*, pp. 35–6.

(17) Carl Hinrichs, *Friedrich Wilhelm I. König in Preussen. Eine Biographie* (Hamburg, 1941), pp. 146–7; Baumgart, 'Die preussische Königskrönung' in Hauser (ed.) *Preussen*, pp. 65–86.

(18) Wolfgang Neugebauer, 'Friedrich III/I (1688–1713)', in Kroll, *Preussens Herrscher*, pp. 113–33, here p. 129.

(19) 以下からの引用。Frey and Frey, *Frederick I*, p. 247.

(20) Hans-Joachim Neumann, *Friedrich Wilhelm I. Leben und Leiden des Soldatenkönigs* (Berlin, 1993), pp. 51–5.

(21) ベルリンのウィリアム・ブレトンからストラフォード伯宛ての1713年2月28日付の書簡。PRO SP 90/6; Carl Hinrichs, 'Der Regierungsantritt Friedrich Wilhelms I', in id., *Preussen als*

historisches Problem, ed. Gerhard Oestreich (Berlin, 1964), pp. 91–137, here p. 106.

(22)　ホイットワースからタウンゼンド卿宛ての 1716 年 8 月 15 日付の書簡。PRO SP 90/7, fo. 9.

(23)　1728 年 10 月 2 日付の報告。以下に所収。Richard Wolff, *Vom Berliner Hofe zur Zeit Friedrich Wilhems I. Berichte des Braunschweiger Gesandten in Berlin, 1728–1733* (=*Schriften des Vereins für die Geschichte Berlins*) (Berlin, 1914), pp. 20–21.

(24)　この一節（拙訳）とグントリングの生涯に関する詳細は、すべて以下からの引用。Martin Sabrow, *Herr und Hanswurst. Das tragische Schicksal des Hofgelehrten Jacob Paul von Gundling* (Munich, 2001), esp. pp. 62–7, 80–81, 150–51.

(25)　Gustav Schmoller, 'Eine Schilderung Berlin aus dem Jahre 1723', *FBPG*, 4 (1891), pp. 213–16. この記述は、1723 年 5 ～ 6 月にベルリンで過ごした元帥のフォン・フレミング伯による。

(26)　この類型論は、ジョナサン・スタインバーグが 1970 年代から 1980 年代にかけて、ティム・ブランニングと共同で開講したケンブリッジ・トライポス・ペーパーの第二部、「1740 ～ 1914 年のドイツにおける覇権闘争」の講義で採用したものである。私は、この刺激的なコースから恩恵を受けた、現在イギリスで活動している多くのドイツ史家の一人である。

(27)　Wolfgang Neugebauer, 'Zur neueren Deutung der preussischen Verwaltung im 17. und 18. Jahrhundert in vergleichender Sicht', in Otto Büsch and Wolfgang Neugebauer (eds.), *Moderne preussische Geschichte 1648–1947. Eine Anthologie* (3 vols., Berlin, 1981), vol. 2, pp. 541–97, here p. 559.

(28)　Reinhold Dorwart, *The Administrative Reforms of Frederick William I of Prussia* (Cambridge, Mass., 1953), p. 118.「クニプハウゼンの改革」の概観として、以下を参照。Kurt Breysig (ed.), *Urkunden und Aktenstücke zur Geschichte der Inneren Politik des Kurfürsten Friedrich Wilhelm von Brandenburg*, Part 1, *Geschichte der brandenburgischen Finanzen in der Zeit von 1660 bis 1697* vol. 1, *Die Centralstellen der Kammerverwaltung* (Leipzig, 1895), pp. 106–50.

(29)　君主直轄地はそれまでは、様々な地方当局によって管理されていた。新しい中央機関は「会計本庁《ホーフレンタイ》」と呼ばれ、後に「御料地総経理局《ゲネラールドメーネンカッセ》」と改称された。Richard Dietrich, 'Die Anfänge des preussischen Staatsgedankens in politischen Testamenten der Hohenzollern', in Friedrich Benninghoven and Cécile Lowenthal-Hensel (eds.), *Neue Forschungen zur Brandenburg-Preussischen Geschichte* (=Veröffentlichungen aus den Archiven Preussischen Kulturbesitz, 14; Cologne 1979), pp. 1–60, here p. 12.

(30)　以下からの引用。Andreas Kossert, *Masuren. Ostpreussens vergessener Süden* (Berlin, 2001), p. 86.

(31)　Hinrichs, *Friedrich Wilhelm I*, pp. 454–7, 464–8, 473–87; Frey and Frey, *Frederick I*, pp. 89–90; Rodney Gotthelf, 'Frederick William I and Prussian Absolutism, 1713–1740', in Philip G. Dwyer (ed.), *The Rise of Prussia 1700–1830* (Harlow, 2000), pp. 47–67, here pp. 50–51; Fritz Terveen, *Gesamtstaat und Retablissement. Der Wiederaufbau des nördlichen Ostpreussen unter Friedrich Wilhelm I (1714–1740)* (Göttingen, 1954), pp. 17–21.

(32)　Hans Haussherr, *Verwaltungseinheit und Ressorttrennung. Vom Ende des 17. bis zum Beginn des 19. Jahrhunderts* (Berlin, 1953), esp. ch. 1: 'Friedrich Wilhelm I und die Begründung des Generaldirektoriums in Preussen', pp. 1–30.

(33)　フリードリヒ・ヴィルヘルムによる軍事総監察庁の合議制的な再編については、以下を参照。Ibid.; Hinrichs, 'Die preussische Staatsverwaltung in den Anfängen Friedrich Wilhelms I.', in id., *Preussen als historisches Problem*, pp. 138–60, here p. 149; Hinrichs, *Friedrich Wilhelm I*, pp. 609–21; Dorwart, *Administrative Reforms*, pp. 138–44.

(34)　Gotthelf, 'Frederick William I', pp. 58–9.

(35)　Reinhold August Dorwart, *The Prussian Welfare State before 1740* (Cambridge, Mass., 1971), p. 16; cf. Gerhard Oestreich, *Friedrich Wilhelm I. Preussischer Absolutismus, Merkantilismus, Militarismus* (Göttingen, 1977), pp. 65–70. 同書は、フリードリヒ・ヴィルヘルム一世のもとでの経済政策が体系性を欠いていたことを強調している。

(36)　Kossert, *Masuren*, pp. 88–91.

(37)　Peter Baumgart, 'Der Adel Brandenburg-Preussens im Urteil der Hohenzollern des 18. Jahrhunderts', in Rudolf Endres (ed.), *Adel in der Frühneuzeit. Ein regionaler Vergleich* (Cologne and Vienna, 1991), pp. 141–61, here pp. 150–51.

(38)　Oestreich, *Friedrich Wilhelm I*, pp. 62, 65.

(39)　Gustav Schmoller, 'Das Brandenburg-preussische Innungswesen von 1604–1806, hauptsächlich die Reform unter Friedrich Wilhelm I.', *FBPG*, 1/2 (1888), pp. 1–59.

(40)　1722年に出された、ポーランドからの穀物の輸入禁止令については、以下を参照。Wilhelm Naudé and Gustav Schmoller (eds.), *Die Getreidehandelspolitik und Kriegsmagazinverwaltung Brandenburg-Preussens bis 1740* (Berlin, 1901), pp. 208–9 (introduction by Naudé), and doc. no. 27, p. 373; Lars Atorf, *Der König und das Korn. Die Getreidehandelspolitik als Fundament des Brandenburg-preussischen Aufstiegs zur europäischen Grossmacht* (Berlin, 1999), p. 106.

(41)　Atorf, *Der König und das Korn*, pp. 113–14.

(42)　Naudé and Schmoller (eds.), *Getreidehandelspolitik*, p. 292; Atorf, *Der König und das Korn*, pp. 120–33.

(43)　以下からの引用。F. Schevill, *The Great Elector* (Chicago, 1947), p. 242.

(44)　以下を参照。Hugo Rachel, 'Der Merkantilismus in Brandenburg-Preussen', *FBPG*, 40 (1927), pp. 221–66, here pp. 236–7, 243; Otto Hintze, 'Die Hohenzollern und die wirtschaftliche Entwicklung ihres Staates', *Hohenzollern-Jahrbuch*, 20 (1916), pp. 190–202, here p. 197; Oestreich, *Friedrich Wilhelm I*, p. 67.

(45)　以下からの引用。Baumgart, 'Der Adel Brandenburg-Preussens', p. 147.

(46)　Haussherr, *Verwaltungseinheit*, p. 11.

(47)　フリードリヒ・ヴィルヘルム一世の1722年の『政治遺訓』。以下に所収。Dietrich (ed.), *Die politischen Testamente*, pp. 221–43, here p. 229.

(48)　ウィリアム・ブレトンからストラフォード伯宛ての1713年2月28日付の書簡。PRO, SP 90/6.

(49)　Hinrichs, *Friedrich Wilhelm I*, p. 364.

(50)　Oestreich, *Friedrich Wilhelm I*, p. 30.

(51)　Otto Büsch, *Militärsystem und Sozialleben im alten Preussen* (Berlin, 1962), p. 15.

(52)　ウィリアム・ブレトンからストラフォード伯宛ての1713年5月18日付の書簡。PRO, SP 90/6, fo. 105.

(53)　Hartmut Harnisch, 'Preussisches Kantonsystem und ländliche Gesellschaft', in Kroener and Pröve (eds.), *Krieg und Frieden*, pp. 137–65, here p. 148.

(54)　Max Lehmann, 'Werbung, Wehrpflicht und Beurlaubing im Heere Friedrich Wilhelms I.', *Historische Zeitschrift*, 67 (1891), pp. 254–89; Büsch, *Militärsystem*, p. 13.

(55)　Carsten, *Origins of the Junkers*, p. 34.

(56)　Gordon Craig, *The Politics of the Prussian Army, 1640–1945* (London and New York, 1964), p. 11.

(57) 貴族の入隊の動機については、以下を参照。Hahn, 'Aristokratisierung und Professionalisierung'. 貴族のステイタス・シンボルとしての軍務については、以下を参照。Göse, *Ritterschaft*, p. 232; 以下からの引用。Harnisch, 'Preussisches Kantonsystem', p. 147.

(58) ビュッシュの以下の著作は全体としてこのように主張しているが、この貴重な研究で提示された事実関係からは、よりニュアンスに富む結論が読み取れる。Büsch, *Militärsystem*.

(59) Harnisch, 'Preussisches Kantonsystem', p. 155.

(60) Hagen, *Ordinary Prussians*, pp. 468–9.

(61) Büsch, *Militärsystem*, pp. 33–4.

(62) Harnisch, 'Preussisches Kantonsystem', pp. 157, 162; Büsch, *Militärsystem*, p. 55.

(63) Frederick the Great, *History of My Own Times* (excerpt), in Jay Luvaas (ed. and trans.), *Frederick the Great on the Art of War* (New York, 1966), p. 75. 同様の議論は、1768 年の『政治遺訓』でも詳細に展開されている。以下を参照。Dietrich, *Die politischen Testamente*, p. 517.

(64) Philippson, *Der Grosse Kurfürst*, vol. 1, p. 20; 大選帝侯の 1667 年の『政治遺訓』。以下に所収。Dietrich, *Die politischen Testamente*, pp. 179–204, here p. 203; McKay, *Great Elector*, pp. 14–15.

(65) この発言は、フランス公使レブナックに向けられたものである。以下からの引用。McKay, *Great Elector*, p. 238.

(66) Ibid., pp. 239–40.

(67) Carl Hinrichs, 'Der Konflikt zwischen Friedrich Wilhelm I. und Kronprinz Friedrich', in id., *Preussen als historisches Problem*, pp. 185–202, here, p. 189.

(68) 以下からの引用。Reinhold Koser, *Friedrich der Grosse als Kronprinz* (Stuttgart, 1886), p. 26.

(69) Hinrichs, 'Der Konflikt', p. 191; Carl Hinrichs, *Preussentum und Pietismus. Der Pietismus in Brandenburg-Preussen als religiös-soziale Reformbewegung* (Göttingen, 1971), p. 60.

(70) Hinrichs, 'Der Konflikt', p. 193.

(71) 父子間の亀裂の深まりについては以下を参照。Johannes Kunisch, *Friedrich der Grosse. Der König und seine Zeit* (Munich, 2004), pp. 18–28.

(72) Karl Ludwig Pöllnitz, *Mémoires pour servir* à *l'histoire des quatre derniers souverains de la Maison de Brandebourg Royale de Prusse* (2 vols., Berlin, 1791), vol. 2, p. 209. ペルニッツ〔プロイセンをはじめとする各地の宮廷に仕えた役人〕の回想録は諸々の点で信頼に足らないが、この観察は他の証言によって裏付けられるし、この時期の王子について知られていることと一致している。

(73) Kunisch, *Friedrich der Grosse*, pp. 34–5.

(74) Theodor Schieder, *Frederick the Great*, trans. Sabina Berkeley and H. M. Scott (Harlow, 2000), p. 25.

(75) Ibid., p. 25.

(76) 以下からの引用。Theodor Fontane, *Wanderungen durch die Mark Brandenburg*, ed. Edgar Gross (2nd edn, 6 vols., Munich, 1963), vol. 2, *Das Oderland*, p. 281. 逃亡事件におけるカッテの動向全般については、以下を参照。pp. 267–305.

(77) 以下からの引用。Ibid., pp. 286–7.

(78) Kunisch, *Friedrich der Grosse*, pp. 43–4.

(79) Schieder, *Frederick the Great*, p. 29; Kunisch, *Friedrich der Grosse*, p. 46.

(80) Peter Baumgart, 'Friedrich Wilhelm I (1713–1740)', in Kroll (ed.), *Preussens Herrscher*, pp. 134–59, here p. 158.

(81) Hintze, *Die Hohenzollern*, p. 280.

(82) Edgar Melton, 'The Prussian Junkers, 1600–1786', in H. M. Scott (ed.), *The European Nobilities in the Seventeenth and Eighteenth Centuries* (2 vols., Harlow, 1995), vol. 2, *Northern Central and Eastern Europe*, pp. 71–109, here p. 92.

(83) Rainer Prass, 'Die Brieftasche des Pfarrers. Wege der Übermittlung von Informationen in ländliche Kirchengemeinden des Fürstentums Minden', in Ralf Pröve and Norbert Winnige (eds.), *Wissen ist Macht. Herrschaft und Kommunikation in Brandenburg-Preussen 1600–1850* (Berlin, 2001), pp. 69–82, here pp. 78–9.

(84) Wolfgang Neugebauer, *Absolutistischer Staat und Schulwirklichkeit in Brandenburg-Preussen* (Berlin, 1985), pp. 172–3.

(85) Rodney Mische Gothelf, 'Absolutism in Action. Frederick William I and the Government of East Prussia, 1709–1730', Ph.D. dissertation, University of St Andrews, St Andrews (1998), p. 180.

(86) Ibid., pp. 239–42.

(87) Ibid., pp. 234–5.

(88) Wolfgang Neugebauer, *Politischer Wandel im Osten. Ost- und Westpreussen von den alten Ständen zum Konstitutionalismus* (Stuttgart, 1992), pp. 65–86.

(89) Carsten, *Origins of the Junkers*, p. 41.

(90) Peter Baumgart, 'Zur Geschichte der kurmärkischen Stände im 17. und 18. Jahrhundert', in Büsch and Neugebauer (eds.), *Moderne Preussische Geschichte*, vol. 2, pp. 509–40, here p. 529; Melton, 'The Prussian Junkers', pp. 100–101.

(91) Fritz Terveen, 'Stellung und Bedeutung des preussischen Etatministeriums zur Zeit Friedrich Wilhelms I. 1713–1740', in *Jahrbuch der Albertus-Universität zu Königsberg/Preussen*, 6 (1955), pp. 159–79.

第五章　プロテスタント諸派

(1) Andreas Engel, *Annales Marchiae Brandenburgicae, das ist Ordentliche Verzeichniss vnd beschreibung der fürnemsten...... Märckischen...... Historien...... vom 416 Jahr vor Christi Geburt, bis...... 1596, etc.* (Frankfurt, 1598).

(2) Bodo Nischan, *Prince, People and Confession. The Second Reformation in Brandenburg* (Philadelphia, 1994), pp. 111–43. ヨーハン・ジギスムントの宗派政策に関する叙述は、同書に多くを依っている。

(3) Ibid., pp. 186–8.「ベルリン騒擾」についてのさらなる説明として有益なのは、Eberhard Faden, 'Der Berliner Tumult von 1615', in Martin Henning und Heinz Gebhardt (eds.), *Jahrbuch für brandenburgische Landesgeschichte*, 5 (1954), pp. 27–45; Oskar Schwebel, *Geschichte der Stadt Berlin* (Berlin, 1888), pp. 500–513.

(4) 以下からの引用。Nischan, *Second Reformation*, p. 209.

(5) この種の権力闘争を左右する要素としての感情の重要性については、以下を参照。Ulinka Rublack, 'State-formation, gender and the experience of governance in early modern Württemberg', in id. (ed.), *Gender in Early Modern German History* (Oxford, 2003), pp. 200–217, here p. 214.

(6) Bodo Nischan, 'Reformation or Deformation? Lutheran and Reformed Views of Martin Luther in Brandenburg's "Second Reformation"', in id., *Lutherans and Calvinists in the Age of Confessionalism*

(Variorum repr., Aldershot, 1999), pp. 203–15, here p. 211. ピストリスの発言は以下からの引用。Id., *Second Reformation*, p. 84.

(7) Ibid., p. 217.

(8) Droysen, *Geschichte der preussischen Politik*, vol. 3/1, *Der Staat des Grossen Kurfürsten*, p. 31.

(9) Schultze, *Die Mark Brandenburg*, vol. 4, p. 192.

(10) ケーニヒスベルクのフリードリヒ・ヴィルヘルムからプロイセン公国上級参事会宛ての1642年4月26日付の書簡（フォン・ゲッツェ筆頭顧問官による手稿)。以下に所収。Erdmannsdörffer (ed.), *Politische Verhandlungen*, vol. 1, pp. 98–103.

(11) ケーニヒスベルクの聖職者からプロイセン公国上級参事会宛ての書簡(日付不明。大選帝侯の4月26日付の書簡に対する返信)。以下に所収。Erdmannsdörffer (ed.), *Politische Verhandlungen*, vol. 1, pp. 98–103. この書簡で引き合いに出されている「法」とは、初代プロイセン公アルブレヒト〔実際の書簡の文言では「辺境伯アルブレヒト一世」〕の『政治遺訓』の文言のことであり、そこでは公国におけるルター派の優位を維持することが保障されている。

(12) Klaus Deppermann, 'Die Kirchenpolitik des Grossen Kurfürsten', *Pietismus und Neuzeit*, 6 (1980), pp. 99–114, here pp. 110–12.

(13) ベルリンの宮廷に参内していたヘッセン公使の観察に基づく、この一件についての有益な説明として、Walther Ribbeck, 'Aus Berichten des hessischen Sekretärs Lincker vom Berliner Hofe während der Jahre 1666–1669', *FBPG*, 12/2 (1899), pp. 141–58.

(14) Gerd Heinrich, 'Religionstoleranz in Brandenburg-Preussen. Idee und Wirklichkeit', in Manfred Schlenke (ed.), *Preussen. Politik, Kultur, Gesellschaft* (Reinbek, 1986), pp. 83–102; here p. 83.

(15) McKay, *Great Elector*, p. 156, n. 40.

(16) ケルンのエルンスト辺境伯からフリードリヒ・ヴィルヘルム宛ての1641年7月1日付の書簡、およびケーニヒスベルクのフリードリヒ・ヴィルヘルムによる1641年7月30日付の決議を参照。以下に所収。Erdmannsdörffer (ed.), *Politische Verhandlungen*, vol. 1, p. 479.

(17) 以下からの引用。McKay, *Great Elector*, p. 186.

(18) 以下を参照。Docs. nos. 121–30 in Selma Stern, *Der preussische Staat und die Juden* (8 vols. in 4 parts, Tübingen, 1962–75), part 1, *Die Zeit des Grossen Kurfürsten und Friedrichs 1.*, vol. 2, pp. 108–16.

(19) 以下からの引用。Martin Lackner, *Die Kirchenpolitik des Grossen Kurfürsten* (Witten, 1973), p. 300.

(20) M. Brecht, 'Philipp Jakob Spener, Sein Programm und dessen Auswirkungen', in id. (ed.), *Geschichte des Pietismus* (4 vols., Göttingen, 1993), vol. 1, *Der Pietismus vom 17. bis zum frühen 18. Jahrhundert*, pp. 278–389, here pp. 333–8; H. Leube, 'Die Geschichte der pietistischen Bewegung in Leipzig', in id., *Orthodoxie und Pietismus. Gesammelte Studien* (Bielefeld, 1975), pp. 153–267.

(21) ハンブルクやギーセン、ダルムシュタットなどの諸都市における敬虔主義者とルター派の紛争については、以下を参照。Klaus Deppermann, *Der Hallesche Pietismus und der preussische Staat unter Friedrich III (I)* (Göttingen, 1961), pp. 49–50; Brecht, 'Philipp Jakob Spener', pp. 344–51.

(22) Johannes Wallmann, 'Das Collegium Pietatis', in M. Greschat (ed.), *Zur neueren Pietismusforschung* (Darmstadt, 1977), pp. 167–223; Brecht, 'Philipp Jakob Spener', pp. 316–19.

(23) Philipp Jakob Spener, *Theologische Bedencken* (4 Parts in 2 vols., Halle, 1712–15), part 3, vol. 2, p. 293.

(24) Philipp Jakob Spener, *Letzte Theologische Bedencken* (Halle, 1711), part 3, pp. 296–7, 428, 439–40,

678; 以下に収められた復刻版からの引用。Dietrich Blaufuss and P. Schicketanz, *Philipp Jakob Spener Letzte Theologische Bedencken und andere Brieffliche Antworten* (Hildesheim, 1987).

(25) 以下からの引用。T. Kervorkian, 'Piety Confronts Politics: Philipp Jakob Spener in Dresden 1686–1691', *German History*, 16 (1998), pp. 145–64.

(26) 以下に収められた「フィリップ・ヤーコプ・シュペーナー」の項目を参照。Klaus-Gunther Wesseling, *Biographisch-Bibliographisches Kirchenlexikon*, vol. 10 (1995), cols. 909–39, *http://www.bautz.de/bbk1/s/spener—p—j.shtml* (2003 年 10 月 29 日に最終閲覧).

(27) R. L. Gawthrop, *Pietism and the Making of Eighteenth-century Prussia* (Cambridge, 1993), p. 122.

(28) Philipp Jakob Spener, *Pia Desideria: Oder hertzliches Verlangen nach gottgefälliger Besserung der wahren evangelischen Kirchen*, 2nd edn (Frankfurt/Main, 1680). 以下に収められた復刻版からの引用。E. Beyreuther (ed.), *Speners Schriften*, vol. 1 (Hildesheim, 1979), pp. 123–308; here pp. 267–71.

(29) Spener, *Pia Desideria*, pp. 250–52〔堀孝彦訳「敬虔なる願望」『世界教育宝典 V』玉川大学出版部、1969 年、125、127 頁〕.

(30) Ibid., p. 257〔同上、129 頁〕.

(31) Brecht, 'Philipp Jakob Spener', p. 352.

(32) Deppermann, *Der Hallesche Pietismus*, p. 172.

(33) Ibid., pp. 74, 172; Brecht, 'Philipp Jakob Spener', p. 354.

(34) Kurt Aland, 'Der Pietismus und die soziale Frage', in id. (ed.), *Pietismus und modern Welt* (Witten, 1974), pp. 99–137; here p. 101.

(35) Brecht, 'Philipp Jakob Spener', p. 290; Deppermann, *Der Hallesche Pietismus*, pp. 58–61.

(36) E. Beyreuther, *Geschichte des Pietismus* (Stuttgart, 1978), p. 155.

(37) W. Oschlies, *Die Arbeits- und Berufspädagogik August Hermann Franckes (1663–1727). Schule und Leben im Menschenbild des Hauptvertreters des halleschen Pietismus* (Witten, 1969), p. 20.

(38) 『足跡』をはじめとするフランケの綱領的著作については、以下を参照。M. Brecht, 'August Hermann Francke und der Hallesche Pietismus', in id. (ed.), *Geschichte des Pietismus*, vol. 2, pp. 440–540, here p. 475.

(39) F. Ernest Stoeffler (ed.), *Continental Pietism and Early American Christianity* (Grand Rapids, 1976); Mark A. Noll, 'Evangelikalismus und Fundamentalismus in Nordamerika', in Ulrich Gäbler (ed.), *Der Pietismus im neunzehnten und zwanzigsten Jahrhundert* (Göttingen, 2000), pp. 465–531. 書簡のネットワークと宗教復興運動については、以下を参照。W. R. Ward, *The Protestant Evangelical Awakening* (Cambridge, 1992), esp. ch. 1.

(40) Carl Hinrichs, 'Die universalen Zielsetzungen des Halleschen Pietismus', in id., *Preussentum und Pietismus*, pp. 1–125, esp. pp. 29–47.

(41) Martin Brecht, 'August Hermann Francke und der Hallische Pietismus' in id. (ed.) *Der Pietismus vom siebzehnten bis zum frühen achtzehnten Jahrhundert* (*Geschichte des Pietismus*, vol. 1) (Göttingen, 1993), pp. 440–539, here pp. 478, 485.

(42) Gawthrop, *Pietism*, pp. 137–49, 211, 213. 対照的に以下の研究は、両者の関係に打算的な側面があったことを随所で強調している。Mary Fulbrook, *Piety and Politics: Religion and the Rise of Absolutism in England, Württemberg and Prussia* (Cambridge, 1983), pp. 164–7. 以下も参照。W. Stolze, 'Friedrich Wilhelm I. und der Pietismus', *Jahrbuch für Brandenburgische Kirchengeschichte*, 5 (1908), pp. 172–205; K. Wolff, 'Ist der Glaube Friedrich Wilhelms I. von A. H. Francke beeinflusst?', *Jahrbuch für Brandenburgische Kirchengeschichte*, 33 (1938), pp. 70–102.

(43) Deppermann, *Der Hallesche Pietismus*, p. 168.

(44) Schoeps, *Preussen*, p. 47; Gawthrop, *Pietism*, p. 255.

(45) Fulbrook, *Piety and Politics*, p. 168. 1736 年には、ケーニヒスベルク大学でもこの研修を行うことが認められた。

(46) Hartwig Notbohm, *Das evangelische Kirchen- und Schulwesen in Ostpreussen während der Regierung Friedrichs des Grossen* (Heidelberg, 1959), p. 15.

(47) M. Scharfe, *Die Religion des Volkes. Kleine Kultur- und Sozialgeschichte des Pietismus* (Gütersloh, 1980), p. 103; Beyreuther, *Geschichte des Pietismus*, pp. 338–9; Gawthrop, *Pietism*, pp. 215–46.

(48) Carl Hinrichs, 'Pietismus und Militarismus im alten Preussen' in id., *Preussentum und Pietismus*, pp. 126–73, here p. 155.

(49) Gawthrop, *Pietism*, p. 226; Hinrichs, 'Pietismus und Militarismus', pp. 163–4.

(50) Benjamin Marschke, *Absolutely Pietist: Patronage, Factionalism, and State-building in the Early Eighteenth-century Prussian Army Chaplaincy* (Halle, 2005), p. 114. 出版前に同書の草稿を読ませてくれたマーシュク博士に深く感謝する。

(51) こうした見解に沿った議論については、以下を参照。Gawthrop, *Pietism*, p. 228.

(52) Ibid., pp. 236–7.

(53) 以下を参照。A. J. La Vopa, *Grace, Talent, and Merit. Poor Students, Clerical Careers and Professional Ideology in Eighteenth-century Germany* (Cambridge, 1988), pp. 137–64, 386–8.

(54) ここでの記述は敬虔主義的な刷新が学校教育の分野に残した遺産に依拠しているが、その概要については以下を参照。J. Van Horn Melton, *Absolutism and the Eighteenth-century Origins of Compulsory Schooling in Prussia and Austria* (Cambridge, 1988), pp. 23–50.

(55) Terveen, *Gesamtstaat und Retablissement*, pp. 86–92. リトアニア人への福音伝道に対してフリードリヒ・ヴィルヘルム一世が抱いていた関心については、以下を参照。Hinrichs, *Preussentum und Pietismus*, p. 174; Notbohm, *Das evangelische Schulwesen*, p. 16.

(56) Kurt Forstreuter, 'Die Anfänge der Sprachstatistik in Preussen', in id., *Wirkungen des Preussenlandes* (Cologne, 1981), pp. 312–33.

(57) M. Brecht, 'Der Hallische Pietismus in der Mitte des 18. Jahrhunderts – seine Ausstrahlung und sein Niedergang', in id. and Klaus Deppermann (eds.), *Der Pietismus im achtzehnten Jahrhundert* (Göttingen, 1995), pp. 319–57, here p. 323.

(58) 敬虔主義者によるユダヤ人への伝道活動については、以下を参照。Christopher Clark, *The Politics of Conversion. Missionary Protestantism and the Jews in Prussia 1728–1941* (Oxford, 1995), pp. 9–82.

(59) Scharfe, *Die Religion des Volkes*, p. 148.

(60) H. Obst, *Der Berliner Beichtstuhlstreit* (Witten, 1972); Gawthrop, *Pietism*, pp. 124–5; Fulbrook, *Piety and Politics*, pp. 160–62.

(61) Marschke, *Absolutely Pietist*.

(62) Gawthrop, *Pietism*, pp. 275–6.

(63) 「偽善」との結びつけについては、以下を参照。Johannes Wallmann, 'Was ist der Pietismus?', *Pietismus und Neuzeit*, 20 (1994), pp. 11–27, here pp. 11–12.

(64) Brecht, 'Der Hallesche Pietismus', p. 342.

(65) Justus Israel Beyer, *Auszüge aus den Berichten des reisenden Mitarbeiters beym jüdischen Institut* (15 vols., Halle, 1777–91), vol. 14, p. 2.

(66) 例えば以下を参照。W. Bienert, *Der Anbruch der christlichen deutschen Neuzeit dargestellt an Wissenschaft und Glauben des Christian Thomasius* (Halle, 1934), p. 151.

(67) Martin Schmidt, 'Der Pietismus und das moderne Denken', in Aland (ed.), *Pietismus und Moderne Welt*, pp. 9–74, here pp. 21, 27, 53–61.

(68) 例えば以下を参照。J. Geyer-Kordesch, 'Die Medizin im Spannungsfeld zwischen Aufklärung und Pietismus: Das unbequeme Werk Georg Ernst Stahls und dessen kulturelle Bedeutung', in N. Hinske (ed.), *Halle, Aufklärung und Pietismus* (Heidelberg, 1989).

(69) 敬虔主義の伝統に対するカントの両義的な態度については、以下の著作の見事な訳者解説を参照。Immanuel Kant, *Religion and Rational Theology*, ed. and trans. Allen W. Wood and George di Giovanni (Cambridge, 1996).

(70) Richard van Dülmen, *Kultur und Alltag in der frühen Neuzeit* (3 vols., Munich, 1994), vol. 3, *Religion, Magie, Aufklärung 16.–18. Jahrhundert*, pp. 132–4.

(71) W. M. Alexander, *Johann Georg Hamann. Philosophy and Faith* (The Hague, 1966), esp. pp. 2–3; I. Berlin, *The Magus of the North. Johann Georg Hamann and the Origins of Modern Irrationalism*, ed. H. Hardy (London, 1993), pp. 5–6, 13–14, 91.

(72) L. Dickey, *Hegel. Religion, Economics and the Politics of Spirit* (Cambridge, 1987), esp. pp. 149, 161.

(73) この比較は以下に拠る。Fulbrook, *Piety and Politics*.

(74) 1667年の『政治遺訓』。以下に所収。Dietrich (ed.), *Die Politischen Testamente*, p. 188.

(75) ゼバスティアン・シュトリーペからフリードリヒ・ヴィルヘルム宛ての覚書(1648年1月半ば頃に執筆と推定)。以下に所収。Erdmannsdörffer (ed.), *Politische Verhandlungen*, vol. 1, pp. 667–73.

(76) 例えば、クレーヴェのフリードリヒ・ヴィルヘルムからルイ十四世宛ての1666年8月13日付の書簡を参照。以下に所収。B. Eduard Simson, *Auswärtige Acten. Erster Band (Frankreich)* (Berlin, 1865), pp. 416–17.

(77) McKay, *Great Elector*, 154.

(78) ベルリン駐在公使に宛てた覚書の中で、フランス王は、フリードリヒ・ヴィルヘルムが「カルヴァン派とおぼしき宗教を信仰する」臣民の「罪」を許して、彼らがフランスに戻るのを無理やり妨げていると激しく非難し、この暴挙を止めない限り「余[ルイ十四世]は、彼の望まざる決定を下さざるを得なくなるであう」と警告した。Waddington, *Prusse*, vol. 1, p. 561.

(79) 当時、オランジュ侯国〔オランダ語でオラニエ侯国〕では、ウィレム三世(1672年からオランダ総督、1689年からイングランド王ウィリアム三世)が「オラニエ公」として君主の座にあった。ウィレム三世には兄弟がおらず、1702年に子孫を残さずに死去した。その結果、ウィレム三世の妹のルイーゼ・ヘンリエッテを母にもつプロイセン王フリードリヒ一世が継承者の第一位となった。ルイーゼ・ヘンリエッテはウィレム三世の祖父で、1625〜47年にオランダ総督の職にあったフレデリック・ヘンドリックの長女だった。しかしこうした場合につきものだが、女系の継承者の地位をめぐって争いが起きた。1682年にルイ十四世がオランジュ公国を併合したが、相続争いは1713年のユトレヒト条約まで続いた。

(80) ベルリンのレイビーからヘッジズ宛ての1704年1月19日付の書簡に収められた、宣言の文言。PRO SP 90/2.

(81) Ibid.

第六章　地域権力

(1)　Andreas Nachama, *Ersatzbürger und Staatsbildung. Zur Zerstörung des Bürgertums in Brandenburg-Preussen* (Frankfurt/Main, 1984). 他にも、とくにシュレージエンの都市生活に対するかなり否定的な評価として、以下を参照。Johannes Ziekursch, *Das Ergebnis der friderizianischen Städteverwaltung und die Städteordnung Steins. Am Beispiel der schlesischen Städte dargestellt* (Jena, 1908), pp. 80, 133, 135 and passim. 都市化については以下を参照。Jörn Sieglerschmidt, 'Social and Economic Landscapes', in Sheilagh Ogilvie (ed.), *Germany. A New Social and Economic History* (3 vols., London, 1995–2003), pp. 1–38, here p. 17.

(2)　Nachama, *Ersatzbürger und Staatsbildung*, pp. 66–7; McKay, *Great Elector*, pp. 162–4.

(3)　Karin Friedrich, 'The Development of the Prussian Town, 1720–1815', in Dwyer (ed.), *Rise of Prussia*, pp. 129–50, here pp. 136–7.

(4)　Horst Carl, *Okkupation und Regionalismus. Die preussischen Westprovinzen im Siebenjährigen Krieg* (Mainz, 1993), p. 41; Dieter Stievermann, 'Preussen und die Städte der westfälischen Grafschaft Mark', *Westfälische Forschungen*, 31 (1981), pp. 5–31.

(5)　Carl, *Okkupation und Regionalismus*, pp. 42–4.

(6)　Martin Winter, 'Preussisches Kantonsystem und städtische Gesellschaft', in Ralf Pröve and Bernd Kölling (eds.), *Leben und Arbeiten auf märckischem Sand. Wege in die Gesellschaftsgeschichte Brandenburgs 1700–1914* (Bielefeld, 1999), p. 243–65, here p. 262.

(7)　Olaf Gründel, 'Bürgerrock und Uniform. Die Garnisonstadt Prenzlau 1685–1806', in Museumsverband des Landes Brandenburg (ed.), *Ortstermine. Stationen Brandenburg-Preussens auf den Weg in die moderne Welt* (Berlin, 2001), pp. 6–23, here p. 14.

(8)　スウェーデン統治下のポンメルンの都市を事例に、この問題に光を当てた研究として、以下を参照。Stefan Kroll, *Stadtgesellschaft und Krieg. Sozialstruktur, Bevölkerung und Wirtschaft in Stralsund und Stade 1700 bis 1715* (Göttingen, 1997).

(9)　Ralf Pröve, 'Der Soldat in der "guten Bürgerstube". Das frühneuzeitliche Einquartierungssystem und die sozioökonomischen Folgen', in Kroener and Pröve (eds.), *Krieg und Frieden*, pp. 191–217, here p. 216.

(10)　Friedrich, 'Prussian Town', p. 139.

(11)　Martin Winter, 'Preussisches Kantonsystem', p. 249.

(12)　こうした実践に関する議論として、以下を参照。'Ausführlicher Auszug und Bemerkungen über den militärischen Theil des Werks De la monarchie prussienne sous Frédéric le Grand, p. M. le Comte de Mirabeau 1788', *Neues Militärisches Journal*, 1 (1788), pp. 31–94, here pp. 48–9.

(13)　この共生関係の周囲に出現した「駐屯地社会」に関する優れた議論として、以下を参照。Beate Engelen, 'Warum heiratet man einen Soldaten? Soldatenfrauen in der ländlichen Gesellschaft Brandenburg-Preussens im 18. Jahrhundert', in Stefan Kroll and Kristiane Krüger (eds.), *Militär und ländliche Gesellschaft in der frühen Neuzeit* (Münster, 2000), pp. 251–74; Beate Engelen, 'Fremde in der Stadt. Die Garnisonsgesellschaft Prenzlaus im 18. Jahrhundert', in Klaus Neitmann, Jürgen Theil and Olaf Grundel (eds.), *Die Herkunft der Brandenburger. Sozial – und Mentalitätsgeschichtliche Beiträge zur Bevölkerung Brandenburgs von hohen Mittelalter bis zum 20. Jahrhundert* (Potsdam, 2001); Ralf Pröve, 'Vom Schmuddelkind zur anerkannten Subdisziplin? Die "neue Militärgeschichte" in der frühen Neuzeit. Entwicklungen, Perspektiven, Probleme', *Geschichte in Wissenschaft und Unterricht*, 51 (2000),

pp. 597–613.

(14) 以下を参照。Brigitte Meier, 'Städtische Verwaltungsorgane in den brandenburgischen Klein- und Mittelstädten des 18. Jahrhunderts', in Wilfried Ehbrecht (ed.), *Verwaltung und Politik in den Städten Mitteleuropas. Beiträge zu Verfassungsnorm und Verfassungswirklichkeit in altständischer Zeit* (Cologne, 1994), pp. 177–81, here p. 179; Gerd Heinrich, 'Staatsaufsicht und Stadtfreiheit in Brandenburg-Preussen unter dem Absolutismus (1660–1806)', in Wilhelm Rausch (ed.), *Die Städte Mitteleuropas im 17. und 18. Jahrhundert* (Linz, 1981), pp. 155–72, here pp. 167–8.

(15) この新たな経済エリート層については、以下を参照。Kurt Schwieger, *Das Bürgertum in Preussen vor der Französischen Revolution* (Kiel, 1971), pp. 167–9, 173, 181.

(16) これらの事例はいずれも以下を参照した。Rolf Straubel, *Kaufleute und Manufakturunternehmer. Eine Empirische Untersuchung über die sozialen Träger von Handel und Grossgewerbe in den mittleren preussischen Provinzen (1763 bis 1815)* (Stuttgart, 1995), pp. 10, 431–3.

(17) Rolf Straubel, *Frankfurt (Oder) und Potsdam am Ende des Alten Reiches. Studien zur städtischen Wirtschafts- und Sozialstruktur* (Potsdam, 1995), p. 137; Günther, 'Städtische Autonomie', p. 108.

(18) Monika Wienfort, 'Preussisches Bildungsbürgertum auf dem Lande 1820–1850', *FBPG*, 5 (1995), pp. 75–98.

(19) Neugebauer, *Absolutistischer Staat*, pp. 545–52. ノイゲバウアーは、このようなイニシアチブの多くは創設者となった市民グループの活動性に依存したものであり、彼らが死亡したり、他所に移住したりすると、衰退あるいは消滅に向かう傾向があると見ている。

(20) Brigitte Meier, 'Die "Sieben Schönheiten" der brandenburgischen Städte', in Pröve and Kölling (eds.), *Leben und Arbeiten*, pp. 220–42, here p. 225.

(21) Philip Julius Lieberkühn, *Kleine Schriften nebst dessen Lebensbeschreibung* (Züllichau and Freystadt, 1791), p. 9. ノイルピーンにおけるリーバーキューンの取り組みについては、以下も参照。Brigitte Meier, *Neuruppin 1700 bis 1830. Sozialgeschichte einer kurmärkischen Handwerker- und Garnisonstadt* (Berlin, 1993).

(22) Hanna Schissler, 'The Junkers: Notes on the Social and Historical Significance of the Agrarian Elite in Prussia', in Robert G. Moeller (ed.), *Peasants and Lords in Modern Germany. Recent Studies in Agricultural History* (Boston, 1986), pp. 24–51.

(23) Carsten, *Origins of the Junkers*, pp. 1–3.

(24) Dietrich, *Die politischen Testamente*, pp. 229–31.

(25) Edgar Melton, 'The Prussian Junkers, 1600–1786', in Scott (ed.), *The European Nobilities*, vol. 2, *Northern, Central and Eastern Europe*, pp. 71–109, here p. 72.

(26) これらの点についてはいずれも、以下の優れた議論を参照。Edgar Melton, 'The Prussian Junkers', esp. pp. 95–9.

(27) C. F. R. von Barsewisch, *Meine Kriegserlebnisse während des Siebenjährigen Krieges 1757–1763. Wortgetreuer Abdruck aus dem Tagebuche des Kgl. Preuss. General Quartiermeister-Lieutenants* (2nd edn, Berlin, 1863).

(28) Craig, *Politics of the Prussian Army*, p. 17.

(29) Hanna Schissler, *Preussische Agrargesellschaft im Wandel. Wirtschaftliche, gesellschaftliche und politische Transformationsprozesse von 1763 bis 1847* (Göttingen, 1978), p. 217; Johannes Ziekursch, *Hundert Jahre Schlesischer Agrargeschichte* (Breslau, 1915), pp. 23–6; Robert Berdahl, *The Politics of the Prussian Nobility. The Development of a Conservative Ideology 1770–1848* (Princeton, NJ, 1988), pp. 80–

85. マルク・ブランデンブルクの郡議会における非貴族の地主の存在については、以下を参照。Klaus Vetter, 'Zusammensetzung, Funktion und politische Bedeutung der kurmärkischen Kreistage im 18. Jh', *Jahrbuch für die Geschichte des Feudalismus*, 3 (1979), pp. 393–416; Peter Baumgart, 'Zur Geschichte der kurmärkischen Stände im 17. und 18. Jh', in Dietrich Gerhard, *Ständische Vertretungen in Europa im 17. und 18. Jahrhundert* (Göttingen, 1969), pp. 131–61.

(30) Gustavo Corni, *Stato assoluto e società agraria in Prussia nell'età di Federico II* (=*Annali dell'Istituto storico italo-germanico*, 4; Bologna, 1982), pp. 283–4, 288, 292, 299–300.

(31) Melton, 'Prussian Junkers', pp. 102–3; Schissler, 'Junkers', pp. 24–51; Berdahl, *Politics*, p. 79.

(32) Hans-Ulrich Wehler, *Deutsche Gesellschaftsgeschichte* (4 vols., Munich, 1987–2003), vol. 1, *Vom Feudalismus des alten Reiches bis zur defensiven Modernisierung der Reformära 1700–1815*, pp. 74, 82.

(33) Hans Rosenberg, *Bureaucracy, Aristocracy & Autocracy. The Prussian Experience, 1660–1815* (Cambridge, MA, 1966), pp. 30, 60.

(34) Ibid., p. 49; Hans Rosenberg, 'Die Ausprägung der Junkerherrschaft in Brandenburg-Preussen 1410–1648', in id., *Machteliten und Wirtschaftskonjunkturen* (Göttingen, 1978), pp. 24–82, here p. 82; Francis I. Carsten, *The Origins of Prussia* (Oxford, 1954), p. 277.

(35) 「特殊な道」論に関して、最も歯切れがよく影響力をもった主張の一つとして、Hans-Ulrich Wehler, *Das deutsche Kaiserreich 1871–1918* (Göttingen, 1973). この論争の農業面に関する議論については、とくに以下を参照、pp. 15, 238. ヴェーラーに最も重要なインスピレーションを与えたのは社会学者のマックス・ヴェーバーである。ヴェーラーのジンテーゼには、国民自由主義の立場からなされたヴェーバーのユンカー批判が反映されている。Max Weber, 'Capitalism and Rural Society in Germany' (1906), and 'National Character and the Junkers' (1917), in H. H. Gerth and C. Wright Mills (eds.), *From Max Weber: Essays in Sociology* (Oxford, 1946), pp. 363–95. 反ユンカー的な伝統についてより全般的には、以下を参照。Heinz Reif, 'Die Junker', in Etienne François and Hagen Schulze (eds.), *Deutsche Erinnerungsorte* (3 vols., Munich, 2001), vol. 1, pp. 520–36, esp. pp. 526–8.

(36) 以下を参照。Jan Peters, Hartmut Harnisch and Lieselott Enders, *Märkische Bauerntagebücher des 18. und 19. Jahrhunderts. Selbstzeugnisse von Milchviehbauern aus Neuholland* (Weimar, 1989), p. 54.

(37) Carsten, *Origins of the Junkers*, pp. 12, 54, 56.

(38) Hagen, *Ordinary Prussians*, pp. 47, 56.

(39) Ibid., pp. 65, 78. 同じ問題をより集中的に論じたものとして、以下の古典的な論文を参照。William Hagen, 'Seventeenth-century Crisis in Brandenburg: The Thirty Years' War, the Destabilization of Serfdom, and the Rise of Absolutism', *American Historical Review*, 94 (1989), pp. 302–35. 以下も参照。William W. Hagen, 'Die brandenburgischen und grosspolnischen Bauern im Zeitalter der Gutsherrschaft 1400–1800', in Jan Peters (ed.), *Gutsherrschaftsgesellschaften im europäischen Vergleich* (Berlin, 1997), pp. 17–28, here pp. 22–3.

(40) Enders, *Die Uckermark*, p. 462.

(41) Hagen, *Ordinary Prussians*, p. 72.

(42) 'Bauernunruhen in der Priegnitz', Geheimes Staatsarchiv（以下は GStA と略記）Berlin-Dahlem, HA I, Rep. 22, Nr. 72a, Fasz. 11.

(43) これらの出来事は、ウッカーマルクを通観したリーゼロット・エンダースの著作に詳細に再現されている。以下を参照。Enders, *Die Uckermark*, pp. 394–6.

(44) Ibid., p. 396.

(45) 'Klagen der Ritterschaft in Priegnitz gegen aufgewiegelte Unterthanen, 1701–1703', in GStA Berlin-Dahlem, HA I, Rep. 22, Nr. 72a, Fasz. 15; 'Beschwerde von Dörfern über die Nöte und Abgaben, 1700–1701'. これらの文書については、以下で議論されている。Hagen, *Ordinary Prussians*, p. 85.

(46) Enders, *Die Uckermark*, p. 446.

(47) Hagen, *Ordinary Prussians*, pp. 89–93.

(48) ツェヒリン御料地管区のフリードリヒ・オットー・フォン・デア・グレーベンからフリードリヒ・ヴィルヘルム宛ての1670年1月20日付の書簡。以下に所収。Breysig (ed.), *Die Centralstellen*, pp. 813–16, here p. 814.

(49) Hagen, *Ordinary Prussians*, p. 120.

(50) これはヘーゲンの前掲書の中心テーマのひとつである。より簡潔な議論は以下を参照。William Hagen, 'The Junkers' Faithless Servants', in Richard J. Evans and W. Robert Lee (eds.), *The German Peasantry* (London, 1986), pp. 71–101; Robert Berdahl, 'Christian Garve on the German Peasantry', *Peasant Studies*, 8 (1979), pp. 86–102; id., *The Politics of the Prussian Nobility*, pp. 47–54.

(51) Enders, *Die Uckermark*, p. 467.

(52) そうした文学作品については以下を参照。Wehler, *Deutsche Gesellschaftsgeschichte*, vol. 1, *Vom Feudalismus des Alten Reiches*, p. 82; Berdahl, *Politics of the Prussian Nobility*, pp. 45–6.

(53) Veit Valentin, *Geschichte der deutschen Revolution von 1848–49* (2 vols., Berlin, 1931), vol. 2, pp. 234–5.

(54) 「記憶の場」の一つとしてのユンカー・イメージの変遷については、以下の優れた論文を参照。Heinz Reif, 'Die Junker', esp. pp. 521–3.

(55) Hagen, *Ordinary Prussians*, pp. 292–7.

(56) フォン・フリートラントの事例については、以下で詳述されている。Heinrich Kaak, 'Untertanen und Herrschaft gemeinschaftlich im Konflikt. Der Streit um die Nutzung des Kietzer Sees in der östlichen Kurmark 1792–1797', in Peters, *Gutsherrschaftsgesellschaften*, pp. 323–42.

(57) 例えば、1756年にルピーン郡ヴストラウのツィーテン農場の一部を購入し、近代的な農場経営法を導入して生産を急増させたフォン・ドッソ夫人の事例を参照。Carl Brinkmann, *Wustrau. Wirtschafts- und Verfassungsgeschichte eines brandenburgischen Rittergutes* (Leipzig, 1911), pp. 82–3.

(58) 例えば、以下を参照〔同書は1656年に出版された官房学の著作〕。Veit Ludwig von Seckendorff, *Teutscher Fürstenstaat*. 以下からの引用。Johannes Rogalla von Bieberstein, *Adelsherrschaft und Adelskultur in Deutschland* (Limburg, 1998), p. 356.

(59) Ute Frevert, *Women in German History. From Bourgeois Emancipation to Sexual Liberation* (Oxford, 1989), pp. 64–5; Heide Wunder, *He is the Sun, She is the Moon: Women in Early Modern Germany*, trans. Thomas Dunlap (Cambridge, MA, 1998), pp. 202–8.

(60) こうした傾向についてより全般的には、以下を参照。Sheilagh Ogilvie, *A Bitter Living. Women, Markets and Social Capital in Early Modern Germany* (Oxford, 2003), pp. 321–2.

(61) Hagen, *Ordinary Prussians*, pp. 167, 368.

(62) Ibid., p. 256.

(63) Ulrike Gleixner, *'Das Mensch' und 'Der Kerl'. Die Konstruktion von Geschlecht in Unzuchtsverfahren der Frühen Neuzeit (1700–1760)* (Frankfurt, 1994), p. 15.

(64) Hagen, *Ordinary Prussians*, p. 499.

(65) Gleixner, *Unzuchtsverfahren*, pp. 116, 174.
(66) Ibid., p. 172.
(67) Hagen, *Ordinary Prussians*, pp. 177, 257, 258.
(68) Gleixner, *Unzuchtsverfahren*, pp. 176–210.
(69) フリードリヒ二世の1752年の『政治遺訓』。以下に所収。Dietrich, *Die politischen Testamente*, p. 261.
(70) 「工業」が国家の文明度の指標であるという考えについては、以下を参照。Florian Schui, 'Early debates about *industrie*: Voltaire and his Contemporaries (*c* 1750–78)', Ph. D. thesis, Cambridge (2005); Hugo Rachel, *Wirtschaftsleben im Zeitalter des Frühkapitalismus* (Berlin, 1931), pp. 130–32; Rolf Straubel, 'Bemerkungen zum Verhältnis von Lokalbehörde und Wirtschaftsentwicklung. Das Berliner Seiden- und Baumwollgewerbe in der 2. Hälfte des 18. Jahrhunderts', *Jahrbuch für Geschichte*, 35 (1987), pp. 119–49, here pp. 125–7.
(71) William O. Henderson, *Studies in the Economic Policy of Frederick the Great* (London, 1963), pp. 36, 159–60; Ingrid Mittenzwei, *Preussen nach dem Siebenjährigen Krieg. Auseinandersetzungen zwischen Bürgertum und Staat um die Wirtschaftsgeschichte* (Berlin, 1979), pp. 71–100.
(72) Clive Trebilcock, *The Industrialisation of the Continental Powers 1780–1914* (Harlow, 1981), p. 27.
(73) 以下からの引用。August Schwemann, 'Freiherr von Heinitz als Chef des Salzdepartements (1786–96)', *FBPG*, 8 (1894), pp. 111–59, here p. 112.
(74) Ibid., pp. 112–13.
(75) Schieder, *Frederick the Great*, p. 209.
(76) Honoré-Gabriel Riquetti, Comte de Mirabeau, *De la monarchie Prussienne sous Frédéric le Grand* (8 vols., Paris, 1788), vol. 3, pp. 2, 7–8, 9–15, 17, 18.
(77) Ibid., vol. 3, p. 191.
(78) Ibid., vol. 3, pp. 175–6, vol. 5, pp. 334–5, 339.
(79) Trebilcock, *Industrialisation*, p. 28; Walther Hubatsch, *Friedrich der Grosse und die preussische Verwaltung* (Cologne, 1973), pp. 81–2.
(80) Johannes Feig, 'Die Begründung der Luckenwalder Wollenindustrie durch Preussens Könige im achtzehnten Jahrhundert', *FBPG*, 10 (1898), pp. 79–103, here pp. 101–2. 以下からの引用。Schmoller is on p. 103.
(81) この問題に関する議論として、以下を参照。Wehler, *Deutsche Gesellschaftsgeschichte*, vol. 1, p. 109.
(82) Ingrid Mittenzwei, *Preussen nach dem Siebenjährigen Krieg*, pp. 71–100; Max Barkhausen, 'Government Control and Free Enterprise in Western Germany and the Low Countries in the Eighteenth Century', in Peter Earle (ed.), *Essays in European Economic History* (Oxford, 1974), pp. 241–57; Stefan Gorissen, 'Gewerbe, Staat und Unternehmer auf dem rechten Rheinufer', in Dietrich Ebeling (ed.), *Aufbruch in eine neue Zeit. Gewerbe, Staat und Unternehmer in den Rheinlanden des 18. Jahrhunderts* (Cologne, 2000), pp. 59–85, esp. pp. 74–6; 以下からの引用。Wilfried Reininghaus, *Die Stadt Iserlohn und ihre Kaufleute (1700–1815)* (Dortmund, 1995), p. 19.
(83) Rolf Straubel, *Kaufleute und Manufakturunternehmer*, pp. 11, 24, 26, 29–30, 32, 95, 97. この時期のプロイセンの製造業の成長に関する概略は、シュトラウベルの傑出した先駆的研究に大幅に依拠している。シュトラウベルは中心地域に焦点を絞っているが、製造業の資本主義的生産形態への移行についてプロイセン全域の統計を用いた有益な先行研究として、Karl

Heinrich Kaufhold, *Das Gewerbe in Preussen um 1800* (Göttingen, 1978).

(84) Straubel, *Kaufleute und Manufakturunternehmer*, pp. 399–400; id., 'Berliner Seidenund Baumwollgewerbe', pp. 134–5; Mittenzwei, *Preussen nach dem Siebenjährigen Krieg*, pp. 39–50.

(85) Straubel, *Kaufleute und Manufakturunternehmer*, pp. 397–8, 408–9. 都市税務監督官が地域の発展に与えた影響を肯定的に評価したものとして、以下を参照。Heinrich, 'Staatsaufsicht und Stadtfreiheit', in Rausch (ed.), *Städte Mitteleuropas*, pp. 155–72, esp. p. 165.

第七章　覇権争い

(1) H. M. Scott, 'Prussia's Emergence as a European Great Power, 1740–1763', in Dwyer (ed.), *Rise of Prussia*, pp. 153–76, here p. 161.

(2) Frederick II, *De la Littérature Allemande; des defauts qu'on peut lui reprocher; quelles en sont les causes; et par quels moyens on peut les corriger* (Berlin, 1780; repr. Heilbronn, 1883), pp. 4–5, 10.

(3) T. C. W. Blanning, *The Culture of Power and the Power of Culture. Old Regime Europe 1660–1789* (Oxford, 2002), p. 84.

(4) Frederick II, *The Refutation of Machiavelli's Prince, or Anti-Machiavel*, intro. and trans. Paul Sonnino (Athens, O, 1981), pp. 157–62.

(5) Dietrich, *Die politischen Testamente*, pp. 657–9.

(6) Wolfgang Pyta, 'Von der Entente Cordiale zur Aufkündigung der Bündnispartnerschaft. Die preussisch-britischen Beziehungen im Siebenjährigen Krieg 1758–1762', *FBPG*, New Series 10 (2000), pp. 1–48, here pp. 41–2.

(7) 彼の歴史的著作について論じたものとして、以下を参照。Kunisch, *Friedrich der Grosse*, pp. 102–3, 119, 218–23.

(8) フリードリヒ・ヴィルヘルム一世の1722年の『政治遺訓』、およびフリードリヒ二世の1752年の『政治遺訓』。ともに以下に所収。Dietrich, *Die politischen Testamente*, pp. 243, 255.

(9) Ibid., p. 601.

(10) Jacques Brenner (ed.), *Mémoires pour servir à la vie de M. de Voltaire, écrits par luimême* (Paris, 1965), p. 45.

(11) Ibid., p. 43.

(12) Kunisch, *Friedrich der Grosse*, p. 60.

(13) David Wootton, 'Unhappy Voltaire, or "I shall Never Get Over it as Long as I Live" ', *History Workshop Journal*, no. 50 (2000), pp. 137–55.

(14) Giles MacDonogh, *Frederick the Great. A Life in Deed and Letters* (London, 1999), pp. 201–4.

(15) Paul Noack, *Elisabeth Christine und Friedrich der Grosse. Ein Frauenleben in Preussen* (Stuttgart, 2001), p. 107.

(16) Ibid., p. 142; Biskup, 'Hidden Queen', passim.

(17) Noack, *Elisabeth Christine*, pp. 185–6.

(18) フリードリヒからデュアン・ド・ジャンダン宛ての1734年3月19日付の書簡。以下に所収。Preuss (ed.), *Oeuvres de Frédéric II* (31 vols., Berlin, 1851), vol. 17, p. 271.

(19) PRO SP 90/2, 90/3, 90/4, 90/5, 90/6, 90/7.

(20) Charles Ingrao, *The Habsburg Monarchy 1618–1815* (Cambridge, 1994), p. 152.

(21) フリードリヒ・ヴィルヘルム一世の1740年5月28日の「末期の言葉」。以下に所収。

Dietrich (ed.), *Die politischen Testamente*, p. 246. この言葉は、国務大臣兼官房大臣のハインリヒ・フォン・ポデヴィルス伯によって筆録された。

(22) Walter Hubatsch, *Friedrich der Grosse und die preussische Verwaltung* (Cologne, 1973), p. 70.

(23) H. M. Scott, 'Prussia's Emergence', in Dwyer (ed.), *Rise of Prussia*, pp. 153–76.

(24) Schieder, *Frederick the Great*, p. 95; Hubatsch, *Friedrich der Grosse*, p. 70; Kunisch, *Friedrich der Grosse*, p. 167.

(25) Schieder, *Frederick the Great*, p. 235.

(26) 第一次シュレージエン戦争と第二次シュレージエン戦争での戦闘についての分析として、以下を参照。David Fraser, *Frederick the Great. King of Prussia* (London, 2000), pp. 91–5, 116–9, 178–84; Christopher Duffy, *Frederick the Great. A Military Life* (London, 1985), pp. 21–75; Dennis Showalter, *The Wars of Frederick the Great* (Harlow, 1996), pp. 38–89.

(27) Johannes Kunisch, 'Friedrich II., der Grosse (1740–1786)', in Kroll (ed.), *Preussens Herrscher*, pp. 160–78, here p. 166.

(28) T. C. W. Blanning, 'Frederick the Great and Enlightened Absolutism', in H. M. Scott (ed.), *Enlightened Absolutism. Reform and Reformers in Later Eighteenth-century Europe* (London, 1990), pp. 265–88, here p. 281.

(29) Kunisch, *Friedrich der Grosse*, p. 332.

(30) William J. McGill, 'The Roots of Policy: Kaunitz in Vienna and Versailles 1749–1753', *Journal of Modern History*, 43 (1975), pp. 228–44.

(31) Frėderick II, *Anti-Machiavel*, pp. 160–62.『反マキァヴェリ論』の曖昧さについては、以下を参照。Schieder, *Frederick the Great*, pp. 75–89; Kunisch, *Friedrich der Grosse*, pp. 126–8.

(32) カウニッツによる1778年9月7日付の状況説明。Karl Otmar von Aretin, *Heiliges Römisches Reich 1776–1806. Reichsverfassung und Staatssouveränität* (2 vols., Wiesbaden, 1967), vol. 2, p. 2.

(33) この敗北の理由とフリードリヒの果たした役割については、以下を参照。Reinhold Koser, 'Bemerkung zur Schlacht von Kolin', in *FBPG*, 11 (1898), pp. 175–200.

(34) Scott, 'Prussia's Emergence', p. 175.

(35) 戦争末期には、歩兵の死亡率が高かったために、プロイセン軍の兵士の質は低下していた。フリードリヒは砲兵の訓練や配置を改善することで、これをある程度まで補った。

(36) C. F. R. von Barsewisch, *Meine Kriegserlebnisse während des Siebenjährigen Krieges 1757–1763. Wortgetreuer Abdruck aus dem Tagebuche des Kgl. Preuss. General-Quartiermeister-Lieutenants C. F. R. von Barsewisch* (2nd edn, Berlin, 1863), pp. 75, 77.

(37) Helmut Bleckwenn (ed.), *Preussische Soldatenbriefe* (Osnabrück, 1982), p. 18.

(38) ロボジッツのフランツ・ライスから妻宛ての1756年10月6日付の手紙。以下に所収。Bleckwenn (ed.), *Preussische Soldatenbriefe*, p. 30.

(39) Barsewisch, *Meine Kriegserlebnisse*, pp. 46–51.

(40) [Johann] Wilhelm von Archenholtz, *The history of the Seven Years War in Germany*, trans. F. A. Catty (Frankfurt/Main, 1843), p. 102.

(41) Horst Carl, 'Unter fremder Herrschaft. Invasion und Okkupation im Siebenjährigen Krieg', in Kroener and Pröve (eds.), *Krieg und Frieden*, pp. 331–48, here p. 335.

(42) ミュールハウゼンのサン・ジェルマン伯からパリ・デュヴェルネ宛ての1757年11月19日付の書簡。以下からの引用。Carl, 'Invasion und Okkupation', pp. 331–2.

(43) von Archenholtz, *Seven Years War*, p. 92.

(44) Horst Carl, 'Invasion und Okkupation', p. 341.

(45) 外交革命の背景となったオーストリアとフランスの状況についての、今なお重要な参考文献は、Max Braubach, *Versailles und Wien von Ludwig XIV bis Kaunitz. Die Vorstadien der diplomatischen Revolution im 18 Jahrhundert* (Bonn, 1952).

(46) Michel Antoine, *Louis XV* (Paris, 1989), p. 743.

(47) それぞれ、ジャン＝ルイ・スーラヴィ〔地理学者〕、シャルル・ド・ペイソネル〔外交官〕、ルイ・フィリップ・ド・セギュール伯〔軍人・外交官〕の発言。以下からの引用。T. C. W. Blanning, *The French Revolutionary Wars, 1787–1802* (London, 1996), p. 23.

(48) マリー・アントワネットが悪の権化とみなされるようになったことについては、以下に所収の諸論文を参照。Dena Goodman (ed.), *Marie Antoinette: Writings on the Body of a Queen* (London, 2003).

(49) Manfred Hellmann, 'Die Friedenschlüsse von Nystad (1721) und Teschen (1779) als Etappen des Vordringens Russlands nach Europa', *Historisches Jahrbuch*, 97/8 (1978), pp. 270–88. より全般的には、Walther Mediger, *Moskaus Weg nach Europa. Der Aufstieg Russland zum europäischen Machtstaat im Zeitalter Friedrichs des Grossen* (Brunswick, 1952). 七年戦争がヨーロッパ諸国家体系に及ぼした広範な影響に関する分析については、以下を参照。H. M. Scott, *The Emergence of the Eastern Powers, 1756–1775* (Cambridge, 2001), esp. pp. 32–67.

(50) 以下からの引用。Christopher Duffy, *Russia's Military Way to the West: Origins and Nature of Russian Military Power 1700–1800* (London, 1981), p. 124.

(51) T. C. W. Blanning, *Joseph II* (London, 1994) の各所 passim; Ingrao, *Habsburg Monarchy*, p. 182; Werner Bein, *Schlesien in der habsburgischen Politik. Ein Beitrag zur Entstehung des Dualismus im Alten Reich* (Sigmaringen, 1994), pp. 295–322.

(52) Kossert, *Masuren*, p. 93.

(53) フリードリヒ二世の政治遺訓（1768年）。以下に所収。Dietrich, *Die politischen Testamente*, p. 554.

(54) Atorf, *Der König und das Korn*, pp. 208–22.

(55) Gustav Schmoller and Otto Hintze (eds.), *Die Behördenorganisation und die allgemeine Staatsverwaltung Preussens im 18. Jahrhundert* (15 vols., Berlin, 1894–1936), vol. 7 (1894), no. 9, pp. 21–3 and no. 69, pp. 107–8.

(56) Atorf, *Der König und das Korn*, pp. 202–3.

(57) Carl, *Okkupation und Regionalismus*, p. 415.

(58) フリードリヒ二世の政治遺訓（1768年）。以下に所収。Dietrich, *Die politischen Testamente*, p. 647.

(59) Kunisch, *Friedrich der Grosse*, pp. 244–5.

(60) Frederick II, 'Reflections on the Financial Administration of the Prussian Government', in Dietrich, *Die politischen Testamente*, p. 723.

(61) H. M. Scott, '1763–1786: The Second Reign of Frederick the Great', in Dwyer (ed.), *Rise of Prussia*, pp. 177–200.

(62) 以下からの引用。Blanning, *French Revolutionary Wars*, p. 8. この発言がベレンホルストのものであるという見方については、以下を参照。Ibid., p. 32, n. 18.

(63) Kunisch, 'Friedrich II.', p. 171.

(64) フリードリヒ二世の政治遺訓（1752年）。以下に所収。Dietrich, *Die politischen Testamente*, pp. 254–461, here pp. 331–3.

(65) 普墺両国に対抗する小邦の同盟として始まった諸侯同盟の政治については、以下を参照。Maiken Umbach, 'The Politics of Sentimentality and the German Fürstenbund, 1779–1785', *Historical Journal*, 41, 3 (1998), pp. 679–704.

(66) Karl Otmar von Aretin, *Heiliges Römisches Reich: 1776–1806: Reichsverfassung und Staatssouveränität* (2 vols., Weisbaden, 1967), vol. 1, pp. 19–23; Gabriele Haug-Moritz, *Württembergischer Ständekonflikt und deutscher Dualismus: ein Beitrag zur Geschichte des Reichsverbands in der Mitte des 18. Jahrhunderts* (Stuttgart, 1992), pp. 163–99, 344–5; ed., 'Friedrich der Grosse als "Gegenkaiser": Überlegungen zur preussischen Reichspolitik, 1740–1786', in Haus der Geschichte Baden-Württemberg (ed.), *Vom Fels zum Meer. Preussen und Südwestdeutschland* (Tübingen, 2002), pp. 25–44; Volker Press, 'Friedrich der Grosse als Reichspolitiker', in Heinz Duchhardt (ed.), *Friedrich der Grosse, Franken und das Reich* (Cologne, 1986), pp. 25–56, esp. pp. 42–4.

(67) Hans-Martin Blitz, *Aus Liebe zum Vaterland. Die deutsche Nation im 18. Jahrhundert* (Hamburg, 2000), pp. 160–63.

(68) Haug-Moritz, *Württembergischer Ständekonflikt*, p. 165.

(69) ラムラーからグライム宛ての1757年12月11日付の書簡。以下に所収。Carl Schüddekopf (ed.), *Briefwechsel zwischen Gleim und Ramler* (2 vols., Tübingen, 1907), vol. 2, pp. 306–7.

(70) Johann Wilhelm Archenholtz, *Geschichte des Siebenjährigen Krieges in Deutschland* (5th edn; 1 vol. in 2 parts, Berlin, 1840), part 2, pp. 165–6.

(71) August Friedrich Wilhelm Sack, 'Danck-Predigt über 1. Buch Mose 50 v. 20 wegen des den 6ten May 1757 bey Prag von dem Allmächtigen unsern Könige verliehenen herrlichen Sieges', in id., *Drei Danck-Predigten über die von dem grossen Könige Friedrich II. im Jahre 1757 erfochtenen Siege bei Prag, bei Rossbach und bei Leuthen, in demselben Jahre im Dom zu Berlin gehalten. Zum hundertjährigen Gedächtniss der genannten Schlachten wider herausgegeben* (Berlin, 1857), p. 14.

(72) 以下からの引用。Blitz, *Aus Liebe zum Vaterland*, p. 179.

(73) Schüddekopf (ed.), *Briefwechsel*, pp. 306–7; Blitz, *Aus Liebezum Vaterland*, pp. 171–86.

(74) Thomas Biskup, 'The Politics of Monarchism. Royalty, Loyalty and Patriotism in Later 18th-century Prussia', Ph.D. thesis, Cambridge (2001), p. 55.

(75) Thomas Abbt, 'Vom Tode für das Vaterland (1761)' in Franz Brüggemann (ed.), *Der Siebenjährige Krieg im Spiegel der zeitgenössischen Literatur* (Leipzig, 1935), pp. 47–94, here p. 92.

(76) Christian Ewald von Kleist, 'Grabschrift auf den Major von Blumenthal, der den 1sten Jan. 1757 bey Ostritz in der Oberlausitz in einem Scharmützel erschossen ward', in id., *Des Herrn Christian Ewald von Kleist sämtliche Werke* (2 parts, Berlin, 1760), part 2, p. 123. この一節は以下でも引用されている。Abbt's 'Vom Tode'.

(77) Johannes Kunisch (ed.), *Aufklärung und Kriegserfahrung. Klassische Zeitzeugen zum Siebenjährigen Krieg* (Frankfurt/Main, 1996). アプトについての解説は、p. 986.

(78) Friedrich Nicolai, *Das Leben und die Meinungen des Herrn Magister Sebaldus Nothanker* (Leipzig, 1938), p. 34.

(79) Helga Schultz (ed.), *Der Roggenpreis und die Kriege des grossen Königs. Chronik und Rezeptsammlung des Berliner Bäckermeisters Johann Friedrich Heyde 1740 bis 1786* (Berlin, 1988).

(80) Carl, *Okkupation und Regionalismus*, pp. 366–7.

(81) Abbt, 'Vom Tode', p. 53.

(82) Nicolai, *Sebaldus Nothanker*, p. 34.

(83) Johann Wilhelm Ludwig Gleim, 'Siegeslied nach der Schlacht bei Rossbach', in Brüggemann (ed.), *Der Siebenjährige Krieg*, pp. 109–17.

(84) Abbt, 'Vom Tode', p. 66.

(85) Johann Wilhelm Ludwig Gleim, 'An die Kriegsmuse nach der Niederlage der Russen bei Zorndorf', in Brüggemann (ed.), *Der Siebenjährige Krieg*, pp. 129–36, here p. 135.

(86) Anna Louise Karsch, 'Dem Vater des Vaterlandes Friedrich dem Grossen, bei triumphierender Zurückkunft gesungen im Namen Seiner Bürger. Den 30. März 1763', in C. L. von Klenke (ed.), *Anna Louisa Karschin 1722–1791. Nach der Dichterin Tode nebst ihrem lebenslauff Harausgegeben von Ihrer Tochter* (Berlin, 1792). 以下からテキストをダウンロード可能。'Bibliotheca Augustana', *http://www.fh-augsburg.de/~harsch/germanica/Chronologie/18Jh/Karsch/karintr.html*（2003 年 11 月 26 日に最終閲覧）.

(87) Schultz, *Der Roggenpreis*, p. 98; Kunisch, *Friedrich der Grosse*, p. 443.

(88) Biskup, *Politics of Monarchism*, p. 42; Kunisch, *Friedrich der Grosse*, p. 446.

(89) Biskup, *Politics of Monarchism*, p. 43.

(90) Bruno Preisendörfer, *Staatsbildung als Königskunst. Ästhetik und Herrschaft im preussischen Absolutismus* (Berlin, 2000), pp. 83–110, esp. pp. 107–9.

(91) Helmut Börsch-Supan, 'Friedrich der Grosse im zeitgenössischen Bildnis', in Oswald Hauser (ed.), *Friedrich der Grosse in seiner Zeit* (Cologne, 1987), pp. 255–70, here pp. 256, 266.

(92) Eckhart Hellmuth, 'Die "Wiedergeburt" Friedrichs des Grossen und der "Tod fürs Vaterland". Zum patriotischen Selbstverständnis in Preussen in der zweiten hälfte des 18. Jahrhunderts', *Aufklärung*, 10/2 (1998), pp. 22–54.

(93) Friedrich Nicolai, *Anekdoten von König Friedrich dem Zweiten von Preussen* (Berlin and Stettin, 1788–1792; reprint Hildesheim, 1985), pp. i–xvii.

(94) 逸話のこうした側面について、より全般的には以下を参照。Volker Weber, *Anekdote. Die andere Geschichte. Erscheinungsformen der Anekdote in der deutschen Literatur, Geschichtsschreibung und Philosophie* (Tübingen, 1993), pp. 25, 48, 59, 60, 62–5, 66.

(95) Carl, 'Invasion und Okkupation', p. 347.

(96) Colley, *Britons*, esp. pp. 11–54.

(97) Hellmuth, 'Die "Wiedergeburt"', p. 26.

(98) これは「ポーランド領プロイセン」（かつての「王領プロイセン」）の併合によるもので、これにより、フリードリヒは旧騎士団国家のプロイセン領を単独で保有することとなり、祖父のフリードリヒ一世に認められたまわりくどい称号は不要となった。

(99) Norman Davies, *God's Playground. A History of Poland* (2 vols., Oxford, 1981), vol. 1, pp. 339–40, 511.

(100) Dietrich, *Die politischen Testamente*, pp. 369–75, 654–5. こうした発言が「計画」にあたるのか、それとも取り留めのない思いつきだったのかをめぐる歴史論争については、以下を参照。Dietrich's introduction at pp. 128–47.

(101) 都市エルビングは 1660 年からプロイセンの支配下にあった。エルビングの周辺地域は 1698 ～ 1703 年に、フリードリヒ一世が租借権を入手して獲得された。Jerzy Lukowski, *The Partitions of Poland. 1772, 1793, 1795* (Harlow, 1999), pp. 16–17. フリードリヒが認めているように、

アーティチョークの比喩は、サルデーニャ王のヴィットーリオ・アメデーオ二世がミラノについて用いた言葉を引用したもの。

(102) Cf. Ingrid Mittenzwei, *Friedrich II von Preussen: eine Biographie* (Cologne, 1980), p. 172; Wolfgang Plat, *Deutsche und Polen. Geschichte der deutsch-polnischen Beziehungen* (Cologne, 1980), pp. 85–7; Davies, *God's Playground*, p. 523.

(103) Ernst Opgenoorth (ed.), *Handbuch der Geschichte Ost- und Westpreussens. Von der Teilung bis zum Schwedisch-Polnischen Krieg, 1466–1655* (Lüneburg, 1994), p. 22.

(104) Davies, *God's Playground*, p. 521.

(105) Willi Wojahn, *Der Netzedistrikt und die sozialökonomischen Verhältnisse seiner Bevölkerung um 1773* (Münster, 1996), pp. 16–17.

(106) 例えば以下を参照。Heinz Neumeyer, *Westpreussen. Geschichte und Schicksal* (Munich, 1993).

(107) William W. Hagen, *Germans, Poles and Jews. The Nationality Conflict in the Prussian East, 1772–1914* (Chicago, 1980), pp. 39–41, 43. ポーランドの劣等性についての当時のドイツにおける通念ついては、以下を参照。Jörg Hackmann, *Ostpreussen und Westpreussen in deutscher und polnischer Sicht. Landeshistorie als beziehungsgeschichtliches Problem* (Wiesbaden, 1996), p. 66.

(108) Peter Baumgart, 'The Annexation and Integration of Silesia into the Prussian State of Frederick the Great', in Mark Greengrass (ed.), *Conquest and Coalescence. The Shaping of the State in Early Modern Europe* (London, 1991), pp. 155–81, here p. 167; Hubatsch, *Friedrich der Grosse*, p. 77.

(109) Hans-Jürgen Bömelburg, *Zwischen polnischer Ständegesellschaft und preussischem Obrigkeitsstaat. Vom Königlichen Preussen zu Westpreussen (1756–1806)* (Munich, 1995), pp. 254–5.

(110) Brigitte Poschmann, 'Verfassung, Verwaltung, Recht, Militär im Ermland', in Opgenoorth (ed.), *Geschichte Ost- und Westpreussens*, pp. 39–43, here p. 42.

(111) Wojahn, *Netzedistrikt*, p. 25.

(112) 税率については、以下を参照。Max Bär, *Westpreussen unter Friedrich dem Grossen* (2 vols., Leipzig, 1909), vol. 2, p. 422, esp. n. 1; Hagen, *Germans, Poles and Jews*, p. 40.

(113) Corni, *Stato assoluto*, pp. 304–5.

(114) Bär, *Westpreussen*, vol. 2, pp. 465–6; Corni, *Stato assoluto*, p. 305.

(115) Bär, *Westpreussen*, vol. 1, pp. 574–81.

(116) Bömelburg, *Zwischen polnischer Ständegesellschaft*, pp. 411, 413.

(117) August Carl Holsche, *Der Netzedistrikt. Ein Beitrag zur Länder- und Völkerkunde mit statistischen Nachrichten* (Königsberg, 1793), 以下からの引用。Wojahn, *Netzedistrikt*, p. 29.

(118) Neumeyer, *Westpreussen*, pp. 313–14; Bömelburg, *Zwischen polnischer Ständegesellschaft*, p. 367.

(119) 以下を参照。Bär, *Westpreussen*, vol. 2, passim.

(120) フリードリヒ二世の政治遺訓（1752年）。以下に所収。in Dietrich, *Die politischen Testamente*, p. 283.

(121) 以下からの引用。Kunisch, *Friedrich der Grosse*, p. 245.

(122) フリードリヒ二世の政治遺訓（1752年）。以下に所収。in Dietrich, *Die politischen Testamente*, p. 329.

(123) Kunisch, *Friedrich der Grosse*, p. 128.

(124) プロイセンでより強固な国家概念が出現するに際してのヴォルフの位置づけについては、以下を参照。Blanning, *The Culture of Power*, p. 200. ヴォルフは1721年にハレ大学で敬虔主義者と論戦を行い、プロイセンから追放されていた。フリードリヒ二世は即位すると、直ち

に彼を呼び戻した。以下も参照。Christian Freiherr von Wolff, *Vernünfftige Gedanken von dem gesellschaftlichen Leben der Menschen und insonderheit dem gemeinen Wesen* (Halle, 1756), pp. 212–14, 216–17, 238, 257, 345, 353, 357.

(125) 以下からの引用。Hubatsch, *Friedrich der Grosse*, p. 75.

(126) Ibid., p. 85.

(127) Blanning, *The Culture of Power*, p. 92; Hans-Joachim Giersberg, 'Friedrich II und die Architektur', in Hans-Joachim Giersberg and Claudia Meckel (eds.), *Friedrich II und die Kunst* (2 vols., Potsdam, 1986), vol. 2, p. 54; Hans-Joachim Giersberg, *Friedrich II als Bauherr. Studien zur Architektur des 18. Jahrhunderts in Berlin und Potsdam* (Berlin, 1986), p. 23.

(128) 建前としては、オペラハウスは招待客にのみ開放されていたが、実際には広くベルリン内外の人々も通っており、ドアマンにチップを渡すだけで入場できた。王立図書館も同様に、一般市民が利用できる時間帯があった。

(129) 以下を参照。Martin Engel, *Das Forum Fridericianum und die monumentalen Residenzplätze des 18. Jahrhunderts*, Ph.D. thesis in art history, Freie Universität Berlin (2001), pp. 302–3. 同論文は「ダーウィン電子博士論文」の以下のウェブサイトから、オンラインで読むことができる。*http://www.diss.fu-berlin.de/2004/161/indexe.html#information*（2005年2月24日に最終閲覧）. フォルム・フリデリツィアヌムについては以下も参照。Kunisch, *Friedrich der Grosse*, pp. 258–9, 282.

(130) Hubatsch, *Friedrich der Grosse*, p. 233; Reinhart Koselleck, *Preussen zwischen Reform und Revolution. Allgemeines Landrecht, Verwaltung und soziale Bewegung von 1791 bis 1848* (Stuttgart, 1967), pp. 23–149; Hans Hattenhauer, 'Preussen auf dem Weg zum Rechtsstaat', in Jörg Wolff (ed.), *Das Preussische Allgemeine Landrecht: politische, rechtliche und soziale Wechsel- und Fortwirkungen* (Heidelberg, 1995), pp. 49–67.

(131) ALR Einleitung §75, Hans Hattenhauer (ed.), *Allgemeines Landrecht für die preussischen Staaten von 1794* (Frankfurt/Main, 1970).

(132) フリードリヒ二世の政治遺訓（1752年）。以下に所収。in Dietrich, *Die politischen Testamente*, p. 381.

(133) Kunisch, *Friedrich der Grosse*, pp. 293–9.

(134) フリードリヒ二世の政治遺訓（1768年）。以下に所収。in Dietrich, *Die politischen Testamente*, p. 519.

(135) ヌーシャテルは1857年にスイスに割譲されるまで、ホーエンツォレルン家の領地であった〔正確には、「ヌーシャテル公」としてのプロイセン王を君主とする公国であったヌーシャテルは、プロイセン王に従属したまま1815年にスイス連邦に加入してその一カントンとなったが、1857年にプロイセンの支配から完全に脱した〕。Wolfgang Stribrny, *Die Könige von Preussen als Fürsten von Neuenburg-Neuchâtel (1707–1848)* (Berlin, 1998), p. 296.

(136) フリードリヒ二世の政治遺訓（1768年）。以下に所収。in Dietrich, *Die politischen Testamente*, p. 619.

(137) Ibid., pp. 510–11. 東プロイセンの「復興事業」は1743年に中断された。以下を参照。Notbohm, *Das evangelische Schulwesen*, p. 186.

(138) Walter Mertineit, *Die fridericianische Verwaltung in Ostpreussen. Ein Beitrag zur Geschichte der preussischen Staatsbildung* (Heidelberg, 1958), p. 179.

(139) Ibid., pp. 183–5.

(140)　フリードリヒ二世の政治遺訓（1752年）。以下に所収。in Dietrich, *Die politischen Testamente*, pp. 325–7.

第八章　敢えて賢こかれ！

(1)　Immanuel Kant, 'Beantwortung der Frage: Was ist Aufklärung?', *Berlinische Monatsschrift*（1784年9月30日付、1784年12月出版）〔篠田英雄訳『啓蒙とは何か』岩波文庫、1974年、7頁〕. 以下に再録、*Berlinische Monatsschrift (1783–1796)* (Leipzig, 1986), pp. 89–96, here p. 89.

(2)　Ibid., p. 90〔前掲書、9頁〕.

(3)　Richard van Dülmen, *The Society of the Enlightenment. The Rise of the Middle Class and Enlightenment Culture in Germany*, trans. Anthony Williams (Oxford, 1992), pp. 47–8〔イマヌエル・カント、金森誠也訳『視霊者の夢』講談社学術文庫、2013年、51頁〕. カントと「理性の言葉」については、以下を参照。Hans Saner, *Kant's Political Thought. Its Origins and Development*, trans. E. B. Ashton (Chicago, 1973), p. 76.

(4)　Ferdinand Runkel, *Geschichte der Freimaurerei in Deutschland* (3 vols., Berlin, 1931–2), vol. 1, pp. 154–8. フリーメイソンについて、より全般的には以下を参照。Ulrich Im Hof, *The Enlightenment*, trans. William E. Yuill (Oxford, 1994), pp. 139–45.

(5)　Norbert Schindler, 'Freimaurerkultur im 18. Jahrhundert. Zur sozialen Funktion des Geheimwissens in der entstehenden bürgerlichen Gesellschaft', in Robert Berdahl et al. (eds.), *Klassen und Kultur* (Frankfurt/Main, 1982), pp. 205–62, here p. 208.

(6)　*Berlinische Monatsschrift*, 2 (1783), p. 516.

(7)　Friedrich Gedike and J. E. Biester, 'Vorrede', *Berlinische Monatsschrift*, 1 (1783), p. 1.

(8)　Im Hof, *Enlightenment*, pp. 118–22.

(9)　Joseph Kohnen, 'Druckerei-, Verlags- und Zeitungswesen in Königsberg zur Zeit Kants und Hamanns. Das Unternehmen Johann Jakob Kanters', in id. (ed.), *Königsberg. Beiträge zu einem besonderen Kapitel der deutschen Geistesgeschichte des 18. Jahrhunderts* (Frankfurt/Main, 1994), pp. 1–30, esp. pp. 9–10, 12–13, 15.

(10)　レーオポルト・フリードリヒ・ギュンター・フォン・ゲッキング (1748–1828) による弔辞。以下からの引用。Eberhard Fromm, 'Der poetische Exerziermeister', in *Deutsche Denker*, pp. 58–63, *http://www.luise-berlin.de/bms/bmstext/9804deua.htm*（2003年12月18日に最終閲覧）。

(11)　「市民社会の実践者」については以下を参照。Isabel V. Hull, *Sexuality, State and Civil Society in Germany, 1700–1815* (Ithaca, NY, 1996), esp. ch. 5.

(12)　Horst Möller, *Vernunft und Kritik. Deutsche Aufklärung im 17. und 18. Jahrhundert* (Frankfurt/Main, 1986), pp. 295–6.

(13)　Kant, 'Was ist Aufklärung?', p. 95.

(14)　Otto Bardong (ed.), *Friedrich der Grosse* (Darmstadt, 1982), p. 542. この発言については、以下で論じられている。Blanning, 'Frederick the Great', in Scott (ed.), *Enlightened Absolutism*, pp. 265–88, here p. 282.

(15)　Mittenzwei, *Friedrich II.*, pp. 44–5.

(16)　Richard J. Evans, *Rituals of Retribution. Capital Punishment in Germany, 1600–1987* (London, 1997), p. 113.

(17)　Matthias Schmoeckel, *Humanität und Staatsraison. Die Abschaffung der Folter in Europa und die*

Entwicklung des gemeinen Strafprozess- und Beweisrechts seit dem hohen Mittelalter (Cologne, 2000), pp. 19–33.

(18) Evans, *Rituals*, p. 122.

(19) Blanning, 'Frederick the Great', p. 282.

(20) Jonathan I. Israel, *Radical Enlightenment. Philosophy and the Making of Modernity 1650–1750* (Oxford, 2001), pp. 659–63.

(21) Kant, 'Was ist Aufklärung?', p. 96〔『啓蒙とは何か』、11、18–19 頁〕. 同様の議論は、以下の論文においても展開されている。'On the Common Saying: "This May Be True in Theory but Does Not Apply in Practice"'（初出は、*Berlinische Monatsschrift*, 1793）; 以下を参照、Immanuel Kant, *Political Writings*, ed. Hans Reiss, trans. H. B. Nisbet (2nd edn, Cambridge, 1991), pp. 61–92, here esp. pp. 79, 81, 84–5.

(22) Blanning, *The Culture of Power*, pp. 103–82.

(23) Möller, *Vernunft und Kritik*, p. 303.

(24) この引用は、フリードリヒ二世の死去から 6 年後の 1792 年にプロイセンの司法高官レーオポルト・フォン・キルヒアイゼン〔後の初代法相〕が行った発言に基づく。以下からの引用。Hull, *Sexuality, State and Civil Society*, p. 215.

(25) John Moore, *A View of Society and Manners in France, Switzerland and Germany* (2 vols., 4th edn, Dublin, 1789; first pub. anon., 1779), vol. 2, p. 130, 以下からの引用。Blanning, 'Frederick the Great', p. 287.

(26) Friedrich Nicolai, *Beschreibung der Königlichen Residenzstädte Berlin und Potsdam, aller daselbst befindlicher Merkwürdigkiten und der umliegenden Gegend* (2 vols., Berlin, 1786), vol. 2, pp. 839–40.

(27) Hilde Spiel, *Fanny von Arnstein. Daughter of the Enlightenment 1758–1818*, trans. Christine Shuttleworth (Oxford, 1991), pp. 15–16.

(28) Stern, *Der preussische Staat*, part 3, vol. 2, *Die Zeit Friedrichs II.* (Tübingen, 1971), passim.

(29) フリードリヒ・ヴィルヘルム一世の政治遺訓（1722 年）。以下に所収。in Dietrich (ed.), *Die politischen Testamente*, pp. 221–43, here p. 236.

(30) フリードリヒ二世の政治遺訓（1768 年）。以下に所収。Dietrich (ed.), *Die politischen Testamente*, pp. 462–697, here p. 507.

(31) Mordechai Breuer, 'The Early Modern Period', in Michael A. Meyer and Michael Brenner (eds.), *German-Jewish History in Modern Times* (4 vols., New York, 1996), vol. 1, *Tradition and Enlightenment 1600–1780*, pp. 79–260, here pp. 146–9.

(32) Stefi Jersch-Wenzel, 'Minderheiten in der preussischen Gesellschaft', in Büsch and Neugebauer (eds.), *Moderne preussische Geschichte*, vol. 1, part 2, pp. 486–506, here p. 492.

(33) Dorwart, *Prussian Welfare State*, p. 129; Stern, *Der preussische Staat*, part 2, *Die Zeit Friedrich Wilhelms I.*, Part 2, Akten, doc. nos. 7, 8, 211 and passim.

(34) J. H. Callenberg, *Siebente Fortsetzung seines Berichts von einem Versuch, das arme jüdische Volck zur Annehmung der christlichen Wahrheit anzuleiten* (Halle, 1734), pp. 92–3, 126, 142. 以下も参照。id., *Relation von einer weiteren Bemühung, Jesum Christum als den Heyland des menschlichen Geschlechts dem Jüdischen Volcke bekannt zu machen* (Halle, 1738), pp. 134, 149.

(35) Michael Graetz, 'The Jewish Enlightenment', in Meyer and Brenner (eds.), *German-Jewish History*, vol. 1, pp. 261–380, here p. 311.

(36) Charlene A. Lea, 'Tolerance Unlimited: The "Noble Jew" on the German and Austrian Stage

(1750–1805)', *The German Quarterly*, 64/2 (1991), pp. 167–77.

(37) Spiel, *Fanny von Arnstein*, p. 19; David Sorkin, *The Transformation of German Jewry, 1780–1840* (New York, 1987), p. 8 and passim.

(38) 以下からの引用。Michael Graetz, 'The Jewish Enlightenment', in Meyer and Brenner (eds.), *German-Jewish History*, vol. 1, p. 274.

(39) Deborah Hertz, *Jewish High Society in Old-regime Berlin* (New Haven and London, 1988), pp. 95–118; Steven M. Lowenstein, *The Berlin Jewish Community. Enlightenment, Family and Crisis, 1770–1830* (New York, 1994), pp. 104–10.

(40) Christian Wilhelm Dohm, *Über die bürgerliche Verbesserung der Juden* (2 vols., Berlin and Stettin, 1781–3), vol. 1, p. 130.

(41) Dohm, *Über die bürgerliche Verbesserung*, vol 1, p. 28. この著作とその背景についての解説として、とくに以下を参照。R. Liberles, 'The Historical Context of Dohm's Treatise on the Jews', in Friedrich-Naumann-Stiftung (ed.), *Das deutsche Judentum und der Liberalismus – German Jewry and Liberalism* (Königswinter, 1986), pp. 44–69; Horst Möller, 'Aufklärung, Judenemanzipation und Staat. Ursprung und Wirkung von Dohms Schrift über die bürgerliche Verbesserung der Juden', in W. Grab (ed.), *Deutsche Aufklärung und Judenemanzipation. Internationales Symposium anlässlich der 250. Geburtstage Lessings und Mendelssohns* (*Jahrbuch des Instituts für deutsche Geschichte*, Suppl. 3; Tel Aviv, 1980), pp. 119–49.

(42) Spiel, *Fanny von Arnstein*, p. 183.

(43) Ibid., p. 184.

(44) この劇については以下で議論されている。Michael A. Meyer, 'Becoming German, Remaining Jewish', in Meyer and Brenner (eds.), *German-Jewish History*, vol. 2, pp. 199–250, here pp. 204–6. 反ユダヤ主義的な風刺について、より全般的には以下を参照。Charlene A. Lea, *Emancipation, Assimilation and Stereotype. The Image of the Jew in German and Austrian Drama (1800–1850)* (Bonn, 1978); Mark H. Gelber, 'Wandlungen im Bild des "gebildeten Juden" in der deutschen Literatur', *Jahrbuch des Instituts für deutsche Geschichte*, 13 (1984), pp. 165–78.

(45) ユダヤ人の改宗問題については以下で議論されている。Hertz, *Jewish High Society*; 以下も参照。ead., 'Seductive Conversion in Berlin, 1770–1809', in Todd Endelman (ed.), *Jewish Apostasy in the Modern World* (New York and London, 1990), pp. 48–82; Lowenstein, *The Berlin Jewish Community*, pp. 120–33.

(46) 以下からの引用。James Sheehan, *German History 1770–1866* (Oxford, 1993), p. 293.

(47) フリードリヒには実子がいなかったため、王位継承権は弟のアウグスト・ヴィルヘルムに移ったが、アウグスト・ヴィルヘルムは1758年に死去し、その息子が王位継承者となった。

(48) Kunisch, *Friedrich der Grosse*, p. 285.

(49) David E. Barclay, 'Friedrich Wilhelm II (1786–1797)', in Kroll (ed.), *Preussens Herrscher*, pp. 179–96.

(50) Thomas P. Saine, *The Problem of Being Modern. Or, the German Pursuit of Enlightenment from Leibniz to the French Revolution* (Detroit, Michigan, 1997), p. 300.

(51) Dirk Kemper (ed.), *Missbrauchte Aufklärung? Schriften zum preussischen Religionsedikt vom 9. Juli 1788* (Hildesheim, 1996); Ian Hunter, 'Kant and the Prussian Religious Edict. Metaphysics within the Bounds of Political Reason Alone', Working Paper, Centre of the History of European Discourses,

University of Queensland. 以下にアクセス、*http://eprint.uq.edu.au/archive/00000396/01/hunterkant.pdf*（2003年12月30日に最終閲覧）。

(52) 以下の編者と訳者の解説を参照。A. W. Wood and G. Di Giovanni (eds.), *Immanuel Kant: Religion and Rational Theology* (Cambridge, 1996); Saine, *The Problem of Being Modern*, pp. 289–309; Paul Schwartz, *Der erste Kulturkampf in Preussen um Kirche und Schule (1788–1798)*, (Berlin 1925), pp. 93–107; Klaus Epstein, *The Genesis of German Conservatism* (Princeton, NJ, 1966), pp. 360–68.

(53) この説得力あるヴェルナー理解は以下で展開されている。Michael J. Sauter, 'Visions of the Enlightenment: The Edict on Religion of 1788 and Political Reaction in Eighteenth-century Prussia', Ph.D. thesis, Department of History, University of California, Los Angeles (2002).

(54) Kemper, *Missbrauchte Aufklärung?*, p. 227.

(55) プロイセン一般ラント法の文言との有益な比較を行った、宗教令に関する興味深い論考として以下を参照。Nicholas Hope, *German and Scandinavian Protestantism, 1700 to 1918* (Oxford, 1995), pp. 312–13. 宗教令にみられる啓蒙の痕跡については、とくに以下を参照。Fritz Valjavec, 'Das Woellnersche Religionsedikt und seine geschichtliche Bedeutung', *Historisches Jahrbuch*, 72 (1952), pp. 386–400. 宗教を道具として捉える見方については、以下を参照。Epstein, *Genesis*, p. 150.

(56) Kurt Nowak, *Geschichte des Christenthums in Deutschland. Religion, Politik und Gesellschaft vom Ende der Aufklärung bis zur Mitte des 20. Jahrhunderts* (Munich, 1995), pp. 15–36.

(57) Hunter, 'Kant and the Prussian Religious Edict', p, 7.

(58) Ibid. pp. 11–12.

(59) フリードリヒ・ヴィルヘルム二世の1788年9月10日の官房政令。以下からの引用。Klaus Berndl, 'Neues zur Biographie von Ernst Ferdinand Klein', in Eckhart Hellmuth, Immo Meenken and Michael Trauth (eds.), *Zeitenwende? Preussen um 1800* (Stuttgart, 1999), pp. 139–82, here p. 161, n. 118.

(60) Saine, *The Problem of Being Modern*, pp. 294–308.

(61) Berndl, 'Ernst Ferdinand Klein', pp. 162–4.

(62) Wilhelm Schrader, *Geschichte der Friedrichs-Universität zu Halle* (2 vols., Berlin, 1894), vol. 1, p. 521; Epstein, *Genesis*, pp. 364–7; Berndl, 'Ernst Ferdinand Klein', pp. 167–70.

(63) Horst Möller, *Aufklärung in Preussen. Der Verleger, Publizist und Geschichtsschreiber Friedrich Nicolai* (Berlin, 1974), p. 213.

(64) Axel Schumann, 'Berliner Presse und Französische Revolution: Das Spektrum der Meinungen unter preussischer Zensur 1789–1806', Ph.D. thesis, Technische Universität, Berlin (2001). 以下にアクセス、*http://webdoc.gwdg.de/ebook/p/2003/tu-berlin/schumann axel. pdf*（2003年12月31日に最終閲覧）, esp. pp. 227–41.

(65) *Journal des Luxus*, 11 (1796), p. 428. 以下からの引用。Hellmuth, 'Die "Wiedergeburt"', pp. 21–52, here p. 22.

(66) 以下の二段落の叙述の元となっている、この時期のベルリンの社会生活に関する優れた研究として、以下を参照。Florian Maurice, *Freimaurerei um 1800. Ignaz Aurelius Fessler und die Reform der Grossloge Royal York in Berlin* (Tübingen, 1997), pp. 129–66.

(67) Gerhard Ritter, *Stein. Eine politische Biographie* (Stuttgart, 1958), pp. 29, 31, 34, 37, 39, 40; Guy Stanton Ford, *Stein and the Era of Reform in Prussia, 1807–1815* (2nd edn, Gloucester, MA, 1965), pp. 4–26, 31–2.

(68) Ford, *Stein*, pp. 33–4.

(69) Ritter, *Stein*, p. 71.

(70) Silke Lesemann, 'Prägende Jahre. Hardenbergs Herkunft und Amtstätigkeit in Hannover und Braunschweig (1771–1790)', in Thomas Stamm-Kuhlmann (ed.), *'Freier Gebrauch der Kräfte'. Eine Bestandaufnahme der Hardenberg-Forschung* (Munich, 2001), pp. 11–30, here pp. 11–18.

(71) Lesemann, 'Prägende Jahre', pp. 18–25.

(72) ホーエンツォレルン家の〔傍流の〕系統が治めていたアンスバッハとバイロイトの両辺境伯領は、現辺境伯〔フリードリヒ大王の甥（妹の息子）に当たるカール・アレクサンダー。嫡子がいなかった〕が死去すればプロイセン領となることが、以前から合意されていた。しかし1792年、フランス革命をめぐる諸事件と自身の莫大な借金が重圧となって、辺境伯はベルリンによる「買収」を早々に許した。

(73) Andrea Hofmeister-Hunger, *Pressepolitik und Staatsreform. Die Institutionalisierung staatlicher Öffentlichkeitsarbeit bei Karl August von Hardenberg (1792–1822)* (Göttingen, 1994), pp. 32–47; Rudolf Endres, 'Hardenbergs fränkisches Reformmodell', in Stamm-Kuhlmann (ed.), *Hardenberg-Forschung*, pp. 31–49, here p. 38.

(74) Rudolf Endres, 'Hardenbergs fränkisches Reformmodell', pp. 45–6.

(75) Rolf Straubel, *Carl August von Struensee. Preussische Wirtschafts- und Finanzpolitik im ministeriellen Kräftespiel (1786–1804/06)* (Potsdam, 1999), pp. 112–17.

(76) Manfred Gailus, ' "Moralische Ökonomie" und Rebellion in Preussen vor 1806: Havelberg, Halle und Umgebung', *FBPG* (New Series), 11 (2001), pp. 77–100, esp. pp. 95–7.

(77) 南プロイセン州および新東プロイセン州として新たに編入されたポーランド周縁部を、行政改革の「実験場」として利用したことについては、以下を参照。Ingeborg Charlotte Bussenius, *Die Preussische Verwaltung in Süd- und Neuostpreussen 1793–1806* (Heidelberg, 1960), pp. 314–15.

(78) Hans Hattenhauer, 'Das ALR im Widerstreit der Politik', in Jörg Wolff (ed.), *Das Preussische Allgemeine Landrecht. Politische, rechtliche und soziale Wechsel- und Fortwirkungen* (Heidelberg, 1995), pp. 31–48, here p. 48.

(79) ALR §1 Einleitung. この文言に関する議論として、以下を参照。Hattenhauer, 'Preussen auf dem Weg' in Wolff (ed.), *Das Preussische Allgemeine Landrecht*, pp. 49–67, here p. 62.

(80) ALR §22 Einleitung.

(81) Thilo Ramm, 'Die friderizianische Rechtskodifikation und der historische Rechtsvergleich', in Wolff (ed.), *Das Preussische Allgemeine Landrecht*, pp. 1–30, here p. 12.

(82) これについては以下を参照。Günther Birtsch, 'Die preussische Sozialverfassung im Spiegel des Allgemeinen Landrechts für die preussischen Staaten von 1794', in Wolff (ed.), *Das Preussische Allgemeine Landrecht*, pp. 133–47, here p. 133. この法典の基調を成すコーポラティズムをめぐる議論について、より全般的には以下を参照。Andreas Schwennicke, *Die Entstehung der Einleitung des Preussischen Allgemeinen Landrechts von 1794* (Frankfurt/Main, 1993), pp. 34–43, 70–105.

(83) ALR §§ 147, 161–72, 185–7, 227–30, 308, 309. Birtsch, 'Die preussische Sozialverfassung', p. 143. 絶対主義の原理とコーポラティズムの原理とを結びつける試みとしてのプロイセン一般ラント法については、以下を参照。Günther Birtsch, 'Gesetzgebung und Representation im späten Absolutismus. Die Mitwirkung der preussischen Provinzialstände bei der Entstehung des Allgemeinen Landrechts', *Historische Zeitschrift*, 202 (1969), pp. 265–94; Koselleck, *Preussen zwischen*

Reform und Revolution, pp. 23–149.

(84) ALR Einleitung, 'Quelle des Rechts'. これについては以下も参照。Monika Wienfort, 'Zwischen Freiheit und Fürsorge. Das Allgemeine Landrecht im. 19. Jahrhundert', in Patrick Bahners and Gerd Roellecke (eds.), *Preussische Stile. Ein Staat als Kunstück* (Stuttgart, 2001), pp. 294–309.

(85) こうした議論については以下を参照。Detlef Merten, 'Die Rechtsstaatlichkeit im Allgemeinen Landrecht', in Friedrich Ebel (ed.), *Gemeinwohl – Freiheit – Vernunft – Rechtsstaat. 200 Jahre Allgemeines Landrecht für die preussischen Staaten* (Berlin, 1995), pp. 109–38.

(86) Heinrich Treitschke, *Deutsche Geschichte im neunzehnten Jahrhundert* (5 vols., Leipzig, 1927), vol. 1, p. 77.

(87) Madame de Staël, *De L'Allemagne* (2nd edn, Paris, 1814), pp. 141–2.〔梶谷温子・中村加津・大竹仁子訳『ドイツ論 1』鳥影社、2000年、149頁〕

第九章　ヒュブリスとネメシス

(1) Ernst Wangermann, 'Preussen und die revolutionären Bewegungen in Ungarn und den österreichischen Niederlanden zur Zeit der französischen Revolution', in Otto Büsch and Monika Neugebauer-Wölk (eds.), *Preussen und die revolutionäre Herausforderung seit 1789* (Berlin, 1991), pp. 22–85, here pp. 81, 83.

(2) Monika Neugebauer-Wölk, 'Preussen und die Revolution in Lüttich. Zur Politik des Christian Wilhem von Dohm, 1789/90', in Büsch and Neugebauer-Wölk (eds.), *Preussen und die revolutionäre Herausforderung*, pp. 59–76, here p. 63.

(3) Wangermann, 'Preussen und die revolutionären Bewegungen', p. 82.

(4) Paul W. Schroeder, *The Transformation of European Politics 1763–1848* (Oxford, 1994), pp. 66, 76; Brendan Simms, *The Struggle for Mastery in Germany, 1779–1850* (London, 1998), pp. 56–7.

(5) ピルニッツ宣言の文面は以下のウェブサイトで参照可能。NapoleonSeries.org, Reference Library of Diplomatic Documents, Declaration of Pillnitz, ed. Alex Stavropoulos. 以下にアクセス、*http://www.napoleonseries.org/reference/diplomatic/pillnitz.cfm*（2004年1月13日に最終閲覧）.

(6) Ibid.

(7) ピルニッツ宣言が及ぼした影響については、以下を参照。Gary Savage, 'Favier's Heirs. The French Revolution and the Secret du Roi', *Historical Journal*, 41/1 (1998), pp. 225–58; Gunther E. Rothenberg, 'The Origins, Causes and Extension of the Wars of the French Revolution and Napoleon', *Journal of Interdisciplinary History*, 18/4 (1988), pp. 771–93, esp. pp. 780–81; T. C. W. Blanning, *Origins of the French Revolutionary Wars* (London, 1986), pp. 100–101; Patricia Chastain Howe, 'Charles-François Dumouriez and the Revolutionizing of French Foreign Affairs in 1792', *French Historical Studies*, 14/3 (1986), pp. 367–90, here pp. 372–3.

(8) ブラウンシュヴァイク宣言の文面は以下に所収。J. H. Robinson (ed.), *Readings in European History* (2 vols., Boston, 1906), vol. 2, pp. 443–5. 同宣言の文面は以下でも閲覧できる。Hanover Historical Texts Project, *http://history.hanover.edu/texts/bruns.htm*（2004年1月13日に最終閲覧）. ブラウンシュヴァイク宣言の背景については、以下を参照。Hildor Arnold Barton, 'The Origins of the Brunswick Manifesto', *French Historical Studies*, 5 (1967), pp. 146–69.

(9) 以下からの引用。Lukowski, *Partitions*, p. 140.

(10) ヘルツベルクからルケシーニ宛ての書簡。以下からの引用。Ibid., p. 143.

(11) 第二次ポーランド分割に関する全般的な説明は、以下を参照。Michael G. Müller, *Die Teilungen Polens: 1772, 1793, 1795* (Munich, 1984), esp. pp. 43–50; Lukowski, *Partitions*, pp. 128–58.

(12) この一連の表現は以下からの引用。Heinrich von Sybel, *Geschichte der Revolutionszeit von 1789 bis 1800* (5 vols., Stuttgart, 1898), vol. 3, p. 276; Heinrich von Treitschke, *Deutsche Geschichte im neunzehnten Jahrhundert* (5 vols., Leipzig, 1894), vol. 1, p. 207; Rudolf Ibbeken, *Preussen, Geschichte eines Staates* (Stuttgart, 1970), pp. 106–7; Golo Mann, *Deutsche Geschichte des 19. und 20. Jahrhunderts* (Frankfurt/Main, 1992). こうした見解は以下で議論され、分析されている。Philip G. Dwyer, 'The Politics of Prussian Neutrality 1795–1805', *German History*, 12 (1994), pp. 351–73.

(13) プロイセンの財政危機については以下を参照。Aretin, *Reich*, vol. 1, p. 318.「和平派」との関連については以下を参照。Willy Real, 'Die preussischen Staatsfinanzen und die Anbahnung des Sonderfriedens von Basel 1795', *FBPG*, 1 (1991), pp. 53–100.

(14) Dwyer, 'Politics', p. 357.

(15) Schroeder, *Transformation*, esp. pp. 144–50.

(16) 以下を参照。Brendan Simms, *The Impact of Napoleon. Prussian High Politics, Foreign Policy and Executive Reform, 1797–1806* (Cambridge, 1997), pp. 101–5.

(17) Aretin, *Reich*, vol. 1, p. 277; Sheehan, *German History*, p. 278; Simms, *Struggle for Mastery*, p. 62.

(18) 以下からの引用。Ibid., pp. 60–61.

(19) Stanislaus Leszczynski (ed.), *Kriegerleben des Johann von Borcke, weiland Kgl. Preuss. Oberstlieutenants. 1806–1815* (Berlin, 1888), pp. 46–8.

(20) Hermann von Boyen, *Denkwürdigkeiten und Erinnerungen* (2 vols.; rev. edn Leipzig, 1899), vol. 1, pp. 171–2. 以下からの引用。Sheehan, *German History*, p. 234.

(21) 以下からの引用。Dwyer, 'Politics', p. 361. 便宜的中立から原則的中立への移行については、以下を参照。pp. 358–67.

(22) Simms, *Impact of Napoleon*, pp. 148–56; Dwyer, 'Politics' p. 365.

(23) Gregor Schöllgen, 'Sicherheit durch Expansion? Die aussenpolitischen Lageanalysen der Hohenzollern im 17. und 18. Jahrhundert im Lichte des Kontinuitätsproblems in der preussischen und deutschen Geschichte', *Historisches Jahrbuch*, 104 (1984), pp. 22–45.

(24) Klaus Zernack, 'Polen in der Geschichte Preussens', in Otto Büsch et al. (eds.), *Handbuch der preussischen Geschichte*, vol. 2, *Das Neunzehnte Jahrhundert und grosse Themen der Geschichte Preussens* (Berlin, 1992), pp. 377–448, here p. 430; id., 'Preussen-Frankreich-Polen. Revolution und Teilung', in Büsch and Neugebauer-Wölk (eds.), *Preussen*, pp. 22–40; William W. Hagen, 'The Partitions of Poland and the Crisis of the Old Regime in Prussia, 1772–1806', *Central European History*, 9 (1976), pp. 115–28.

(25) これらの問題は以下で議論されている。Torsten Riotte, 'Hanover in British Policy 1792–1815', Ph.D. thesis, University of Cambridge (2003).

(26) この点は以下でラインホルト・コーザーが指摘している。'Die preussische Politik, 1786–1806' in id., *Zur preussischen und deutschen Geschichte* (Stuttgart, 1921), pp. 202–68, here pp. 248–9.

(27) ランボールド危機については以下を参照。Simms, *The Impact of Napoleon*, pp. 159–67, 277, 285.

(28) 以下からの引用。McKay, *Great Elector*, p. 105.

(29) Brendan Simms, 'The Road to Jena: Prussian High Politics, 1804–06', *German History*, 12 (1994), pp. 374–94. 敵対的なライバル関係が果たす役割についての詳細な分析としては、以下を参照。

Id., *Impact of Napoleon*, esp. pp. 285–91.

(30) ハウクヴィッツからルケシーニ宛ての1806年6月15日付の書簡。以下からの引用。'The Road to Jena', p. 386.

(31) これらのライバル関係は、以下で分析されている。Simms, ibid.

(32) この要約は以下に負うところが大きい。Ford, *Stein*, pp. 105–6.

(33) 以下からの引用。Ibid., p. 106.

(34) ハルデンベルクの1806年6月18日付の覚書。以下からの引用。'The Road to Jena', pp. 388–9.

(35) Thomas Stamm-Kuhlmann, *König in Preussens grosser Zeit. Friedrich Wilhelm III., der Melancholiker auf dem Thron* (Berlin, 1992), pp. 229–31.

(36) ナウムブルクのフリードリヒ・ヴィルヘルム三世からナポレオン宛ての1806年9月26日付の書簡。以下に所収。Leopold von Ranke (ed.), *Denkwürdigkeiten des Staatskanzlers Fürsten von Hardenberg* (5 vols., Leipzig, 1877), vol. 3, pp. 179–87.

(37) ナポレオンからフリードリヒ・ヴィルヘルム三世宛ての1806年10月12日付の書簡。以下に所収。Eckart Klessmann (ed.), *Deutschland unter Napoleon in Augenzeugenberichten* (Munich, 1976), pp. 123–6.

(38) 軍事の改良、およびフランス軍の能力との比較に関する明快な議論として、以下を参照。Dennis Showalter, 'Hubertusberg to Auerstädt: The Prussian Army in Decline?', *German History*, 12 (1994), pp. 308–33.

(39) Michel Kerautret, 'Frédéric II et l'opinion française (1800–1870). La compétition posthume avec Napoléon', *Francia*, 28/2 (2001), pp. 65–84, here p. 69.

(40) ザクセン軍の将校、カール・ハインリヒ・フォン・アインジーデルの回想。以下からの引用。Klessmann (ed.), *Deutschland unter Napoleon*, pp. 147–8; Karl-Heinz Blaschke, 'Von Jena 1806 nach Wien 1815: Sachsen zwischen Preussen und Napoleon', in Gerd Fesser and Reinhard Jonscher (eds.), *Umbruch im Schatten Napoleons. Die Schlachten von Jena und Auerstedt und ihre Folgen* (Jena, 1998), pp. 143–56.

第十章　役人が創った国

(1) Lady Jackson, *The Diaries and Letters of Sir George Jackson from the Peace of Amiens to the Battle of Talavera* (2 vols., London, 1872), vol. 2, p. 53.

(2) Frederick William III, 'Eigenhändiges Konzept des Königs zu dem Publicandum betr. Abstellung verschiedener Missbräuche bei der Armee, Ortelsburg', 1 December 1806, GStA Berlin-Dahlem, HA VI, NL Friedrich Wilhelm III, Nr. 45/1, ff. 13–17.

(3) Ibid., f. 17. 同文書のこうした側面については、以下で議論されている。Stamm-Kuhlmann, *König in Preussens grosser Zeit*, pp. 245–6. 職務怠慢で有罪となった将校に対して事後的に科された処罰については、以下を参照。Craig, *Politics of the Prussian Army*, p. 42. 軍制改革への国王の関与について、より全般的には以下を参照。Alfred Herrmann, 'Friedrich Wilhelm III und sein Anteil an der Heeresreform bis 1813', *Historische Vierteljahrsschrift*, 11 (1908), pp. 484–516.

(4) Berdahl, *Politics of the Prussian Nobility*, pp. 107–8; Bernd Münchow-Pohl, *Zwischen Reform und Krieg. Untersuchungen zur Bewusstseinslage in Preussen 1809–1812* (Göttingen, 1987), pp. 94–131, esp. pp. 108–9.

(5) 改革が敗戦という外発的な衝撃によってプロイセン国家に強要されたものなのか、それとも内発的な改革の伝統に根ざしたものなのかという問題をめぐっては、論争が繰り広げられてきた。この論争の概観として、以下を参照。T. C. W. Blanning, 'The French Revolution and the Modernisation of Germany', *Central European History*, 22 (1989), pp. 109–29; Paul Nolte, 'Preussische Reformen und preussische Geschichte: Kritik und Perspektiven der Forschung', *FBPG*, 6 (1996), pp. 83–95.「トラウマ的経験」としての敗戦については、以下を参照。Ludger Herrmann, 'Die Schlachten von Jena und Auerstedt und die Genese der politischen Öffentlichkeit in Preussen', in Fesser and Jonscher (eds.), *Umbruch im Schatten Napoleons*, pp. 39–52.

(6) J. R. Seeley, *Life and Times of Stein, or Germany and Prussia in the Napoleonic Age* (3 vols., Cambridge, 1878), vol. 1, p. 32.

(7) 以下からの引用。Stamm-Kuhlmann, *König in Preussens grosser Zeit*, p. 255.

(8) 原文は以下のとおり。'Nicht dem Purpur, nicht der Krone/ räumt er eitlen Vorzug ein./ Er ist Bürger auf dem Throne,/ und sein Stolz ist's Mensch zu sein'. この詩については以下を参照。Thomas Stamm-Kuhlmann, 'War Friedrich Wilhelm III. von Preussen ein Bürgerkönig?', *Zeitschrift für Historische Forschung*, 16 (1989), pp. 441–60.

(9) 以下からの引用。Ibid.

(10) 以下からの引用。Joachim Bennewitz, 'Königin Luise in Berlin', *Berlinische Monatsschrift*, 7/2000, pp. 86–92, here p. 86. 以下にアクセス、*http://www.berlinische-monatsschrift.de/bms/bmstxt00/0007gesa.htm*（2004年3月21日に最終閲覧）.

(11) 以下を参照。Rudolf Speth, 'Königin Luise von Preussen-deutscher Nationalmythos im 19. Jahrhundert', in Sabine Berghahn and Sigrid Koch (eds.), *Mythos Diana-von der Princess of Wales zur Queen of Hearts* (Giessen, 1999), pp. 265–85.

(12) 以下からの引用。Thomas Stamm-Kuhlmann, 'War Friedrich Wilhelm III. von Preussen ein Bürgerkönig?', p. 453.

(13) 以下を参照。Philipp Demandt, *Luisenkult. Die Unsterblichkeit der Königin von Preussen* (Cologne, 2003), p. 8.

(14) 以下からの引用。Paul Bailleu, *Königin Luise. Ein Lebensbild* (Berlin, 1908), p. 258.

(15) Stamm-Kuhlmann, *König in Preussens grosser Zeit*, p. 318.

(16) Richard J. Evans, *Tales from the German Underworld* (New Haven, CT, 1998), pp. 31–5, 46. 当時の刑法改革については以下を参照。Jürgen Regge, 'Das Reformprojekt eines "Allgemeinen Criminalrechts für die preussischen Staaten" (1799–1806)', in Hans Hattenhauer and Götz Landwehr (eds.), *Das nachfriderizianische Preussen 1786–1806* (Heidelberg, 1988), pp. 189–233.

(17) フリードリヒ・ヴィルヘルムの発言は以下からの引用。Rudolph Stadelmann, *Preussens Könige in ihrer Thätigkeit für die Landescultur* (4 vols., Leipzig, 1878–87, repr. Osnabrück, 1965), vol. 4, pp. 209–10, 213–14. 1800年3月15日付の総監理府の報告。以下からの引用。Stamm-Kuhlmann, *König in Preussens grosser Zeit*, p. 156.

(18) Otto Hintze, 'Preussische Reformbestrebungen vor 1806', *Historische Zeitschrift*, 76 (1896), pp. 413–43; Hartmut Harnisch, 'Die agrarpolitischen Reformmassnahmen der preussischen Staatsführung in dem Jahrzehnt vor 1806–1807', *Jahrbuch für Wirtschaftsgeschichte*, 1977/3, pp. 129–54.

(19) Thomas Welskopp, 'Sattelzeitgenossen. Freiherr Karl vom Stein zwischen Bergbauverwaltung und gesellschaftlicher Reform in Preussen', *Historische Zeitschrift*, 271/2 (2000), pp. 347–72.

(20) 1806年以前のハルデンベルクの外交政策の「中途半端な空回り」ぶりについては、以

下を参照。Reinhold Koser, 'Umschau auf dem Gebiete der brandenburg-preussischen Geschichtsforschung', *FBPG*, 1 (1888), pp. 1–56, here p. 50.

(21) Hans Schneider, *Der preussische Staatsrat, 1817–1914. Ein Beitrag zur Verfassungs- und Rechtsgeschichte Preussens* (Munich, 1952), pp. 21–2.

(22) この改革がプロイセン君主政の官僚化を促進したという主張は、以下による。Rosenberg, *Bureaucracy*, passim. 官僚制の改革は、君主の権威を簒奪しようとする「第四身分」として振舞う官僚たちの「集団的な企て」であったという、ローゼンベルクのテーゼは、以下によって的確に批判されている。Simms, *Impact of Napoleon*, pp. 25, 306–12.

(23) Ritter, *Stein*, pp. 145–55.

(24) Ernst Rudolf Huber, *Heer und Staat in der deutschen Geschichte* (Heidelberg, 1938), pp. 115–23, 312–20.

(25) Craig, *Politics of the Prussian Army*, p. 31; Simms, *Impact of Napoleon*, pp. 132, 323.

(26) William O. Shanahan, *Prussian Military Reforms (1786–1813)* (New York, 1945), pp. 75–82; Craig, *Politics of the Prussian Army*, pp. 24, 28.

(27) Craig, *Politics of the Prussian Army*, pp. 29–32. フリードリヒ・ヴィルヘルムと、カール王子〔国王の三男〕の傅育官だったヨーハン・ハインリヒ・フォン・ミヌートリ将軍との会話。以下からの引用。Stamm-Kuhlmann, *König in Preussens grosser Zeit*, pp. 340–41. 軍制改革に対する王の支援については、以下を参照。Seeley, *Stein*, vol. 2, p. 118.

(28) Emil Karl Georg von Conrady, *Leben und Wirken des Generals Carl von Grolman* (3 vols., Berlin, 1894–6), vol. 1, pp. 159–62.

(29) 以下からの引用。Huber, *Heer und Staat*, p. 128.

(30) Showalter, 'Hubertusberg to Auerstädt', p. 315; Manfred Messerschmidt, 'Menschenführung im preussischen Heer von der Reformzeit bis 1914', in Militärgeschichtliches Forschungsamt (ed.), *Menschenführung im Heer* (Herford, 1982), pp. 81–112, esp. pp. 84–5.

(31) Peter Paret, 'The Genesis of On War', and Michael Howard, 'The influence of Clausewitz', in Carl von Clausewitz, *On War*, ed. and trans. Michael Howard and Peter Paret (London, 1993), pp. 3–28, 29–49.

(32) 以下からの引用。Stadelmann, *Preussens Könige*, vol. 4, p. 327.

(33) Hagen, *Ordinary Prussians*, p. 598.

(34) 現在、1750 ～ 1850 年のプロイセン財政史に関する博士論文を準備中のショーン・エディーが、こうした農業制度の側面を明らかにしてくれたことに感謝する。

(35) Karl Heinrich Kaufhold, 'Die preussische Gewerbepolitik im 19. Jahrhundert (bis zum Erlass der Gewerbeordnung für den norddeutschen Bund 1869) und ihre Spiegelung in der Geschichtsschreibung der bundesrepublik Deutschland', in Bernd Sösemann (ed.), *Gemeingeist und Bürgersinn. Die preussischen Reformen* (Berlin, 1993), pp. 137–60, here p. 141.

(36) Hagen, *Ordinary Prussians*, pp. 612, 614; Berdahl, *Politics of the Prussian Nobility*, p. 118.

(37) Hartmut Harnisch, 'Vom Oktoberedikt des Jahres 1807 zur Deklaration von 1816. Problematik und Charakter der preussischen Agrarreformgesetzgebung zwischen 1807 und 1816', *Jahrbuch für Wirtschaftsgeschichte* (Sonderband, 1978), pp. 231–93.

(38) こうした効果に対する当時の議論については、以下で分析されている。Georg Friedrich Knapp, *Die Bauernbefreiung und der Ursprung der Landarbeiter in den älteren Theilen Preussens* (2 vols., Leipzig, 1887), vol. 2, p. 213. シェーンの経済自由主義については、以下を参照。Berdahl, *Politics*

of the Prussian Nobility, pp. 116–17.

(39) レーオポルト・フォン・ゲルラッハの1816年5月1日付の日記。BA Potsdam, NL von Gerlach, 90 Ge 2, Bl. 9.

(40) Ewald Frie, *Friedrich August Ludwig von der Marwitz, 1777–1837. Biographien eines Preussen* (Paderborn, 2001), esp. pp. 333–41.

(41) リガのアルテンシュタインによるハルデンベルクのための1807年9月11日付の覚書。以下からの引用。Clemens Menze, *Die Bildungsreform Wilhelm von Humboldts* (Hanover, 1975), p. 72.

(42) Martina Bretz, 'Blick in Preussens Blüte: Wilhelm von Humboldt und die "Bildung der Nation"', in Bahners and Roellecke (eds.), *Preussische Stile*, pp. 235–48, here p. 230; Tilman Borsche, *Wilhelm von Humboldt* (Munich, 1990), p. 26.

(43) Borsche, *Humboldt*, p. 60.

(44) Wilhelm von Humboldt, 'Der Königsberger und der litauische Schulplan', in Albert Leitzmann (ed.), *Gesammelte Schriften* (17 vols., Berlin, 1903–36), vol. 13, pp. 259–83, here pp. 260–61.

(45) Menze, *Bildungsreform*, pp. 320–21; Borsche, *Humboldt*, pp. 62–5.

(46) Koselleck, *Preussen*, p. 194.

(47) ハルデンベルクの1809年3月5日付の覚書。以下からの引用。Ernst Klein, *Von der Reform zur Restauration. Finanzpolitik und Reformgesetzgebung des preussischen Staatskanzlers Karl August von Hardenberg* (Berlin, 1965), p. 23.

(48) Ilja Mieck, 'Die verschlungenen Wege der Städtereform in Preussen (1806–1856)', in Bernd Sösemann (ed.), *Gemeingeist und Bürgersinn*, pp. 53–83, esp. pp. 82–3.

(49) Stefi Jersch-Wenzel, 'Legal Status and Emancipation', in Michael A. Meyer and Michael Brenner (eds.), *German-Jewish History in Modern Times*, vol. 2, *Emancipation and Acculturation: 1780–1871* (New York, 1997), pp. 5–49, here pp. 24–7.

(50) フンボルトの1809年7月17日付の報告。Ismar Freund (ed.), *Die Emanzipation der Juden in Preussen unter besonderer Berücksichtigung des Gesetzes vom 11. Marz 1812. Ein Beitrag zur Rechtsgeschichte der Juden in Preussen* (2 vols., Berlin, 1912), vol. 2, pp. 269–82, here p. 276.

(51) 以下からの引用。*Sulamith* in Bildarchiv preussischer Kulturbesitz (ed.), *Juden in Preussen. Ein Kapitel deutscher Geschichte* (Dortmund, 1981), p. 159.

(52) Horst Fischer, *Judentum, Staat und Heer in Preussen im frühen 19. Jahrhundert. Zur Geschichte der staatlichen Judenpolitik* (Tübingen, 1968), pp. 28–9.

(53) 勅令の本文は以下に収録。Anton Doll, Hans-Josef Schmidt, Manfred Wilmanns, *Der Weg zur Gleichberechtigung der Juden* (=Veröffentlichungen der Landesarchivverwaltung Rheinland-Pfalz, 13, Coblenz, 1979), pp. 45–8.

(54) 国務顧問官ケーラーの1809年5月13日付の覚書。Freund, *Emanzipation der Juden in Preussen*, vol. 2, pp. 251–2.

(55) およそ1780～1847年の数十年間における社会と行政の変化の長期的な性格を強調した説明として、以下を参照。Koselleck, *Preussen*. バイエルンにおける改革を同様の長期的な視点で論じた以下の研究は、この長い調整と適応の期間を「改革絶対主義」と呼んでいる。Walter Demel, *Der bayerische Staatsabsolutismus 1806/08–1817. Staats- und Gesellschaftspolitische Motivationen und Hintergründe der Reformära in der ersten Phase des Königreichs Bayern* (München, 1983). これらの問題をめぐる歴史学上の議論については、以下を参照。Paul Nolte, 'Vom

Paradigma zur Peripherie der historischen Forschung? Geschichten der Verfassungspolitik in der Reformzeit', in Stamm-Kuhlmann, *'Freier Gebrauch der Kräfte'*, pp. 197–216.

(56) 以下の研究は、官僚制内部の軋轢と抗争を中心テーマにしている。Barbara Vogel, *Allgemeine Gewerbefreiheit. Die Reformpolitik des preussischen Staatskanzlers Hardenberg (1810–1820)* (Göttingen, 1983), pp. 224–5 and passim.

(57) テオドール・フォン・シェーンによる発言。以下からの引用。Monika Wienfort, *Patrimonialgerichte in Preussen. Ländliche Gesellschaft und bürgerliches Recht 1770–1848/49* (Göttingen, 2001), p. 86.

(58) 遅延の要因としての農民の抗議については、以下を参照。Clemens Zimmermann, 'Preussische Agrarreformen in neuer Sicht', in Sösemann (ed.), *Gemeingeist und Bürgersinn*, pp. 128–36, here p. 132.

(59) Wienfort, *Patrimonialgerichte*, p. 92.

(60) Manfred Botzenhart, 'Landgemeinde und staatsbürgerliche Gleichheit. Die Auseinandersetzungen um eine allgemeine Kreis- und Gemeindeordnung während der preussischen Reformzeit', in Sösemann (ed.), *Gemeingeist und Bürgersinn*, pp. 85–105, here pp. 99–100.

(61) Wienfort, *Patrimonialgerichte*, p. 94.

(62) Botzenhart, 'Landgemeinde und staatsbürgerliche Gleichheit', pp. 104–5.

(63) 以下からの引用。Klein, *Von der Reform zur Restauration*, pp. 34–52.

(64) 1810年10月27日の、国家財政、および租税の新たな取り決めに関する勅令。*Preussische Gesetzsammlung 1810*, p.25.

(65) この対称性についての分析として、以下を参照。Paul Nolte, *Staatsbildung als Gesellschafts-reform. Politische Reform in Preussen und den süddeutschen Staaten 1800 bis 1820* (Frankfurt/Main), 1990, p. 124; Horst Moeller, *Fürstenstaat oder Bürgernation. Deutschland 1763–1815* (Berlin, 1998), pp. 620–21.

(66) Hagen, *Ordinary Prussians*, pp. 595–6, 632; Helmut Bleiber, 'Die preussischen Agrarreformen in der Geschichtsschreibung der DDR', in Sösemann (ed.), *Gemeingeist und Bürgersinn*, pp. 109–25, here p. 122. マリエンヴェルダー県における農奴解放後の農民の状態についての、同様の肯定的な評価として以下を参照。Horst Mies, *Die preussische Verwaltung des Regierungsbezirks Marienwerder (1830–1870)* (Cologne, 1972), p. 109; Wehler, *Deutsche Gesellschaftsgeschichte*, vol. 1, pp. 409–28.

(67) 達成されたものの限界については、以下を参照。Menze, *Bildungsreform*, pp. 337–468. モデルとしてのプロイセンの諸機関については、以下を参照。Hermann Lübbe, 'Wilhelm von Humboldts Bildungsziele im Wandel der Zeit', in Bernfried Schlerath (ed.), *Wilhelm von Humboldt. Vortragszyklus zum 150. Todestag* (Berlin, 1986), pp. 241–58.

(68) 以下を参照。Stefan Hartmann, 'Die Bedeutung des Hardenbergschen Edikts von 1812 für den Emanzipationsprozess der preussischen Juden im 19. Jahrhundert', in Sösemann, *Gemeingeist und Bürgersinn*, pp. 247–60.

(69) 領主裁判所の機能の変化に関するヴィーンフォルトの分析を参照。*Patrimonialgerichte*, passim.

(70) Schneider, *Staatsrat*, pp. 47, 50; Paul Haake, 'König Friedrich Wilhelm III., Hardenberg und die preussische Verfassungsfrage', *FBPG*, 26 (1913), pp. 523–73, 28 (1915), pp. 175–220, 29 (1916), pp. 305–69, 30 (1917), pp. 317–65, 32 (1919), pp. 109–80, here 29 (1916), pp. 305–10; id., 'Die Errichtung des preussischen Staatsrats im März 1817', *FBPG*, 27 (1914), pp. 247–65, here pp. 247, 265.

(71) Andrea Hofmeister-Hunger, *Pressepolitik*, pp. 195–209.

(72) Hermann Granier, 'Ein Reformversuch des preussischen Kanzleistils im Jahre 1800', *FBPG*, 15 (1902), pp. 168–80, esp. pp. 169–70, 179–80.

(73) とくにシュタインについては以下を参照。Andrea Hofmeister, 'Presse und Staatsform in der Reformzeit', in Heinz Duchhardt and Karl Teppe (eds.), *Karl vom und zum Stein: Der Akteur, der Autor, seine Wirkungs- und Rezeptionsgeschichte* (Mainz, 2003), pp. 29–48.

(74) Matthew Levinger, 'Hardenberg, Wittgenstein and the Constitutional Question in Prussia, 1815–22', *German History*, 8 (1990), pp. 257–77.